E-Book inside.

Mit folgendem persönlichen Code können Sie die E-Book-Ausgabe dieses Buches downloaden.

69018-1zx6p-
56r01-2nn1o

Registrieren Sie sich unter
www.hanser-fachbuch.de/ebookinside
und nutzen Sie das E-Book
auf Ihrem Rechner*, Tablet-PC
und E-Book-Reader.

Der Download dieses Buches als E-Book unterliegt gesetzlichen Bestimmungen bzw. steuerrechtlichen Regelungen, die Sie unter www.hanser-fachbuch.de/ebookinside nachlesen können.
* Systemvoraussetzungen: Internet-Verbindung und Adobe® Reader®

Axel Schröder • Agile Produktentwicklung

Bleiben Sie auf dem Laufenden!

Hanser Newsletter informieren Sie regelmäßig über neue Bücher und Termine aus den verschiedenen Bereichen der Technik. Profitieren Sie auch von Gewinnspielen und exklusiven Leseproben. Gleich anmelden unter

WWW.HANSER-FACHBUCH.DE/NEWSLETTER

Axel Schröder

Agile Produktentwicklung

Schneller zur Innovation – erfolgreicher am Markt

HANSER

Bibliografische Information der Deutschen Nationalbibliothek:
Die Deutsche Nationalbibliothek verzeichnet diese Publikation in der Deutschen Nationalbibliografie; detaillierte bibliografische Daten sind im Internet über *http://dnb.ddb.de* abrufbar.

Print-ISBN 978-3-446-45015-8
E-Book-ISBN 978-3-446-45245-9

Die Wiedergabe von Gebrauchsnamen, Handelsnamen, Warenbezeichnungen usw. in diesem Werk berechtigt auch ohne besondere Kennzeichnung nicht zu der Annahme, dass solche Namen im Sinne der Warenzeichen- und Markenschutzgesetzgebung als frei zu betrachten wären und daher von jedermann benutzt werden dürften. Alle in diesem Buch enthaltenen Verfahren bzw. Daten wurden nach bestem Wissen dargestellt. Dennoch sind Fehler nicht ganz auszuschließen.

Aus diesem Grund sind die in diesem Buch enthaltenen Darstellungen und Daten mit keiner Verpflichtung oder Garantie irgendeiner Art verbunden. Autoren und Verlag übernehmen infolgedessen keine Verantwortung und werden keine daraus folgende oder sonstige Haftung übernehmen, die auf irgendeine Art aus der Benutzung dieser Darstellungen oder Daten oder Teilen davon entsteht.

Dieses Werk ist urheberrechtlich geschützt.

Alle Rechte, auch die der Übersetzung, des Nachdruckes und der Vervielfältigung des Buches oder Teilen daraus, vorbehalten. Kein Teil des Werkes darf ohne schriftliche Einwilligung des Verlages in irgendeiner Form (Fotokopie, Mikrofilm oder einem anderen Verfahren), auch nicht für Zwecke der Unterrichtsgestaltung – mit Ausnahme der in den §§ 53, 54 URG genannten Sonderfälle –, reproduziert oder unter Verwendung elektronischer Systeme verarbeitet, vervielfältigt oder verbreitet werden.

©2017 Carl Hanser Verlag München
www.hanser-fachbuch.de

Lektorat: Dipl. Ing. Volker Herzberg
Layout, Satz und Herstellung:
  Cornelia Rothenaicher
Coverrealisierung: Stephan Rönigk
Druck und Bindung:
  Friedrich Pustet GmbH & Co. KG,
  Regensburg

Printed in Germany

Warum Sie dieses Buch lesen sollten

»Scrum – das geht nur in der Software!«, so war die etablierte Meinung in der Industrie.

Dann lernten wir Heinz Erretkamps kennen, der Scrum bei der Entwicklung von Autositzkomponenten einsetzte und er strahlte: »Wir haben Projekte noch kurz vor Produktionsstart gerettet, wir haben Teams erlebt, die glücklicher und zufriedener entwickelt haben. Als sie in den neuen Arbeitsrhythmus kamen, schafften sie sogar mehr, als man von ihnen erwartet hatte!«

Meine Kollegen und ich waren neugierig und begeistert zugleich. Wir begannen, die Methode gemeinsam mit ihm in einer hochkomplexen mechatronischen Maschinenentwicklung anzuwenden: Hardware, Software, Mechanik und viele weitere beteiligte Funktionen mit über hundert Entwicklern im Projekt. Und es funktionierte hervorragend. »Mit Agile haben wir das Projekt in einen Arbeits-Fluss gebracht« sagte der dafür verantwortliche Geschäftsführer, als die Erfolge sichtbar wurden. Mittlerweile besuchen ihn viele andere Unternehmen, die sehen wollen, wie das erreicht werden konnte.

Uns wurde klar: Wenn Agile im Kern aus einer kombinierten Reihe von Einflussfaktoren besteht, die Menschen stark motivieren, dann gibt es keinen Grund, Agile nur in der Software-Entwicklung anzuwenden.

Der entscheidende Erfolgsfaktor von Agile ist, dass die Umsetzung durch die Rituale, Rollen und Hilfsmittel sehr konkret und einfach wird. Denn … alles Geniale auf der Welt ist einfach: Gute Führung ist: 1. Fokus, 2. Freiraum, 3. Feedback. Menschen, die durch mehr Freiraum in echte Eigenverantwortung kommen, haben mehr Spaß an Leistung.

Wenn man wirklich MENSCHEN GRÖSSER MACHEN will, dann gelingt der Erfolg. Dazu gehört auch eine Führung, die das verinnerlicht hat, sich dabei nicht selbst belügt und aus diesem Grund coachen lässt.

Heute ist AS&P die Unternehmensberatung mit der größten Anzahl an Referenzen in der Einführung von Agile in den Branchen Automotive, Elektronik und Maschinenbau im deutschsprachigen Raum. Diesen Erfolg konnten wir in kurzer Zeit erzielen. Der Grund dafür liegt in dem sehr hohen Vertrauen, das uns unsere langjährigen Kunden entgegengebracht haben, um mit uns Neuland zu betreten. Dabei möchte ich besonders Herrn Dr. Prokop von der Firma Trumpf danken.

Ich möchte mich an dieser Stelle ausdrücklich

bedanken bei einem sehr erfahrenen Team aus Beratern (in alphabetischer Folge): Axel Schulz, Andreas Feil, Christoph Nüse, Douwe Attema, Franz Hartmann, Dr.-Ing. Heinrich Esser, Heinz Erretkamps, Dr. Henri van de Sand, Joachim Pfund, Julian Hoffmeister, Prof. Dr.-Ing. Peter Fröhlich, Roland Müller, Roland Wolf, Stefan Menges, Thilo Fuchs, Tobias Winkler, Victor Herzog. Susanne Neubecker, Dir danke ich für Deinen unerschütterlichen Blick auf das Positive. Das ganze Buchprojekt wurde von unserer Redakteurin des Magazins DER **F&E MANAGER**, Annette Steidle mit Akribie entwickelt. Ich danke Dir dafür, dass Du wirklich jedes einzelne Wort hinterfragt, optimiert und geschliffen hast und von meinem »Sauerland-Deutsch« mit viel Geduld und Ausdauer in eine allgemein verständliche Sprache übersetzt hast.

Bücher werden statistisch zu 60 % nie gelesen, zu 30 % teilweise aber nur zu 5 % vollständig gelesen – das sollte uns nicht passieren. Deswegen entschieden wir uns für ein unübliches Buch-Format, viele Grafiken, textliche Hervorhebungen. Danke an Dich Christian Petrovits für Deinen Nacht- und Wochenendeinsatz und Deine emphatischen, mit Liebe tum Detail versetzten Grafiken.

Herrn Herzberg vom Carl Hanser Verlag, der uns mit seiner positiven Art motiviert und unterstützt hat danke ich vor allem für seine Offenheit, in ein nicht übliches Format zu gehen, den Titel zu optimieren und die Buchgrafik innovativ zu gestalten.

Ich danke meiner Mutter Henny, die zu früh gestorben ist, meinem Vater Reinhold, der immer stolz auf mich war, meiner Oma Wiene, die mir »never give up« vorgelebt hat, meiner Stiefmutter Helena, die unsere ganz Familie selbstlos unterstützt, meiner Frau Conny, die immer zu mir hält, meinem Sohn Marco, der mir in vielen Dingen Vorbild ist, meiner Tochter Julia Henny, die mich wie kein anderer versteht, meinem Sohn Timmy, der mich liebevoll hinterfragt und challenget, meiner Enkelin Lulu, die sich unglaublich entwickelt, meinem Enkel Valentin, der mir ganz genau zuhört, meinem Enkel William, der mich immer zum Lachen bringt.

Axel Schröder
März 2017

Warum Sie dieses Buch lesen sollten

Der Herausgeber und Autor:

AXEL SCHRÖDER ist Geschäftsführer der Axel Schröder Unternehmensberatung (AS&P) in Sauerlach bei München. AS&P ist die führende deutsche F&E-Managementberatung mit Fokus auf die Branchen Automotive, Elektronik und Maschinenbau. Seit 25 Jahren, in über 900 Projekten hat AS&P neue Methoden zur Performance-Steigerung in F&E entwickelt. AS&P ist Marktführer bei der Einführung der Methodik »Agile in der Produktentwicklung« im deutschsprachigen Raum, seit über 10 Jahren Herausgeber des Fachmagazins DER **F&E MANAGER** und der führende Veranstalter von **F&E** INTENSIV-**SEMINAREN**.

Inhalt

Warum Sie dieses Buch lesen sollten 6

Autorenverzeichnis 16

Teil 1 Die agile Produktentwicklung – Menschen größer machen

1 Einleitung 26
1.1 Was ist gute Führung? 27
1.2 Mein bestes Projekt… 28
1.3 Gute Führung und Vertrauen im Team 29

2 Scrum 32
2.1 Software und Scrum 34
2.2 Scrum für die Hardware? 35

3 Der Geist von Agile 38
3.1 Der Sprint im Mittelpunkt 39
3.2 Die Kraft des Rhythmus 39
3.3 Menschen größer machen 40
3.4 Teams kommen in den Flow 41
3.5 Das Management kommt in die Führung 41

4 Wie funktioniert die agile Produktentwicklung? 44
4.1 Die Projektplanung 45
4.2 Das Gesetz von Parkinson 46
4.3 The »Students law of Tension« 47
4.4 Die Sprint-Dauer 47
4.5 Das Timeboxing 49
4.6 Die drei Rollen von Agile 50
    4.6.1 Der Product Owner – das Product-Owner-Team 50
    4.6.2 Das Team 52
    4.6.3 Der Agile-Coach 54
4.7 Der agile Prozess 59
    4.7.1 Die Etappenplanung 59
    4.7.2 Das Konklave – Das Sprint-Backlog 60
    4.7.3 Die Sprintplanung 63
    4.7.4 Das Daily-Stand-up-Meeting ... 69
    4.7.5 Das Sprint Review – die DEMO . 71
    4.7.6 Die Retrospektive – die RETRO . 72
4.8 Typische Fragen: 77
    4.8.1 Für welche Projekte eignet sich Agile? 77

    4.8.2 Agile nur mit Fulltime-Teams? . 78
    4.8.3 Wie schafft man Hardware in zwei Wochen? 79
    4.8.4 Störungen 80
    4.8.5 Funktioniert Agile in globalen Teams? 82
    4.8.5 Muss es Papier sein? Gibt es moderne IT-Tools? 83
    4.8.6 Was geschieht mit den Gruppen-/Abteilungsleitern? .. 84
    4.8.7 Erfordert Agile die Veränderung der Organisationsstruktur? 85
    4.8.8 Task-Force und Agile 88
 4.9 Agile Führung 90
 4.10 Der Agile-Einführungsprozess 92

Teil 2 Beispiele für eine erfolgreiche Einführung

1 Agile Teams erfolgreich führen 96
 1.1 Trends und Herausforderungen 97
 1.2 Ganzheitliche Herangehensweisen .. 98
    1.2.1 Führungsleitbilder 98
    1.2.1 BES: Das Bosch Product Engineering System 99
 1.3 Randbedingungen durch den Markt 101
 1.4 Der Ursprung – Mut: Freiwillige Pilotprojekte 103
 1.5 Das Konzept – Ein offener Ansatz .. 104
 1.6 Aktuell integrierte Methodologien .. 105
    1.6.1 Lean/Flow 105
    1.6.2 Optimierte Entwicklungsprozesse 107
    1.6.3 Scrum bzw. Scrum-basierte Vorgehensweisen 108
 1.7 Erste Erfahrungen aus den Pilotprojekten 109
 1.8 Vorbereitung der breiten Umsetzung 113
 1.9 Begeisterung durch Vorleben 114
 1.10 Das agile Management-Team 115
 1.11 Umgang mit Barrieren in den Pilotprojekten 116
 1.12 Ausblick 121
Literatur 123

2 Von der agilen Software-Entwicklung zur agilen Produkt-Entwicklung 124
  2.1 Erste Erfahrungen mit agiler Softwareentwicklung 127
  2.2 Die Rolle des agilen Prinzips 132
  2.3 Einführung agiler Entwicklung 134
    2.3.1 Methodik des Wandels: Whole-Scale Change™ 135
    2.3.2 Konkrete Umsetzung 137
    2.3.3 Ausprägung der agilen Ansätze und Instrumente 138
  2.4 Strategische Bedeutung der agilen Entwicklung 143
  2.5 Lessons Learnt 147
  2.6 Fazit und Ausblick 148
  Literatur 151

3 Dräger agil 152
  3.1 Einführung der agilen Entwicklung bei Dräger 155
  3.2 Das optimale Umfeld 159
  3.3 Innovationmanagement als Beschleuniger 163
  3.4 Ship-it-days 164
  3.5 Die Kickbox 164
  3.6 Individuelle Einführung von Komponenten 167
  3.7 Vereinzelte Widerstände konnten entkräftet werden 168
  3.8 Spürbare Veränderung in der Projektarbeit 169
  3.9 Besondere Rahmenbedingungen in größeren Projekten 170
  3.10 Work Agile – be(come) agile 172
  3.11 Erste Erfahrungen mit LeSS (Large Scale Scrum) 173
  3.12 Agile in komplexen Projektstrukturen – unsere Quintessenz .. 179
  3.13 Zukünftige Herausforderungen ... 184

4 Agile Produktentwicklung bei Festool 186
  4.1 Einführung agiler Produktentwicklung bei Festool 189
  4.2 Definition der agilen Rollen bei Festool 191
  4.3 Erfahrungen aus der Einführung der agilen Produktentwicklung 197
  4.4 Erfahrungen aus den Pilotprojekten 200

5 Agil sein für eine ausdifferenzierte Produktpalette 204
5.1 Strukturiertes und agiles Arbeiten – zwei Ausprägungen effizienter Produktentstehung 205
5.2 Organisation als Voraussetzung für agiles Arbeiten 209
5.3 Auf die Produktausprägungen kommt es an 210
5.4 Agilität – ein Erfolgsfaktor für ausdifferenzierte Industrien 212
5.5 Die KION Group ist agil 214
5.6 Permanenter Wandel führt zum Erfolg 216

6 »Hybrid Agile« – best of two worlds .. 218
6.1 Ausgangslage bei OSRAM 219
6.2 Motivation für Agile 221
6.3 Erforderliche Anpassungen: »Hybrid Agile« 225
6.4 Perspektiven 233

7 Agile Produktentwicklung bei SMA Solar 236
7.1 AGILE@SMA – In Innovationsprojekten Unmögliches möglich machen 237
 7.1.1 Denkmuster durchbrechen, Wissen lösungsorientiert zusammenführen 238
 7.1.2 Vorgehensweise – In drei Etappen »agil« zum Ziel 239
 7.1.3 Was jedoch steckt hinter »Agiler Entwicklung« bzw. was verstehen wir bei SMA darunter? 240
 7.1.4 Team – Eine Mannschaft aufstellen, die alle Positionen beherrscht 241
7.2 Projektdurchführung – Zielsicher zum Erfolg 243
 7.2.1 Typischer Sprintablauf 244
 7.2.2 Methodenanwendung im Projekt 246
7.3 Sichtbarmachung von Planung, Fortschritt und Problemen im Prozess 256
 7.3.1 Leistungskennzahlen 256

Inhalt

    7.3.2 Lessons learned 257
7.4 Fazit 258
Literatur 261

8 Von Scrum in Projekten zum agilen Unternehmen 262
8.1 Die Welt von morgen leben, heißt, flexibler zu werden. 263
8.2 Projekt für Projekt ins Agile-Mindset 266
8.3 Bewährte Elemente von PO-Team bis Product Backlog 274
8.4 Wie bringt man Agile zum Laufen? . 276
8.5 Welche Hindernisse gilt es zu beseitigen? 281
8.6 Agil verändert Führungsstil 286
Literatur 292

9 Agile Innovation – Ein Kernelement des Siemens Healthineers Performance System 294
9.1 Einleitung 295
9.2 Gesundheit – Ein attraktiver Zukunftsmarkt 296
9.3 Innovationsstrategie als integraler Bestandteil der Geschäftsstrategie . . 298
9.4 Innovationsfeld medizinische Bildgebung 305
9.5 Die Vorfeldentwicklung – Technology to Innovation (T2I) 311
9.6 Die Produktentwicklung 314
9.7 Die Kernaufgabe des Managements – Randbedingungen und Kultur 319
9.8 Businessprojekt vs. Entwicklungsprojekt – Fokus der Geschäftsführung 321
9.9 Projekt-Orientierung vs. Linien-Orientierung bei Entscheidungen . . 324
9.10 Projektkommunikation – Tools vs. Mensch 325
9.11 Make or Buy – Kernkompetenz vs. Open Innovation 326
9.12 Zusammenfassung 329
Literatur 331

Teil 3 Anhang

Fazit 334
Glossar 336
Stichwortverzeichnis 346

Autoren-verzeichnis

PROF. DR. EIKE BÖHM (CTO) ist promovierter Wirtschaftsingenieur und war seit 1988 in verschiedenen Managementfunktionen in Forschung und Entwicklung bei der Daimler AG tätig, zuletzt als Leiter des weltweiten QM von Mercedes-Benz Pkw. Von 2011 bis 2012 leitete er den Bereich Produktinnovationen und Prozesstechnologien in der zentralen Forschung und Vorentwicklung bei Daimler. Von 2008 bis 2011 war Böhm Entwicklungsleiter der Mitsubishi Fuso Truck and Bus Corporation und verantwortete die Neuaufstellung der Produktentwicklung des japanischen Nutzfahrzeugherstellers. Davor hatte er leitende Funktionen bei Mercedes-Benz Lkw inne, zuletzt war er zuständig für die Entwicklung markenübergreifender Chassis-Komponenten. In seiner jetzigen Position als CTO der KION Group AG, mit u. a. den Marken Linde und Still, ist er seit August 2015. Außerdem ist Böhm Honorarprofessor an der Fakultät für Fahrzeugtechnik der Hochschule Esslingen.

GABRIELA BUCHFINK arbeitet für TRUMPF sie seit 2004 und schrieb zunächst zwei Fachbücher über Blechbearbeitung und Industrielle Materialbearbeitung mit dem Laser. 2006 Leitung eines internationalen Projektes zur Umstellung aller Produktnamen des Unternehmens. Seit 2008 Projektmanagement in der Produktentwicklung. 2009 wurde Gabriela Buchfink die Leitung des Project Management Offices übertragen; inhaltliche Schwerpunkte der Arbeit liegen im Bereich Einzel- und Multiprojektmanagement, Agile Methoden sowie Ideenmanagement, Kreativität und Kommunikationskultur.

DR.-ING. CARSTEN GUNDLACH (*1969) arbeitet seit Anfang 2014 als »Project Manager Global Excellence« im Rahmen der SMA Excellence Initiative. Davor hat er als Head of Innovation Management das Innovationsmanagement der SMA gestaltet. Er ist Herausgeber der Bücher die »Die frühe Innovationsphase«, »Innovation mit TRIZ«, »Praxishandbuch Six Sigma«. Weiterhin ist Dr. Gundlach zertifizierter Agiler Coach und Experte für Innovations- und Technologiemanagement, Six Sigma, Design for Six Sigma, QFD und TRIZ.

DR. ING. HANS-PETER HÜBNER studierte Elektrotechnik an der Universität Stuttgart. Nach seiner Promotion am Fraunhofer-Institut für Festkörpertechnologie in München trat er 1989 in die Robert Bosch GmbH ein. Es folgten verschiedene Aufgaben in der Bosch-Gruppe im In- und Ausland. Seit 2014 ist er Mitglied des Bereichsvorstands des Geschäftsbereichs Chassis Systems Control mit dem Schwerpunkt Entwicklung. In seinem Verantwortungsbereich liegen unter anderem der Produktbereich Fahrerassistenzsysteme und die übergreifende Systementwicklung, einschließlich der Entwicklung von Methoden und Tools.

DR. MARTIN HURICH trat 1988 im Anschluss an sein Studium der Halbleiterphysik und seine Promotion an der Universität Ulm in die Robert Bosch GmbH in den Bereich Motorsteuerung ein. 2001 übernahm er bei Siemens VDO erste Führungsaufgaben. Ab 2005 verantwortete er eine Abteilung im Bereich Softwareintensive Systeme im Zentralbereich Forschung und Vorausentwicklung bei Bosch. Nach einer Station als Engineering Coach im Zentralprojekt Bosch Product Engineering System leitet er nun im Geschäftsbereich Chassis Systems Control eine Verbesserungsinitiative in der Entwicklung.

WALTER MÄRZENDORFER verantwortet für Siemens Healthineers seit 2015 das Geschäftsfeld Diagnostische Bildgebung. Der Elektrotechniker mit dem Abschluss Dipl. Ing. (Univ.) der Friedrich-Alexander-Universität Erlangen-Nürnberg kam 1985 als Entwicklungsingenieur für Kernspintomographen zum damaligen Unternehmensbereich Medizintechnik der Siemens AG. Nach weiteren Stationen als Projektleiter, als Leiter Produktdefinition und ab 2001 als Leiter der weltweiten F&E Computertomographie führte er ab 2006 das Geschäftsgebiet Magnetresonanztomographie sowie ab 2011 die Computertomographie und die Radiotherapie.

DR.-ING. HEINZ-JÜRGEN PROKOP ist seit 2012 Geschäftsführer für Entwicklung und Einkauf der TRUMPF Werkzeugmaschinen GmbH + Co. KG. Prokop studierte Verfahrenstechnik mit anschließender Promotion an der Universität Stuttgart. Von 1988 bis 1991 war er für die TRUMPF Lasertechnik in Ditzingen als Leiter Konstruktion tätig, anschließend in Japan als Vice President für die Bereiche Entwicklung/Konstruktion und Produktion verantwortlich. Ab 1993 war er als Geschäftsführer in den Unternehmen Krupp Maschinentechnik GmbH in Essen, Fritz Studer AG in der Schweiz und Frigoblock Grosskopf GmbH in Essen beschäftigt.

DR.-ING. JÜRGEN REINERT (*1968) begann nach dem Studium der Elektrotechnik in Südafrika und der Promotion am Institut für Stromrichtertechnik und Elektrische Antriebe (ISEA) in Aachen seine Karriere als Oberingenieur am selben Institut. Von 1999 bis 2011 war er in Schweden bei der Firma Emotron tätig, in den letzten Jahren als Geschäftsführer der Gruppe mit Verantwortung für Technologie und Operations. Von 2011 bis 2014 verantwortete er als EVP Technology die SMA Division Power Plant Solutions. Unter seiner Leitung hat SMA das weltweite Projektgeschäft erfolgreich ausgebaut und schlüsselfertige Systemlösungen für solare Großkraftwerke entwickelt. Seit April 2014 ist Dr. Reinert Vorstandsmitglied. Seit Januar 2016 verantwortet er die Ressorts Entwicklung, Operations sowie die Business Units. Dr. Reinert ist für die Kooperation mit Danfoss verantwortlich und Mitglied des Aufsichtsrats der Danfoss A/S.

ANTONIUS REITTINGER (Diplom-Physiker, MBA INSEAD) begann seine berufliche Karriere 1996 in der internen Unternehmensberatung bei Siemens. 2001 übernahm er in die Telekommunikations-Sparte Leitungsfunktionen im Produkt-, Programm- und Service-Management. Nach erfolgreicher Leiteung der Integration von Siemens und Nokia Networks für den Bereich Vertrieb & Service übernahm er 2008 bis 2010 bei Nokia Siemens Networks die globale Einheit Sales Operations. 2011 wechselte er zu OSRAM und baute dort weltweit die Funktion Multi Projekt Management (MPM) auf. Seit 2012 verantwortet er MPM in der Business Unit Digital Systems.

STEFAN SEUFERLING startete seine Laufbahn in der Wirtschaftsprüfung. 2003 folgte der Wechsel in die Industrie, wo der Dipl.-Betriebswirt (FH) ab 2011 Erfahrungen im R&D-Bereich der Medizintechnik- und Pharmabranche sammelte. Neben der erfolgreichen Entwicklung und Einführung neuer Medizinprodukte lag ein Schwerpunkt auf der Identifizierung neuer Technologien und der Vernetzung mit Industriepartnern und Forschungseinrichtungen. Derzeit leitet Stefan Seuferling in der Drägerwerk AG & Co. KGaA global den Entwicklungsbereich.

RUDOLF STARK arbeitet seit 2001 für Continental. Nach dem Einstieg bei dem Continental-Vorläufer Temic, verantwortete er ab 2007 im Geschäftsbereich Transmission zunächst das Europageschäft, ehe er 2009 mit der Leitung des Geschäftsbereichs weltweit betraut wurde. Seit 2009 hat er diesen Bereich sehr erfolgreich geführt und auf die Zukunft vorbereitet. Seit Juli 2016 leitet Stark den Geschäftsbereich Hybrid Electric Vehicle. Stark hat einen Abschluss als staatlich geprüfter Techniker, ist Betriebswirt, und absolvierte zudem eine Managementausbildung am Management Zentrum St. Gallen.

WOLFGANG ZONDLER ist Leiter Forschung und Entwicklung bei der Festool GmbH. Nach seinem Studium an der FHTE Esslingen begann Wolfgang Zondlers berufliche Laufbahn zunächst bei der Firma Reich Klima-Räuchertechnik, dann in verschiedenen Funktionen bei der Siemens AG – Energieerzeugung (KWU). Im Jahr 2000 wechselte er zu Valeo Motors & Actuators, wo er verschiedene Leitungsfunktionen im Bereich der Serienentwicklung und der Vorentwicklung ausübte. 2006 übernahm er die Leitung Entwicklung & Konstruktion bei der GEZE GmbH, wo er die Einführung der Agilen Produktentwicklung initiierte. Seit April 2015 ist Wolfgang Zondler für die Forschung & Entwicklung bei der Festool GmbH zuständig und beschäftigt sich dort intensiv mit der agilen Produktentwicklung.

TEIL 1

Die agile Produktentwicklung – Menschen größer machen

01 Einleitung

1.1 Was ist gute Führung?

Können Sie sich an Momente in Ihrem Berufsleben erinnern, in denen Sie besonders glücklich waren? Gab es eine Führungsperson, die Ihnen die Möglichkeit gegeben hat, dies erleben zu dürfen? Wenn ja, was hat dieser Mensch besser gemacht als andere? Wie hat er geführt? Was bedeutet für Sie wirklich gute Führung?

Vermutlich geht es Ihnen da wie vielen anderen Menschen auch, von denen ich Antworten erhielt, dass dieser Chef …

»fordern und fördern konnte, klare Ziele setzte, Rahmenbedingungen schaffte, sich individuell auf jeden einzelnen einstellen konnte, zuhören konnte, Anerkennung gab, Vertrauensvorschuss gewährte, den Rücken frei hielt, zu seinen Mitarbeitern stand, eine Vision hatte, Ziele setzte und andere Wege ermöglichte, Freiraum und wertvolles Feedback gab«.

Vor kurzem hörte ich auch: »Er hat uns Zeit geschenkt«.

Hätten diese Antworten auch von Ihnen kommen können? Würden Sie sagen, genau so möchte ich auch führen, aber in der täglichen Praxis ist das nicht so einfach?

Wenn dem so ist, wie können Sie erreichen, dass aus diesen vielen hehren Zielen von guter Führung mit einer höheren Wahrscheinlichkeit Realität wird?

Stellen Sie sich vor: Führung soll ein Prozess werden, der aus wenigen, konkreten und operativen Schritten besteht. Dieser Prozess soll wiederholbar und vor allem einfach sein – denn alles Geniale auf der Welt ist einfach. Fassen Sie die vielen Ziele in drei wesentlichen, möglichst konkreten Zielen zusammen. Was ist dabei Ihr Ergebnis?

»Freiraum lassen« – das Schwerste im Führungsjob.

Zusammengefasst antworten viele Menschen:
1. Klare Ziele setzen.
2. Freiraum lassen.
3. Feedback geben.

Nehmen wir an, Sie könnten sich, zumindest für einen Moment, dieser starken Komprimierung anschließen. Mit welchem dieser drei Ziele, glauben Sie, tut sich eine Führungskraft wohl am schwersten? 90 % aller Menschen antworten spontan: Nummer 2 – Freiraum lassen – ist die größte Herausforderung. Was meinen Sie?

Und jetzt kommt das Faszinierende: Bei Agile ist genau dieser schwerste Teil der Führungsarbeit fest eingebaut. Bei Agile gibt es den sogenannten Sprint und das genau ist die Zeit für Freiraum.

Bild 1.1
Gute Führung muss einfach sein.

1.2 Mein bestes Projekt…

Lassen Sie doch bitte einmal Ihre bisherige berufliche Karriere Revue passieren. Welches von den vielen Projekten, an denen Sie beteiligt waren, war Ihr allerbestes? Grübeln Sie nicht allzu lange, lassen Sie ihren Bauch entscheiden: Was war in diesem Projekt anders als in allen anderen? Was war der eigentlich Grund dafür, dass dieses Projekt Ihr bestes war?

Auch diese Frage stellte ich vielen Menschen auf allen Führungsebenen vom Konzernvorstand bis zur operativen Projektteamebene. Die Antworten lauteten: »Wir hatten klare Ziele«, »es war unser Ziel«, »es war eigentlich unmöglich zu schaffen«, »es war eine enorme Herausforderung«, »wir waren ein kleines Team«, »wir waren extrem engagiert«, »alle haben an einem Strang gezogen«, »wir hatten Vertrauen zueinander«, »wir hatten Freiraum«, »man hat uns machen lassen«, »wir standen unter enormem Zeitdruck«, »wir hatten unterwegs schon Teilerfolge« und jemand sagte: »Wir hatten eine bedingungslose Motivation!«.

Wenn Sie sich nun für ein einziges Kriterium aus der langen Liste entscheiden müssten, welches würden Sie für Ihr nächstes Projekt wählen? Die meisten Menschen entscheiden sich nach kurzem Überlegen für Vertrauen: Vertrauen im Team, Vertrauen der Führung ins Team und nicht zuletzt Vertrauen der Führung in sich selbst.

Der wichtigste Erfolgsfaktor?
»Wir hatten Vertrauen im Team!«

Vertrauen ist offensichtlich etwas ganz Zentrales für den Erfolg in der Zusammenarbeit von Menschen. Durch Vertrauen zusammengeschweißte Teams überwinden Hindernisse, schaffen es, ihre Ziele überzuerfüllen und haben auch noch Spaß dabei!

1.3 Gute Führung und Vertrauen im Team

Wenn die Basis für Spitzenleistungen Vertrauen ist, dann macht es doch großen Sinn darüber nachzudenken, was Vertrauen im Kern ausmacht und wie man dieses Vertrauen mit höherer Sicherheit entstehen lassen kann, oder? Wikipedia definiert Vertrauen als: »… die subjektive Überzeugung von der … Richtigkeit, Wahrheit bzw. Redlichkeit einer Person … oder von sich selbst (Selbstvertrauen). Zum Vertrauen gehört auch die Überzeugung der Möglichkeit von Handlungen und der Fähigkeit zu Handlungen. Man spricht dann eher von Zutrauen. Als das Gegenteil des Vertrauens gilt das Misstrauen.«

Haben Sie schon einmal versucht, Vertrauen aktiv zu erzeugen? Ich glaube mit Vertrauen verhält es sich genauso wie mit Motivation. Reinhard Sprenger hat in seinem Buch, dem Bestseller »Mythos Motivation« eindrucksvoll beschrieben, dass Menschen immer dann, wenn sie Motivation aktiv erzeugen wollen, das Gegenteil erreichen. Die einzige Möglichkeit Motivation zu erzeugen ist, demotivierende Elemente zu eliminieren. Übertragen auf das Vertrauen bedeutet das, Misstrauen zu eliminieren.

In diesem Zusammenhang wird häufig von Integrität und Berechenbarkeit gesprochen, wenn eine Führungskraft also das tut, was sie sagt. Erstaunlicherweise auch, wenn sie Dinge tut, von denen wir nicht überzeugt sind. Wenn diese

Führungskraft aber zuverlässig das tut, was sie sagt, also das Wort in Übereinstimmung mit der Tat bringt, dann erzielt sie Klarheit. Ich bin sicher, Sie kennen selbst viele Führungskräfte, mit denen Sie vorzugsweise wenig – und bestimmt keinen privaten – Kontakt haben möchten, aber Sie schätzen sie in ihrer Rolle. Ich will damit nicht sagen, dass man unsympathisch sein muss, um eine gute Führungskraft zu sein. Es sind zwei verschiedene Attribute: Vertrauen bedeutet nicht zwangsweise Sympathie.

Vertrauen entsteht, wenn Zusagen und/oder Vereinbarungen, also Vorhersagen für die Zukunft zur Realität werden. Das gilt für das Verhältnis zur Führungskraft, aber ganz genauso auch für das Verhältnis der Führungskraft zum Mitarbeiter. Eine Führungskraft schenkt ihrem Mitarbeiter Vertrauen, wenn dieser zu seinem Wort steht und das tut, was er sagt.

Hier kommt Agile ins Spiel: Bei Agile werden Rahmenbedingungen geschaffen, die es besser ermöglichen, das umzusetzen, was man zuvor geplant und geäußert hat. Unter diesen Rahmenbedingungen werden Ziele verbindlicher und ihre Umsetzung realistischer.

Als Ergebnis daraus beginnt das Team, immer bessere Resultate zu liefern. Daraus erwächst dem Team Selbstvertrauen. Und einem Team, das mit höherem Selbstvertrauen arbeitet, gelingt es immer besser das zu erreichen, was es sich zuvor vorgenommen hat. Ein Team, das liefert, wird weniger kontrolliert. Weniger Kontrolle bedeutet weniger Misstrauen und mehr Freiraum. Führungskräfte verlassen sich auf die Aussagen des Teams und investieren ihre Zeit in andere Maßnahmen. Teams mit mehr Freiraum arbeiten motivierter. Motivierte Teams schaffen Dinge, an die sie vorher selbst nicht geglaubt hätten. Sie wachsen über sich hinaus, es entstehen Hochleistungsteams. So wird aus Misstrauen Vertrauen.

Weniger Kontrolle = weniger Misstrauen = mehr Freiraum.

02 Scrum

Die Japanischen Wissenschaftler Ikujirō Nonaka und Hirotaka Takeuchi schufen im Rahmen ihrer Arbeiten zu Wissensmanagement und Organisationsentwicklung die Grundlagen von Scrum. Sie verwendeten in diesem Zusammenhang erstmals den Begriff »Scrum« (engl. für Gedränge beim Rugby). Gemeint war ein ultimativer Teamzusammenhalt zur gemeinsamen Zielerreichung, wie er beim Rugby-Scrum geradezu physisch spürbar ist. Scrum-Teams arbeiten – ganz wie beim Rugby – als kleine, sich selbst organisierende Einheiten. Von außen wird lediglich die Richtung vorgegeben. Das Team bestimmt die Taktik und den Weg zur Zielerreichung selbst. Als eigentliche Erfinder des Scrum-Entwicklungsprozesses gelten jedoch Jeff Sutherland und Ken Schwaber. Sutherland führte bei einem Projekt für die Guinness Peat Aviation eine neue Rolle für die Projektleiter ein. Der Projektleiter wurde dabei zu einem Mitglied des Teams und seine Rolle entsprach eher der eines Moderators als der eines Managers. Schwaber veröffentlichte auf der OOPSLA 1995 den ersten Konferenzbeitrag zu Scrum, in dem er schrieb, dass »Scrum akzeptiert, dass der Entwicklungsprozess nicht vorhersehbar ist«. Ihm ging es zunächst darum, die bestmögliche Software unter Berücksichtigung von Kosten, Funktionalität, Zeit und Qualität zu entwickeln.

Scrum ist ein Gegenentwurf zur gängigen Befehlshierarchie. Während traditionell die Mitarbeiter genaue Arbeitsanweisungen erhalten, setzt Scrum auf Selbstorganisation. Es gibt keine übergeordnete Kontrollinstanz mehr, sondern nur noch eine Zielvorgabe. Die Mitarbeiter finden sich in einem interdisziplinär besetzten Entwicklungsteam zusammen und setzen die Ziele autark um. Voraussetzung, damit dies funktioniert, sind hoch qualifizierte Fachkräfte, die tatsächlich den nötigen Freiraum vom obersten Management bekommen, um ihr Potenzial an Wissen und Kreativität voll auszuschöpfen.

Scrum basiert auf den Werten der agilen Softwareentwicklung, die Ken Schwaber, Jeff Sutherland und andere im Jahre 2001 im agilen Manifest zugrunde legten (Zitat):

1. Menschen und Interaktionen sind wichtiger als Prozesse und Werkzeuge.
2. Funktionierende Software ist wichtiger als eine umfassende Dokumentation.
3. Zusammenarbeit mit dem Kunden ist wichtiger als die ursprünglich formulierten Leistungsbeschreibungen.

4. Eingehen auf Veränderungen ist wichtiger als das Festhalten an einem Plan.

Scrum akzeptiert, dass der Entwicklungsprozess nicht vorhersehbar ist.

2.1 Software und Scrum

Die Methode Scrum ist den meisten Softwareentwicklern bekannt und in fast allen Softwareunternehmen mehr oder weniger gut umgesetzt. In Unternehmen, deren Produkte Software als Teil des Ganzen (Mechatronik) beinhalten, waren die Softwerker schon immer die etwas Anderen unter den Entwicklern. Es ließ sich nur schwer erkennen, wie weit sie in ihrer Arbeit schon waren und womit genau sie sich beschäftigten, denn sie entwickeln keine Muster oder Prototypen zum Anfassen. Man hatte den Eindruck, sie wären immer die Letzten und werden nie fertig. Oft litten sie unter dem sogenannten Vor-Gipfel-Effekt: Nach 80 % der Zeitstrecke erwartete man 80 % der Fertigstellung, aber es folgte ein Tal der Tränen, um bis zur Fertigstellung weitere 80 % des Aufwandes zu benötigen. Bislang scheiterten sämtliche Versuche, die Software und damit die Softwerker in Prozessmodelle zu bändigen. Insbesondere Stage-Gate-Modelle mit Phasen und Meilensteinen wurden abgelehnt, mit der Begründung, dass sie zu starr und unflexibel, zu stark auf Hardware und Mechanik ausgerichtet sind: Während Hardware und Mechanik circa ein Drittel der Zeit für die Konzeptphase und zwei Drittel der Zeit für die Umsetzung benötigen, werden bei der Software zwei Drittel für die Konzeptphase und ein Drittel für die Umsetzung benötigt. Mit Scrum erhielt die Software-Community zum ersten Mal eine effektvolle Methodik, die jeder einzelne Softwerker nachvollziehen konnte und die man vor allem in eigenen Erfahrungen bestätigt sah: Kurze konkrete Konzeptphasen und schnelle Umsetzung mit anschließender Überprüfung durch Integration. Regelmäßige Kommunikation, kurzfristige Sichtbarmachung von Ergebnissen verbunden mit dem schönen Gefühl, dass Fortschritte erzielt werden. Das, was man sich vornahm, hat tatsächlich funktioniert. Das Scrum-Modell fand schnell Anerkennung und verbreitete sich zügig. Gleichzeitig ergab sich daraus ein Nachteil, denn Scrum wurde auch instrumentalisiert.

Es entstanden Begriffe, die den Eindruck machten, man wolle Transparenz und vermeintlichen Zeitdruck vermeiden. Man igelte sich ein und verkaufte Scrum als Religion. Mit Scrum müsse man sich nicht an das Stage-Gate- Modell halten, man arbeite jetzt in sogenannten Sprints. Lastenhefte wären nach Scrum unsinnig, da man ja gemäß dem agilen Manifest Entwicklung per Definition nicht planen und somit nicht vorhersagen könne, was am Ende rauskommt. Ein gutes Produkt entstehe quasi unterwegs, man müsse die Softwerker einfach nur in Ruhe lassen.

Scrum: Nach jedem Sprint ein »Shipable Product«.

Im Gegenzug biete man dem Rest der Entwicklungs-Community an, alle zwei Wochen ein sogenanntes »shipable product« zu erzeugen, also einen Software-Reifegrad, der quasi verkaufsfähig sei. Mit diesem Deal war man sehr einverstanden, weil es doch gegenüber den bisherigen Erfahrungen ein deutlich konkreteres Commitment darstellte. Diese friedliche Koexistenz war jedoch kein wirklicher Durchbruch. Denn diese Vereinbarung besiegelte noch stärker die Unterschiede zwischen Softwareentwickler und den anderen Entwicklungsfachbereichen. Mit dem agilen Manifest erhielt diese Religion auch noch eine Art Bibel. Das Resultat war eine noch größere Abkopplung der Softwareentwickler vom Rest der Entwicklungsmannschaft.

2.2 Scrum für die Hardware?

Erste Stimmen wurden laut, die Mechanik und Hardware können sich ja auch dem Scrum-Modell der Softwerker unterwerfen und damit nicht mehr nach dem PEP (Produktentwicklungsprozess gleich Stage-Gate-Modell) arbeiten.

Die Argumente dafür waren schon reizvoll: So müsse man sich dann nicht mehr vom Lastenheft drangsalieren lassen. In der Tat hatte sich in vielen Unternehmen unter dem Schlagwort Frontloading eine zwanghafte Überspezifizierung von Anforderungen entwickelt. Überladene Lastenhefte füllten nicht selten ganze Papierordner und die Erstellung dafür dauerte oft genauso lange wie der Prozess vom Lastenheft bis zum SOP (Start of Production). Die Hidden Agenda war der seit Jahrzehnten schwelende Brandherd in der Beziehung zwischen Produktmanagement und Entwicklung. In vielen Unternehmen enthält ein Lastenheft die Summe der Kriterien sämtlicher Wettbewerbsprodukte, allerdings in den Leistungen verdoppelt und im Preis halbiert. Darüber hinaus wurden die Wünsche der Vertriebsmitarbeiter (die sich, abhängig davon, was in der letzten verlorenen Auftragsverhandlung fehlte, ständig ändern) und natürlich die eigenen Ideen in einer langen Liste ohne Priorität zusammengetragen. Das Resultat wurde der Entwicklung über den Zaun geworfen. Kritik war nicht erwünscht und wurde mit Motivationslosigkeit oder fehlender Marktnähe kommentiert. Dahinter stand Hilflosigkeit auf beiden Seiten.

Nun ließ sich beobachten, wie sich die Softwerker mithilfe der neuen Methodik Scrum quasi am eigenen Schopfe aus dem Sumpf zogen. Und die Erfolge gaben ihnen Recht. Sie priorisierten ihre Arbeiten vor jedem Sprint, führten sich am Sprintende vor Augen, was sie tatsächlich schafften und korrigierten so ihr nächstes Sprint-Ziel auf das Machbare. Das Management war deutlich zufriedener, gab ihnen Lob und Anerkennung. Die Mechaniker hatten dem nichts entgegenzusetzen.

Doch der Deal, mit dem die Softwerker quasi aus dem PEP entlassen wurden, war ja dieses ominöse »shipable product« am Ende eines jeden Sprints. Wie sollte man in Mechanik oder Hardware nach einem Sprint – der bei den Softwerkern so zwischen ein und drei Wochen dauerte – ein Muster entwickeln, bauen und getestet haben? »Das kann so nicht funktionieren!« Darüber hinaus war in den meisten Unternehmen der sogenannte PEP seit mindestens zehn Jahren etabliert. Er ist anerkannte Basis, die gemeinsame Sprachregelung, Grundlage für die Zertifizierung nach ISO, auditiert von TÜV-Prüfern und in zyklischen Management Report Events manifestiert. Der PEP gibt Sicherheit und ist als DNA des Entwicklungsprozesses tief verankert. Davon Abstand zu nehmen galt als unmöglich. Darüber hinaus stehe ja im agilen Manifest: »Scrum akzeptiert, dass der Entwicklungsprozess nicht vorhersehbar ist« (was wir Entwickler ja schon immer sagen). Nur geht das in unserem Markt leider nicht: »Als Autozulieferer ist uns der SOP (Start of Production) heilig, als Hersteller von Produkten für den Endkunden sind wir an Messetermine gebunden.«

*Scrum in der Mechatronik?
Da gibt es viele Gegenargumente.*

Hinzu kam als weiteres Argument dieser Product Owner. Die Literatur besagt, er kenne den Markt (Voice of the Customer), die Technik (die Produktarchitektur) und er ist der Projektleiter (Qualität, Kosten, Termine). Menschen, die das alles in einer Person beherrschen, sind sehr selten. Dafür sind unsere Produkte einfach zu komplex!
Zusammengefasst:
1. Kurze Sprints scheinen für die Mechatronik nicht umsetzbar.
2. Der PEP ist seit langem etabliert – ein Konkurrenzprozess wird sich nicht durchsetzen.
3. Unplanbarkeit kann nicht akzeptiert werden – »wir haben fixe Messetermine oder Kunden-SOP-Termine.«
4. Die Rolle des Product Owners ist in einer komplexen Mechatronik-Umgebung in einer Person nicht darstellbar.

Genügend Gründe, um von der reizvollen Versuchung Agile in der Mechatronik einzuführen, gedanklich wieder Abstand zu nehmen?

03 Der Geist von Agile

In mehr als drei Jahren, über 40 namhaften Unternehmen und mehr als 100 komplexen Mechatronik-Projekten ist es uns gelungen, die zuvor genannten Gegenargumente zu überwinden. Einige sehr erfolgreiche Beispiele können Sie in diesem Buch nachlesen – hier mein außerordentlicher Dank an die Industrieautoren der folgenden Beiträge.

Der Kern von Scrum ist faszinierend und vor allem einfach. Wenn man sich die tieferen Effekte bewusst macht, die den Erfolg ermöglichen, dann lassen sich diese auch auf die Mechatronik übertragen.

Worauf, auf die Komplexität des Arbeitsinhaltes?

Genau das ist der Unterschied. An dieser Stelle dreht Agile unsere gewohnte Denkweise quasi um 180°. Die agile Produktentwicklung hält die Sprintdauer konstant auf zwei Wochen. Die Komplexität lässt sich mit einem Schwimmbecken vergleichen, das mit konstanter Länge (zwei Wochen) mit entsprechender Tiefe (Teamkapazität) gefüllt wird. Alle zwei Wochen wird der Schwimmbeckeninhalt mit der aktuell anstehenden Komplexität gefüllt.

3.1 Der Sprint im Mittelpunkt

Den Kern der agilen Methode bildet der sogenannte Sprint. Er umfasst eine Zeitstrecke, in der ein Team von A nach B kommen soll.

Was meinen Sie, ist die ideale Zeitspanne für einen Sprint? Eine Woche, zwei Wochen, drei Wochen, eher mehr – oder weniger? Oder sind Sie der Ansicht, »es kommt drauf an«?

3.2 Die Kraft des Rhythmus

Nun stellen Sie sich bitte vor, ein Team nimmt sich vor Beginn eines Sprints ein solches »Schwimmbeckenvolumen« vor, es arbeitet über zwei Wochen den Inhalt des Volumens ab und überprüft danach, was es geschafft hat. Das Team erhält Feedback, stellt dabei insbesondere nach dem ersten Sprint fest, dass es nicht alles, was es geplant hat, geschafft hat.

Bild 3.1
Größer werden durch Selbst-Bestimmung

Dieser Erkenntnisgewinn fließt in die Planung des nächsten Sprints. Die aktualisierte Planung wird erneut innerhalb von zwei Wochen umgesetzt und das Team trifft sich pünktlich zu einem erneuten Feedback. Auch diesmal wurde nicht alles erreicht. Erneut werden die Erkenntnisse verarbeitet und münden in eine erneute, verbesserte Planung usw. Das Team gelangt so in einen stetigen Zwei-Wochen-Rhythmus.

Der agile Rhythmus – schnellere Erfolge, Spaß, Selbstbewusstsein.

Nun die entscheidende Frage: Was glauben Sie, bewirkt das mit den Menschen, die in diesen neuen Arbeitsrhythmus kommen? »Ihre Fähigkeit zu Planen wird besser!«, »Sie bekommen in kurzen Zyklen immer besseres Feedback!«, »Sie werden immer verlässlicher!«, »Sie werden sich immer bewusster, was sie schaffen können!«, »Sie werden mehr Verantwortung für ihre eigene Planung übernehmen!«, »Die Motivation, sich zu steigern, wird zunehmen«, »Die Zyklen sind kurz – die Gefahr zu scheitern ist kleiner, maximal eine Sprintdauer!«, »Ihr Mut, etwas zu wagen steigt dadurch!«, »Das Team wird sich zusammenschweißen!«, »Sie werden mehr Spaß haben!«. Diese Antworten erhielt ich von Menschen, die sich in Teams hineinversetzten, die im agilen Rhythmus arbeiten.

Genau das – und nichts anderes – ist das Ziel von Agile!

Agile bringt Menschen in einen Erfolgsrhythmus. Sie werden als Team zusammengeschweißt. Mit Agile werden Menschen in mehr Eigenverantwortung gebracht. Es geht darum, **Menschen größer zu machen!**

3.3 Menschen größer machen

Wenn Menschen größer werden, schaffen sie Dinge, die keiner vorher für möglich gehalten hätte. Menschen, die sich von Sprint zu Sprint immer bewusster werden, was sie schaffen können, werden selbstbewusster. Geht nicht – gibt es dann nicht mehr. Fragt man Entwickler, was sie am meisten motiviert, antworten sie »Etwas zu schaffen, was als unmöglich gilt«. Die meisten Entwickler haben ihr Ingenieurstudium und ihren Job in der F & E gewählt, weil sie kreativ sein wollen. Als F&E-Führungskraft müssen Sie nur diese Kreativität in die richtigen Bahnen lenken und sie dann agieren lassen. Das genau ist der agile Rhythmus: Klare Ziele setzen, Freiraum lassen, Feedback geben.

Die agile Führung:
1. Klare Ziele setzen,
2. Freiraum lassen,
3. Feedback geben.

Damit das erreicht werden kann, müssen sich zwei Dinge ändern:
(1) Das Management muss *führen* und
(2) die Teams müssen sich *fokussieren* können.

3.4 Teams kommen in den Flow

Die agile Produktentwicklung bringt Teams in einen Rhythmus. Sie müssen dann nicht mehr darüber nachdenken, wie sie sich organisieren, wie sie Management-Reports gestalten, um in Ruhe weiter arbeiten zu können oder wie sie Verantwortung zurückdelegieren. Will das Management realistisch über den Projektstand informiert werden, dann sucht es das Projektteam auf und sieht sich das Agile-Board an, man nennt dies »go to Gemba« (gehe an den Ort des Geschehens).

Menschen, die angstfrei, auf den Kern einer Sache konzentriert arbeiten können, kommen in den Zustand des Flows. Sie vergessen Raum und Zeit. Die sensible Balance aus positivem Zeitdruck und Freiraum entsteht im selbstbestimmten Handeln. Dabei existieren klar definierte Leitplanken. Das schafft den Fokus, aus dem der Erfolg resultiert.

3.5 Das Management kommt in die Führung

Führung erfolgt in den Unternehmen höchst individuell. Sie ist abhängig von der Kinderstube, den individuellen Erfahrungen, Vorbildern und Erlebnissen der jeweiligen Führungskräfte. Dabei existiert eine große Bandbreite von der »Manndeckung« (Kontrolle) bis zum »Laissez faire« (Nicht-Führung).

Der typische »Manndecker« kennt alles im Detail. Er ist anerkannt als der größte Experte, der beste Problemlöser, der zentrale Dreh- und Angelpunkt in seinem technischen Fachgebiet. Seinem hohem Anspruch werden nur wenige gerecht. Das bringt ihm ständig Anerkennung, Wertschätzung und Unabkömmlichkeit. Wenn er in den Urlaub geht, ruhen alle Projekte. Dafür kommt er morgens früher und geht abends später und in der Zwischenzeit arbeitet er unter vollem Adrenalin. Bevor er einem anderen Aufgabenstellung und Lösung erklärt, macht er es besser selbst, denn mit der Ergebnisqualität wäre er ohnehin nicht einverstanden. Im Ergebnis führt diese Form der Führung dazu, dass der »Manndecker« selbst das Ergebnis seines Teams limitiert. Seine Art der Führung begrenzt den Output der ganzen Mannschaft.

Der Laissez-faire-Manager sieht das alles völlig anders: Freiraum ist für ihn der höchste Wert der Führung. Er gibt Ziele vor und lässt die Teams in Ruhe arbeiten. »Wenn ihr nicht weiterkommt, meldet euch bei mir, ansonsten gehe ich davon aus, dass es gut funktioniert! Meine Tür steht euch immer offen.« Er entwirft Strategien und Konzepte für die Organisation und ist ständig auf Weiterbildung. Unter einer solchen Führung arbeiten Teams über lange Phasen hinweg ohne Vorgaben und Feedback. Wenn dann im Review das Ergebnis weit entfernt von den Erwartungen liegt, ist der Frust allerdings mindestens genauso hoch wie unter dem »Manndecker«.

Die einzigen systematischen Maßnahmen zur positiven Beeinflussung der Führungsfähigkeit in der industriellen Praxis funktionieren etwa so: »Wir schicken ihn auf ein Führungskräftetraining«, »wir verpassen ihm einen Coach« oder »wir tauschen ihn aus«. Und zwar in dieser Reihenfolge. Unserer Erfahrung nach ist gute Führung oftmals Zufall.

In einigen Unternehmen existieren generische Guidelines für gute Führung. Wer sie liest, kann keinem dieser Grundsätze widersprechen. Sie sind einleuchtend und nachvollziehbar. Nur eines fehlt: Wie setzt man das konkret um?

Gute Führung wird Realität.

Die besondere Schwierigkeit in der Führung ist, die Balance zwischen Manndeckung und Laissez-Faire zu finden. Und genau hier setzt der faszinierende Ansatz von Agile ein: Führen wird zu einem kontinuierlichen Prozess, der im regelmäßigen Rhythmus die Gelegenheiten dafür schafft, dass gute Führung mit höherer Wahrscheinlichkeit realisiert werden kann.

04 Wie funktioniert die agile Produktentwicklung?

4.1 Die Projektplanung

Im klassischen Projektmanagement lernt man, dass zu Projektbeginn eine sogenannte Work Breakdown Structure (WBS) erarbeitet wird. Die WBS strukturiert die Gesamtkomplexität des Projektes, der »Elefant wird in Scheiben geschnitten« und die Arbeitspakete-Struktur des gesamten Projektes dargestellt. Jedes einzelne Arbeitspaket hat eine geringere Komplexität als das Ganze. Sinn dieser Übung ist es, die für die einzelnen Arbeitspakete verantwortlichen Menschen zu fragen: »Wie lange brauchst du dafür?« Diese Frage hat es in sich – es wird ernst:

Entwicklung ist Neuland und damit nicht planbar?

Unausgesprochen steht im Raum: »Ich bin Entwickler, ich betrete Neuland, also Land, das noch niemand betreten hat. Ich war noch nie da. Wie soll ich eine Aussage für etwas garantieren, was ich nicht wirklich einschätzen kann? Wie wird meine Aussage verwendet? Ich fühle mich nicht gut. Jemand will mich für etwas verhaften, das ich nicht vollständig beeinflussen kann. Das ist ungerecht. Dieser Jemand heißt Projektleiter, ich mag ihn nicht (nicht persönlich, nur in dieser Rolle). Ich verstehe ihn, auch er muss seinem Chef einen Projektplan abliefern, das ist sein Job und dafür wird er verantwortlich gemacht. Doch am Ende bin ich der Dumme. Dann heißt es wieder: ›Die Entwicklung hält ihre Termine nicht ein, sie ist zu langsam, zu wenig effizient‹. Das macht keinen Spaß! Wie komme ich aus dieser Nummer raus?«

Ohne einen konkreten Fertigstellungstermin zu nennen, wird dieses Tauziehen nicht enden. Nennt der für das Arbeitspaket verantwortliche Mitarbeiter einen Termin, der weit genug in der Zukunft liegt, hätte er genügend Zeit, es wirklich zu schaffen. Der Projektleiter wird das vermutlich nicht akzeptieren und so beginnt eine zähe Verhandlung. Nennt der Mitarbeiter einen Termin, der zu knapp bemessen ist, ist er den Projektleiter zwar schnell los, aber das könnte ein Ende mit Schrecken werden. Also greift er sich das komplexeste aller Arbeitspakete, argumentiert mit dessen großem Umfang und Neuigkeitsgrad und schätzt aus dem Bauch heraus »neun Wochen«!

Die richtige Antwort wäre gewesen: »Ich habe

keine Ahnung, Entwicklung ist per Definition unplanbar und dann fertig, wenn sie fertig ist (steht übrigens auch im agilen Manifest). Gebe ich ihm diese Antwort, verliere ich mein Gesicht und würde als inkompetent gelten. Besser, der Projektleiter trägt die neun Wochen zähneknirschend in seinen Projektplan ein und lässt mich in Ruhe. Puh, unangenehm, aber ich bin ihn erst mal los!«

4.2 Das Gesetz von Parkinson

Parkinsons Gesetz wurde in der Wochenzeitschrift »The Economist« am 19. November 1955 veröffentlicht: »Work expands so as to fill the time available for its completion.« »Arbeit dehnt sich in genau dem Maß aus, wie Zeit für ihre Erledigung zur Verfügung steht.«

Oder einfacher: »Jeder braucht solange, wie er Zeit hat!«

Nehmen wir die eben veranschlagten neun Wochen. Kennen Sie Projekte, die früher, d.h. vor dem geplanten Endtermin fertig geworden sind? Werden Fertigstellungstermine von Arbeitspaketen *unter*schritten? Egal, ob wissenschaftlich determiniert, abgeleitet aus statistisch ermittelten Vergangenheitswerten oder einfach nur geschätzt, es gilt das Gesetz des Termins: Nichts wird vorher fertig!

Parkinsons Gesetz:
»Jeder braucht solange, wie er Zeit hat«.

Ein Projektleiter, der das zuvor dargestellte Gedankenspiel des Entwicklers kennt (er war schließlich selbst mal einer), wählt das kleinere Übel: Lieber einen geschätzten Termin mit offensichtlichem Puffer als gar keinen Termin. Doch eines ist sicher: Das macht keinen Spaß! Welche Alternativen hätte der Projektleiter denn gehabt?

1. **Er hätte den Termin vorgeben und sachlich mit äußeren Zwängen begründen können.** So, wie Kunden ihre Lieferanten vor vollendete Tatsachen stellen. Wie groß wäre dann das Engagement des Entwicklers gewesen? Würde ihm dieser am Ende nicht vorhalten, der Termin sei von vornherein unrealistisch gewesen?
2. **Er hätte den Entwickler selbst planen lassen können.** Wie groß ist das Vertrauen in Ter-

mine, die aus der Entwicklung kommen? Ist da genügend Ehrgeiz drin? Wie viel Puffer ist miteingebaut? Wie oft haben wir erlebt, dass kürzer vorgegebene Termine mit entsprechendem Druck dann doch noch erreicht werden konnten! Daher gibt er lieber Termine vor und kalkuliert mit ein, dass die Entwicklung etwas länger benötigt und hofft, dass das schlechte Gewissen sie antreibt, rechtzeitig fertig zu werden.

Die Ermittlung von Terminen hat eine extrem hohe Relevanz auf die Produktivität der Entwicklung: Zu kurz bemessene Termine lassen das Engagement abreißen, zu lang bemessene Termine lassen die Arbeit expandieren.

4.3 The »Students law of Tension«

Sie kennen die Dramaturgie bei Prüfungsterminen. Jedes Mal haben wir uns vorgenommen, rechtzeitig zu beginnen, uns jeden Tag ein bisschen vorzubereiten, um Stresssituationen am Ende zu vermeiden. Soweit die Theorie. Die volle Konzentration kam allerdings doch erst im Angesicht des Termins.

Diejenigen, die es schaffen, den gesamten Prüfungsstoff portionsweise einer realistischen Zeitspanne zuzuordnen, vermeiden den Adrenalinanstieg zum Schluss hin, wenn keine Chance mehr besteht, pünktlich fertig zu werden. Denn dann wird aus Konzentration und positiver Anspannung pure Angst und Angst vernichtet Energie.

Manche schaffen es, die motivierende Ausstrahlung des Endtermins auf mehrere Teiltermine herunterzubrechen und damit die Antriebskraft zu verstetigen.

Genau dieses Prinzip ist bei Agile der Sprint-Rhythmus.

4.4 Die Sprint-Dauer

Gibt es eine Korrelation zwischen Schätzwert und tatsächlichem Wert bei der Zeitdauer von Entwicklungsarbeiten?

In einer Studie mit über 500 Projekten aus der Vor-, Serien- und Produktpflegeentwicklung wurden Entwickler gefragt, wie lange sie für ein Arbeitspaket brauchen. Dieser Schätzwert wurde mit dem real erreichten Zeitpunkt verglichen. Es ergab sich eine erstaunliche Korrelation: Bis zu einer Zeitdauer von 14 Tagen nahm der Grad der Übereinstimmung zwischen Schätzung und Eintrittsdatum linear ab. Nach 14 Tagen war diese Abweichung nicht mehr linear, sondern exponentiell. Offensichtlich ist die Vorstellungsfähigkeit des menschlichen Gehirns bei 14 Tagen am besten.

Sie kennen den Effekt von Wettervorhersagen: Fragen Sie das Wetteramt nach einer Prognose in mehr als 14 Tagen. Wenn Sie einen konkreten Temperaturwert verlangen, werden Sie auch diesen bekommen. Aber das ist dann ein Mittelwert aus Himmel und Hölle. Sie hätten diesen Wert auch mittels der Chaostheorie berechnen lassen können.

Bei längeren Zeiträumen nimmt die Bereitschaft des Einzelnen deutlich ab, Verantwortung für geäußerte Vorhersagen zu übernehmen und sich persönlich dafür einzusetzen. Einschätzungen über eine Zeitspanne von zwei Wochen haben einen höheren Wert.

Ich glaube, dass dabei vieles unbewusst geschieht. Unser Bewusstsein soll etwa 15 Bit/sec, d.h. ca. 15 Informationen wie riechen, schmecken, hören etc. gleichzeitig verarbeiten können. Unser Unterbewusstsein soll 1 Million Mal mehr Informationen verarbeiten können als unser Bewusstsein. Ein extremes Beispiel dafür ist der Autist Stephen Wiltshire (»the living Camera«), der mit dem Hubschrauber zum ersten Mal über Rom und andere Städte flog und danach in nur drei Stunden jedes Detail aufmalen konnte.

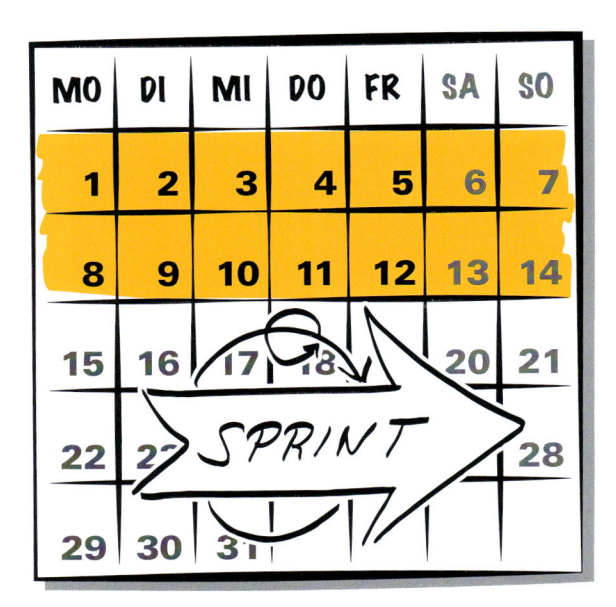

Bild 4.1
Die beste Sprintdauer: Zwei Wochen.

Die Fähigkeit des Gehirns, unserem Unterbewusstsein Informationen zu vermitteln, ist höher, wenn es sich dabei um Bilder handelt. Zielbilder, die uns außerdem gefallen, zu denen wir also eine positive Beziehung aufbauen können, rutschen geradezu mit Fallgeschwindigkeit in unser Unterbewusstsein. Sämtliche Weggabelungen und Entscheidungen werden danach unterbewusst in eine Richtung gelenkt, um ein attraktives Zielbild Realität werden zu lassen. Wir können uns gegen die Zielerreichung gar nicht mehr wehren.

Eine Schätzdauer von zwei Wochen ist offensichtlich »gehirngerechter«. Das ist ein relevanter Unterschied zum konventionellen Projektmanagement. Anstatt den Zeithorizont der Aufgabenkomplexität anzupassen, wird ein fester, zweiwöchiger Rhythmus installiert und der Fertigstellungsgrad dieser fixen Dauer angepasst. Bei Agile nennt sich das »Timeboxing«.

Zwei Wochen Sprintdauer sind »gehirngerecht«.

Genau aus diesem Grund dreht Agile die Frage um. Sie lautet nicht: »Wieviel Zeit brauchst du?« sondern: »Was möchtest du in 14 Tagen fertiggestellt haben?«

Bei der Umstellung der Denkweise, also weg von dem gewohnten »Bermuda-Dreieck« aus Q, K, T (Qualität, Kosten, Termine), in dem alle drei Dimensionen variabel sind, wird eine Dimension gekürzt: Dies führt zu einer enormen Erleichterung. Die freigewordene Energie kann für sinnvollere Dinge verwendet werden.

Diese Umstellung ist jedoch fundamental. Teams benötigen in der Regel mehrere Sprints, um in den neuen Rhythmus zu kommen und ihn intuitiv zu leben. Danach erlebt man, wie sie die frei gewordene Energie für mehr Fortschritt oder kreativere Lösungen verwenden.

4.5 Das Timeboxing

Menschen, die agil arbeiten, werden nie wieder gefragt: »Wie lange brauchst du für dieses Arbeitspaket«?

Dieser Unterschied ist erheblich: Nicht wertschöpfende Schätzungsorgien gehören damit der Vergangenheit an. Entwickler verbringen weniger Zeit mit Reporting. Planung wird nicht als lästige Kontrolle empfunden, bei der der Projektleiter den Entwickler »festnageln« möchte und dieser im Gegenzug schützende Puffer einbaut, was das Misstrauen auf beiden Seiten vorprogrammiert.

Nicht wertschöpfende Schätzungsorgien gehören der Vergangenheit an.

Menschen, die sich immer wieder im gehirngerechten Abstand von zwei Wochen eigenverantwortlich Ziele setzen, erfahren von Sprint zu Sprint die Bestätigung ihrer Planung. Zu erfahren, »das, was ich mir vorgenommen habe, konnte ich halten«, macht Menschen mental stärker. Wenn Teams von Sprint zu Sprint ihre Einschätzungsfähigkeit verbessern, verändern sich die Menschen. Das ist einer der fundamentalen Erfolgseffekte von Agile. Sie werden sich immer besser dessen bewusst, was sie schaffen können. Das heißt, sie werden sich ihrer selbst immer besser bewusst – ihr Selbstbewusstsein wird gestärkt. Menschen mit mehr Selbstvertrauen sind mutiger. Sie können Risiken besser einschätzen und sie übernehmen mehr Verantwortung für das, was sie tun. Dadurch bekommen sie wiederum mehr Freiraum für ihre Handlungen, haben mehr Spaß an ihrer Leistung und erzielen leichter Erfolge. Wenn Menschen einmal auf diese Erfolgsspirale gekommen sind, wollen sie nicht wieder anders arbeiten.

4.6 Die drei Rollen von Agile

4.6.1 Der Product Owner – das Product-Owner-Team

Eine neue Rolle in der Agile-Methodik ist der sogenannte Product Owner. Er ist verantwortlich für die Marktanforderungen (Markt), die Produktarchitektur (Technik) und für das Projektmanagement (Projekt). Die Marktanforderungen werden in den meisten Unternehmen durch einen Produktmanager definiert. Für die Technik, d.h. für die Produkt-/Systemarchitektur haben viele Unternehmen die Rolle des sogenannten Systemingenieurs geschaffen. Der Projektleiter hat die Verantwortung für Q, K, T (Qualität, Kosten und Termine).

Menschen, die dieses breite und tiefe Anforderungsprofil erfüllen, finden sich in der industriellen Praxis selten in einer Person. Aus diesem Grund haben wir aus dem einzelnen Product Owner das Product-Owner-Team (POT) entwickelt. Das POT bestehend aus: Produktmanager (Markt), Systemingenieur (Technik) und Projektmanager (Projekt).

Durch die Idee des Product-Owner-Teams konnten wir in den Unternehmen eine deutliche Entspannung erreichen: Keine der drei Rollen hat eine Unter- oder Überstellung zu befürchten, die Suche nach der einen »Extremqualifikation« fällt weg. Außerdem muss keine neue Funktion geschaffen werden und, viel wichtiger: Das Organigramm muss sich nicht ändern.

Die Erweiterung der Rolle des klassischen Projektleiters hin zu einem Product-Owner-Team hat drei Vorteile:

1. Der Projektleiter ist nicht allein, die Projektführung findet im Team statt. Die drei relevanten Blickrichtungen Markt, Technik und Zeit sind mit Profis aus jedem einzelnen Fachgebiet besetzt. Keiner legt das Ziel einseitig oder unabhängig von den anderen fest. Drei Sparringspartner arbeiten alle zwei Wochen an dem besten Ziel für ein Team innerhalb eines Sprints.

2. Der Markt ist integriert. In den meisten Unternehmen reduziert sich die aktive Rolle des Marktes, also des Produktmanagements im Wesentlichen auf die Lastenhefterstellung und die Markteinführung. Bei Agile ist der Markt alle zwei Wochen mit den kapazitiven Möglichkeiten der Technik konfrontiert. So hat die lange Liste der Wünsche ohne Regulativ ein Ende. Strategie ist die Kunst des Verzichts, das wird bei Agile ganz konkret: Das Produktmanagement setzt vor jedem Sprint im Backlog die Prioritäten.

3. Gute Führung wird Realität. Wenn gute Führung im Kern aus den drei Schritten 1. Klare

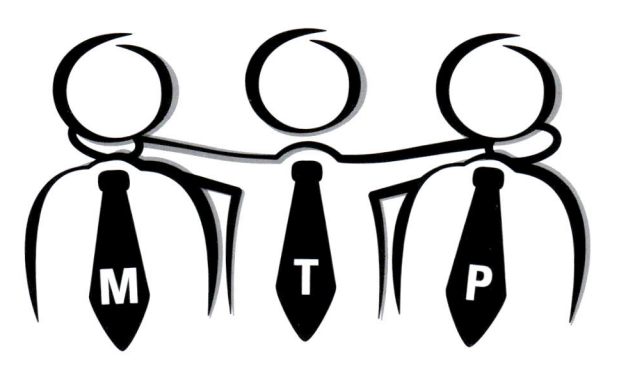

Bild 4.2
Product-Owner als Team von **M**arkt-, **T**echnik und **P**rojekt

Ziele setzen, 2. Freiheit lassen, 3. Feedback geben, besteht, dann ist genau das in Agile eingebaut: Ein Systemingenieur lernt klare Ziele (das WAS?) klarer und eindeutiger zu formulieren, um dem Team danach die Verantwortung für die Umsetzung (das WIE?) zu überlassen. Damit gewinnt er Zeit für sich und kann seine wertvolle Kapazität mehreren Teams zugutekommen lassen.

Drei Sparringspartner »ringen« alle zwei Wochen um das beste Sprint-Ziel.

4.6.2 Das Team

Unabhängig von Projektinhalten und Zielen existieren gruppendynamische Zusammenhänge, die die Größe eines Teams definieren. Zu große Teams sind schwer zu organisieren, allein schon im Hinblick auf die Terminkoordination. Außerdem neigen sie dazu, sich in Subteams mit informellen Teilprojektleitern zu zersplittern. Zu kleine Teams hingegen verfügen nicht nur über zu wenig Kapazität, ihnen fehlt auch die Vielfalt an Meinungen, um kreative Lösungen zu generieren. Ein Team sollte daher aus mindestens fünf und maximal acht Personen bestehen.

Folgende Frage habe ich auf allen Hierarchieebenen, von der Projektteamebene bis zum Konzernvorstand gestellt: »Wer ist **unbedingt** im Team erforderlich, damit Sie sicher sein können, dass dieses Team **nicht** funktioniert?« Die Antwort folgt immer binnen weniger Sekunden: Ein Chef!

Lassen Sie sich das bitte auf der Zunge zergehen. Eine Antwort wie aus der Pistole geschossen, begleitet von heiterem Gelächter, insbesondere von den anwesenden Chefs. Ich behaupte, weltweit weiß jeder, dass ein Chef im Team verhindert, dass ein Team die volle Verantwortung übernimmt.

Wie sieht die Realität aus, kennen Sie Projekte ohne Projektleiter? Ich meine, *bewusst* ohne Projektleiter! Es ist so selbstverständlich und hat sich fast schon reflexartig in der Industrie etabliert, dass ein Projekt einen Projektleiter braucht. Läuft das Projekt nicht richtig, an wen wendet sich das Management zuerst? Welche Rolle versucht man zu verstärken, um ein Projekt zu retten? Wer wird ausgetauscht, wenn erkannt wird, dass es einer radikalen Maßnahme bedarf, um das Projekt zu korrigieren?

Und was zeichnet einen besonders guten Projektleiter aus? Dass er Verantwortung übernimmt für sein Projekt. Dass er sich zu 100 % mit seinem Projekt identifiziert. Dass er mit Engagement und vollständigem Einsatz für das Projektziel brennt. Und was passiert gruppendynamisch, wenn jemand mit dieser idealtypischen Beschreibung in einer Gruppe von z. B. acht Menschen Verantwortung für sein Projekt übernimmt?

Jeder weiß es:
»Besser kein Boss im Team!«

Sie kennen die Situation: Das Team sitzt im Besprechungsraum, es ist kein Chef dabei. Alle diskutieren konzentriert und engagiert, um eine Lösung zu finden. Jeder beteiligt sich, es wird mit Händen und Füßen geredet. Lösungen werden auf Flipcharts gemalt, jeder brennt darauf, auf die Idee des Kollegen noch eins draufzusetzen. Ein hochdynamischer Fluss. Plötzlich geht die Tür auf und der Chef kommt rein. Es ist ein guter Chef, er will nicht stören – nur zuhören, Aufmerksamkeit zeigen. Deswegen tritt er ganz höflich, quasi auf leisen Sohlen an den Tisch und setzt sich neben eines der Teammitglieder auf einen freien Stuhl. Er lächelt und nickt ermutigend, weil er spürt, dass die Diskussion gut läuft. Was passiert mit der eben noch hochdynamischen, äußerst kreativen und konstruktiven Lösungsfindungsdiskussion? Äh, vielleicht sollten wir dem Chef mal eine kurze Zusammenfassung geben? Oder: Ja, wir wollten eh' gerade eine Pause machen. Oder die Diskussion läuft etwas gespielt weiter, während das echte Energieniveau unter 50 % gerutscht ist. Warum?

Bild 4.3
Echte Team-Mitglieder arbeiten auf Augenhöhe.

Weil jemand in den Raum kam, auf dessen Stirn unsichtbar *Verantwortung* tätowiert ist. Und das ist das Phänomen der Verantwortung: Sobald einer in einer Gruppe etwas mehr davon hat, fällt sie von den anderen ab.

Verantwortung ist hochsensibel, unsichtbar, sie kann sich quasi mit Lichtgeschwindigkeit auf- und abbauen. In bestimmten Konstellationen wird sie eine gewisse Höhe nicht überschreiten. Agile hebt die Verantwortung jedes einzelnen Teammitglieds auf ein höheres Niveau. Genau das ist der fundamental neue Ansatz, die Ursache für die sensationellen Erfolge, die wir mit dieser Methode in vielen Industrieunternehmen erzielen konnten.

Das Team muss von jeglicher Art von Leitung befreit werden, auch von informellen Leitern. Aber Sie kennen das: Entfernt sich ein Projektleiter aus dem Team, so wird häufig Platz für einen informellen Teamführer. Er übernimmt die neue Rolle gerne, weil er sich Karrierechancen ausrechnet und sich mit mehr Engagement dafür einsetzt. Das wird im Management gerne gesehen. Auch die Teammitglieder sind dem gegenüber oft recht aufgeschlossen. Teams, die es über viele Jahre gewohnt sind, geführt zu werden, verfallen am Anfang in eine Art Hilflosigkeit und bitten um Entscheidung. Manchmal wird ein nachwachsender, informeller Teamleiter vom Team geradezu in diese Rolle hineingedrängt.

Mehr Verantwortungsübernahme bei jedem einzelnen Team-Mitglied.

Beides sollte der Agile-Coach verhindern. Sein Ziel ist es, die Verantwortungsannahme bei jedem einzelnen Teammitglied zu steigern.

4.6.3 Der Agile-Coach

Eine irreführende Bezeichnung für den Agile-Coach ist aus meiner Sicht der Name »Scrum Master«. Woran denken Sie, wenn Sie Master hören? Genau, das sollte gerade **nicht** seine Rolle sein. Ein Agile-Coach ist zu 100% neutral. Einfach zusammengefasst: Er kann Agile und er kann coachen.

1. Agile (Der »mechanische« Teil)
Der Agile-Coach beherrscht die Anwendung der Methode in allen beruflichen Lebenslagen: Insbesondere in der Set-up-Phase eines Projektes definiert er gemeinsam mit allen Projektbeteiligten die neuen Rollen von POT und Team. Er adaptiert die Methode auf große und kleine Teams. Er überträgt das Prinzip auf global verteilte Teams und ist in der Lage, die Methode auch auf Teams, in denen nicht alle Rollen optimal besetzt werden können, anzupassen. Ein Agile-Coach hat Erfahrung in der Definition von Backlogs:

Nach welchen Regeln leitet man die Inhalte ab? Wie granuliert man die einzelnen Backlog-Items? Wie stellt man sicher, dass wirklich eine Priorisierung stattfindet?

Bei der Einführung von Agile in der mechatronischen Produktentwicklung hat der Agile-Coach das Einschätzungsvermögen für die Zusammenhänge zwischen Hardware, Software und Mechanik. Zusammen mit POT und Team gestaltet er das Agile-Board. Dabei ist ihm wichtig, dass das Board übersichtlich und auch optisch attraktiv gestaltet wird. Wenn Teams an ihr Board kommen, sollte es so einladend gestaltet sein, dass es Spaß macht, damit zu arbeiten. Bei den vielen Ritualen und Inhalten der gesamten Methodik konzentriert er sich auf die drei wesentlichen Momente: Das Commitment in der Sprintplanung, den Spaß im Daily, die Wertschätzung und die Prozessoptimierung in der Retro.

2. Coachen (der »softe« Teil)

Der Agile-Coach hat die Fähigkeit und vor allem den wirklich ernst gemeinten Wunsch, andere Menschen größer zu machen. Ein richtig guter Coach steht sich selbst nicht mehr im Weg. Er kann gut selbst reflektieren und erkennt, wenn er seine Rolle unabsichtlich verlässt. Sein tief verankertes Credo ist »Hilfe zur Selbsthilfe«. Ein guter Coach erteilt keine Ratschläge, er gibt Hinweise, Feedback oder bietet Lösungsmöglichkeiten an: Die Entscheidungen liegen aber *immer* beim POT oder beim Team. Das heißt, er muss aus seiner Sicht auch unsinnige Interpretationen der Methode akzeptieren, wenn das Team sie so gewählt hat. Alle zwei Wochen endet ein Sprint und kann in der Retrospektive korrigiert werden. Eine Retrospektive kann ohne einen Agile-Coach nicht durchgeführt werden.

Agile-Coach statt Scrum-Master.

Als Coach hat er die Fähigkeit, auch mit den Menschen geduldig umzugehen, die etwas mehr Zeit brauchen, um von den Vorteilen der Methode überzeugt zu werden. Insbesondere in der Phase der Neueinführung von Agile darf er die Rolle eines »Hofnarren« übernehmen. Sobald er merkt, dass es Konflikte oder Widerstände gibt, die außerhalb des Teams liegen, darf er wie ein »freies Radikal« über alle Hierarchiegrenzen hinweg agieren und Lösungen herbeiführen.

Auch die Aufgaben eines Coaches werden strukturiert. Neben dem Agile-Board hängt ein

4 Wie funktioniert die agile Produktentwicklung?

weiteres mit der Bezeichnung »Impediments« (Hindernisse). Hier werden am Ende eines jeweiligen Sprints die Hindernisse festgehalten, bei deren Beseitigung das Team eine noch höhere Performance erreichen könnte. Der Agile-Coach ist für das Fernhalten und Entfernen von Impediments verantwortlich, die das Team am effizienten Arbeiten hindern.

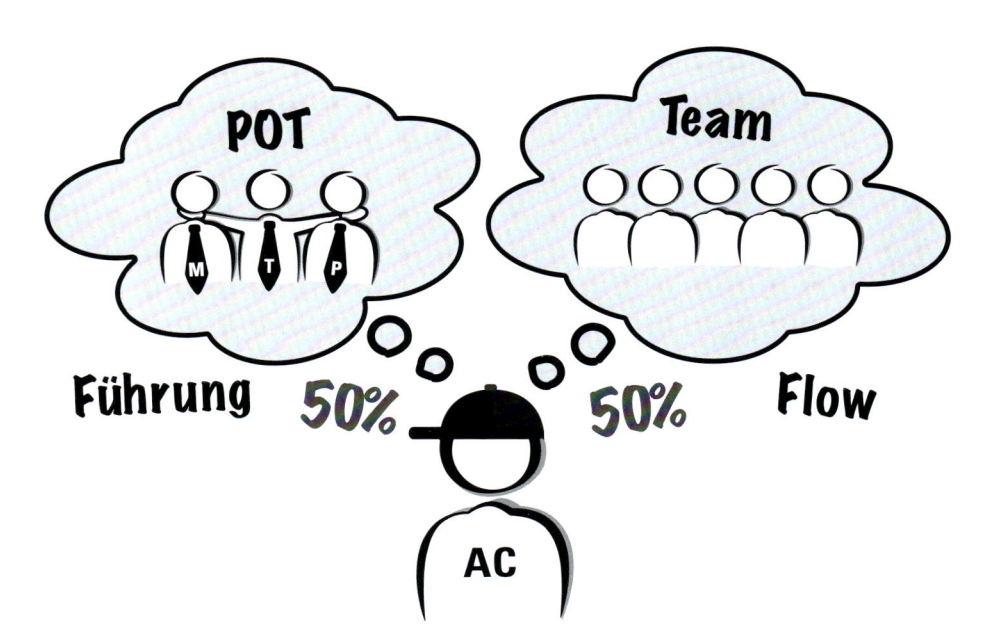

Bild 4.4
Der Agile Coach bringt das Management in die Führung und das Team in den Flow.

Ein Agile-Coach
1. darf weder POT noch Team-Mitglied in Personalunion sein,
2. ist zu 50 % auf das Coaching von POT und zu 50 % auf das Team ausgerichtet. Er wird von beiden Parteien als absolut neutral wahrgenommen. Selbst eine kleine Verschiebung von 51 % zu 49 % würde das System zum Scheitern bringen.
3. hat keine Weisungsbefugnis. Er übernimmt keinerlei fachliche oder inhaltliche Verantwortung im Projekt. Stattdessen konzentriert er sich auf zwei Dinge, wie die Einführung der Methode Agile und das Coaching.

3. Glückshormone
Verantwortung verursacht bei Menschen eine andere Körperhaltung, einen anderen Gesichtsausdruck, eine andere Körperspannung. Verantwortung verbindet die Nervenzellen, aktiviert Synapsen und lässt uns körpereigene Hormone ausschütten.

Sobald etwas um uns herum geschieht, das uns Freude bereitet, stößt der Körper sogenannte Glückshormone aus. Hauptakteur unter ihnen ist das *Dopamin*. Einer der vielen Effekte des Dopamins wirkt im Belohnungssystem des Hirns. Wird Dopamin regelmäßig ausgeschüttet,

Dopamin
Sehr zentraler Botenstoff im Nervensystem, spielt auch im Belohnungssystem eine große Rolle.

Serotonin
Botenstoff im Gehirn, ist entscheidend für unsere Stimmungslage verantwortlich.

Oxytozin
Das Hormon sorgt für Liebe und Vertrauen, stärkt soziale Bindungen.

Endorphin
Körpereigenes Opiat, reguliert Schmerzempfinden, kann Euphorie erzeugen.

Bild 4.5
Wenn das Hirn eines dieser Hormone ausschüttet, fühlen wir uns besser.

fühlen wir uns gut und werden noch aufmerksamer.

Fühlen wir uns zu Menschen hingezogen oder vertrauen jemandem, entsteht dabei *Oxytocin*. Und wir wissen, dass nach einer sportlichen Hochleistung jede Menge Testosteron ausgeschüttet wird, das für unser Dominanzgefühl zuständig ist.

All dies geschieht nicht nur im Sport. Auch private oder berufliche Erfolge haben diesen Effekt. Sie kennen vielleicht das Gefühl, das entsteht, wenn Ihnen eine Tätigkeit oder die Lösung eines Problems ganz leicht von der Hand gehen. Nichts lenkt sie ab, Sie können problemlos alle Störungen ausblenden. Dann sind Sie im sogenannten »Flow«. Sie fühlen sich wohl und »in Ihrer Mitte«. Sportler oder Tüftler suchen immer wieder nach neuen Herausforderungen, die ihnen solche Glücksmomente bringen. Menschen, die viele Glücksmomente erleben, empfinden weniger Stress.

4. Hormone und Power-Posen

Wissenschaftler der Columbia und der Harvard Universität testeten, ob bestimmte Körperhaltungen einen Einfluss auf unsere Psyche und auf unser Verhalten haben. Sie führten ein Experiment[1] durch, in dem sie 42 Personen in zwei

[1] *http://journals.sagepub.com/doi/full/10.1177/0956797610383437* (Stand: 16.02.2017)

So reagiert die Körpersprache auf den Hormonausstoß

■ Testosteron
■ Cortisol

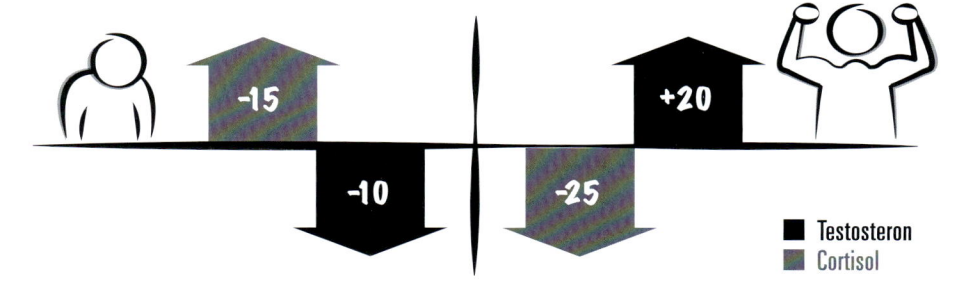

Bild 4.6
Der Geist formt den Körper und umgekehrt.

Gruppen aufteilten. Eine Gruppe führte zwei Minuten lang sogenannte High-Power-Posen durch, die andere Gruppe Low-Power-Posen.

Unter High-Power-Posen versteht man offene, breite Haltungen. Man reißt beispielsweise die Arme in die Luft, legt die Hände hinter den Kopf oder steht breitbeinig mit den Händen auf den Hüften. Unter Low-Power-Posen versteht man geschlossene, kleine, gebückte Haltungen oder indem man mit gekreuzten Armen und Beinen steht.

Den Versuchspersonen wurden Speichelproben vor und nach diesem Power-Posing entnommen: Der Testosteronwert, der für unser Dominanzgefühl zuständig ist, stieg bei den Versuchspersonen mit High-Power-Posen im Durchschnitt um 20 % an. Dagegen sank der Wert des Stresshormons Cortisol um 25 %. Bei den Versuchspersonen mit Low-Power-Posen sanken die Testosteronwerte um 10 %, die Cortisolwerte stiegen hingegen um 15 %.

Die Wissenschaftler stellten aber auch Unterschiede fest, die nicht auf Hormone zurückzuführen waren. Alle Versuchspersonen nahmen anschließend an einem Würfelspiel teil. Dabei stellte sich heraus, dass sich die High-Power-Poser im Spiel signifikant risikofreudiger verhielten als die Low-Poser. Offensichtlich reagieren Personen in Situationen, die wie bei einem Würfelspiel mit Unsicherheit verbunden sind, nach High-Power-Posen deutlich selbstbewusster.

4.7 Der agile Prozess

4.7.1 Die Etappenplanung

Ein Sprint-Zyklus beginnt mit einem Sprint-Backlog. Für die Ableitung der Inhalte eines Backlogs braucht ein POT den Überblick aus der Gesamt-Terminplanung des Projektes und darüber hinaus Klarheit über die konkreten Ziele der nächsten drei Monate. So wie die Länge einer optimalen Sprintdauer zwei Wochen beträgt, hat sich für eine optimale Voraussicht über einen mittleren Zeitraum der Wert von drei Monaten als optimal herausgestellt. Drei Monate entsprechen der Sichtlänge der Scheinwerfer eines Autos, mit der ein Projektteam im übertragenen Sinne über die Meilensteine der Projektplanungskarte fährt. Diese Sichtlänge endet nach drei Monaten im Dunkeln, für die weitere Reise benötigt das Team eine Landkarte – den PEP. Mit der konstanten Sichtlänge von drei Monaten fährt das Team über diese Karte. Ab und zu werden neue Meilensteine sichtbar und bereits erreichte hinter sich gelassen.

Die Etappenplanung – Bindeglied zwischen PEP und Sprint.

Der Aufbau der Etappenplanung ist der erste operative Planungsworkshop mit dem POT. Die Etappenplanung ist Bestandteil des Agile-Boards des POTs. Sie ist ebenfalls aus Papier und verbleibt ständig sichtbar an der Wand.

In der Praxis hält ein Projektleiter diese Übung oft für überflüssig. Er fragt sich, welche neuen Erkenntnisse aus dieser Übung resultieren sollen. Schließlich hat er das gesamte Projekt bereits terminlich durchgeplant und den Terminplan allen Beteiligten per Mail versandt. Es sind doch alle Informationen da!

Wird diese Übung zusammen mit dem POT durchgeführt, ist regelmäßig zu bemerken, wie es dem Vertreter der Entwicklung den Schweiß auf die Stirn treibt. Äußerungen wie »Ich werde ganz nervös, eigentlich dürfte ich hier schon gar nicht mehr sitzen, sondern müsste dringend arbeiten«, zeigen, dass der Plan nicht wirklich präsent war. Durch den Fokus auf die nächsten drei Monate und die Visualisierung an einem Board entsteht eine deutlich höhere Wirkung. Plötzlich wird klar, dass das Ganze so nicht funktionieren kann, dass dringend priorisiert

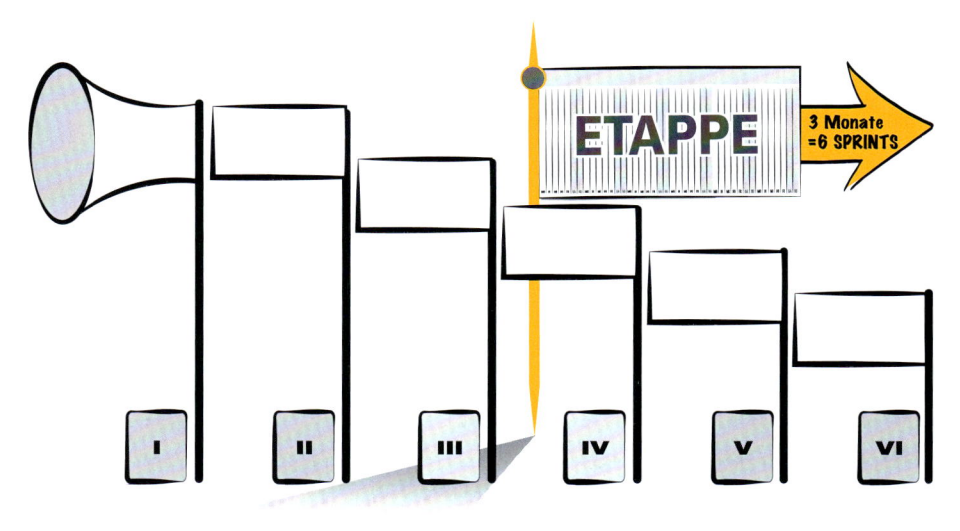

Bild 4.7
Die Etappenplanung – PEP und AGILE sind kein Widerspruch.

oder der Plan verändert werden muss oder dass dringend zusätzliche Ressourcen erforderlich sind. Die Klarheit, zu entscheiden, wird deutlich erhöht.

Die Etappenplanung schafft konstante Sichtlänge.

Darüber hinaus liefert dieser vergrößerte Blick auf die nächsten drei Monate die Basis für das Ziel des nächsten Zwei-Wochen-Sprints. Ohne Etappenplanung führen Sprints irgendwohin, nur nicht zum Projektziel.

4.7.2 Das Konklave – Das Sprint-Backlog

Woran denken Sie beim Namen Konklave? Genau: Bis der weiße Rauch aufsteigt. Gemeint ist die Einigkeit im Dreigestirn aus Markt, Technik und Projekt. Das POT hat die Verantwortung für den Überblick, das Team für die Umsetzung. Ein Konklave findet ganz bewusst zunächst nur im POT statt. Es geht darum, vorbereitet zu sein, bevor die Diskussion mit dem Team stattfindet. Eine Einigkeit zwischen M, P und T hat einen sehr großen Wert und braucht ihren eigenen zeitlichen Raum.

Jetzt geht's los: Ausgehend von einem Zwei-Wochen-Sprint trifft sich das POT beispielsweise an einem Montagmorgen um 9:00 Uhr an einem Ort, möglichst in der Nähe der Büros des Product-Owner-Teams. Zu dem hier stattfindenden Planungsritual, dem sogenannten Konklave, war keine Einladung im Outlook-Kalender, keine vorbereitete Agenda, keine Raumsuche und -reservierung erforderlich. Denn das Konklave findet immer am gleichen Tag zur gleichen Uhrzeit am gleichen Ort statt, alle zwei Wochen zum Sprintbeginn. Dieses Meeting funktioniert auch ohne Beamer, Excel-Charts oder sonstigem IT-Tool. Es ist easy. Die Besprechung erfolgt an einem sogenannten POT-Agile-Board. Das hängt entweder fest an der Wand oder an einer Metaplanwand. In manchen Büros ist die Raumnot so groß, dass sie Leichtbauplatten als Fächer mit Scharnieren in einem Winkel des Raumes befestigt haben. Diese Fächer können jeweils seitlich wie die Seiten eines Buchs umgeklappt werden, so dass man jeweils eine linke und rechte Wandseite im 90°-Winkel gegenüber für ein separates Projekt verwenden kann.

Ein Agile-Board hat üblicherweise vier Spalten: Die erste fürs Backlog, die zweite heißt »Work in Progress«, die dritte »Done« und die vierte »Definition of Done« (DoD). Entscheidend für das Konklave ist die erste Spalte, das Backlog. Der Begriff ist etwas irreführend, gemeint ist das ToDo.

Die Backlog-Spalte wird mit den Ergebnissen

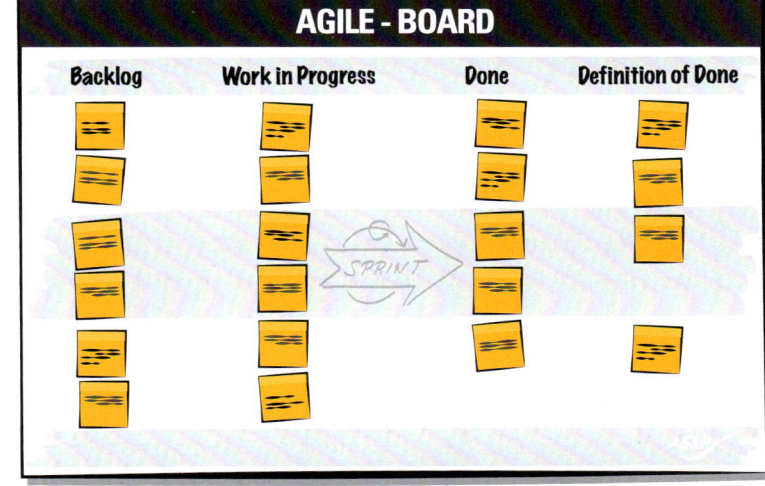

Bild 4.8
Regeln für die Sprintplanung

gefüllt, die sich das POT vom Team am Ende des anstehenden Sprints wünscht. Konkret bedeutet das für den Produktmanager, den Systemingenieur und den Projektleiter, dass sie auf blauen Post-its ihre Ergebniswünsche schriftlich festhalten und diese anschließend am Bord in die Spalte Backlog kleben. Für die Erstellung der Backlog-Inhalte haben sich folgende Regeln bewährt:

1. Ergebnis
Die Wünsche sollen in Form von möglichst konkreten, messbaren Ergebnissen formuliert sein. Die Beschreibung von Aktivitäten ist eine typische Falle, die am Ende zu Missverständnissen führen kann. Ein Ergebniswunsch ist kurz und knackig formuliert, idealerweise drei Worte. Auch dies bedarf einiger Übung: Goethe schrieb seinem besten Freund einen 40-seitigen Brief und endete mit dem letzten Satz: Entschuldige, dass der Brief so lang geworden ist – ich hatte nicht die Zeit, mich kürzer zu fassen.

Ein gutes Sprint-Backlog braucht Übung.

2. Größe
Alle Wünsche sollten ähnlich groß sein. Zu große Arbeitsinhalte werden in mehrere kleine unterteilt. Zu kleine Arbeitsinhalte werden zusammengefasst.

3. Ca. 15 Backlog-Items
Die Backlog-Liste soll übersichtlich und leicht verständlich sein und vor allem keine Einschränkungen oder Vorgaben zur Umsetzung der Wünsche enthalten: Es wird das WAS beschrieben und nicht das WIE. Bewährt hat sich eine Limitierung auf ca. 15 Backlog-Items. Mit 15 wird eine gute Balance aus Übersichtlichkeit und der Konzentration auf die WAS-Inhalte erreicht.

4. Priorisierung
Zum Schluss wird die Liste mit den etwa 15 Post-its in der Reihenfolge ihrer Bedeutung umsortiert.

Was jetzt passiert, ist für viele Unternehmen revolutionär und entscheidend:

Das Team, bestehend aus Vertretern des Marktes, der Technik und des Projektes, muss sich auf eine Priorisierung einigen. Für den Produktmanager bedeutet das die Abkehr von der Alles-ist-wichtig-Denke. Insbesondere im ersten Konklave hat sich die Anwendung der Methode des paarweisen Vergleichs bewährt: Die Karten werden zweimal beschrieben und im 90°-Winkel zueinander aufgeklebt. Nun wird jede Karte mit jeder anderen verglichen. Zu jedem Paar muss eine Antwort gefunden werden auf die Frage: Welche ist wichtiger? So entsteht automatisch eine Reihenfolge.

Einigung im Produkt-Owner-Team: Konklave – bis der weiße Rauch aufsteigt.

Ein Product-Owner-Team muss sich zunächst einmal in der neuen Rolle finden und eine Beziehung zueinander aufbauen. Das, sowie die erfolgreiche Anwendung der Regeln zur Erstellung einer Backlog-Liste, benötigen Unterstützung durch den Agile-Coach.

Das Konklave, moderiert durch den Agile-Coach, endet mit der Frage: »Seid ihr euch einig, dass dieses Backlog aus Sicht der Gesamtplanung das Projekt zum Erfolg bringt?« Wird das bejaht, kann direkt im Anschluss der nächste Schritt, die sogenannte Sprintplanung folgen.

4.7.3 Die Sprintplanung

Es ist nun z.B. Montag, 10:30 Uhr. Nach dem Konklave trifft sich das Team zum ersten Mal mit dem POT am Agile-Board. Die Sprintplanung erfolgt in der Regel in folgenden Phasen:

Phase 1: Diskussion der vorbereiteten Product-Backlog-Liste

Zu Beginn eines Sprint-Zyklus' stellt das POT dem Team die vorausgeplante Product-Backlog-Liste vor.

Das Team stellt Fragen wie: »Was ist mit diesem Backlog-Item gemeint?«, »Wie kommt ihr darauf, dass dieses Backlog-Item die gleiche Größe hat wie die anderen?«, »Soll die Dokumentation auch darin enthalten sein?«, »Habt ihr an den Functional-Safety-Check gedacht?«

Um den Aufwand einzelner Backlog-Items abzuschätzen, hat es sich bewährt, jedes Item beispielsweise mit Konfektionsgrößen (S, M, L, XXL) zu versehen. Gängig ist auch die Bewertung mit Zahlen nach der Fibonacci-Folge (1, 2, 3, 5, 8, 13…, jede Zahl entspricht der Summe der beiden Vorgängerzahlen) oder mithilfe des Planning Pokers: Die Teammitglieder bewerten anhand von Spielkarten verdeckt und unabhängig voneinander die Komplexität einzelner Backlog-Items. Mithilfe dieser Einschätzungen können Missverständnisse über die eigentliche Aufgabenstellung oder völlig unterschiedliche Bewertungen zum dafür erforderlichen Aufwand in der Entwicklung aufgedeckt werden.

Schließlich werden neue Backlog-Items geschrieben, die vom POT gegebenenfalls schlichtweg vergessen wurden. Wichtig für den Start ist es, einfach anzufangen. Die Verfeinerung der Methode kann in jedem weiteren Sprint ausprobiert werden.

Kein Sprintstart ohne Team-Commitment.

Hier geht es vor allem darum, Schritt 1 der guten Führung – Sie erinnern sich: »Klare Ziele setzen« – konkret besser zu machen.

Ein Agile-Coach moderiert diese Diskussion so, dass das POT die Fragen und die Kritik des Teams als konstruktive Hinweise aufnimmt und die blauen Post-its des POTs korrigiert. Ansonsten besteht die Gefahr, dass das Commitment des Teams für die Ergebniswunschliste leidet. So manches POT-Mitglied ist es gewohnt, dem Team vorbereitete und durchdachte Ziele vorzugeben und sich danach zu verabschieden. Eine Korrektur oder Veränderung dieser Vorgaben wird als Kritik und Respektlosigkeit aufgefasst.

Natürlich läuft auch etwas schief, wenn von der vorbereiteten Backlog-Liste nichts mehr übrig bleibt. Der Agile-Coach moderiert die Balance.

Am Ende der Sprintplanung steht eine gemeinsame, von POT und Team akzeptierte Liste – das ist das entscheidende Ziel.

Phase 2: Die Team-Kapazitätsplanung

Nach der ersten Phase hat sich die Backlog-Liste des POTs durch den Input des Teams verändert.

Beim gemeinsamen Blick auf die korrigierte Backlog-Liste stellt der Agile-Coach die nächste entscheidende Frage an das Team: »Und, schafft ihr das?«

Das mag banal klingen, doch in der Praxis wird die explizite Beschäftigung mit der verfügbaren Umsetzungskapazität häufig verdrängt. In der industriellen Realität findet sich nur selten die Idealvoraussetzung, dass die Teammitglieder dem Projekt zu 100 % zugeordnet sind.

Als Teammitglied nur einem Projekt zuarbeiten: Das wäre ideal, ist aber unrealistisch.

Auf die Frage des Agile-Coaches nach der verfügbaren Kapazität prüft jedes Teammitglied seinen Kalender und betrachtet die kommenden zehn Tage. Einzelne werden sagen: »In der zweiten Woche habe ich nur 50 % Kapazität für dieses Projekt, außerdem hat die erste Woche einen Feiertag. Durchschnittlich 20 % Zeitaufwand benötigte ich pro Tag für die Beantwortung von Fragen aus Produktmanagement, Produktion, von Lieferanten etc. Demnach bleiben von zehn Tagen netto vier Tage übrig.« Bei einem anderen Teammitglied sind es vielleicht sechs, beim nächsten fünf Tage usw. Wird alles addiert, ergibt sich die Gruppenkapazität.

Phase 3: »Die gelbe Linie«

Es nähert sich der Höhepunkt jedes Sprintzyklus: Vor dem Hintergrund dieser Gruppenkapazität und im Angesicht der neuen Backlog-Liste übergibt der Agile-Coach dem Team den gelben Faserstift aus dem Agile-Set-Koffer. Mit dem gelben Stift tritt ein Teammitglied an das Agile-Board und zeichnet eine Linie, die die Backlog-Liste zum Beispiel so unterteilt, dass von den 15 Backlog-Items drei unterhalb der gelben Linie liegen. Und spricht dabei die magischen Worte: »Wenn's gut läuft, schaffen wir diese drei Backlog-Items unterhalb der gelben Linie auch noch!«

Hört ein dominantes POT-Mitglied diese Worte das erste Mal, wird es vielleicht schlucken müssen oder seine Herztropfen rausholen. Einer unserer Agile-Coaches sagte einmal: »Ich musste ihn an der Jacke festhalten!«. Das sind ja ganz neue Töne, das Team meldet sich ab, es verwei-

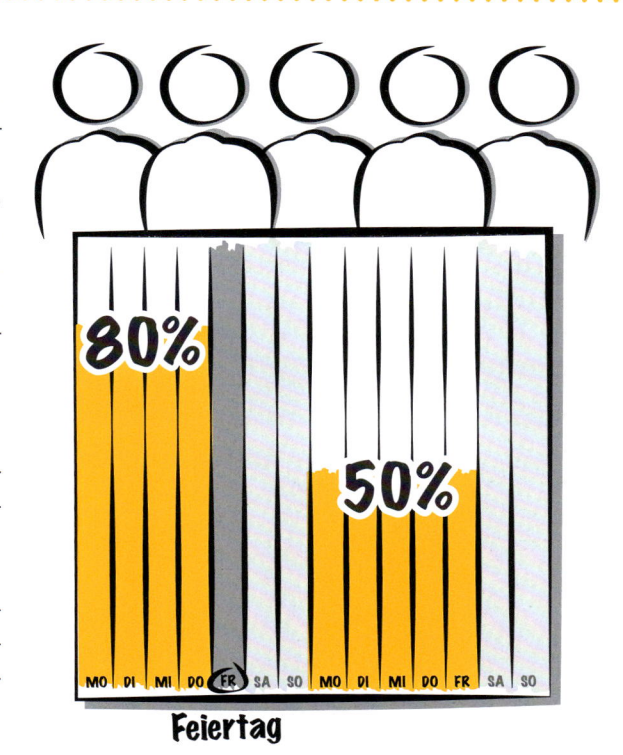

Bild 4.9
Wie viel Kapazität hat das Team?

4 Wie funktioniert die agile Produktentwicklung?

gert die Umsetzung! Das hört sich nach Sabotage und Arbeitsverweigerung an! Da mag kurz der Gedanke an »Abmahnung« oder »fristlose Kündigung« durch den Kopf schießen.

Andere POT-Mitglieder denken vielleicht: »So habe ich mir das mit diesem Agile nicht vorgestellt, das war vorher besser! Ich will wieder zurück!«.

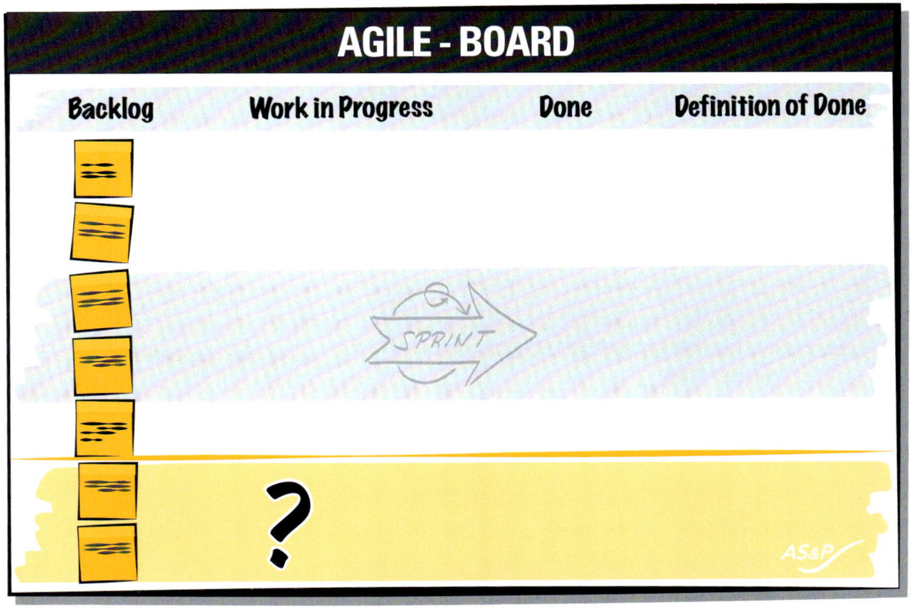

Bild 4.10
Die gelbe Linie: »Was darüber steht, das schaffen wir!«

»Wenn's gut läuft, schaffen wir den Rest auch noch!«

Im allerersten Sprintzyklus sind in diesem Moment sehr ernste, fast grimmige Blicke aus dem POT und ängstliche Augen aus dem Team auf den Agile-Coach gerichtet. Ein guter Agile-Coach hält das aus.

Wer nicht den Mut hat, Nein zu sagen, dessen Ja hat keinen Wert!

(Zitat Kurt Schumacher).

Was sind die »good news« dieser gelben Linie?
1. Das Team wurde sich darüber bewusst, was in der zur Verfügung stehenden Zeit möglich ist. Das erhöht die Wahrscheinlichkeit, eine Enttäuschung zu vermeiden.
2. Das Team kann sich auf einen Umfang konzentrieren, den es für möglich hält und sich von einer lähmenden Überlast befreien (»Wir brauchen erst gar nicht anzufangen, das können wir sowieso nicht schaffen!«).
3. Das Team hat sichtbar und körperlich (der gelbe Faserstift) das Ruder übernommen. Dieser symbolische Akt manifestiert und realisiert das Ziel von Agile: Selbstbestimmung im Team.

4. Das Team hat die Backlog-Items oberhalb der gelben Linie zugesagt.
5. Das Team schränkte ein mit »Wenn's gut läuft«. Es könnte also auch sein, dass das Team »overperformed«. Und wie könnte eine Over-Performance sichtbar werden ohne diese gelbe Linie?
6. Das POT kann sich konzentrieren. »Oberhalb der Linie hat das Team committed – unterhalb der Linie, das ist unser Job!«
7. Das POT kann sich hinsichtlich der Backlog-Items unterhalb der gelben Linie entscheiden:
   a) Können wir die Kapazität erhöhen?
   b) Können wir sie in den nächsten Sprint verschieben?
   c) Können wir Punkte von oberhalb der Linie mit Punkten unterhalb der Linie tauschen?
   d) Oder – und das ist eine der entscheidenden Erkenntnisse: Können wir sie ganz weglassen?

Denn alle zwei Wochen werden Ziele, die nach einer vorherigen Priorisierung am unteren Ende des Rankings gelandet sind, gelöscht. Das ist vollkommen neu. Es fühlt sich am Anfang komisch an. Weglassen? Ja, weglassen! Vor dem Hintergrund, dass alles andere wichtiger ist und das Team hierfür nicht das Commitment übernehmen kann, weil ihm die Kapazität fehlt, ist weniger mehr. Strategie ist die Kunst des Verzichts.

Weniger ist mehr.

Dabei meinen wir nicht die Hauptfunktionalitäten des Produktes. Denn man unterscheidet zwischen Product Backlog und Sprint Backlog. Das Product Backlog entspricht dem Lastenheft. In ihm sind die entscheidenden, wettbewerbsrelevanten Hauptfunktionalitäten des Produktes als Requirements definiert. Sie sind nicht alle zwei Wochen Gegenstand der Diskussion! Die Frage ist vielmehr, ob die Umsetzung der Requirements mit höherer oder niedrigerer Komplexität erreicht werden kann. Noch wichtiger ist die Frage: Wird das der Kunde honorieren – sieht er das überhaupt?

Wie kann man mit der vorhandenen Kapazität ein Maximum an Ergebnis erzielen?

Phase 4: Das Thumbs-up-Ritual
Wenn diese Übung beendet ist, wird der Höhepunkt der gemeinsamen Sprintplanung mit ei-

nem symbolischen Ritual abgeschlossen. Alle Teammitglieder und die Mitglieder des POT besiegeln die Einigung auf den Arbeitsinhalt des kommenden Zwei-Wochen-Sprints, indem sich alle, einen Daumen nach oben zeigend, einen Moment lang in die Augen schauen und gegenseitig nonverbal abfragen, ob wirklich jeder dabei ist: Hier und Jetzt ist die letzte Möglichkeit Einwände, Bedenken oder Zweifel zu äußern.

Wird das hingegen bestätigt, geht jedes Teammitglied davon aus, dass jedes andere Teammitglied sich genauso engagiert für das Sprintziel einsetzen wird wie man selbst. Darüber hinaus sucht der fragende Blick des Teams in den Augen des POTs die Gewissheit, dass es nicht am Mittwoch mit Änderungen oder vollkommen neuen Zielen konfrontiert wird.

Nach diesem Thumbs-up-Ritual beginnt Schritt 2. der guten Führung: Freiheit lassen! Denn das ist das Geniale an Agile: Der schwierigste Schritt der guten Führung, die Freiheit, ist bereits fester Bestandteil von Agile. Dieser Aspekt kann nicht mehr unbewusst vergessen werden. Der Sprint ist die Freiheit im Team. Und der beginnt jetzt.

Ab sofort ist das Team ganz auf sich gestellt. Das POT verlässt den Raum, die Tür fällt ins Schloss und das Team atmet tief durch. Können Sie das Gefühl der Teammitglieder nachempfinden? Eine Mischung aus »Juchhu, endlich allein« und höchster Konzentration. Das Team hat ja ein Versprechen abgegeben. In zwei Wochen will es die Backlog-Liste abgearbeitet haben. Und vielleicht sogar noch mehr.

Phase 5: Das Team-Agile-Board

Das Geschenk der Freiheit ist verbunden mit der Verpflichtung, sich selbst zu organisieren. Dazu gehört, dass sich das Team ebenso wie das POT ein Agile-Board aufstellt. An diesem Team-Agile-Board werden die Backlog-Items mit den Ergebniswünschen des POTs (blaue Post-its) im Ver-

Bild 4.11
Das Thumbs-up-Ritual: Commitment von POT und Team.

hältnis 1:n in Aktivitäten heruntergebrochen, die erforderlich sind, um das Sprint-Ziel zu erreichen. Das Team benutzt hierzu gelbe Post-its.

All das passiert **ohne** das POT, denn das Team-Agile-Board stellt die Intimsphäre des Teams dar, in der kein POT-Mitglied etwas zu suchen hat. Der Einzige, der hier dabei sein darf, ist der Agile-Coach. Ziel dieses Team-Agile-Boards ist die maximale Ausprägung von Eigenverantwortung innerhalb des Teams. Dazu gehört, dass das Team lernt, sich selbst zu organisieren. Erst dann kann und wird es für das, was es sich vornimmt, auch die volle Verantwortung übernehmen.

4.7.4 Das Daily-Stand-up-Meeting

Das Daily-Stand-up-Meeting ist für jeden Agile-Coach ein entscheidender Gradmesser für den eigentlichen Erfolg von Agile. Ein Daily-Stand-Up-Meeting muss so viel Spaß machen, dass sich alle Beteiligten auf dieses Tagesevent freuen.

Das Daily-Stand-up-Meeting bedarf zunächst einiger Übung: Länger andauernde Besprechungen leiden in der Regel an Konsequenz und Effizienz. Außerdem besteht die Gefahr, dass nicht jeder Beteiligte direkten Nutzen von der Diskussion hat und sich zurückzieht. Fehlt der Erste, ist die Disziplin kaum noch aufrechtzuerhalten. Daher ist es wichtig, dass dieses Meeting genau 15 Minuten dauert. Diese Zeit reicht gerade dafür aus, dass jeder Einzelne die anderen darüber informieren kann, ob er das, was er sich vorgenommen hat, schafft oder nicht. Falls weiterer Bedarf an Vertiefung erkannt wird, vereinbaren die Teammitglieder bilaterale Gespräche für die Zeit direkt im Anschluss. Hier treffen sich dann nur die Personen, die für die Lösung tatsächlich wichtig sind.

Daily Stand-up-Meeting – das Highlight des Tages.

Hilfsreich hierfür sind zum einen die sogenannte Agile-Uhr mit einem Ziffernblatt, das 15 Minuten anzeigt und dessen Zeiger rückwärts laufen, eine 3-Minuten Sanduhr für die Redezeit jedes Einzelnen, das Agile-Board und die Moderation des Agile-Coachs. Ein POT-Mitglied ist im Daily-Stand-up-Meeting grundsätzlich nicht dabei. Es kann in Ausnahmefällen als stiller Beobachter zugelassen werden, um den aktuellen Projektstand zu erfahren oder – falls explizit dazu eingeladen wurde – um dem Team Hilfestellung zu geben.

Der Agile-Coach sorgt dafür, dass sich alle Beteiligten in dieser hochsensiblen Situation wohl fühlen. Tritt zum Beispiel jemand nach vorne an das Agile-Bord, entfernt das Post-it von der Spalte *Work in Progress* und klebt es in die Spalte *Done*, dann hat derjenige in dem Moment etwas für die Teamgemeinschaft getan. Er hat geschafft, das umzusetzen, was er sich vorgenommen hat. Das darf ruhig jeder sehen. Das war kein Kleinkram, sonst hätte er das nicht auf dem Post-it notiert. Es bestand das Risiko, es nicht zu schaffen, sich möglicherweise zu blamieren.

Bild 4.12
Das Daily – Klarheit in 15 Minuten.

Dass es ihm gelungen ist, merkt man ihm an: An seiner Körperhaltung, an seinem Gesichtsausdruck und in seiner Ausstrahlung. Es ist ein gutes Gefühl – das möchte er wieder haben. Die anderen im Team erleben auch diesen Moment und denken: »Wow, das war echt gut! So möchte ich auch einmal da stehen!«.

Und sicher gibt es auch immer das Teammitglied, das sich jeden Tag zu viel vornimmt. Meistens braucht es die meiste Redezeit dafür, zu erklären, warum es etwas nicht schaffen konnte.

Dieses Teammitglied hat zwei Möglichkeiten: Es nimmt sich weniger vor und lernt sich besser einzuschätzen oder es verbringt die restlichen Stunden des Tages bis zum nächsten Daily-Stand-up-Meeting konzentrierter. Nicht jede Ablenkung, jedes E-Mail, jede Anfrage eines Kollegen oder die vielen Vermeidungshandlungen müssen unbedingt bedient werden. Mit der Perspektive, jeden Tag im Daily-Stand-up-Meeting im Team Anerkennung zu ernten, bekommen die Arbeitsstunden eines Tages einen neuen Wert.

Echte Teams lachen mehr.

Wenn hier viel gelacht wird, ist das ein sicheres Indiz dafür, dass Agile Wirkung zeigt und aus der Gruppe ein echtes Team wird. Um das zu fördern, moderiert der Agile-Coach das Meeting besonders in der Anfangsphase der Einführung.

4.7.5 Das Sprint Review – die DEMO

Nach 14 Tagen wird das Sprint Review, die sogenannte Demonstration (DEMO) durchgeführt. Dieser Demo-Termin hat die Wirkung eines kleinen »SOPs« (Start of Production). In der Demo werden die Ergebnisse zum ersten Mal dem POT präsentiert. Daher erfordert die Moderation dieses Meeting eine noch höhere Sensibilität als das Daily-Stand-up-Meeting. Die Führungsfähigkeit des POTs wird dabei besonders auf die Probe gestellt. Behält das POT die Konzentration auf das Ergebnis (Was) anstatt den Weg vorzugeben (Wie)? Das Entscheidende ist unsichtbar: Bleibt die Verantwortung im Team, auch wenn die Zielerreichung kritischer wird, oder reißt ein Product-Owner-Teammitglied die Verantwortung unbewusst wieder stärker an sich? Unterstützung erfolgt von jemandem, der zwischen den Zeilen lesen kann, dem Agile-Coach.

Die Präsentation der Sprintergebnisse funktioniert am besten, wenn man das Ergebnis sehen oder, noch besser, anfassen kann. Getreu dem Prinzip »go to Gemba« macht es durchaus Sinn, die Demo im Musterbau oder im Test-Gebäude durchzuführen. Das erhöht die Klarheit und vermeidet Missverständnisse.

Ein POT-Mitglied muss fähig sein, dem Team echte, authentische Anerkennung zu geben.

Bild 4.13
Die Demonstration – Anerkennung für Leistung.

Nichts motiviert mehr. Wer glaubt, durch Hinweise auf das noch-nicht-fertige, noch-nicht-geschaffte oder nicht-so-gut-erreichte den Ehrgeiz des Teams zu provozieren, um noch besser zu werden, liegt meistens falsch. Häufig ist das diesen Personen gar nicht bewusst und wird ihnen erst im anschließenden Feedbackgespräch mit dem Agile-Coach klar.

Echte authentische Wertschätzung – nichts motiviert mehr!

4.7.6 Die Retrospektive – die RETRO

Wenn ich in den Projekten frage: »Was war das Entscheidendste für den Erfolg ihres Projektes?«, antwortet fast jeder: »Das Vertrauen im Team«. Wenn das wirklich so ist, dann muss man sich doch fragen: Wie können wir konkret dafür sorgen, dass dieses Vertrauen entsteht? Die Antwort ist: Schaffen Sie Gelegenheiten, in denen Vertrauen stattfinden kann. Ein konkreter Anlass ist die Durchführung einer einstündigen Retrospektive, alle zwei Wochen am Ende eines Sprints, moderiert durch den Agile-Coach.

Bedenkt man, dass durch Agile ein höheres Commitment für ein Sprintergebnis erzeugt wird, so bedeutet das, dass sich die Menschen im Team stärker als bisher einer Erwartungshaltung aussetzen.

Agile steigert die Spannung – die Retro bietet dafür ein Ventil.

Das erzeugt einen hohen Erfolgsdruck untereinander, der zu Spannungen führen kann, die sich auch mal verbal entladen. Die Retro bietet ein Ventil für diese Spannungen: Hier werden sie erkannt und angesprochen, um Lösungen dafür zu finden. Im besten Fall werden Missverständnisse aufgedeckt, die schnell und leicht ausgeräumt werden können, die früher aber zu einem Eigenleben geführt hätten.

Feedback

Unter Feedback versteht man die Äußerung von positiven und negativen Aspekten zu einer aktuellen oder soeben abgeschlossenen Situation: Was war gut, was war schlecht? In Entwicklungsumgebungen trifft man besonders häufig auf Menschen mit naturwissenschaftlicher Ausbildung. Diese Menschen sind oftmals besonders rational, logisch geprägt, sehr genau und eher kritisch.

Die stärker ausgeprägte Kritikorientierung kann zu extremen Spitzenleistungen in technologisch hochkomplexen Aufgabenstellungen führen. Im günstigsten Fall entstehen Produkte mit höchster Performance und Alleinstellungmerkmalen mit uneinholbaren Wettbewerbssituationen.

Derart strukturierte Menschen können sich leicht in Negativschleifen verfangen und gegenseitig nachhaltig Energie rauben. Dann ist Feedback brandgefährlich! Es kann persönlich aufgefasst werden und verletzen.

Regelmäßige Feedback-Meetings sind wichtig. Sie können aber auch zum Minenfeld werden, weshalb sie nicht unterschätzt werden sollten. Einfache Feedback-Regeln:

1. Starte mit etwas Positivem
   Die Start-Konditionierung ist die Wichtigste. Beginnen Sie mit einer Warm-up-Übung, die das Bewusstsein für positive Aspekte fördert. Starten Sie mit dem Team-Mitglied, das die meiste positive Energie ausstrahlt.
2. Der Feedback-«Burger»
   Ein negativer Aspekt sollte von zwei positiven Aspekten eingerahmt sein.

Bild 4.14
Die Retrospektive: Team- und Prozess-Verbesserung.

3. Feedback-Meeting-Phasen
   Was Sie vielleicht von ganzen Projekten kennen, das gilt auch für einzelne Meetings: Es durchläuft vier Phasen: 1. Norming, 2. Forming, 3. Storming und 4. Performing. Wenn Ihnen bewusst ist, dass der kritischen Storming-Phase die Performing-Phase folgt, können Sie souveräner bleiben. Sie müssen ja nur abwarten.
4. Abszisse verschieben
   Unterteilen Sie alle Aspekte gedanklich in positive und in negative. Wenn Sie dazwischen die Abszisse (x-Achse) legen, können Sie die Null-Linie nach unten verschieben. Dann gibt

es nicht mehr »negativ« und »positiv«, sondern nur noch »positiv« und »doppelt positiv«. Ich halte die Veränderung der Blickrichtung für entscheidend. Denn was bringt die Erörterung eines negativen Aspekts? Meistens mündet sie, bewusst oder unbewusst, in die Suche nach einem Schuldigen. Das führt zu Distanz und Verletzungsgefahr. Sie meinen, das wäre Verdrängung? Das holt uns eh ein? Probieren Sie es aus. Wenn Sie die Aufmerksamkeit auf konstruktive Lösungen lenken, werden Sie leichter vorankommen.

Nach der Demo trifft sich das Team für eine Stunde im sogenannten Retrospective Review (Retro). Eine Retro besteht aus den zwei Teilen Team-Feedback und Prozess-Review.

Teil A: Team-Feedback
Im Team-Feedback stellt der Agile-Coach eine Frage wie: »Wofür möchten Sie sich bei einem anderen Teammitglied bedanken?«

In der Regel folgt dem ein großes Schweigen, einschließlich irritierter Blicke. Die Gedankenblasen mit Texten wie: »Was soll das jetzt?« und »Ich will hier raus!« sind förmlich greifbar.

Training in Achtsamkeit:
»Wofür möchte ich mich bedanken?«

Das bringt den Agile-Coach nicht aus der Ruhe. Denn er weiß, dass der Moment des Schweigens dazu führt, dass die folgenden Antworten tiefgreifender sind. Für viele Menschen ist es ungewohnt, über diese Frage nachzudenken, auch wenn sie mit manchem Kollegen schon lange zusammenarbeiten und mehr Zeit miteinander verbracht haben als mit ihrem Ehepartner. Diese Frage »Wofür möchte ich mich bedanken?« ist so anders. Aber jeder findet nach einem Moment der Stille eine Antwort. Diese dann auch formulieren zu können und auszusprechen, sind noch einmal zwei weitere Schritte.

Findet dieses Team-Feedback alle zwei Wochen statt, entsteht ein Trainingseffekt:
1. Teammitglieder befähigen sich in der Retro dazu, die Menschen, mit denen sie zusammenarbeiten, intensiver zu betrachten und achtsamer wahrzunehmen.
2. Konzentriert man sich gedanklich auf die Menschen, mit denen man im letzten Sprint zusammengearbeitet hat, findet sich in ihren Handlungen auch immer etwas Positives.

Diese positiven Erinnerungen werden so nach vorne gebracht und verankert. Positive Erfahrungen mit Menschen festigen die Beziehung.

3. Die Fähigkeit, positive Aspekte zu formulieren und sie regelmäßig Dritten mitzuteilen, führt dazu, dass dies nicht nur alle zwei Wochen in dieser einen Stunde in der Retro angewandt wird. Menschen tun sich zunehmend leichter damit, Anerkennung zu geben. Wer mehr Anerkennung gibt, erhält selbst mehr davon.

Wenn Ihnen diese Übung am Anfang etwas aufgesetzt vorkommt, dann ist das nicht schlimm. Auch ein etwas ungelenkig formuliertes Lob hat positive Wirkung, vorausgesetzt es ist echt.

Der Hintergrund dieses Effekts ist wissenschaftlich untersucht: Unser Verstand kann nicht immer zwischen Realität und Fiktion unterscheiden. Es gibt zum Beispiel sogenannte Lach-Trainer, das sind Menschen, die Ihnen zu Beginn einer Übung knochentrocken eine strukturierte Abhandlung über die im Körper ablaufenden hormonellen und muskulären Prozesse beim Lachen vermitteln. Anschließend führen sie Übungen durch, bei welchen ohne jegliche Heiterkeit die Muskeln, die Gestik und Mimik des Lachens trainiert werden. Wiederholt man diese Übungen, gelangt man ohne wirklichen Witz in eine authentische Heiterkeit. Sie bringen einen derart zum Lachen, dass man kaum damit aufhören kann. Aus dem zunächst aufgesetzten Lachen entsteht eine echte Stimmung, dabei werden Glückshormone ausgestoßen und es fließt positive Energie.

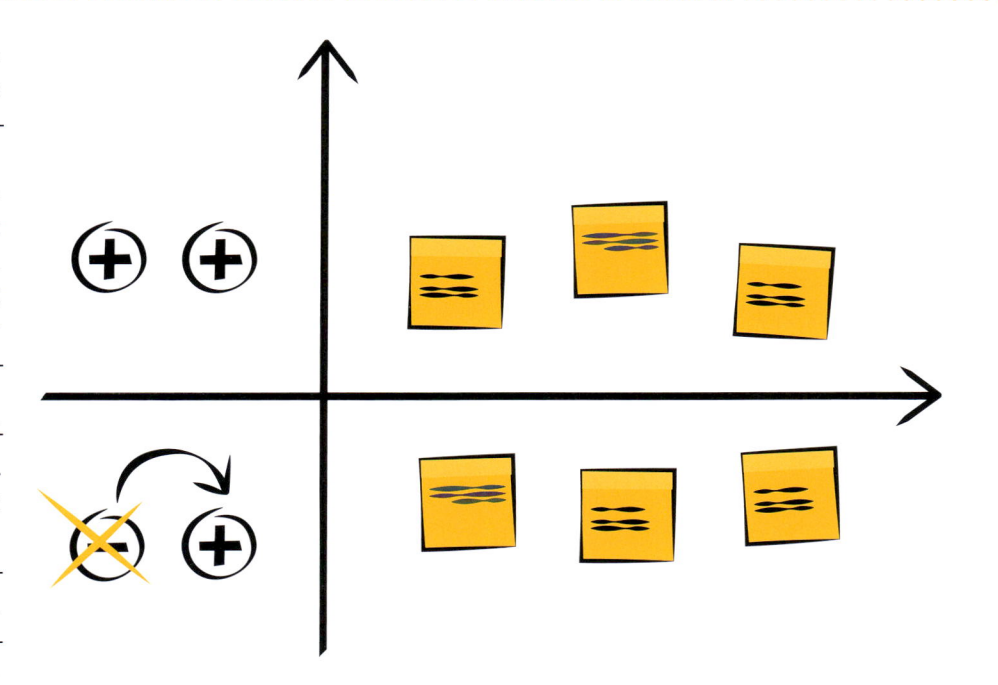

Bild 4.15
Positives Feedback durch »Achsenverschiebung«.

Wer mehr Anerkennung gibt, erhält selbst mehr davon.

Die Aufgabe des Agile-Coaches ist es, die Teammitglieder im Wissen um diese Zusammenhänge methodisch fundiert einander menschlich näherzubringen. Im Ergebnis entsteht eine Beziehung, die ein Team zusammenschweißen kann.

Das Team-Feedback führt dazu, dass Menschen aufmerksamer werden und sich stärker beachten. Sie entwickeln mehr Achtsamkeit füreinander und dadurch die Fähigkeit, Empfindungen besser wahrzunehmen und auszusprechen. Die Energie, die aus authentischer Anerkennung im Team entsteht, ist für die meisten Menschen mehr wert als Geld oder eine prachtvolle Infrastruktur der Firma.

Teil B. Prozess-Review
Der zweite Feedback-Block ist das Prozess-Review. Hier geht es darum, dass sich das Team vergegenwärtigt, wie es in den letzten zwei Wochen gearbeitet hat. Welche Abläufe haben den Entwicklungsfortschritt beschleunigt oder die Produktqualität verbessert?

Regelrecht begeisternde Antworten erhalten wir von den Teams auf die Fragen: »Was habt ihr unternommen, *ohne* die vorhandenen Prozesse zu beachten?«, vielleicht sogar: »Wie habt ihr an den Prozessen bewusst vorbeigearbeitet?«

Kennen Sie den Effekt von U-Boot-Projekten? Bei der Firma METABO nannte man sie »Putzlappen-Projekt«: Kam der Chef, wurde im Musterbau der Putzlappen über das Produktmuster gelegt, um es zu verstecken. Projekte, die nicht die Last der Beauftragung durch das Management tragen, sondern vom Team gewollt sind, bekommen höchste Aufmerksamkeit. Warum? Weil die Energie des Unerlaubten einen besonderen Reiz ausübt.

Menschen, die Neuland betreten, sind hellwach.

Menschen, die brav nach vordefinierten Prozessen arbeiten, erbringen selten Spitzenleistungen. Eine Führung, die zulässt, dass Teams Regeln bewusst außer Kraft setzen, motiviert am stärksten. Teams, die außerhalb der Trampelpfade laufen, sind konzentrierter und übernehmen ein Höchstmaß an Selbstverantwortung. Eine reife Führung akzeptiert daher eher eine Entschuldigung, als vorab die Erlaubnis zu erteilen.

Das Risiko ist begrenzt: Alle zwei Wochen erfolgt durch die Retro ein Lessons-learned-Workshop. Fehler können korrigiert werden. Darüber hinaus wird der Prozess alle zwei Wochen ein kleines Stück verbessert. Lieber häufige, reale und kleine Schritte als wenige große, die nicht umgesetzt werden. Teams, die sich ständig optimieren und ihr Handeln in die eigenen Hände nehmen, werden nach und nach zu Hochleistungsteams.

gungen lassen sich in jeder Art von Projekt realisieren. Also auch in einer Neu-Technologieentwicklung mit hohem Innovationsgrad, bei der Entwicklung einer neuen Produktgeneration, der Applikation auf Basis einer Plattform oder bei einer Vielzahl von Produktpflegeaufgaben. Mit diesem Fokus beantwortet sich die Frage von alleine: Agile eignet sich immer dann, wenn mehrere Menschen zusammenarbeiten.

Die Methode und ihr Einsatz sind einfach und

4.8 Typische Fragen:

4.8.1 Für welche Projekte eignet sich Agile?

Der Haupteffekt von Agile ist die Steigerung der Eigenverantwortung im Team. Gute Führung mit klaren Zielen, Freiraum, Feedback ist dafür Voraussetzung. Transparenz durch ein Agile-Board, regelmäßige Kommunikation im Daily und kontinuierliche Verbesserung durch die Retro sind Mittel zum Zweck. Diese Rahmenbedin-

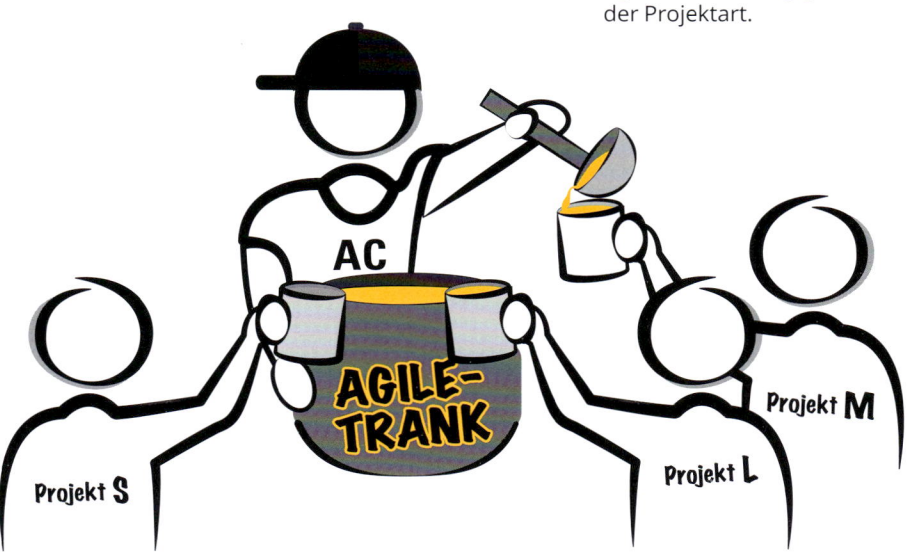

Bild 4.16
Agile ist unabhängig von der Projektart.

sollten entmystifiziert bleiben. Es bedarf keiner besonderen Rahmenbedingungen – außer der einen: Menschen, die Agile anwenden sollen, müssen selbstständig entscheiden dürfen, ob sie das wollen oder nicht.

4.8.2 Agile nur mit Fulltime-Teams?

Einer der vielen Mythen von Agile besagt, die Methode funktioniere nur dann, wenn die Teams von ihren Parallel-Aufgaben befreit würden. Agile ließe sich demnach nur einsetzen, wenn die personelle Konzentration zu 100% auf dem Projekt liegt.

Es gibt Untersuchungen, die besagen, dass ein Entwickler mit einem parallel laufenden Projekt eine 80%ige Produktivität erreicht, weil es immer Wartezeiten für Muster, Tests oder andere Zulieferer gibt. Bei zwei Projekten kann der Entwickler seine Zeit voll nutzen und käme auf 100% Nutzung seiner wertvollen Zeit. Bei drei Projekten sinkt der Produktivitätswert auf 60% und ab vier Projekten fällt er auf unter 30% ab.

Manche vergleichen es mit der Liebe: Wenn Sie sich in jemanden verlieben, kommt der- oder diejenige in den Genuss Ihrer ganzen Aufmerksamkeit. Wenn Sie sich in mehrere Personen verlieben, wird es vermutlich schon logistisch schwierig und irgendwann wird aus dem angenehmen Überfluss Stress.

Auch Agile funktioniert besser mit Fulltime-Teams.

Natürlich funktioniert Agile besser bei 100% »dedicated teams«. In jedem Projekt, unabhängig von der angewandten Methode, ist es besser, wenn die Kapazität nicht geteilt werden muss. Mit abnehmender Intensität wird der Effekt deutlich kleiner – Sie dürfen dann nicht so viel erwarten. Es gibt aber keinen logischen Grund, die volle Verfügbarkeit im Projekt zur unbedingten Voraussetzung zu machen. Es ist kein Grund, der Sie daran hindern sollte, mit Agile zu beginnen.

Im überwiegenden Teil unserer Agile-Einführungsprojekte arbeiten die Teammitglieder in mehreren Projekten gleichzeitig. In einem speziellen Projekt mussten wir sogar akzeptieren, dass die acht Teammitglieder nur zu je 20% ihrer Zeit für das Projekt zur Verfügung standen. Die restlichen 80% verbrachten die Projektmitglieder allerdings nicht in anderen Projekten, sondern mit operativer Führungsarbeit. Die Lösung war zum einen die Reduzierung des Backlogs auf das Machbare. Zum anderen wurde in bestimmten Phasen jeder zweite Sprint ausgelassen, um die Kapazität im durchgeführten Sprint auf über 20 % zu bündeln. Das Resultat: Vorher war das Projekt gescheitert – mit dieser Agile-Skalierung blieb eine konstante Spannung im Team, das Ergebnis wurde sogar übertroffen.

4.8.3 Wie schafft man Hardware in zwei Wochen?

Was macht man mit Prozessen, die mehr Zeit als zwei Wochen dauern? Geht es um Software, kann sich das jeder vorstellen. Aber wie funktioniert das bei der Entwicklung einer Elektronik-Leiterplatte oder einem Mechanik-Gehäuse? Wie bei Dauertests oder Werkzeugbestellzeiten von mehreren Monaten?

Ausgehend von der gewohnten WBS (Work-break-down)-Planung suchen wir den Fertigstellungsgrad und ermitteln anschließend die erforderliche Dauer zur Umsetzung. Daraus ergibt sich der Termin. Bei Agile funktioniert das genau anders herum. Die Basis ist die gehirngerechte Planungsdauer von zwei Wochen.

Das »Shipable Product« ist in der Hardware ein Reifegrad.

Die Reife der darin entstehenden Entwicklung sollte ein möglichst eindeutiges und am besten auch messbares Ergebnis darstellen. Im Scrum heißt das »shipable product«. In der Software skaliert man den Umfang und die Erwartung entsprechend kleiner, aber da ist es ja auch leichter zu granulieren (sagen die nicht-Softwerker). In Hardware und Mechanik ist man es gewohnt, in fixeren Blöcken zu denken. Genau das ist die erforderliche Umstellung: Teams werden kreativ und sich bewusst, dass Hardware nicht nach sieben Wochen plötzlich fertig ist. Stattdessen liegt nach zwei Wochen z. B. ein Simulationsergebnis vor, eine Funktion bestehend aus mehreren Bauelementen, eine Baugruppe auf der Leiterplatte oder ein Abschnitt mit anschließender FMEA. Bei einem Mechanik-Gehäuse ist nach zwei Wochen vielleicht eine Bauraum-Untersuchung, eine Gewichts- oder Festigkeitsuntersuchung zu realisieren.

Denken Sie an Ihr Studium zurück: Bis zur Klausur verblieben noch sechs Wochen und Sie hatten ein Buch mit dem Prüfungsstoff von etwa 300 Seiten vor sich. Das entspricht 50 Seiten pro Woche. Haben Sie nach 50 Seiten ein Sechstel des Reifegrads für Ihre Klausur erreicht? Sicher nicht. Aber Sie können davon ausgehen, dass es schwer wird mit der Prüfung, wenn Sie in der ersten Woche nur 20 Seiten geschafft haben.

Der eigentliche Kern von Agile liegt woanders: Wenn der Moment, in dem das Ergebnis dem Team und dem POT gezeigt werden kann, Spaß macht, ein gutes Gefühl erzeugt und Anerkennung geschenkt wird, dann beflügelt das diese Kreativität, die für das Umdenken in das neue Prinzip des Timeboxing erforderlich ist.

Bild 4.17
Langläufer-Prozesse: Alle zwei Wochen ein definierter Reifegrad.

4.8.4 Störungen

Was tun, wenn Störungen während des Sprints auftreten? Der Kunde ändert die Vorgabe, das Team hat schwerwiegende technische Probleme, ein POT-Mitglied oder jemand aus der Geschäftsführung hat plötzlich zusätzliche gute Ideen?

Und wenn der Kunde während des Sprints die Vorgaben ändert?

Die Kunden eines Autozulieferers intervenieren besonders oft, wenn sie das Gefühl haben, ihr Lieferant hält sich nicht an die Termine, ist nicht gut organisiert und braucht mehr Kontrolle. Die Wahrscheinlichkeit, dass sich ein Kunde dann mit seinem Input nicht an den Sprint-Rhythmus hält, ist sehr groß.

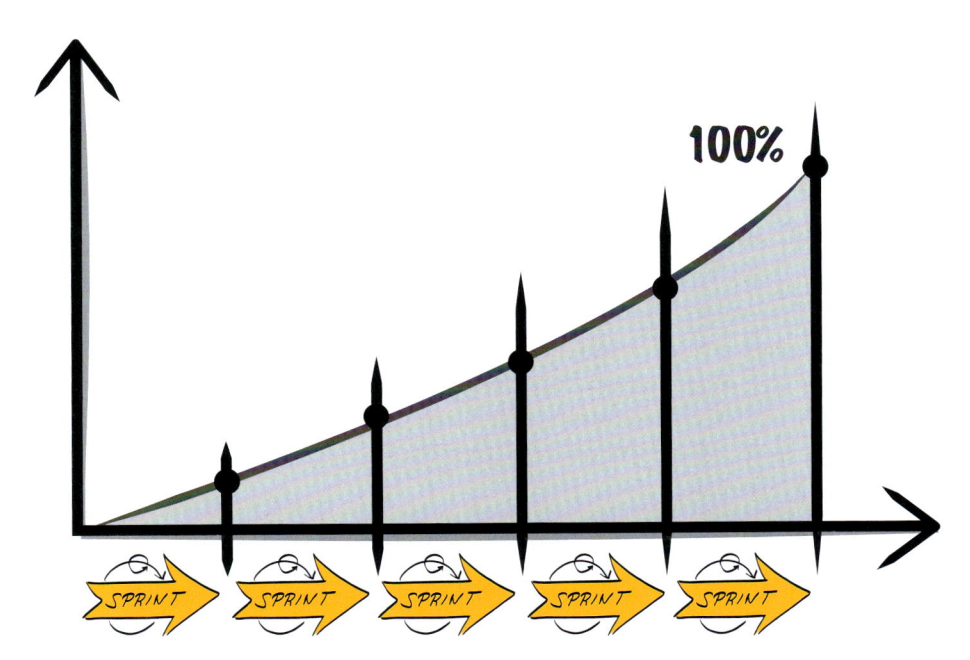

Das Problem reduziert sich häufig von allein, wenn der Kunde realisiert, dass der Lieferant durch Agile zur Selbstkontrolle zurückgefunden hat. Es entsteht aber ein weiterer positiver Nebeneffekt: Häufig haben Mitarbeiter des Kunden (in diesem Fall des Autoherstellers) einen direkten Kontakt zum Zulieferer, quasi von Entwickler zu Entwickler. Mit der Aussage »Der Kunde will das so« ist jeder Widerstand in den eigenen Reihen zwecklos und man unterwirft sich oft auch unsinnig scheinenden Anweisungen. Im Agile-Prozess hat der Entwickler des Zulieferers gegenüber Team und POT zu Sprintbeginn sein Commitment gegeben. Diese aktuelle Änderung von Entwickler zu Entwickler war jedoch nicht im Backlog vorgesehen. Was nun? Backlog verwerfen, zurück ins Chaos? Oder im nächsten Daily eine Eskalation vor Team und POT? Natürlich muss diese den Sprint zerschießende Änderung direkt zum POT. Das POT ist für den Kundenkontakt zuständig, während das Team den Fokus auf die zugesagte Backlog-Liste richten soll. Sonst treten die positiven Effekte von Agile nicht ein. Wenn Sie nun denken »wir wollen doch agil sein, flexibel und zu jeder Zeit offen für Änderungen?« – dann haben Sie den Begriff »agil« leider falsch interpretiert.

Agil heißt nicht:
Wir können jetzt öfter ändern!

Wer ständig Änderungen ins Team bringt und bewegliche Ziele (moving targets) akzeptiert, verbrennt Kapazität und Motivation. Blindleistung, Doppelarbeiten und Fehlentwicklungen sind nicht agil, sie erzeugen Chaos und sind Effizienzkiller – daran hat sich durch Agile nichts geändert.

Sobald ein POT-Mitglied anstelle des Teammitglieds den Kontakt zum Kunden übernimmt, machen sich folgende positive Effekte bemerkbar:

1. Änderungen des Kunden werden kalkuliert: Der Kunde erhält ein Angebot und kann entscheiden, ob es ihm das Geld wert ist. Wenn ja, verbessert sich die Projektrendite. Änderungen »unter der Hand« werden reduziert. Wenn nein, dann war es richtig, nicht schnell und vermeintlich agil reagiert zu haben. Offensichtlich war es nicht so wichtig.
2. Das Teammitglied wird aus der Anerkennung bringenden, aber kollusiven Rolle mit dem Kunden herausgenommen. Künftig wird der Kunde den Weg über das POT wählen. Das Teammitglied kann sich wieder fokussieren

und das POT übernimmt die Führung. Das ist ja auch das Ziel von Agile – gute Führung.
3. Müssen Änderungen akzeptiert werden, wird das Backlog angepasst. Entweder es findet sich ein Weg, die Änderungen durch Umstellungen in diesem Sprint zu realisieren oder es muss ein komplettes Reset der Sprintplanung erfolgen. Dann wird das Backlog neu aufgeplant. Ein neuer Sprint beginnt. Wichtig ist, dass das Commitment aufrechterhalten wird: Auch wenn man hinfällt, kann man wieder aufstehen und danach im gleichen Schritttempo weiterlaufen.

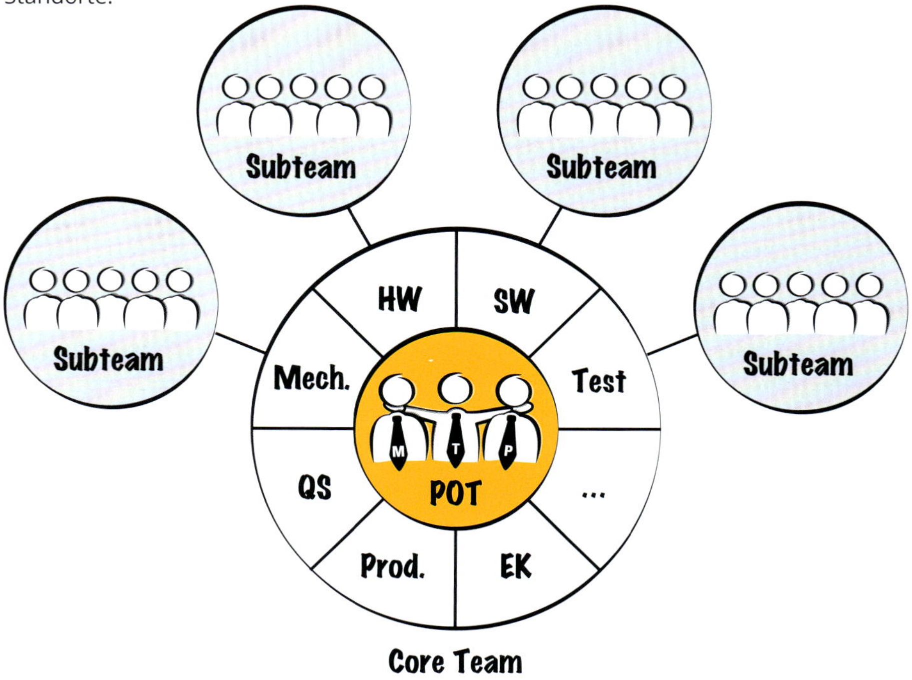

Bild 4.18
Agile über mehrere Standorte.

4.8.5 Funktioniert Agile in globalen Teams?

Was tun, wenn Teams nicht an einem Standort arbeiten? Wenn viele Effekte von Agile mit der unmittelbaren Nähe der Mitarbeiter zueinander zu tun haben, muss man dann auf Agile verzichten?

Angenommen, ein Kernteam arbeitet an einem zentralen Standort. Darüber hinaus verantworten Subteams Teilaufgaben und integrieren diese in regelmäßigen Abständen in das Gesamtsystem. In diesem Fall bewährt es sich, das Kernteam zusammen mit den Teilprojektleitern der Subteams bzw. allen Subteam-Mitgliedern in den ersten drei Sprints gemeinsam an einem Standort in den Sprint-Rhythmus zu bringen.

Kernteam und Subteams kommen gemeinsam in den Takt.

In dieser Set-up-Phase lernen alle gemeinsam die Methode kennen: Backlog, Sprintplanung, Dailys, Demo und Retro. Sie gestalten gemeinsam ihr POT- und ihr Team-Agile-Board. Sie kommen gemeinsam in einen neuen Arbeitsrhythmus und lernen sich dabei näher kennen. Mit dem gemeinsam aufgebauten Wissen über die Methode und dem stärkeren persönlichen Kontakt zum Kernteam reisen Teamleiter der Subteams an ihren Standort zurück. Idealerweise sind sie mit einem Agile-Koffer ausgestattet, der über die gleichen Arbeitsmittel (Agile-Board, Post-its, Agile-Uhr, Stifte usw.) verfügt wie der des Kernteams. An ihrem Standort übersetzen sie ihrem Subteam die gelernte Arbeitsweise. In den weiteren Sprintzyklen erfolgt die Sprintplanung mittels Videokonferenz oder über ein IT-Tool.

4.8.5 Muss es Papier sein? Gibt es moderne IT-Tools?

Diese Frage bezieht sich auf das Agile-Board und die Post-its. »Kein Mensch muss müssen«, sagte schon Johann Wolfgang von Goethe. Es gilt, was das Team entscheidet.

Papierboard oder Tool:

1. Ein Agile-Board hat eine definierte Größe. Auf diese Größe limitiert sich der Inhalt. Die Limitierung erhält die Übersichtlichkeit, alles bleibt im Blick. Ein übersichtliches Agile-Board aus Papier an der Wand motiviert eher zur Abarbeitung als ein volles oder eines, das über mehrere Bildschirmseiten scrollbar ist. Außerdem hat der Bildschirm einen Off-Schalter und dann ist er schwarz und wirkungslos.
2. Die Post-its werden von jedem von Hand beschrieben. Das hat die Wirkung einer persönlichen Signierung. »Das ist meine Handschrift, ich habe das geschrieben. Dafür übernehme ich Verantwortung, das bin ich.«

Von Hand beschriebene Post-its haben die Wirkung einer persönlichen Signatur.

3. Der wichtigste Moment in jedem Sprintzyklus ist der Moment der Einigung, des gemeinsamen Commitments auf den Inhalt der Sprintplanung. Alles, was an Hilfsmitteln existiert, um das noch besser sicherzustellen, hat sehr

hohen Wert. Manche Teams nutzen für die Sprintplanung alle zwei Wochen das Papierboard mit Post-its. Ist das Commitment mittels Thumbs-up besiegelt, übertragen sie den Inhalt in ein Softwaretool wie beispielsweise JIRA, Trello oder Kanban.

IT-Tools haben den großen Vorteil, dass die Inhalte flexibel angepasst und erweitert werden können. Aber gerade das soll nach dem Commitment in der Sprintplanung verhindert werden. Natürlich sind die Inhalte in einer Videokonferenz auf dem Bildschirm besser lesbar. Man kann auf weitere Dokumente verlinken oder auch Bug-Trecking- oder Editoren- und Release-Funktionen integrieren.

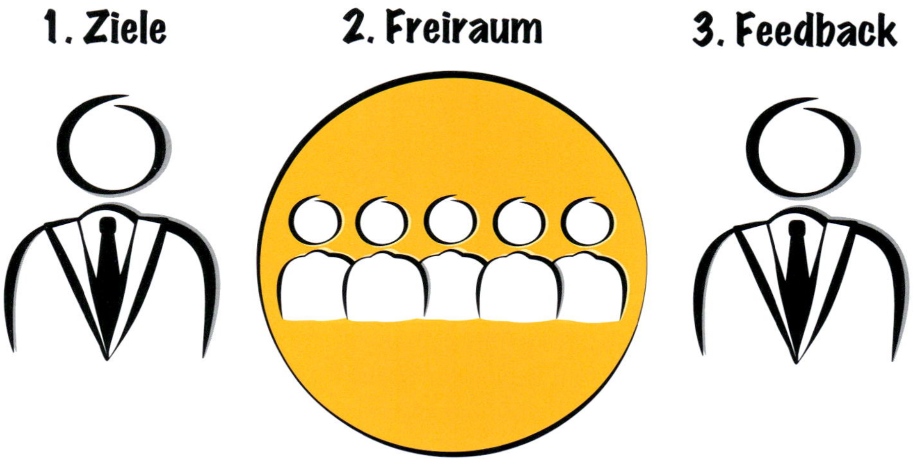

4.8.6 Was geschieht mit den Gruppen-/ Abteilungsleitern?

Ein Sachbearbeiter berichtet üblicherweise an einen Gruppenleiter. Dieser Gruppenleiter kam in der bisherigen Beschreibung von Agile allerdings noch nicht vor. Wenn man davon ausgeht, dass Agile im Kern zu 50 % bessere Führung und zu 50 % mehr Verantwortung im Team ausmacht, dann muss der Gruppenleiter im Teil »Führung« eine Rolle spielen.

Nehmen wir an, am Projekt sind ein Kernteam und mehrere Subteams beteiligt. In einem Subteam »Mechanik« arbeiten z. B. fünf Mitarbeiter aus der mechanischen Entwicklung. Der Systemingenieur (T) aus dem POT führt für das Kernteam das Sprint-Backlog. In einer Doppelrolle leitet er für das Subteam »Mechanik« aber auch den Technik-Part im POT. In diesem Fall wird das Subteam »Mechanik« inhaltlich durch den Systemingenieur gesteuert. Der Gruppenleiter Mechanik hat aber weiterhin die disziplinari-

Bild 4.19
Das Mittelmanagement unterstützt Agile durch »gute Führung«.

sche und fachliche Verantwortung für jedes Teammitglied. Disziplinarisch heißt: Er unterschreibt den Urlaubsschein und bestimmt das Gehalt. Fachlich trägt er die Verantwortung dafür, dass innerhalb der Mechanik nach den »Regeln der Kunst« gearbeitet wird. Er verantwortet den Einsatz der richtigen Methoden und Tools, die Umsetzung existierender Standards, die Verwendung der Plattform-Elemente und Gleichteilstrategien. In der Praxis bedeutet das: Immer dann, wenn ein Teammitglied fachliche Unterstützung benötigt, ist der Gruppenleiter da. Auch dann, wenn der Gruppenleiter sicherstellen will, dass er seiner Führungsverantwortung gerecht wird und dafür aktiv die Ergebnisse in der Projektarbeit reviewt. Entscheidend ist das WIE! Die Verantwortung muss im Team bleiben. Ein guter Agile-Coach hört die Töne zwischen den Zeilen und gibt Feedback.

Ein guter Gruppenleiter will seine Mitarbeiter größer machen.

In der Praxis erlebe ich nur dann Hindernisse, Agile einzuführen, wenn der Gruppen-/Abteilungsleiter gewohnt ist, Mikromanagement zu betreiben. Wenn er zu stark auf Auslastung in seinem Silo ausgerichtet ist und Teammitglieder in möglichst viele Aufgaben und Projekte parallel entsendet.

Gerüchte, wonach durch Agile das Mittelmanagement abgeschafft wird, entbehren jeder Logik. Wer vorher seine besten Mitarbeiter zu Gruppen- und Abteilungsleitern gemacht hat, will anschließend nicht auf sie verzichten. Entscheidend ist es, dass das Mittelmanagement richtig geführt wird und die Mitarbeiter in ihrer Führung unterstützt werden. Dafür muss Führung möglichst einfach sein: 1. Ziele setzen, 2. Freiraum lassen, 3. Feedback geben.

4.8.7 Erfordert Agile die Veränderung der Organisationsstruktur?

Kein einziges Unternehmen hat seine Organisationsstruktur ändern müssen, damit wir Agile einführen konnten. Die Antwort lautet: Nein, es gibt keinen Hinderungsgrund, nicht morgen mit Agile anzufangen. Es ist nicht nötig, dafür erst organisatorische Voraussetzungen zu schaffen. Kein Organigramm muss dafür geändert werden.

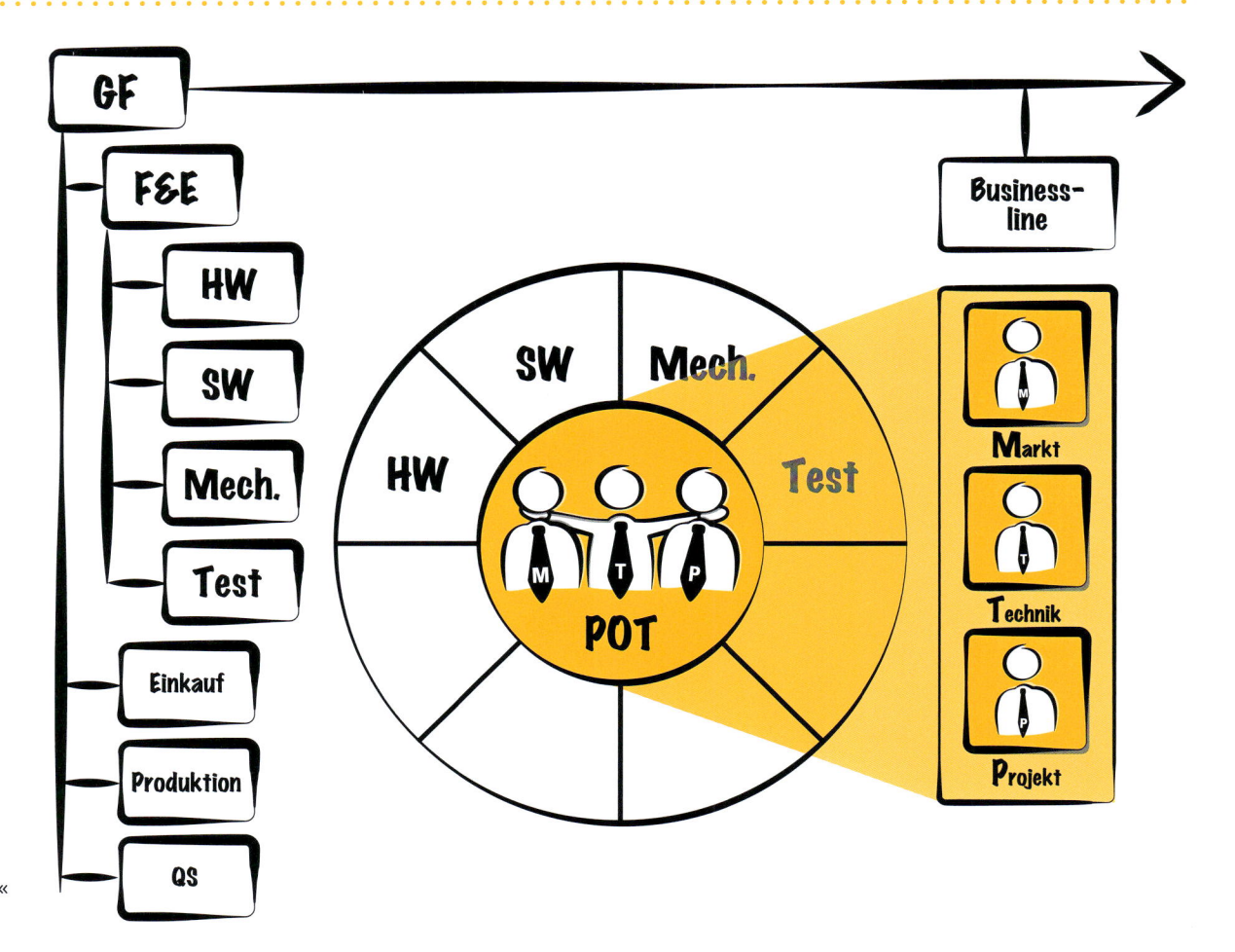

4 Wie funktioniert die agile Produktentwicklung?

Bild 4.20
Die »Atmende Organisation« bildet die agilen Rollen ab.

Die »Atmende Organisation« unterstützt die Einführung von Agile.

Gleichwohl gibt es Organisationsstrukturen, die die Einführung von Agile erleichtern. Die folgenden Fälle sollen das verdeutlichen.

Fall 1. Die klassische funktionale Struktur
Unterhalb der Geschäftsführung sind die Leiter Vertrieb, Entwicklung, Produktion, Einkauf usw. angeordnet. Die Mitglieder des Projektteams sind allesamt Abgesandte der Linie, aus den sogenannten Silos. Die Position des Projektleiters ist hierarchisch unterhalb der Linienfunktionsleiter verortet.

In diesem Fall ist der größte Teil der Macht organisatorisch *gegen* das Projekt positioniert: Ein Agile-Coach darf sich nicht nur um POT und Team kümmern. Im Mittelpunkt seiner Aufgabe steht die Begleitung der Führungskräfte, um deren Projektführung (das Product-Owner-Team) zu stärken und um die Mitglieder des Projektteams in Eigenverantwortung zu bringen.

Fall 2. Profitcenter
Unterhalb der Geschäftsführung sind Business Units mit kleineren unternehmerischen Einheiten und einer starken Führung durch den Business-Unit-Leiter zu finden. Unter dem jeweiligen Business-Unit-Leiter sind die Projektleiter und die Teams disziplinarisch angeordnet.

In diesem Fall ist der größte Teil der Macht organisatorisch *für* das Projekt positioniert. Hier besteht allerdings die Gefahr, dass der Business-Unit-Leiter der »eigentliche« Projektleiter ist und die Mitglieder des Projektteams direkt ansteuert. Ein Agile-Coach muss daher die Fähigkeit haben, die Ungeduld und den Machtanspruch seines Auftraggebers in die richtige Richtung zu lenken.

Ein Agile-Coach stärkt die Fähigkeit zur Selbsterkenntnis.

Das funktioniert nur, wenn er es schafft, dem Business-Unit-Leiter die Vorteile einer Verhaltensänderung bewusst zu machen – was einfacher klingt als es ist. In den dafür erforderlichen Vieraugengesprächen muss sich vor allem ein starkes Vertrauensverhältnis zwischen Agile-Coach und Führungskraft entwickeln.

Fall 3. Die »Atmende Organisation«
Die atmende Organisation sorgt für eine Balance

aus Synergie und Marktorientierung. Das Interessante daran ist, dass Synergie und Marktorientierung klar getrennt im Organigramm verankert sind: So ist der Synergie-Part verantwortlich für Plattformen, Module, Standards und verfügt über die Ressourcen zur Umsetzung. Die Marktorientierung wird durch interdisziplinäre Business-Teams mit dem Zugriff auf finanzielle Mittel abgebildet. Sie sind charakteristisch für die atmende Organisation und verantworten das Projektprogramm ihrer jeweiligen Business Line über die gesamte Produktlebenszeit. Ein Business-Team besteht aus wenigen, hochkompetenten Mitarbeitern. Es initiiert Projekte, die Ressourcen »einatmen«, wenn sie dort vorteilhaft eingesetzt werden können, und Ressourcen an andere Projekte »ausatmen«, wenn sie dort sinnvoll sind.

Welche Funktionen sind einem Business-Team zugeordnet? Im Kern sind das Markt, Technik und Projektleitung. Also die gleichen Rollen, die unter Agile als Product-Owner-Team die Projektteams führen. Die Ansätze sind symmetrisch. Genau deswegen passen sie so gut zusammen.

4.8.8 Task-Force und Agile

In der Literatur ist manchmal zu lesen, Agile sei stark verkürzt das, was man im Task-Force-Modus sowieso tun würde. Agile würde also die Vorteile des Task-Force-Modus zum Normalfall machen. Und tatsächlich: In der Task-Force steht der Projektleiter (Product Owner) jeden Morgen (im Daily) vor dem Team und notiert auf einem Flipchart (Agile-Board), wer was bis wann tut (Backlog).

Das sieht fast aus wie bei Agile – doch etwas Entscheidendes fehlt: *Menschen größer zu machen*! Der einzige, der hier größer gemacht wird, ist der Projektleiter. Das Team wird mit Druck geführt und tatsächlich entsteht so auch eine Motivation.

Task-Force-Modus ist das Gegenteil von Agile.

Motivation ist ein lateinischer Begriff, der übersetzt »Bewegung« bedeutet. Menschen bewegen sich auch, um eine Strafe oder andere Sanktion zu verhindern. Eine Zeitlang funktioniert das auch. Nur eins ist sicher: Spaß macht das nicht, Lust auf Leistung kann sich in der Task Force nicht entwickeln. Statt Burn-Down-Charts zu verfolgen werden Menschen zum Burn-out getrieben.

Es gibt immer mehr Unternehmen, die einen Product Owner eingeführt haben, die Agile-Boards an ihre Wände gehängt haben, die in Sprints arbeiten und deren Teams sich regelmäßig stehend im Daily treffen. Es sieht aus wie Agile, aber es hat sich nichts verbessert.

Warum? Weil der wahre Geist von Agile unsichtbar ist. Sie können alles Sichtbare einführen und trotzdem *Nichts* haben. Denn die bloße Einführung der sichtbaren Agile-Elemente erzeugt noch keine Verbesserung. Im Gegenteil: Damit wird Agile verbrannt.

Gefahren und Missverständnisse
1. Agile und Sprint

Die größten Missverständnisse verbergen sich in den Worten *Agile* und *Sprint*. Dem Wortsinn nach könnte man unter Agile quirlig, reaktionsschnell, flexibel, quasi allzeit bereit verstehen. Und mit Sprint verbinden die meisten Menschen einen Spurt, in dem man sich für eine begrenzte Zeit stärker einsetzt als sonst. Schlägt das Management einem Projektteam vor, Agile einzuführen und meint damit, verlorene Zeit durch ein paar Sprints wieder aufzuholen, ist das Missverständnis perfekt.

Durch ein paar Sprints verlorene Zeit wieder aufholen?
Das eben ist NICHT *Agile.*

Jeder im Team sieht sich mit hängender Zunge vor dem geistigen Auge und weiß, dass das nicht lange auszuhalten ist. Der Widerstand ist vorprogrammiert.

Mit *Sprint* ist eigentlich Takt gemeint. Agile ist der neue Rhythmus der Produktentwicklung. In diesem Rhythmus ist der Sprint der Takt, den man unendlich oft wiederholen kann.

2. Ungeduld im Management

Bei der Einführung von Agile wird ein POT etwas mehr Zeit brauchen, um die Fähigkeit zu entwickeln, Backlogs zu schreiben. Auch die Sprintplanung, also das gemeinsame Meeting von POT und Team, dauert zu Beginn etwas länger, als wenn man einfach Anweisungen erteilt. Mancher Vorgesetzte wird dabei ungeduldig und fragt sich, ob es nicht besser wäre, in dieser Zeit stattdessen zu arbeiten. Doch der Eingriff des Managements beispielsweise in ein Daily-Stand-up-Meeting ist ein absolutes No-Go.

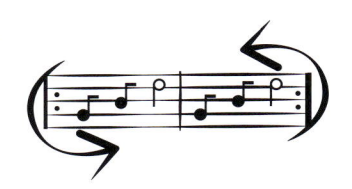

Bild 4.21
Der Begriff »Sprint« ist irreführend – »Takt« wäre besser.

Das zerstört die Intimsphäre des Teams. Effektiver lässt sich Agile vermutlich nicht kaputtmachen.

4.9 Agile Führung

Das nicht in Sprints unterteilte Arbeitsleben eines Entwicklers beinhaltet viele Störungen, Ablenkungen und ineffizienten Freiraum. So kann er bildlich gesprochen »seine PS nicht auf die Straße bringen«. Häufiger Prioritätenwechsel und zu viele Parallelprojekte (je erfahrener ein Entwickler ist, desto mehr Altlasten hat er aus vergangenen Projekten) führen zu einem Multitasking-Zustand. Ab vier parallel zu bearbeitenden Projekten schaltet das Hirn des Menschen in einen Abarbeitungs-Rhythmus: »Sagt mir einfach, was ich zuerst tun soll.« Das bringt demjenigen am Ende nicht nur wenig Anerkennung, es ist auch zermürbend. Nicht wenige hat das schon zum Burn-out geführt.

Wenn Sie Agile in Ihren Projekt-Teams möchten, dann leben Sie es vor!

Was hat das mit Ihnen als F&E-Manager zu tun?

Sie müssen Ihren Entwicklern den getakteten Freiraum mit selbst bestimmten Zielen geben. Loslassen, auch wenn Ihnen Ihr Top-Management im Hinblick auf höhere Effizienz und mehr Effektivität im Nacken sitzt. Aber wie soll man da loslassen? Intuitiv, ja fast reflexartig neigen Sie vermutlich dazu, die Zügel enger zu ziehen. Das ist nur verständlich. Doch wer die positiven Effekte von Agile wirklich erzielen will, muss die Methode nicht nur dulden, er muss sie aktiv vorwärts treiben.

Am besten gelingt Ihnen das, wenn Sie Agile als Führungskraft selbst praktizieren: Sie selbst, beispielsweise als F&E-Leiter, setzen Agile mit Ihrer nächsten Ebene, den Abteilungs- oder Gruppenleitern um.

Gute Führung ist nur begrenzt trainierbar. Gute Führung bleibt leider oft dem Zufall überlassen.

Mit Agile gelingt Führung systematischer und leichter. Ganz konkret: Alle zwei Wochen, z.B. Montags um 9 Uhr, definiert die Führungskraft am Agile-Board in ihrem Büro konkrete Ziele mit ihrem Führungsteam. Der Freiraum – der für Führungskräfte am schwierigsten einzuräumen ist, siehe oben – definiert sich durch den Sprint.

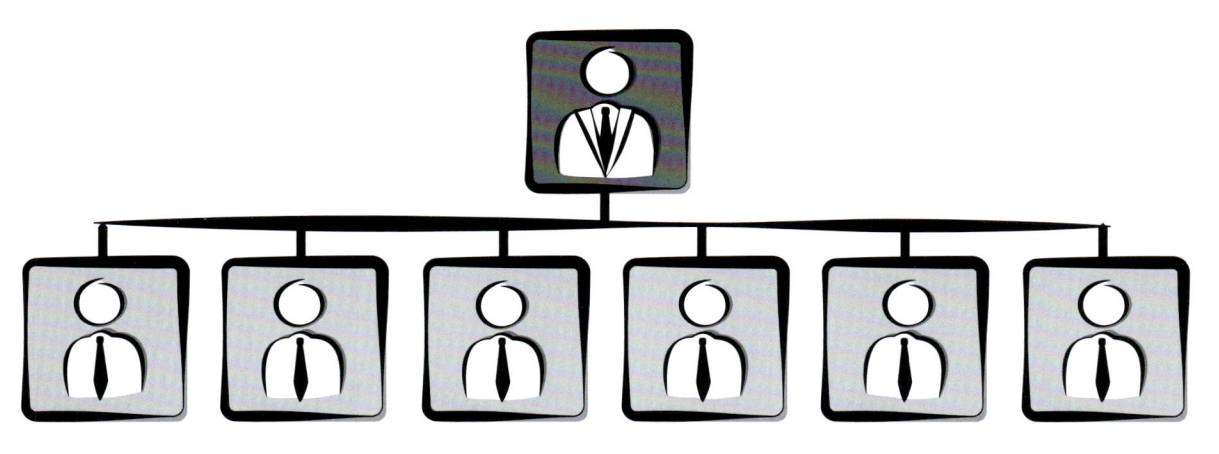

Bild 4.22
Die Königsdisziplin: Agile im Führungs-Team.

Am Sprintende zeigen sich die Teammitglieder die Ergebnisse in der sogenannten Demo. Dafür treffen sie sich wieder an einem festen Ort (dem Agile-Board), zu einer festen Uhrzeit, im festen Rhythmus.

In der Regel haben die Agile-Boards der Führungsteams *swim lanes* (Zeilen) für jede einzelne Person, in der sie die Anderen informieren und zeigen, was sie sich vornehmen. Darüber hinaus gibt es Zeilen, an denen das gesamte Führungsteam an gemeinsamen Projekten arbeitet.

Führungsteams, die Agile selbst praktizieren, sind wesentlich überzeugender bei der Vermittlung der Methode gegenüber ihren Projektteams.

Diese Führungsteams sind durch die getaktete Kommunikation in engerer Abstimmung. Das führt dazu, dass die Menschen auf den nächsten Ebenen merken, dass die Beziehung der Führungskräfte untereinander positiv ist und das strahlt aus. »Querschläger«, die in den Silos durch negative Berichterstattung von unten nach oben zu Beziehungsproblemen auf der Topebene führten, nehmen deutlich ab.

Dann ist Führung nicht mehr dem Zufall überlassen.

4.10 Der Agile-Einführungsprozess

Die Einführung von Agile ist hochsensibel. Bei keiner Organisationsveränderung rückt man dichter an den Menschen heran. Wer von den enormen Effekten einer besseren Führung profitieren und maximale Verantwortung im Team erzielen möchte, muss sich bewusst machen, dass Agile eine Verhaltensänderung der Beteiligten erfordert. Es gibt nichts Schwierigeres, als das Erreichen einer nachhaltigen Verhaltensänderung.

Agile beginnt NICHT *mit einem Kick-off.*

Da der Kernaspekt von Agile in der stärkeren Selbstverantwortung des Teams liegt, gelingt die Einführung nicht mit einem Kickoff, dem ein anschließendes Training durch einen Experten folgt. Agile lässt sich nicht verordnen, weder in höflicher Form, noch logisch begründet.

Agile muss vom Team selbst gewollt werden. Wenn sich ein Team dafür entscheidet, dann ziehen die Menschen im Team auch mit. Doch dafür muss jeder Einzelne auch wissen, was Agile bedeutet.

An einem Workshop-Tag in interessierten Unternehmen vermitteln wir den Teammitgliedern aus mindestens drei Projektteams so viel Information zu Agile, dass sie danach imstande sind, sich eine eigene Meinung zu diesem Ansatz zu bilden.

Im ersten Teil des Workshops erklären wir die Funktionsweise der Methode, im zweiten Teil wird eine sogenannte Simulation in Form eines Spiels durchgeführt, wodurch Agile ganz praktisch erfahren wird. Schließlich fragen wir ab, was jedem Einzelnen noch fehlt, um am nächsten Tag mit Agile zu starten. Anschließend verlassen wir den Raum und der interne Auftraggeber kommt herein. Er stellt die entscheidende Frage: »Wollt ihr oder wollt ihr nicht?«. Es ist also auch erlaubt, nein zu sagen.

Teams, die sich ganz bewusst für Agile entscheiden, sind wesentlich erfolgreicher.

Agile ab dem ersten Tag:
Das Team trifft die Entscheidung!

Probieren Sie es aus – Agile heißt: Einfach machen!

TEIL 2

Beispiele für eine erfolgreiche Einführung

01 Agile Teams erfolgreich führen

Dr. Hans-Peter Hübner, Dr. Martin Hurich

1.1 Trends und Herausforderungen

Elektronische Komponenten und Systeme in Kraftfahrzeugen sowie der Markt für ebendiese Komponenten bzw. Systeme sind aktuell maßgeblich von zwei starken Veränderungen geprägt: Die Komplexität der einzelnen Komponenten und insbesondere Systeme steigt zunehmend an. Der Vernetzungsgrad der einzelnen Komponenten untereinander, und in zunehmendem Maße auch über die Grenzen des einzelnen Kraftfahrzeugs hinaus, nimmt ebenfalls stark zu. Sowohl die Fahrzeuge als auch die einzelnen elektronischen Komponenten werden Teil des »Internet der Dinge und Dienstleistungen« (IoTS).

Für die beteiligten Unternehmen bedeutet das, sowohl ihr Entwicklungsvorgehen als auch ihre Organisation und Führungsprinzipien an diese veränderten Rahmenbedingungen anzupassen (Snowden 2007).

Für einen großen Automobilzulieferer wie Bosch sind dabei zusätzlich ähnliche, aber nebenläufige Effekte aus dem Kontext »Industrie 4.0« relevant. Diese wirken sich beispielsweise an den Schnittstellen zwischen Entwicklung, Fertigung und Logistik aus und führen nochmals zu einer weiteren Dimension der Vernetzung von Teilen, Komponenten und Organisation.

Beispielhaft wird im Folgenden auf die Auswirkungen der genannten Veränderungen auf das Entwicklungsvorgehen und auf die Entwicklungsorganisation im Geschäftsbereich »Chassis Systems Control« (CC) der Robert Bosch GmbH Bezug genommen.

Der Geschäftsbereich Chassis Systems Control entwickelt innovative Komponenten, Systeme und Funktionen der Fahrzeugsicherheit, der Fahrzeugdynamik und der Fahrerassistenz bis hin zum automatisierten Fahren. Die Vernetzung von aktiven und passiven Sicherheitssystemen mit Fahrerassistenzsystemen führt zu neuen Dimensionen bei Sicherheit, Komfort und Agilität. Die Software-Umfänge steigen mit der Einführung von Vernetzung, Fahrerassistenzsystemen und automatisierten Fahrfunktionen überproportional an.

Zunehmend komplexer werdende Aufgabenstellungen erfordern angepasste Vorgehensweisen und Strukturen. Bereits seit 1986 sind in der

Literatur Ansätze für cross-funktionale Teams bekannt (Takeuchi 1986). Zum Ende des vergangenen Jahrhunderts wurden vergleichbare Ansätze auch im Umfeld des sogenannten »Lightweight« oder »Agile Software Development« beschrieben (Schwaber 1995, Schwaber 2016), welche Anfang des jetzigen Jahrhunderts größere Verbreitung gefunden haben (Agile Manifesto 2001).

Die im Folgenden beschriebenen Vorgehensweisen sind für »klassisch« geprägte Unternehmen – obwohl nachvollziehbar – sehr herausfordernd in ihrer Umsetzung.

Die erforderlichen Veränderungen im Unternehmen sollten nicht unterschätzt werden.

1.2 Ganzheitliche Herangehensweisen

Umfassende Veränderungen erfordern ganzheitliche Herangehensweisen. Um eine wirklich agile Verhaltensweise der Organisation zu erwirken, genügt es daher nicht, einzelnen Mitarbeitern oder Entwicklungsprojekten neue Vorgehensweisen oder Prozesse zuzuweisen. »Agile (Software) Development« beschreibt eine Geisteshaltung (»Mindset«), welche von der durch die klassischen Unternehmenskulturen geprägten Geisteshaltung mehr oder wenig stark abweichen kann.

Hierbei ist es essenziell, neben den offiziell beschriebenen Vorgaben, Regeln und Kulturbestandteilen (sogenannten »Written Rules«) auch die in der Unternehmenskultur tief verankerten Verhaltensweisen und Erwartungshaltungen (»Unwritten Rules«) explizit sichtbar zu machen und zu berücksichtigen (Scott-Morgan 1994).

Die Kultur eines Unternehmens wird maßgeblich durch seine oberen Führungsebenen geprägt. Dieser Zusammenhang wurde bei Bosch schon seit längerer Zeit verstanden und wird im Unternehmen auch seit Jahrzehnten explizit berücksichtigt und für die Entwicklung von Leitbild, Werten und Unternehmenskultur genutzt (We are Bosch 2015).

1.2.1 Führungsleitbilder

Leitbilder und insbesondere Führungsleitbilder werden im Rahmen von großen Unternehmen meist von der Konzernebene auf die darunter liegenden Einheiten (Geschäftsfelder, Geschäftsbereiche, Geschäftseinheiten oder gar Abteilungen) heruntergebrochen und verfeinert. Es ist für einen tiefgreifenden kulturellen Wandel sehr wichtig, dass hierbei keine Unstimmigkeiten wahrgenommen werden. Dabei muss der Fokus auf der Wahrnehmung, und nicht nur auf dem hinterlegten theoretischen Ansatz liegen. Wesentlich ist, welche Botschaft in der Organisation ankommt.

Aus diesem Grund sind für die Positionierung dieser Leitbilder im Rahmen einer agilen Transition drei Aspekte besonders zu berücksichtigen:

- Kohärenz und Konsistenz: Die Leitbilder müssen in sich streng konsistent und untereinander kohärent sein.
- Komplementarität: Die Leitbilder sollten nur insoweit inhaltlich überlappen, dass die Kohärenz klar zutage tritt. Jedes Leitbild sollte eine deutliche Eigenständigkeit bezüglich seiner inhaltlichen Schwerpunktthemen aufweisen.
- Kommunikation (der Schnittstellen): In der Kommunikation der jeweiligen Leitbilder muss größter Wert auf die einheitliche und durchgängige Kommunikation der Schnittstellen mit den jeweils anderen Leitbildern gelegt werden, damit diese in der Organisation nicht als ungeplant nebenläufig oder gar widersprüchlich wahrgenommen werden.

In unserem Geschäftsbereich ist ein zentrales Konzept des Führungsleitbildes, die sogenannte »Positive Leadership« (Cameron 2012), verankert. Dieses sehr wirkungsvolle, aber gleichzeitig auch generische Konzept stellt wiederum den Ankerpunkt für die wesentlichen Konzepte in der »Wissensarbeit« dar, wie z. B. in der Entwicklung. Damit sind hier Kohärenz und Komplementarität der verwendeten Leitbilder gegeben.

1.2.1 BES: Das Bosch Product Engineering System

Im Bereich der Massenserienfertigung sind systemisch geprägte Ansätze zur Optimierung des Durchsatzes seit Mitte des letzten Jahrhunderts bekannt (Deming 1986). In diesem Kontext haben auch das Toyota Production System (TPS) und das daraus abgeleitete Bosch Production System (BPS) ihre Wurzeln.

2005 wurde das Bosch Production System, welches seinen Fokus in der Fertigung hat, durch das Bosch Product Engineering System (BES) mit Fokus auf die Entwicklung ergänzt. Beide Systeme verstehen sich ganz explizit als ganzheitliche Systeme, welche die Gestaltung von Organisation, Geisteshaltung und Führungskultur in den jeweiligen Bereichen als wesentlichen Teil ihrer Aufgabe haben.

Seit 2011 werden in Rahmen des Bosch Product Engineering Systems auch vermehrt Aspekte der »Agilen (Software) Entwicklung« integriert (Jantzer 2015). Dabei geht der Fokus über die reine Softwareentwicklung hinaus und umfasst genauso die Systementwicklung und in Teilen auch die reine Hardware- und Komponentenentwicklung. Alle Entwicklungsaktivitäten haben gemeinsam, dass die beteiligten Personen als sogenannte »Wissensarbeiter« beschrieben werden können (Pink 2009). Diese Wissensarbeiter lassen sich vorzugsweise über bestimmte Motivatoren führen. Somit muss eine Führungskultur und -struktur ebendiese Aspekte erfüllen (Medinilla 2012). Dies impliziert u. a. eine Veränderung weg von einer transaktionalen Führung hin zur einer transformationalen Führung (Bass 1990).

Ein transaktionaler Führungsstil beruht auf standardisierten Formen von Anreizen, Belohnung, Bestrafung oder Sanktionen im Zusammenwirken einer Führungskraft und ihren Mitarbeitern. Beispielsweise ist über Zielvereinbarungen geregelt, welche Anforderungen an einen Mitarbeiter gestellt werden und welche finanziellen oder immateriellen Anreize er erwarten kann, wenn er diese Erwartungen erfüllt. Die Motivation der Mitarbeiter erfolgt hier in erster Linie durch Vorgabe von Zielen, Aufgaben und Delegation von Verantwortung. Somit handelt es sich hier um ein eher sachliches Austauschverhältnis (Transaktion) zwischen der Leistung der Mitarbeiter und der Reaktion des Vorgesetzten darauf.

Bei einem transformationalen Führungsstil steht das Transformieren von Werten und Einstellungen der Mitarbeiter im Vordergrund. Dabei sollen weniger egoistische, individuelle Ziele verfolgt werden. Vielmehr soll eine Leistungssteigerung in Richtung langfristiger, übergeordneter Ziele stattfinden. Transformationale Führungskräfte versuchen daher, ihre Mitarbeiter intrinsisch zu motivieren. Die Führungskraft tritt als Vorbild auf und unterstützt die individuelle Entwicklung der Mitarbeiter. Anstelle der individuellen Zielvereinbarungen werden hier beispielsweise attraktive Visionen vermittelt und ein gemeinsamer Weg zur Zielerreichung erarbeitet (Wikipedia 2016).

Die Anforderungen an eine »agile und transformationale Führung« fließen auch in alle Bereiche der Führungskräfteausbildung des Bosch Product Engineering Systems mit ein. Dabei ist zu beachten, dass die an die Organisation und insbesondere an die Führungsstrukturen kommunizierten Botschaften bezüglich der Veränderungsaspekte absolut stimmig sind.

In unserem Geschäftsbereich bei Bosch bedeutet dies, dass die Inhalte unseres Führungsleitbilds, des Bosch Product Engineering Systems sowie von spezifischen Maßnahmen zur Begleitung agiler Pilotprojekte gut aufeinander abgestimmt sein müssen.

Es ist hierbei von Vorteil, dass sowohl das Bosch Production System als auch das Bosch Product Engineering System historische Wurzeln aus »Lean«, also aus dem Umfeld der schlanken Produktion bzw. der schlanken Entwicklung haben. Alle heute in der Breite eingesetzten Vorgehensweisen der agilen Entwicklung sind ebenfalls maßgeblich durch die »Lean«-Prinzipien geprägt.

1.3 Randbedingungen durch den Markt

Häufig wird berichtet, dass agile Entwicklungsmethoden ungeeignet seien, um wesentliche nicht-funktionale Anforderungen im automobilen Umfeld zu erfüllen, wie z.B. aus der ISO 26262 oder Automotive SPICE (Software Process Improvement and Capability dEtermination). In der Tat erfordert es eine etwas tiefer greifende Analyse und Betrachtung, um zu konstruktiven Aussagen zu kommen (intacs 2014, KuglerMaag 2014, Weigl 2014). Oberflächliche Betrachtungen oder Vergleiche sind hier nicht zielführend.

Tatsächlich wurden viele Normen im Entwicklungsumfeld, wie auch die ISO/IEC 15504-5 (SPICE), die wiederum Automotive SPICE zugrunde liegt, ohne explizite Berücksichtigung der Aspekte der agilen Entwicklung erstellt. Zudem gibt es auch maßgebliche Unterschiede bis hin zu Unverträglichkeiten in den jeweils zugrunde liegenden Geisteshaltungen. Dies bedeutet jedoch nicht, dass die beiden Ansätze bzw. Anforderungen aus den jeweiligen Rahmenwerken nicht in größerem Umfang kombinierbar wären.

Wichtig ist dabei zunächst das Verständnis, dass sowohl die ISO 26262 als auch die ISO/IEC 15504-5 in den jeweiligen Prozessreferenzmodellen (PRM) ein (exemplarisches) sogenanntes Software- oder System-Lebenszyklus-Modell beschreiben, gegen welches die Assessmentmodelle (PAM) prüfen. Die Assessmentmodelle prüfen aber – genau betrachtet – nur auf das Vorhandensein von Aktivitäten und Artefakten sowie gegebenenfalls auf sequenzielle Abhängigkeiten zwischen diesen. Das konkrete Vorgehensmodell wird aber in keiner dieser Normen beschrieben oder gar vorausgesetzt.

Vorteilhaft ist zudem, dass inzwischen nahezu alle relevanten Normen auch organisationale Aspekte, wie z. B. kontinuierliche Verbesserung bzw. kontinuierliches Lernen der Organisation, berücksichtigen oder fordern. Diese Aspekte sind in agilen Vorgehensmodellen zumindest auf der Ebene einzelner Entwicklungsteams explizit abgebildet.

Schlüssel für eine erfolgreiche Umsetzung agiler Vorgehensmodelle im automobilen Umfeld ist es, die konkreten Anforderungen an das Vorhandensein von Aktivitäten und Artefakten sowie gegebenenfalls auf sequenzielle Abhängigkeiten zwischen diesen in geeigneter Weise einzubringen. Dies kann entweder direkt durch die Festlegung der Entwicklungsprozesse oder indirekt durch die Erweiterung der konkreten Anforderungen bezüglich der Fertigstellungsreife von Artefakten (»Definition of Done«) erfolgen. Hierbei ist nach Möglichkeit der zweite Ansatz zu bevorzugen, weil dieser lediglich die Anforderung festlegt, den konkreten Lösungsweg aber noch offen lässt.

Dieser Ansatz findet seine Grenzen dort, wo die Definition of Done nahezu keinerlei Freiheiten bezüglich der konkreten Umsetzung lässt. In einem solchen Umfeld sind Vorgehensmodelle aus dem eigentlichen »Agile (Software) Development« weniger geeignet. Dennoch lassen sich auch hier Ansätze aus dem Umfeld des »Lean Engineering« (Reinertsen 2009) sehr gut umsetzen. Es ist eine der wesentlichen Erkenntnisse aus unserem gesamtheitlichen Ansatz, dass es in einem diversifizierten und komplexen Arbeitsumfeld nicht nur mehr eine standardisierte und relative starre Vorgehensweise geben kann (1.5).

1.4 Der Ursprung – Mut: Freiwillige Pilotprojekte

Ein wesentliches Prinzip oder ein Bestandteil der agilen Kultur ist Mut, auch wenn dieses Prinzip es nicht in die explizite Beschreibung des »Agile Manifesto« geschafft hat. Der hier notwendige Mut erfordert ein hohes Maß an Eigeninitiative und Engagement, an unternehmerischem und strategischem Denken sowie an einer starken intrinsischen Motivation zur Verbesserung des Status Quo. Dieser Mut nimmt bewusst in Kauf, dass Entscheidungen nicht erst auf Basis einer perfekten Datenlage getroffen werden und, dass sich aus diesem Grunde manche dieser Entscheidungen a posteriori als falsch oder zumindest als nicht optimal herausstellen werden. Es wird aber davon ausgegangen, dass die Organisation und ihre Individuen in der Lage sind, aus diesem neuen Erkenntnisgewinn schnell neue und bessere Entscheidungen abzuleiten, anstelle zu viel Energie in die posthume Diskussion von Verantwortlichkeit und Schuld zu investieren.

Mut kann nicht angeordnet oder befohlen werden. Mut ist Bestandteil einer Unternehmenskultur. Häufig zeigt sich dieser Mut auch auf unterschiedlichen Hierarchieebenen in unterschiedlicher Ausprägung und Stärke.

In unserem Geschäftsbereich gab es erfreulicherweise bereits in der Vergangenheit einige mutige Individuen, die bereit waren, neue Wege zu gehen. Dabei musste durchaus auch das Risiko des Scheiterns mit diesen neuen Ansätzen in Kauf genommen werden.

Typischerweise fanden sich diese Individuen im Rahmen von eher kleineren Pilotaktivitäten, d.h. kleineren Entwicklungsprojekten, da sich die bis dato üblichen Vorgehensmodelle im Wesentlichen auf die Ebene einzelner Projekte oder gar einzelner Projektteams, z.B. Scrum-Teams, bezogen.

Die meisten Pilotprojekte in unserem Geschäftsbereich kamen zu äußerst vielversprechenden Ergebnissen bezüglich der Effizienz und insbesondere der Effektivität (1.7). Dennoch blieb es zunächst bei kleineren, lokalen Aktivitäten. Manche dieser Aktivitäten schliefen über die Zeit wieder ein. Andere Aktivitäten blieben zwar in sich stabil, es kam jedoch zu keinem breiteren Einsatz der neuen Vorgehensweisen innerhalb der jeweiligen Bereiche.

Aus diesem Grund wurde beschlossen, die weiteren Aktivitäten stärker im Rahmen einer gemeinsamen Verbesserungsinitiative des Geschäftsbereichs zu koordinieren, um eine möglichst flächendeckende Verbreitung zu erreichen (1.8).

1.5 Das Konzept – Ein offener Ansatz

Wie bereits unter (1.2) beschrieben, erfordert ein nachhaltig erfolgreicher Einsatz von agilen Vorgehensmodellen eine entsprechende Geisteshaltung, insbesondere im Bereich der Steuerung und Führung (1.10). Viele Unternehmen machen hier den Fehler, die neuen Vorgehensweisen unter Zuhilfenahme der bekannten Mittel aus der klassischen Unternehmenssteuerung einführen zu wollen. Häufig sind diese Anstrengungen, trotz erheblicher finanzieller Aufwendungen und großem persönlichen Engagement von einzelnen handelnden Personen, nicht erfolgreich.

Daher haben wir für unseren Geschäftsbereich einen Ansatz gewählt, der bereits auf der Metaebene den Prinzipien einer agilen Entwicklung entspricht. Die wichtigsten Grundparadigmen dabei sind:

- Projekte bzw. Organisationen entscheiden sich freiwillig dafür, neue Vorgehensweisen einzusetzen.
- Die Projekte entscheiden dabei nahezu frei (anhand ihres Business Case) über die Zusammenstellung der geeigneten Methoden und Vorgehensweisen.
- Die zentrale Verbesserungsinitiative kann nur die jeweils im Portfolio befindlichen Ansätze unterstützen. Eine Pilotierung von neuen Ansätzen ist jedoch nach Absprache möglich, d.h. das Portfolio ist im Prinzip offen.
- Die Projekte erhalten explizite und exklusive Unterstützung, zumindest in der Startphase für die Auswahl der geeigneten Methoden und Vorgehensweisen, ggf. auch darüber hinaus.

1.6 Aktuell integrierte Methodologien

Die folgenden Methodologien sind aktuell in unserem Portfolio enthalten. Auch die einzelnen Methodologien sind keineswegs auf starren Vorgaben aufgebaut, sondern können je nach Erfordernissen der anwendenden Projekte bzw. Organisationen in großem Umfang angepasst werden. Ein Beispiel hierfür wird in (1.6.3) weiter ausgeführt.

1.6.1 Lean/Flow

Alle Methodologien im Umfeld der agilen Entwicklung tragen die Gene und Gedanken der ursprünglichen Lean Prinzipien in sich. Aufgrund der Kompatibilität dieser Prinzipien mit anderen wesentlichen Modellen und Systemen (1.2.2, 1.3) ist es sinnvoll, sich damit etwas intensiver auseinanderzusetzen.

Don Reinertsen hat die für die Entwicklung wesentlichen Grundprinzipien und Mechanismen ausführlich dargelegt und begründet (Reinertsen 2009). Auf eine tiefergehende theoretische Betrachtung dieser Zusammenhänge wird daher an dieser Stelle verzichtet. Zwei grundlegende Prinzipien wurden im Rahmen unserer Arbeit besonders stark berücksichtigt:

- Optimale Auslastung der zur Verfügung stehenden Ressourcen: Dabei liegt der Erfahrungswert für die Entwicklung typischerweise bei einer Planauslastung von ca. 80 bis 85 % der maximalen Leistungsfähigkeit der Organisation (**Bild 1.1**).

Bild 1.1
Plan- und Ist-Auslastung in der Entwicklung

Cumulative Flow Diagram (CFD)

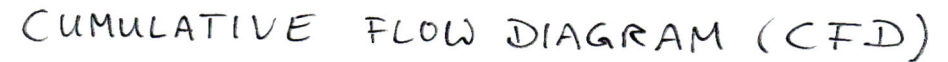

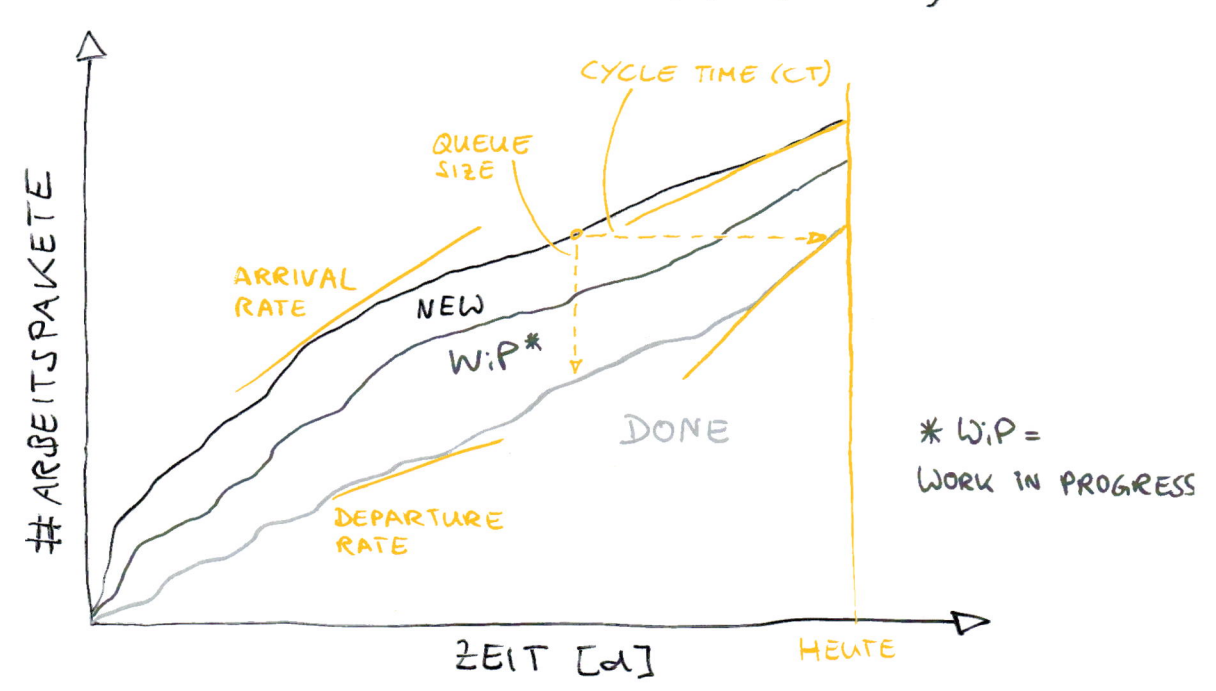

Bild 1.2
Cumulative-Flow-Diagramm für die Steuerung

- Fokus auf den Engpass: Das bedeutet Vermeidung lokaler Optimierungen, die den Gesamtfluss im System nicht erhöhen oder gar verringern können.

Es ist möglich, diese Prinzipien in einer Organisation direkt umzusetzen, ohne dazu weitergehende Methodologien (1.6.2, 1.6.3) einzusetzen. Voraussetzung dafür ist jedoch eine sehr gute statistische Kenntnis der Arbeitsaufgaben und der Leistung der Organisation. Dies ist beispielsweise bei kleinteiligen, hoch-repetitiven Aufgaben im Umfeld der Softwarewartung und -pflege häufig gegeben. Solche Organisationen lassen sich z.B. anhand weniger Schlüsselmetriken aus sogenannten »Kumulativen Flussdiagrammen« (Cumulative Flow Diagram, CFD) steuern (**Bild 1.2**).

1.6.2 Optimierte Entwicklungsprozesse

Innerhalb von Bosch wurde eine Vorgehensweise für ein Tailoring eines (klassischen) Produktentwicklungsprozesses (PEP) entwickelt. Hierbei wird folgende Vorgehensweise gewählt:

- Jedes Projekt startet die Erarbeitung des projektspezifischen PEP mit einem minimalistischen PEP. Dieser enthält nur die absolut erforderlichen Elemente, beispielsweise zur Erfüllung gesetzlicher oder zentraler Vorgaben oder zur Erreichung zwingender Freigaben.
- Alle weiteren bekannten, aber optionalen Elemente sind zwar beschrieben, aber zunächst dem projektspezifischen PEP nicht zugewiesen. Das Projekt beschreibt nun die Risiken, welche durch das Weglassen dieser Elemente entstehen bzw. entstehen könnten. Auch hierfür sind bereits vorhandene Beschreibungen verfügbar.
- Nun kann das Projekt unzulässigen oder als zu groß bewerteten Risiken begegnen, indem die entsprechenden optionalen PEP-Elemente dem projektspezifischen PEP zugewiesen werden (Additives Tailoring).
- Zudem können optionale PEP-Elemente anders angeordnet werden, wenn dies für das Projekt eine Einsparung von Zeit oder anderen Ressourcen bedeutet. Allerding müssen auch daraus resultierende Risiken und entsprechende Abhilfemaßnahmen dargestellt werden.

Das Ergebnis ist der minimalste projektspezifische PEP, welcher keine unzulässigen Risiken für das Projekt enthält. Zudem kann während des

Tailorings stets direkt eine Abwägung zwischen Risikovermeidung und Ressourceneinsatz auf Ebene einzelner PEP-Elemente getroffen werden.

Dieser Ansatz eignet sich besonders gut für System- und Komponentenentwicklungsprojekte sowie für Projekte, bei denen eine Plattformentwicklung und eine Serienentwicklung in zeitlichem Überlapp stehen.

1.6.3 Scrum bzw. Scrum-basierte Vorgehensweisen

Ursprünglich für die Anwendung in kleineren, möglichst unabhängigen Entwicklungsprojekten (Scrum-Teams) konzipiert, haben sich inzwischen eine Vielzahl von skalierten Ansätzen rund um Scrum ausgebildet, wie beispielsweise Multi-Scrum, Scrum-of-Scrums und SAFe (Scaled Agile Framework). Die unterschiedlichen Ansätze haben trotz ihrer gemeinsamen Herkunft unterschiedliche Stärken, aber auch Schwächen und Herausforderungen für die anwendende Organisation. Daher kann man gemeinsame Muster ableiten, anhand derer die Eignung eines scrumbasierten Vorgehensmodells für bestimmte Entwicklungsvorhaben festgestellt werden kann.

Die Festlegung auf ein bestimmtes Vorgehensmodells erfolgt typischerweise anhand der wesentlichen Anforderungen an das Projekt, aber auch anhand von organisationalen Randbedingungen, wie z. B. Projektgröße, Vernetzungsgrad der einzelnen Teilprojekte, Einbindung von anderen Organisationsteilen etc.

Die grundsätzlichen Bestandteile von Scrum sollten in allen Scrum-basierten Vorgehensmodellen abgebildet sein, wenngleich auch hier ein Tailoring mit Bedacht möglich ist:
- Rolle: Der Product Owner oder das Product-Owner-Team
- Rolle: Der Scrum Master oder Agile Master
- Rolle: Das Development-Team
- Artefakt: Das Product Backlog
- Artefakt: Das Sprint Backlog
- Artefakt: Das Burndown Chart
- Artefakt: Das Product Increment
- Aktivität: Sprint Planning
- Aktivität: Daily Scrum
- Aktivität: Sprint Review
- Aktivität: Sprint Retrospective.

Während sich reines Scrum – sozusagen nach Lehrbuch – vor allem für hoch innovative Vorhaben in möglichst unabhängigen und kleinen Teams eignet, können durch Zuhilfenahme von skalierten Ansätzen häufig die Aufgaben ganzer Entwicklungsorganisationen abgebildet werden. Dabei müssen ggf. zusätzliche Rollen, Artefakte und Aktivitäten ausgeprägt werden, wie z. B. bei SAFe.

Es ist aber auch möglich, eine stark reduzierte und angepasste Variante von Scrum als Vorgehensmodell zu wählen und um Aktivitäten und Anforderungen aus ISO 26262 sowie Automotive SPICE zu ergänzen. Solche Scrum-basierten Ansätze eignen sich beispielsweise, um einzelne Variantenprojekte für Automobilhersteller mit sehr spezifischen Prozessanforderungen vorgabekonform aus einer existierenden Plattform abzuleiten.

1.7 Erste Erfahrungen aus den Pilotprojekten

Der unter (1.5) dargestellte Ansatz bietet nicht nur eine hohe Flexibilität bezüglich der anwendbaren Vorgehensmodelle, um den agilen Prinzipien als solchen zu genügen. Dahinter steckt auch die Erkenntnis, dass sich Projekte mit stark unterschiedlichen nicht-funktionalen Anforderungen auch unterschiedlich bezüglich des Marktes positionieren müssen. Dies lässt einen »One-size-fits-all«-Ansatz schon prinzipiell als optimale Lösung ausscheiden.

Genauso unterschiedlich, wie sich diese Anforderungen und teilweise auch Märkte innerhalb des automobilen Umfelds darstellen, zeigen sich auch die Aufgabenstellungen der Projekte. Damit sind die zu lösenden »Problemstellungen« teilweise völlig anderer Natur. Entsprechend wurden im Rahmen der Pilotprojekte unterschiedlichste Erfolge in Bezug auf die Lösung ebendieser Problemstellungen erzielt.

Generell lässt sich sagen, dass sich die Liefertreue, typischerweise gemessen anhand der sogenannten »On Time Delivery« (OTD), durch die konsequente Anwendung moderner Vorgehensmodelle erheblich steigern lässt (**Bild 1.3**). Hierbei ist kein Unterschied festzustellen, ob rein agile Ansätze, eine klare Ausrichtung anhand der Lean Prinzipien oder eine Kombination aus beidem zum Einsatz kommen. Wesentlich ist lediglich die Konsequenz in der Anwendung. Andernfalls bleibt dieser Effekt nahezu vollständig

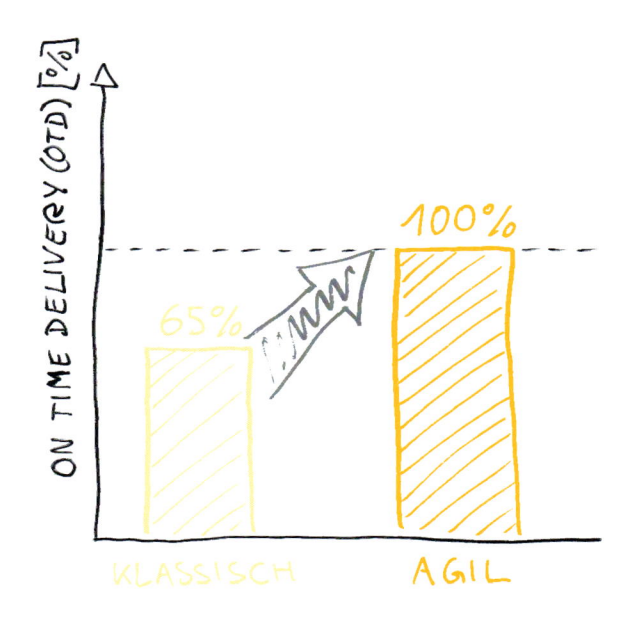

Bild 1.3
Steigerung der Liefertreue durch OTD

der Mikroebene anhand einer erheblichen Reduktion der Durchlaufzeiten bzw. Cycle Time (CT) innerhalb der jeweiligen Iterationen (**Bild 1.4**). Aggregiert auf die Makroebene für komplette Releases oder gar vollständige Projekte ergibt sich automatisch ein Geschwindigkeitsvorteil.

Auch im automobilen Umfeld werden die Entwicklungszyklen kontinuierlich verkürzt, sodass die Beschleunigung der Entwicklungsprojekte aus, da die Entwicklungsteams nicht im durch Reinertsen beschriebenen »Pull«-Modus arbeiten können. Dies ist eines der wesentlichen Prinzipien von Lean und Agile.

Steht die Entwicklungsdauer bzw. Time-to-Market (TTM) im Vordergrund, so können auch hier insbesondere agile Ansätze eine deutliche Verbesserung bewirken. Dies zeigte sich im Rahmen unserer Pilotprojekte im Wesentlichen auf

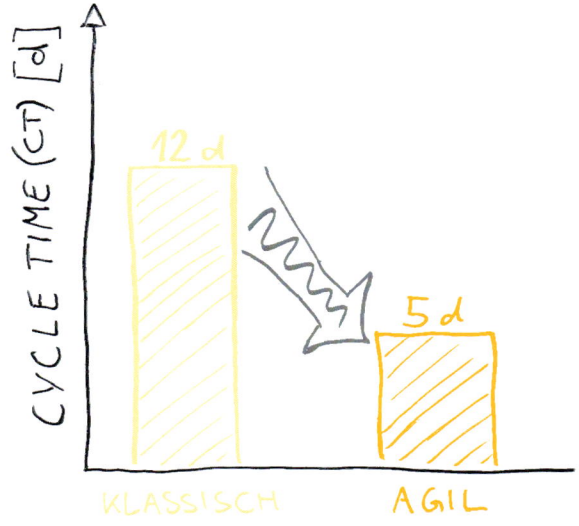

Bild 1.4 Reduzierung der Durchlaufzeiten

mittelfristig einen wesentlichen strategischen Erfolgsfaktor darstellt. Im Rahmen von bereits laufenden oder zumindest geplanten Entwicklungsaktivitäten sind die Abliefertermine jedoch typischerweise fixiert. Hier zeigt sich aber ein weiterer Vorteil der verkürzten Durchlaufzeiten: Die Reaktivität der Entwicklungsteams bezüglich neuer oder veränderter Anforderungen ist hier von größerer Relevanz und auch diese kann deutlich gesteigert werden. Außerdem kommt ein weiterer Effekt zum Tragen: Parallel zur Reduktion der Durchlaufzeiten lässt sich auch die Anzahl noch nicht begonnener Arbeitspakete, die sogenannte »Queue Size«, in ähnlichem Umfang senken. Befinden sich weniger Arbeitspakete in der Warteschlange, steigt automatisch die beim Abnehmer empfundene Reaktivität des Zulieferers. Dieser Effekt kann aber nur dann realistisch nachgewiesen werden, wenn vergleichbare statistische Zahlen über längere Zeiträume erhoben werden können. Dies bedeutet, dass die Arbeitspakete ausreichend kleinteilig und über längere Zeit in ähnlicher Art und ähnlichem Umfang vorliegen müssen, wie es beispielsweise bei der Serienpflege von umfangreichen Softwarepaketen oder auch bei einer Generationenfolge vergleichbarer Produkte der Fall sein kann.

Eine erhöhte Reaktivität kann auch zur Verkürzung von Feedbackschleifen genutzt werden. Dies können einerseits Feedbackschleifen sein, wie sie im Rahmen der agilen Vorgehensmodelle für den Umgang mit sich rasch ändernden Anforderungen beschrieben werden. In diesem Fall können Zwischenablieferungen von wesentlichen Stakeholdern bis hin zum Kunden schnell bewertet und die daraus resultierenden veränderten oder ergänzten Anforderungen direkt wieder in die laufenden Entwicklungsaktivitäten eingespeist werden (Projekt-externe Regelschleife). Andererseits können auch Erkenntnisse aus internen Verifikations- und Validierungsmaßnahmen schneller in die Prozess- und Produktentwicklung einfließen. So konnten teilweise auch deutlich reduzierte interne Fehlerbehebungsaufwände nachgewiesen werden (Projekt-interne Regelschleife). Dieser Effekt fällt etwas geringer aus als die oben beschriebene Reduktion der Durchlaufzeiten an sich, d.h. der für ein einzelnes Arbeitspaket anfallende Aufwand kann nicht beliebig reduziert werden.

Neben diesen wirtschaftlich relevanten und direkt messbaren Größen konnte durchgängig in allen Pilotaktivitäten ein weiterer Effekt festgestellt werden: Die Entwicklungsteams bzw.

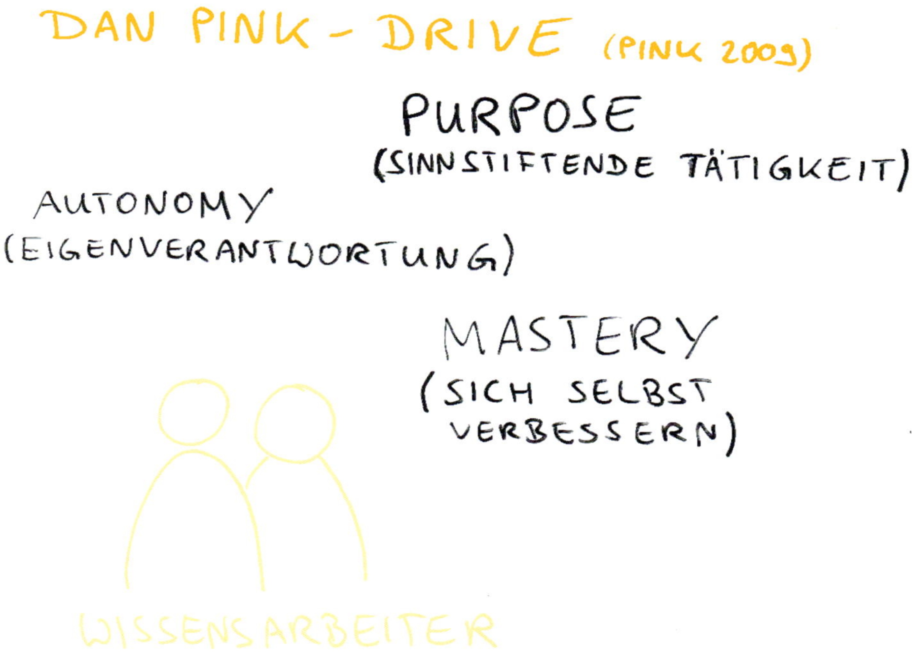

Bild 1.5
Motivatoren für Wissensarbeiter

die einzelnen Mitarbeiter können die ihnen zugedachte Eigenverantwortung in Planung und Durchführung der Aktivitäten besser wahrnehmen und die Mitarbeiterzufriedenheit steigt im Mittel. Solche Effekte lassen sich nur mit erheblichem Aufwand wissenschaftlich im Detail eruieren. Aber auch Umfragen im Rahmen einzelner Projekte lassen auf wesentliche Hintergründe schließen: Die einzelnen Mitarbeiter sehen sich teilweise stärker dem Gesamtergebnis verpflichtet, was dem Einzelnen durchaus eine gewisse Last bedeuten kann. In manchen Projekten steigt sogar der empfundene »Stress-Level« etwas an, nicht aber der gemessene Arbeitsumfang. Dennoch möchten die Entwicklungsteams größtenteils nicht mehr zu vorherigen Arbeitsweisen zurückkehren und melden explizit eine höhere Zufriedenheit mit ihrer Arbeit und ihrem Arbeitsumfeld zurück. Daraus lässt sich schließen, dass die entsprechenden Motivatoren (1.2.2) für die Mitarbeiter besser umgesetzt wurden (**Bild 1.5**). Die wesentlichen Motivatoren sind hierbei (Pink 2009): Eigenverantwortung (Autonomy), die Wahrnehmung einer sinnstiftenden Tätigkeit (Purpose) und die Möglichkeit, sich im Rahmen der eigenen Tätigkeit stetig zu verbessern (Mastery).

DAN PINK – DRIVE (PINK 2009)

PURPOSE (SINNSTIFTENDE TÄTIGKEIT)

AUTONOMY (EIGENVERANTWORTUNG)

MASTERY (SICH SELBST VERBESSERN)

WISSENSARBEITER

1.8 Vorbereitung der breiten Umsetzung

Trotz anfänglicher Erfolge im Projekt und teilweise gesteigerter Mitarbeiterzufriedenheit ist die Anwendung neuer Vorgehensmodelle nicht notwendigerweise immer nachhaltig (1.4). Um eine breite Nachhaltigkeit zu erreichen, erfordert es mehr als nur die Bereitstellung neuer Arbeitsmethoden und einzelner begeisternder Pilotprojekte.

In (1.2) und (1.5) wurden bereits einzelne Aspekte aufgezeigt, welche für die nachhaltige Verankerung agiler Vorgehensmodelle relevant sind. Speziell die Themen »Mindset« und Kultur sind von zentraler Bedeutung. Im Unterschied zu eher methodisch geprägten Elementen können diese beiden Themen weder über einen rein pilotenbasierten Ansatz (»bottom-up«), noch über formale Anweisungen an die Organisation adressiert werden. Daher kommt hier dem oberen Management eine zentrale Rolle zu.

In unserer Organisation haben wir hierzu mehrere Aktivitäten zeitgleich durchgeführt: Es wurde eine Sequenz von Workshops mit dem oberen Management zur aktiven Auseinandersetzung mit den neuen Vorgehensmodellen aufgesetzt. Im Rahmen dieser Workshops wurden eigene Erfahrungen aus den ersten Pilotaktivitäten dargestellt und diskutiert. Wesentliche Erfahrungsträger aus dem eigenen Unternehmen sowie aus anderen Unternehmen konnten ihre Erkenntnisse mit dem oberen Management teilen und eine mögliche Übertragbarkeit analysieren. Parallel dazu wurde das unter (1.5) dargestellte Konzept für die Verbreitung und Verankerung entwickelt und aufgesetzt.

Auch für diese Aktivitäten sollten agile Prinzipien herangezogen werden:
- Stetige Überarbeitung und Verbesserung des gewählten Ansatzes
- Einbeziehung möglichst vieler Beteiligter auf allen Ebenen in wesentliche Entscheidungen
- Nachhaltige Geschwindigkeit, d.h. keine klassischen Taskforce-Aktivitäten.

Gerade in dieser Phase ist die richtige Kommunikation ein entscheidender Faktor. Denn zu diesem Zeitpunkt sind typischerweise verschiedene Teile der Organisation mit einem erheblich unterschiedlichen Wissensstand und einer extrem großen Geschwindigkeitsdifferenz bezüglich der Veränderung behaftet. Daher sollte diese Vorbereitungsphase mit Bedacht angegangen werden. Sie darf aber auch keinesfalls aufgrund von falsch verstandenem Sicherheitsdenken zu sehr in die Länge gezogen und mit dem Ziel des Perfektionismus zu einer illusorischen Reife getrieben werden. Sicherheit und Reife können vor allem durch zwei essenzielle Faktoren begünstigt werden: Die Einbindung von Erfahrungsträgern, z. B. routinierten Agile Coaches, sowie eine schnelle Reaktion auf eigene Erkenntnisse, was eine zeitnahe Abstimmung der beteiligten verantwortlichen Personen erfordert (1.10).

1.9 Begeisterung durch Vorleben

Die stärkste Form der Kommunikation ist das Tun – oder eben das Nicht-Tun. Das bedeutet, dass sowohl die beteiligen Führungskräfte als auch jegliche Unterstützungsstrukturen für den Wandel hin zu einer agilen Organisation an ihren eigenen Verhaltensweisen gemessen werden.

Konkret bedeutet dies, dass alle unter (1.2) genannten Aspekte, aber auch inhaltliche Anforderungen (1.3) und insbesondere deren Behandlung in der täglichen Arbeit von den Führungsebenen konsequent zu berücksichtigen sind. Daher sollten bei der gewählten Geschwindigkeit der Veränderung auch nur Schritte in der Größe gewählt werden, wie sie von diesen Ebenen auch im Alltag bewältigt werden können. Eine Selbstüberschätzung bezüglich der eigenen Veränderungsfähigkeit führt rasch zu einer Überforderung der Entwicklungsprojekte, was insbesondere in der frühen Phase der Veränderung in einem meist unumkehrbaren Meinungsumschwung gegen die Veränderung resultiert.

In unserer Organisation wurde dem auf unterschiedliche Weise Rechnung getragen. Die Einbindung in generelle Führungsthemen (1.2.1) erfolgte über hierarchieübergreifende Veranstaltungen zur Erarbeitung und Kommunikation. Unternehmensweite Ansätze (1.2.2) wurden durch intensive Weiterbildungsinitiativen für Führungskräfte begleitet. Insbesondere das Thema Coaching für und durch Führungskräfte ist hierbei ein Schlüssel zum Erfolg.

Als erhebliche Barriere für die Veränderung und die nachhaltige Verankerung neuer Arbeitsweisen können sich einzelne Führungsebenen oder auch -personen erweisen. Es gilt, diese von den Vorteilen zu überzeugen – sie mitzunehmen.

1.10 Das agile Management-Team

Es gibt nur wenige Dinge in einem Unternehmen, die eine größere Blindleistung erzeugen, als inkompatible Arbeits- und Kommunikationsmodelle von aneinandergrenzenden Hierarchieebenen. Zudem kann eine solche Inkompatibilität zu großen Missverständnissen und, was weitaus schwerer wiegt, mittelfristig zu starkem Misstrauen zwischen den beteiligten Ebenen führen.

Daher ist sehr wichtig, dass bei maßgeblichen Änderungen der Arbeitsweise, welche auch eine Änderung der Arbeitskultur erfordern (1.2), möglichst alle Hierarchieebenen synchron beteiligt sind. Dies bedeutet konkret, dass in einer Organisation, in der auf Projektebene ein agiler Ansatz eingeführt werden soll, sich auch die darüber liegenden Führungsebenen intensiv mit den entsprechenden Werten, Prinzipien und Methoden auseinandersetzen müssen.

Dies kann durch eine starke Einbeziehung der Führungskräfte unterschiedlicher Hierarchieebenen in die operative agile Arbeit geschehen, z. B. als betroffene Stakeholder. Dabei sind stets die agilen Prinzipien zu berücksichtigen, damit diese Interaktion nicht in einer »Parallelkultur« stattfindet. Noch intensiver wird die Auseinandersetzung mit der neuen Kultur, wenn die entsprechenden Arbeitsweisen auf allen Hierarchieebenen zum Einsatz kommen, wenn auch teilweise nur in stark angepasster Form.

In unserem Fall entschied sich das obere Management im Geschäftsbereich, selbst einen Teil der Methoden aus Scrum zu praktizieren. Dazu wurde ein zweiwöchentliches Treffen aller Entwicklungsleiter der Produktbereiche mit dem Bereichsvorstand der Entwicklung etabliert. Dieses Treffen wurde durch einen Agile Coach begleitet. Die Arbeitsaufgaben wurden hierarchisch gegliedert (in Epics, Stories und Tasks) und in einem priorisierten Backlog geführt. Jede Story hatte eine spezifische »Definition of Done« für ihre zugehörigen Arbeitsaufgaben.

1.11 Umgang mit Barrieren in den Pilotprojekten

Nahezu jede Veränderung stößt auf Barrieren. Von diesen sind einige eher technischer Natur, andere resultieren hingegen aus der Trägheit größerer Organisationen, welche sich häufig in unterschiedlichen Formen von Widerständen gegen die Veränderung manifestiert. Da Pilotprojekte sozusagen die »Speerspitze« der Veränderung darstellen, treten diese Barrieren im Rahmen der Pilotprojekte am deutlichsten zutage.

Es ist die Aufgabe der Pilotprojekte, neue Verhaltensweisen oder Techniken, wie sie aufgrund der Veränderung erforderlich sind, im eigenen Kontext zu erproben und Erkenntnisse für die Optimierung der gewählten Ansätze und die weitere Verbreitung in der Organisation zu sammeln. Ganz im Gegensatz zu wiederkehrenden Routineaufgaben sind diese Aktivitäten mit einem hohen Maß an Unsicherheit behaftet, was bereits zu erheblichem Mehraufwand für die Pilotprojekte führt. Daher sollte den Pilotprojekten ein höheres Maß an Unterstützung zukommen als allgemein üblich, auch wenn die anfänglichen Erfolge der Pilotprojekte von der restlichen Organisation häufig nur auf diese größere Unterstützung zurückgeführt werden. Es sollte daher gerade nicht auch noch Aufgabe der Pilotprojekte sein, organisationale (d.h. projektübergreifende) Barrieren zu beseitigen.

Daher ist es die Aufgabe der begleitenden Agile Coaches, der (sofern vorhandenen) Unterstützungsorganisation und des beteiligten Managements genau bezüglich dieser Thematik in einen intensiven Austausch mit den Pilotprojekten zu treten.

Wir haben zu diesem Zweck die bereits im Rahmen der Veränderung eingeführten Strukturen (1.10) genutzt. D.h. die bereits genannten zweiwöchentlichen Treffen dienten inhaltlich im Wesentlichen der Beseitigung von Barrieren, welche durch die Pilotprojekte an das obere Management herangetragen wurden. Dabei sind drei Arten von Barrieren zu unterscheiden:

- Projektinterne Barrieren, die eigentlich im Projekt selbst lösbar sind, aber aufgrund von ungünstigen Rahmenbedingungen nicht beseitigt werden. Hier gilt es, nicht die Barrieren selbst zu beseitigen, sondern passende Rahmenbedingungen zu schaffen oder die Projektteams

zu coachen, sodass eine Beseitigung der Barrieren durch das Projektteam möglich wird.
- Projektinterne Barrieren, die nicht im Projekt selbst lösbar sind. Dies sind typische Eskalationen der Projektteams an das Management. Bei solchen Eskalationen ist es, insbesondere in einem agilen Umfeld, besonders wichtig, dass die Beseitigung solcher Barrieren durch das Management zeitnah erfolgt, damit die empfundene Unterstützung möglichst stark wahrgenommen wird. Hier ist eine agile Vorgehensweise im Führungsteam natürlich äußerst hilfreich, da hierdurch sowohl Transparenz als auch Reaktivität verbessert werden.
- Die letzte Gruppe von Barrieren sind organisationale, meist projekt- oder gar bereichsübergreifende Barrieren. Diese können auf Projektebene nicht aktiv beeinflusst werden, daher werden sie von den Projektteams als besonders bedrohlich und störend wahrgenommen. Wenn es gelingt, mittels neuer Verhaltensmuster in den Führungsebenen genau solche Barrieren zu beseitigen, bedeutet dies einen erheblichen Motivationsschub für die betroffenen Projekte.

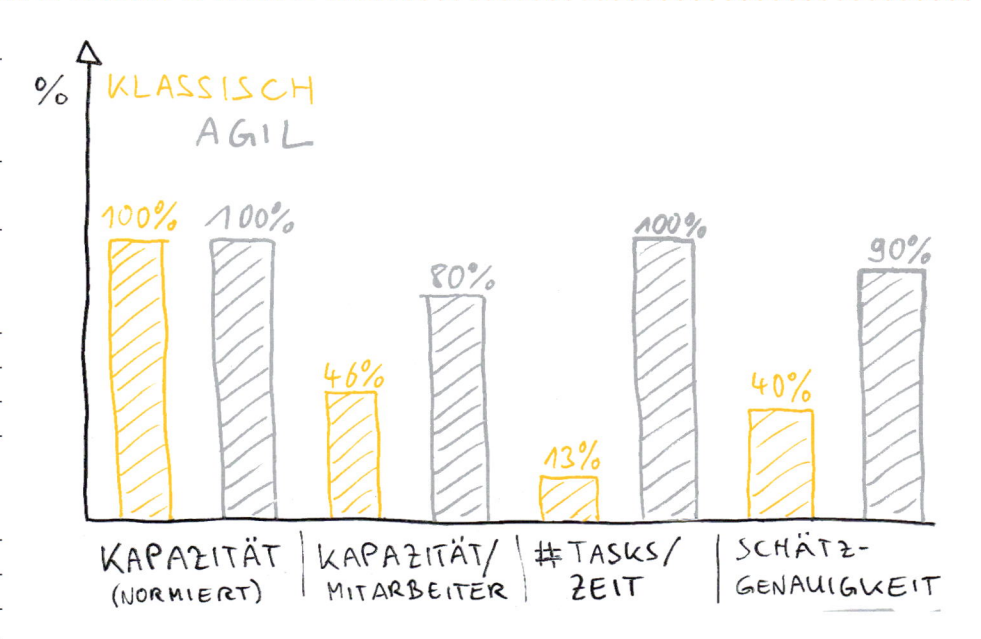

Typische Barrieren, wie sie beim Übergang von einer klassischen in eine agile Organisation auftreten sind beispielsweise unpassende strukturelle Rahmenbedingungen. In einer starken Linienorganisation mit gering ausgeprägter Projektkultur gibt es häufig keine oder nur unzureichende Räumlichkeiten für agile Projektarbeit. Zudem sind die einzelnen Mitarbeiter meist nur in Teilen ihrer Arbeitszeit den jeweili-

Bild 1.6
Effektivität und Effizienz im Vergleich: klassisch und agil

gen Projekten zugeordnet, in extremen Fällen sogar mit weniger als 20 % ihrer Kapazität. Mitarbeiter, die häufig den Fokus zwischen verschiedenen Projekten wechseln müssen, sind weniger effizient und weniger effektiv (**Bild 1.6**).

Außerdem steigt der Verwaltungs- und Planungsaufwand mit der Anzahl der beteiligten Mitarbeiter in den Projekten überproportional, sodass weitere Ressourcen gebunden werden. Viele Projekte haben zu Beginn auch Schwierigkeiten, einen durchgängigen Fluss (1.6.1) zu gewährleisten und können aufgrund dessen ihre mögliche Leistungsfähigkeit nicht ausnutzen. Dies kann zum einen an einer unzureichenden Infrastruktur liegen, so kann sich beispielsweise die Investition in eine flächendeckende Bereitstellung einer Umgebung für Continuous Integration bei softwareintensiven Projekten schnell bezahlt machen. Andererseits kann die Problematik auch an einem nicht durchgängig vorhandenen Verständnis für Flusssteuerung liegen. Die Ursachen hierfür liegen typischerweise in einem unvollständigen kulturellen Wandel begründet und erfordern daher Maßnahmen auf höheren Ebenen der Veränderung (**Bild 1.7**) (Dilts 1990).

An dieser Stelle muss darauf hingewiesen werden, dass vor allem zu Beginn einer agilen Transition nur wenige dauerhaft stabile Mechanismen existieren, insbesondere im Zusammenwirken mehrerer Teams oder Hierarchieebenen. Die Organisation muss diese Mechanismen und Strukturen ebenfalls im Rahmen mehrerer Iterationen weiterentwickeln und anpassen. Agile Organisationen zeichnen sich durch einen inhärenten, stets fortgesetzten Veränderungsprozess aus.

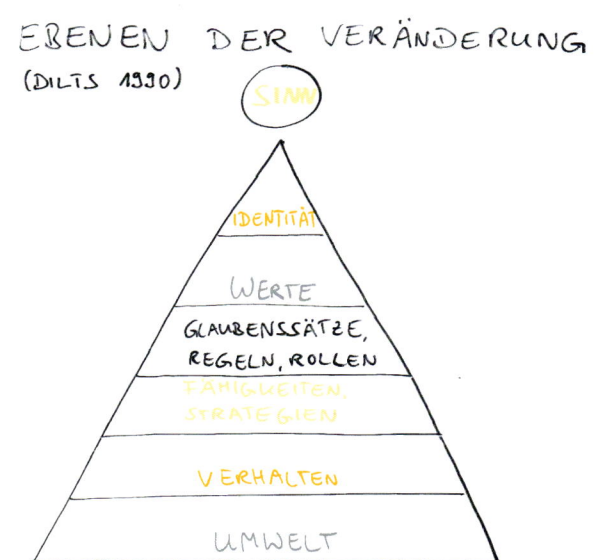

Bild 1.7
Pyramide der Veränderungsebenen

Hindernisse auf der Meta-Ebene und Kolbs Lernzyklen

In der agilen Community wird großer Wert auf die Fähigkeit von Teams gelegt, in schnellen Zyklen zu lernen, welche Ansätze oder Lösungen funktionieren und welche nicht. Auch Führungskräfte im organisationalen Veränderungs-Umfeld operieren unter schnell veränderlichen, komplexen organisationalen Randbedingungen. Daher besteht für sie eine ebenso hohe Notwendigkeit, häufig und rasch zu lernen.

Dabei ist ein sogenanntes »Single Loop Learning«, z. B. mittels der PDCA-Methodik, für technische Systeme völlig ausreichend. Für emergente, komplexe (sozio-technische und sozio-ökonomische) Systeme werden jedoch andere Ansätze benötigt.

Aufgrund des komplexen Kontexts unserer Verbesserungsinitiative entschieden wir uns, diesen Unwägbarkeiten mit adaptiven Lernzyklen (sogenanntem »Double Loop Learning«) zu begegnen. Es sollte weder eine rein klassische Projektplanung noch ein klassisches Change Management mit klassischen Rollout-Mechanismen aufgesetzt werden.

Dazu wurden experimentelle Lernzyklen verwendet (**Bild 1.8**). Diese laufen in vier Schritten ab, wie sie in der Theorie von Kolb beschrieben sind (Kolb 1984):

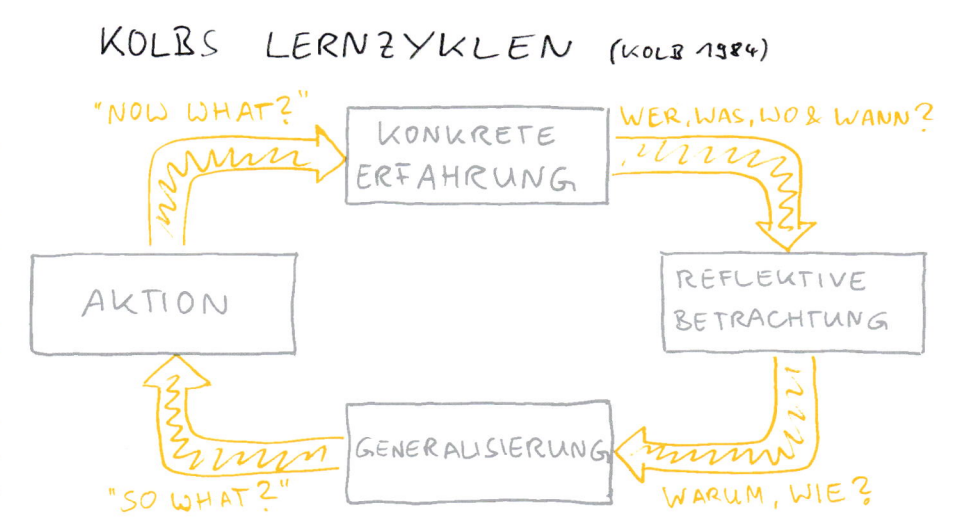

1. Konkrete Erfahrung (Concrete Experience): Eine konkrete Situation, die auftritt und als solche beschrieben wird.
2. Reflektive Betrachtung (Reflective Observation) der neuen Erfahrung bzw. der beschriebenen Situation, um Inkonsistenzen zwischen der Beobachtung und der eigenen Erwartung bzw. dem eigenen Verständnis zu identifizieren.

Bild 1.8
Lernzyklen nach Kolb

3. Generalisierung (Generalization): Die Reflektion führt zu neuen Ideen oder Modifikationen an existierenden Konzepten. In diesem Schritt kann realisiert werden, dass die bisherigen eigenen mentalen Modelle ggf. modifiziert oder gar vollständig infrage gestellt werden müssen.
4. Action: Es werden neue konkrete Aktivitäten aus den neuen mentalen Modellen abgeleitet.

Diese Lernzyklen wurden im Rahmen der Retrospektiven alle acht bis zehn Wochen eingesetzt. Ein moderierter Lernzyklus kann innerhalb von ca. 90 Minuten durchlaufen werden. Dabei ist es wichtig, die vier Schritte streng sequenziell durchzuführen, um zu schnelle lokale Rückschlüsse zu vermeiden. Typische Leitfragen für die vier Schritte sind:

1. Was geschah? Möglichst konkret und ohne Interpretation, d. h. als reine Beobachtung.
2. Warum geschah es? Was hat zu diesem Verhalten geführt?
3. So what? (Die Generalisierung) Was bedeutet das für unser eigenes mentales Modell?
4. Now what? (Action) Wie können wir das neue mentale Modell einsetzen, um das eigentlich gewünschte Verhalten zu erreichen?

Die einzelnen Erkenntnisse, d. h. typischerweise mehrere pro Lernzyklus, sind häufig von äußerst einfacher Natur, aber überraschend wirkungsvoll. Die Coaches konnten daraus z. B. ein deutlich verbessertes Verhältnis zu den wesentlichen Stakeholdern aufbauen, weil sie deren mentales Modell und deren Erwartungen in ihrem eigenen mentalen Modell besser integrieren konnten.

Es kommt vor, dass im Rahmen dieser Lernzyklen bestimmte Inkonsistenzen in den eigenen mentalen Modellen zunächst verborgen bleiben. Dies ist insbesondere dann der Fall, wenn sich die Coaches sehr schnell an unterschiedliche, veränderliche Kontexte und Bedürfnisse anpassen müssen. Dann kann das Team nicht seine optimale Leistungsfähigkeit in Bezug auf sein Lernverhalten erreichen.

Um diesem Problem Rechnung zu tragen, kann der Ansatz von Kolb um Erkenntnisse von Argyris bezüglich organisationalem Lernen erweitert werden (Argyris 1990, Argyris 1994). Dabei werden folgende zusätzlichen Regeln bzw. Praktiken vereinbart bzw. angewendet:

- Advocacy – Jeder macht seine mentalen Modelle, seine Gedanken und seine Annahmen im Team transparent, sobald sich ein Missverständnis aufzeigt.

- Inquiry – Nutzung von z. B. »5 times why«-Techniken usw., um aktiv die mentalen Modelle, Gedanken und Annahmen von anderen Teammitgliedern zu erfahren und zu hinterfragen.

Auf diese Weise ist es möglich, die mentalen Modelle, insbesondere bezüglich des Lernens, im Team besser zu synchronisieren.

Ein wesentliches Ergebnis aus den Lernzyklen war, die formalen Strukturen der Organisation während der Pilotphase der agilen Transition möglichst unverändert zu lassen. Parallel dazu wurden neue, informelle Strukturen geschaffen, wie z. B. regelmäßige Treffen und zusätzliche Kommunikationskanäle.

1.12 Ausblick

In unserem Geschäftsbereich konnte mithilfe der beschriebenen Ansätze eine deutliche Verbesserung wesentlicher Kenngrößen bei den bislang in der Anwendung befindlichen Projekten erreicht werden. Die Länge von Warteschlangen, d. h. die Anzahl von Aufgaben, die noch nicht in Bearbeitung genommen werden können, hat sich erheblich reduziert. Alle Projekte, welche die neuen Arbeitsweisen konsequent implementiert haben, konnten ihren Durchsatz, d. h. die Menge an erledigten, vergleichbaren Arbeitspaketen pro Zeiteinheit, signifikant steigern. Die Liefertreue und die Schätzgenauigkeit in den Projekten wurden stark verbessert.

Ein Nebeneffekt aus der Anwendung der neuen Arbeitsweisen, insbesondere im Rahmen des Führungsteams, war die Beseitigung von Barrieren, welche teilweise bereits seit Jahren die Leistungsfähigkeit der Organisation erheblich vermindert hatten. Diese Barrieren behinderten nicht nur die agilen Projekte, aber sie sind in deren Kontext besonders transparent zutage getreten.

Nicht zu unterschätzen ist natürlich auch der Einfluss der neuen Arbeits- und Verhaltensweisen auf die Organisationskultur und die Mitarbeiterzufriedenheit: Die überwältigende Mehrheit der Mitarbeiter, welche bereits in den anwendenden Projekten arbeiten, äußern sich im Wesentlichen positiv bezüglich der neuen Arbeitsweise und möchten nicht mehr zu den vorherigen Arbeitsweisen zurückkehren.

Die Verbreitung agiler Arbeitsweisen und einer agilen Führungskultur wird in unserem Unternehmen weiter vorangetrieben. Dies beinhaltet nicht nur die Vergrößerung der Anzahl von Projekten und Mitarbeitern, welche im System- und Softwareentwicklungsumfeld einbezogen werden, sondern auch eine Erweiterung des Kontextes durch eine noch stärkere Einbeziehung der Führungskräfte und der Mitarbeiter in der Hardwareentwicklung. Hierbei gehen wir davon aus, dass wir unser Methodenportfolio weiter ergänzen und anpassen werden. Zudem starten wir erste Aktivitäten der agilen Transition unter Einbeziehung weiterer Einheiten in der Organisation über die Entwicklung hinaus.

Literatur

Snowden, D. and M. Boone, M.: A Leader's Framework for Decision Making. Harvard Business Review, November 2007, S. 69–76

Takeuchi, H. and Nonaka, I.: The New New Product Development Game. Harvard Business Review (January–February), 1986

Schwaber, K.: Scrum Development Process. In OOPSLA Business Object Design and Implementation Workshop, J. Sutherland, et al., Eds., London: Springer, 1995

Schwaber, K. and Sutherland, J.: The Scrum Guide – The Definitive Guide to Scrum: The Rules of the Game (July 2016 ed.). Scrum.org, 2016. Retrieved on 23.11.2016 from http://www.scrumguides.org/

Manifesto for Agile Software Development. Retrieved on 21.11.2016 from http://agilemanifesto.org/

Scott-Morgan, P.: The Unwritten Rules of the Game. McGraw-Hill, 1994

We are Bosch. Retrieved on 21.11.2016 from http://wearebosch.com/index.en.html

Cameron, K.: Positive Leadership – Strategies for Extraordinary Performance. Second Edition. Berett-Koehler Publishers Inc. San Francisco, 2012

Deming, W. E.: Out of the Crisis. Cambridge. Mass: Massachusetts Institute of Technology, Center for Advanced Engineering Study, 1986

Jantzer, M.: Bosch – A Corporate Journey towards Agility. Agile in Automotive 2015. Retrieved on 29.11.2016 from http://www.euroforum.de/agile-automotive/conference/program

Pink, D. H.: Drive – The Surprising Truth About What Motivates Us. Riverhead Books, New York, 2009

Medinilla, A.: Agile Management – Leadership in an Agile Environment. Berlin: Springer, 2012

Bass, B. M.: From Transactional to Transformational Leadership: Learning to Share the Vision. Organizational Dynamics; Winter, Vol. 18, Issue 3, 1990, S. 19

Wikipedia. Retrieved on 28.11.2016 from https://de.wikipedia.org/wiki/Transaktionale_Führung and https://de.wikipedia.org/wiki/Transformationale_Führung

Clarifying Myths with Process Maturity Models vs. Agile. Retrieved on 21.11.2016 from http://www.intacs.info/index.php/110-news/latest-news/183-white-paper-spice-vs-agile-published

Agile In Automotive – State of The Practice Survey Results 2014. Retrieved on 21.11.2016 from http://www.kuglermaag.com/fileadmin/05_CONTENT_PDF/2-22_agile-in-automotive_survey.pdf

Weigl, T.: Development Process for Autonomous Vehicles. Masterarbeit. Fakultät für Informatik der Technischen Universität München, 2014

Reinersten, D. G.: The Principles of Product Development Flow: Second Generation Lean Product Development. Celeritas Publishing, Redondo Beach, CA 2009

Dilts, R.: Changing Belief Systems with NLP. Capitola, Meta Publications, CA 1990

Kolb, D. A.: Experiential Learning: Experience as the Source of Learning and Development. Prentice Hall Inc, Englewood Cliffs, NJ 1984

Argyris, C.: Overcoming Organizational Defenses: Facilitating Organizational Learning. First Edition. Pearson Education, New Jersey 1990

Argyris, C.: On Organizational Learning. Blackwell, Oxford 1994

02 Von der agilen Software-Entwicklung zur agilen Produkt-Entwicklung

Rudolf Stark

Agile Prinzipien bewähren sich bisher vor allem in klar abgegrenzten Bereichen, wie etwa der Softwareentwicklung. Ihr Potenzial können sie aber auch in der gesamthaften Produktentwicklung entfalten – vorausgesetzt, die Organisation des Unternehmens wird umfassend an agile Prinzipien angepasst. Wenn dieser Kulturwechsel gelingt, macht er ein Unternehmen auch in einem volatilen Umfeld innovativ und zukunftsfähig.

»Strategie ist jeden Tag.«

Die Division Powertrain des internationalen Technologieunternehmens Continental entwickelt und produziert effiziente Systemlösungen rund um den Antriebsstrang zur Optimierung des Kraftstoffverbrauchs. Das Produktportfolio reicht von Benzin- und Dieseleinspritzsystemen über Motor- und Getriebesteuerungen inklusive Sensoren und Aktuatoren, Abgasnachbehandlungstechnologien sowie Kraftstofffördersysteme bis hin zu Komponenten und Systemen für Hybrid- und Elektroantriebe. Powertrain beschäftigt weltweit mehr als 35 000 Mitarbeiter und erzielte 2015 einen Umsatz von rund sieben Milliarden Euro. Im Bereich der Getriebesteuerungen für Automatikgetriebe ist Continental weltweit ein führender Anbieter. Ungeachtet dieser erfolgreichen Marktposition befindet sich der Entwicklungsprozess des Bereiches Getriebesteuerung (Transmission) mitten in einer tiefgreifenden Umorganisation: Nach ersten Erfahrungen mit agilen Methoden in der Softwareentwicklung hat eine Anpassung der gesamten Transmission-Organisation an die Prinzipien der agilen Vorgehensweise in der Produktentwicklung begonnen.

Mittel- und langfristig hat die agile Produktentwicklung das Potenzial, auch in anderen Business Units der Powertrain-Organisation Nutzen zu stiften. Erste Überlegungen, beispielsweise im Hinblick auf die Business Unit Hybrid Electric Vehicle, gibt es, weil die Randbedingungen dieses Marktsegmentes sich dynamisch verändern, sodass Prozesse mit langen Zyklen die Dynamik nur noch schwer werden abbilden können. An diesem Geschäftsbereich, der Lösungen für die Elektromobilität entwickelt, lässt sich exemplarisch ablesen, warum agile Prinzipien zunehmend eine Erfolgsgrundlage darstellen: Fahrzeuge, deren Antriebsstrang teilweise oder ganz auf Strom als Energieform setzt, können sehr unterschiedlich ausgeführte Antriebsstränge aufweisen, weil sich Strom als Antriebsenergie vielfältig nutzen lässt. Dazu gehören Fahrzeuge, die sowohl über einen Verbrennungsmotor als auch über einen Elektromotor verfügen (Hybridfahrzeuge oder kurz Hybride) und beide Antriebselemente wahlweise in Kombination oder auch alternativ nutzen können. Auch die Fahrzeugtypen können sehr unterschiedlich sein. Die Palette reicht von Pkw über leichte Nutzfahrzeuge bis hin zu Kleinfahrzeugen (beispielsweise Fahrräder mit elektrischem Hilfsantrieb, »Pedelecs«) und künftig zu sogenannten »People-Movern« – das sind automatisiert fahrende »Kabinen«, die im innerstädtischen Raum Teil der vernetzten Mobilität sein werden.

Die Hybrid & Electric Vehicle-Organisation ist von dieser aufkommenden technischen Vielfalt und ihren ebenso vielfältigen Nutzungsmöglichkeiten unmittelbar betroffen, denn zur Kernkompetenz der Organisation gehört es, die thermodynamisch und/oder elektrisch erzeugte Antriebsenergie eines Fahrzeugs in jeder Betriebssituation in geeigneter Form (Drehzahl/Übersetzung) sicher, kraftstoffsparend und komfortabel an die Räder zu übertragen.

Schon für die Gegenwart und erst recht für die nahe Zukunft ist hier mit erheblichen Aufwendungen für neue Entwicklungen beziehungsweise Applikationen für einzelne Fahrzeugtypen zu rechnen. Leistungsfähige – also schnelle und effective – Entwicklungsprozesse können in dieser Situation einen großen Beitrag zum Erfolg von Hybrid & Electric Vehicle leisten. Gleichzeitig ist es für ein Unternehmen wie Continental wirtschaftlich geboten, auf die Effizienz der Entwicklung zu achten, damit der Markterfolg nicht verzögert wird. Die früheren Erfahrungen und Erkenntnisse mit agilen Prinzipien im Bereich Softwareentwicklung bei Transmission erwiesen sich daher als ausgesprochen wertvoll. Nachfolgend werden Vorgehensweise und Erfahrungen bei der Ausweitung der agilen Prinzipien von der reinen Softwareentwicklung zur gesamthaften Produktentwicklung anhand des Prozesses bei der Business Unit Transmission vorgestellt. Die Technologie, bei der diese gesamthafte Produktentwicklung inzwischen im Einsatz ist, bringt besondere Herausforderungen mit sich, deren Bewältigung Neuland darstellt.

2.1 Erste Erfahrungen mit agiler Softwareentwicklung

Getriebesteuergeräte (Transmission Control Units, TCU) sind hochkomplexe mechatronische Einheiten aus einer Leiterplatte mit Bauelementen und Sensoren, Endstufen zur Ansteuerung von Leistungselektronik und Hydraulik sowie elektrischen Schnittstellen, um nur die wichtigsten zu nennen. In den Mikroprozessoren auf der Leiterplatte ist die Software für die eigentlichen Kontroll-, Steuer-, Regel- und Kommunikationsfunktionen gespeichert. Ein Gehäuse isoliert die empfindliche Elektronik gegenüber Umwelteinflüssen.

Da die Control Unit häufig direkt im Inneren eines Getriebes eingebaut werden, sind die Anforderungen an die Beständigkeit gegenüber anspruchsvollen Umgebungsbedingungen sehr hoch. So müssen TCU beispielsweise häufig in einer Temperaturspanne von −40 °C bis zu 150 °C fehlerfrei arbeiten. Außerdem müssen sie dem direkten Einfluss von heißem Getriebeöl – einer chemisch recht aggressiven Flüssigkeit – standhalten und beträchtliche Vibrationsbelastungen aushalten.

Ohne Übertreibung kann man daher sagen, dass die Entwicklung und Fertigung einer TCU hohe Ansprüche an die verwendeten Technologien und Verfahren stellt. Gerade weil solche Steuergeräte oft schon bei der Montage im Inneren des Getriebes verbaut werden (sogenannte Vollintegration), wäre jeder Austausch einer TCU im Fehlerfall extrem aufwendig. Die Erwartungen seitens der Getriebe- bzw. Fahrzeughersteller an die Zuverlässigkeit einer TCU sind daher sehr hoch. Das Thema Qualität spielt folgerichtig eine alles entscheidende Rolle entlang des gesamten Produktlebenszyklus von der Entwicklung eines Produktes bis zum Produktionsauslauf. Grundsätzlich verfolgt Continental Powertrain die Strategie, Qualität von Anfang an systematisch zu entwickeln, sodass die nachfolgenden Qualitätssicherungsschritte – wie etwa das Testen – hauptsächlich dazu dienen, die in der Entwicklung definierte Produktqualität zu bestätigen. Auf diesen Aspekt wird im Zusammenhang mit agilen Methoden noch zurückzukommen sein. Zu dem großen Feld der Qualitätssicherung gehören auch Aspekte wie ein »Design for Manufacturing«, das spätere Anforderungen der Fertigungstechnik bereits in der Entwicklungsphase berücksichtigt.

Entscheidend für den Einsatz einer Getriebesteuerung sind die in Form von Algorithmen hinterlegten Funktionen. Die Softwareentwicklung spielt daher für die Entwicklung einer gesamten TCU eine zentrale Rolle.

Die agile Vorgehensweise dient bei Transmission dazu, schneller und besser als bei einem traditionellen Entwicklungsprozess (etwa gemäß dem V-Modell) zu kundenrelevanten Funktionseinheiten zu kommen. So ermöglichen es die kurzen Entwicklungseinheiten, die sogenannten Sprints (Entwicklungsläufe mit beispielsweise 14 Tagen Dauer), im Rahmen schneller Schleifen (Loops) zu iterativ wachsenden Software-Release-Umfängen zu kommen, die bereits beim Kunden auf ihre Funktion hin getestet werden können.

Mit dieser Vorgehensweise folgt man dem Prinzip des »fail early and fix quickly«, **Bild 2.1** (rechte Bildhälfte), also der Strategie, sehr früh in der Entwicklung der Gesamtlösung mögliche Fehler aufzudecken und direkt innerhalb eines Sprints zu beheben. Eine solche Vorgehensweise in schnellen Entwicklungsschleifen mit ständiger Überprüfung innerhalb jeder Schleife sowie von Schleife zu Schleife entspricht exakt dem Qualitätsdenken bei Continental und passt auch in dieser Hinsicht optimal zum Unternehmen.

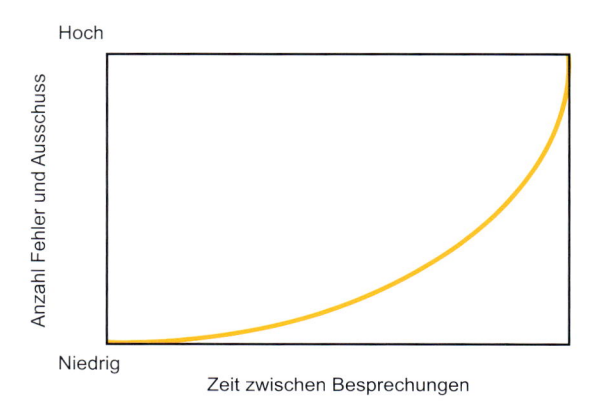

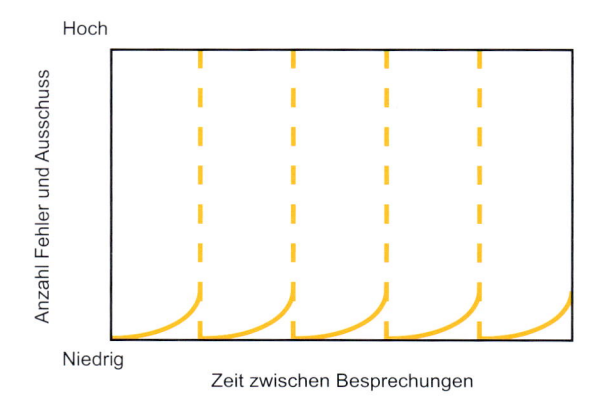

Bild 2.1
Typisch für agiles Arbeiten sind kurze Entwicklungszyklen

Gemäß der agilen Vorgehensweise organisieren sich die Entwicklerteams selbst im Rahmen täglicher Scrum-Meetings, bei denen der Fortschritt der im Backlog für den aktuellen Sprint geplanten Umfänge besprochen und Job-Tickets für den jeweiligen Tag verteilt werden. Burn-Down-Charts dokumentieren den Fortschritt in der Entwicklung gegenüber der Planung für den Sprint. Diese Arbeitsorganisation hat sich in der Softwareentwicklung sehr gut bewährt, weil sie in der Tat schneller zu schrittweise wachsenden Teilumfängen der Software führt. Gleichzeitig erreichen die Iterationen früher einen hohen Reifegrad. Tools wie JIRA dienen den Entwicklern als Werkzeug zur Arbeitsorganisation und zur Kommunikation mit Teams an entfernten Standorten. Eine leistungsfähige Software-Versionierung schafft Transparenz über die jeweils erreichte Entwicklungsstufe.

Für das Team selbst hat die agile Arbeitsweise den großen Vorteil, dass die kurzen Kommunikationswege ohne Hierarchien und die hohe Kommunikationsfrequenz ein gutes Verständnis für den gesamten Entwicklungsstand eines Projektes fördern. Wo früher tendenziell durchaus Spezialisten relativ isoliert nebeneinander her gearbeitet haben können, werden solche Spezialisten durch die direkte Kommunikation und den Austausch im Team zunehmend zu Generalisten. Gleichzeitig steigt die Arbeitszufriedenheit. Dies liegt einerseits an der realistischen Selbstorganisation im Team, andererseits auch an der schnellen direkten Rückmeldung untereinander. Hinzu kommt, dass Änderungswünsche erst nach einem Sprint eingearbeitet werden. Während der Dauer eines Sprints konzentriert sich das Team vollständig auf den aktuellen Backlog. Interventionen von außen sind in dieser Phase nicht zulässig, was auch ein Umlernen der beteiligten Führungskräfte erfordert.

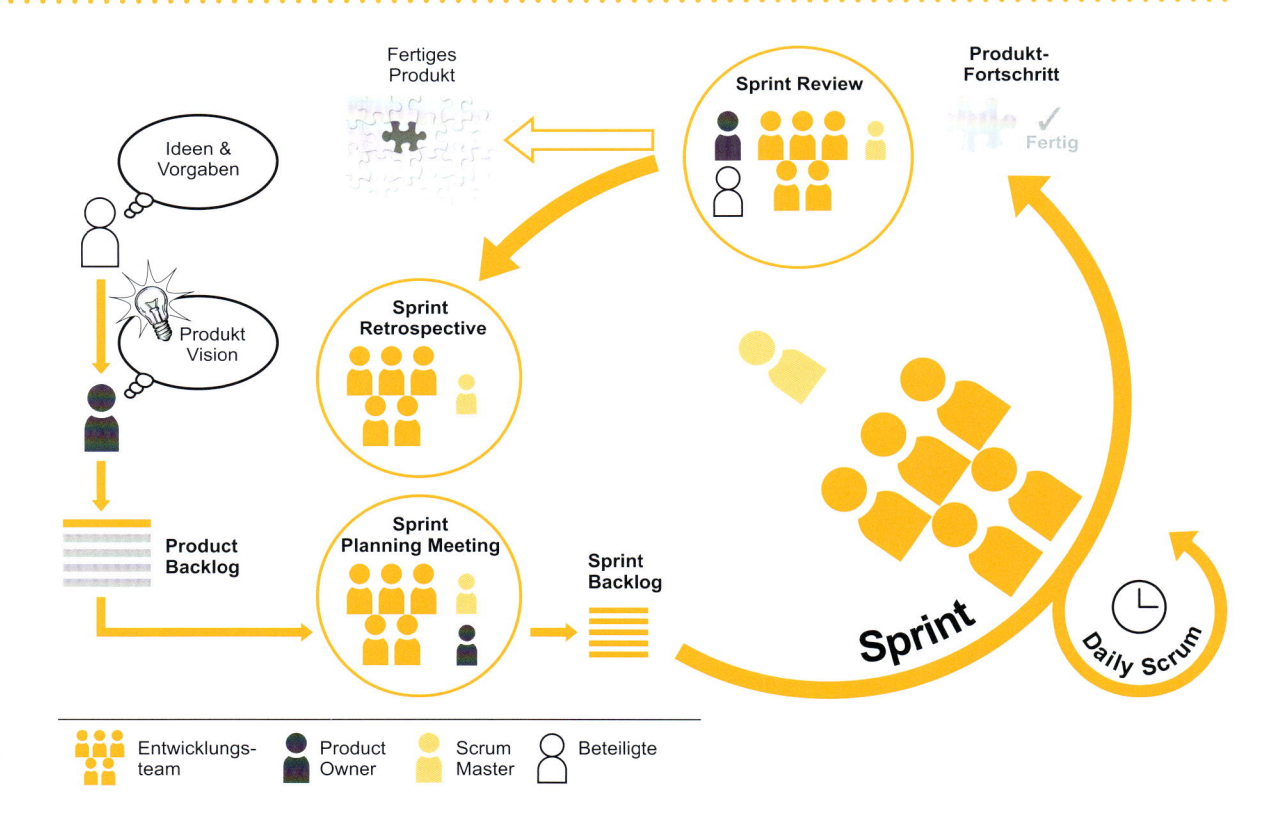

2 Von der agilen Software-Entwicklung zur agilen Produkt-Entwicklung

Bild 2.2
Vorgehensweise in einem Sprint mit täglichen Scrum-Meetings

Fallbeispiel: Agile TCU-Entwicklung unter hohem Zeitdruck

Ein aktuelles Beispiel für die Nutzung der agilen Arbeitsweise in der Transmission-Produktentwicklung betrifft die Neuentwicklung einer TCU. Hier war Continental 2015 aufgefordert, unter großem Zeitdruck ein besonders wirtschaftliches Produkt zu entwickeln.

Mit einer traditionellen Herangehensweise an die Entwicklung einer TCU wäre es mit hoher Wahrscheinlichkeit nicht gelungen, innerhalb von neun Monaten zu einer innovativen *und* kostengünstigen Lösung zu kommen. Das Projektteam wählte einen Bottom-Up-Ansatz, um ein solches TCU-Konzept für eine Vollintegration ins Getriebe zu entwickeln. Im ersten Schritt wurden ausschließlich die Komponenten für unbedingt erforderliche Kernfunktionen kombiniert. Am Ende dieser Konzeptphase stand eine Leiterplatte mit oberflächenmontierten Bauelementen (Surface Mount Devices, SMDs) sowie der erforderlichen integrierten Sensorik und den elektrischen Schnittstellen. Im folgenden Schritt musste diese bestückte Leiterplatte gegen die eingangs genannten Einflüsse wie Öl mitsamt dem darin enthaltenen metallischen Abrieb sowie gegen Vibrationen geschützt werden.

Hier entschied sich das Team für ein Umspritzen der kompletten Baugruppe. Bei diesem Verfahren wird die gesamte Elektronik der TCU mit einem heißen, flüssigen Kunststoff überzogen, der die empfindlichen elektronischen Bauteile vor der Umgebung schützt. Etwas Vergleichbares hatte man bei Transmission zuvor nicht angewendet. Zusätzlich zu dem grundsätzlichen Nachweis der Machbarkeit mit einem geeigneten Spritzmaterial, musste in umfangreichen Tests mit unterschiedlichen Bestückungsszenarien auch nachgewiesen werden, dass die Vibrationsbeständigkeit in jedem Fall erreicht wird.

Für das Projektteam im Obeya (≈ stark vereinfacht ein Großraumbüro mit agilen Instrumenten) bedeutete diese Vorgehensweise, dass alle beteiligten Experten sehr eng zusammengearbeitet haben, um innerhalb wöchentlicher Sprints die Software für die notwendigen Funktionsumfänge zu entwickeln. Im Abstand von 14 Tagen wurden die Ergebnisse der Führungsebene vorgestellt, um nach deren Zustimmung zielgerichtet weiterarbeiten zu können.

Am Ende dieser agilen Entwicklung stand eine neuartige TCU, die nicht nur um rund 40 % leichter war als vergleichbare konventionelle

Lösungen, sondern auch die anspruchsvollen Kostenvorgaben erfüllte und sich durchsetzte.

Bei diesem Paradebeispiel für die Vorteile einer agilen Entwicklung zeigte sich zugleich eine neue Herausforderung für die Entwicklung eines mechatronischen Produktes:

- Es ist *eine* Sache, Software nach agilen Prinzipien zu entwickeln, aber *eine ganz andere* Sache, ein Produkt zu entwickeln, das gleichermaßen aus Algorithmen und vielfältiger elektronischer Hardware besteht.
- Hinzu kommt, dass die Nutzung bestimmter Bauelemente (etwa SMD) auch verfahrenstechnische Konsequenzen hat, die in die Fertigungsplanung sowie in die in den Fertigungsprozess integrierten Prüfverfahren einfließen müssen.

Es ist durchaus eine Herausforderung, alle Prozessschritte der TCU-Entwicklung, wie etwa die Spezifizierung von Bauelementen mitsamt der Logistikplanung für den Einkauf, mit den Sprints einer agilen Softwareentwicklung zu koordinieren. Die Zahl der beteiligten Abteilungen und Funktionen im Unternehmen ist viel größer als bei der reinen Softwareentwicklung, in der das agile Prinzip entstand.

Das ist allerdings kein Argument gegen die Ausdehnung einer agilen Softwareentwicklung hin zu einer agilen Produktentwicklung. Im Gegenteil: Die Vorteile, die sich mit agilen Prinzipien auf der Ebene der Software erzielen lassen, sind eine starke Motivation, agile Prinzipien auch auf der Ebene der Gesamtentwicklung einzuführen. Das allerdings erfordert eine Reorganisation im Geschäftsbereich.

2.2 Die Rolle des agilen Prinzips

Im Grunde ist agile (Software-)Entwicklung eine moderne Antwort auf die Frage, wie man möglichst schnell zu einem Produkt kommt, das dem Auftraggeber genau das liefert, was er haben möchte. Es geht also um Unternehmensführung vom Markt her: Erfolgreich wird auf Dauer jenes Unternehmen sein, das am besten versteht, was ein Kunde benötigt und das diese Anforderungen dann in eine attraktive Lösung umsetzt.

Deshalb steht auch am Anfang einer agilen Entwicklung zuerst einmal die Fähigkeit zum Zuhören. Dieses Zuhören sollte auf zwei Ebenen stattfinden. Zunächst einmal geht es um die unmittelbar spezifizierten Anforderungen, die typischerweise in einem Lastenheft zusammen gefasst sind. Ebenso wichtig ist aber das Verständnis, was der Kunde mit den Anforderungen im Lastenheft erreichen will. Was will er mit seinem Produkt? Welches Ziel verfolgt er?

Was im ersten Moment banal klingen mag, ist in Wirklichkeit eine Herausforderung. Um das zu verstehen, hilft ein Blick aus der Vogelperspektive auf die Rolle, die agile Produktentwicklung innerhalb einer Organisation spielt. Es gibt zwei große Hebel, die zusammen über den Erfolg – in diesem Fall der Business Unit Transmission – entscheiden:

- Zum einen ist dies die die mittel- und langfristige Führung. Für Transmission bedeutet das, in einer Phase nie dagewesenen Wandels von traditionellen hin zu vielfältigen Antriebsstrangformen weiterhin eine klare Führung leisten zu können. Dazu gehört eine aktive Kommunikation mit den großen Playern im Markt. Nur so ist frühzeitig absehbar, wo sich möglicherweise Trends abzeichnen und wie diese aktiv mitgestaltet werden können. Gleichzeitig muss die Führungsebene berücksichtigen, welche Struktur und welche Kultur im Geschäftsbereich vorhanden ist, denn nur eine Strategie, welche diese beiden Gegebenheiten berücksichtigt, kann in der Praxis funktionieren und das Team einbinden. Die große Herausforderung der Führungsaufgabe liegt darin, dass die Automobilbranche sich derzeit von Stabilität zu Unbeständigkeit, von Gewissheit zu Unsicherheiten, von Einfachheit zu Komplexität und von Klarheit zu offenen Fragen entwickelt. Hinzu kommt, dass auch die Elektromobilität mit ihrer Veränderung des Antriebsstranges mehr Komplexität und neue Player in den Markt bringt, die diesen Markt einerseits beeinflussen, ihn andererseits aber auch erst erlernen müssen. All dies muss in einer TCU abgebildet werden. In einem solchen Umfeld ist es umso wichtiger, eine klare Vision und Strategie, Teamgeist und Begeisterung sowie klare Prozesse und Strukturen zu schaffen.
- Zum anderen geht es um Führung im Sinne einer alltäglichen Ablauforganisation, also das klassische Management von Projekten und Prozessen. Die agile Entwicklung zählt zu den Methoden oder Prinzipien für ein effizientes Projektmanagement. Die Führungskräfte sind gefordert, für Transparenz und Verantwortlichkeit in Projekten zu sorgen. Hinzu kom-

men Methoden, die zur Beherrschung kaufmännischer und technischer Herausforderungen in enger Wechselwirkung dienen (New Engineering Methods).

Mit dieser kurzen Zusammenfassung lässt sich gut zeigen, wie stark eine agile Entwicklung in eine größere Organisation eingebunden ist. Beschränkt man die agilen Prinzipien auf einen einzelnen Funktionsbereich wie die Softwareentwicklung – so wie es bisher vorrangig üblich ist – dann lässt sich dieser »Kulturwandel« noch recht gut in einem isolierten Bereich einführen. Bei einer umfassenden Produktentwicklung wie bei TCU (mit Hard- und Software) funktioniert das nicht mehr ohne Weiteres, und das gilt genauso für die Technologien, die sich in ein größeres Ganzes (das Fahrzeug) einfügen müssen.

2.3 Einführung agiler Entwicklung

Es ist eine zentrale Management-Aufgabe, die Projektstruktur und Projektverantwortlichkeit in der Form zu definieren, dass größtmögliche Transparenz besteht. Bei der gesamthaften Umsetzung einer agilen Produktentwicklung muss sich das Augenmerk vor allem auf die zahlreichen Schnittstellen pro Abteilung und in der Gesamtorganisation richten. Oberstes Ziel ist es, die Prozesse der Gesamtentwicklung an das Prinzip schneller Loops anzupassen. Beantwortet werden müssen beispielsweise Fragen, wie die, welche Sprint-Ergebnisse zu welchem Zeitpunkt überprüfbar sind und welche Hardware-Voraussetzungen dafür zeitgleich gegeben sein müssen. Nur wenn solche wechselseitigen Abhängigkeiten erkannt und in der Zeitplanung abgebildet werden, kann man gewährleisten, dass andere Abteilungen plangemäß weiterarbeiten können. Da Transmission nicht nur aus unterschiedlichen Fakultäten besteht (Hardware und Software), sondern auch an verschiedenen Standorten aktiv ist, müssen Scrum-Meetings auch diese Struktur berücksichtigen. Gleichzeitig muss der agile Entwicklungsprozess innerhalb eines zertifizierten Prozesses ablaufen, der klar definiert, welche Features etwa bei einem A-Muster zu prüfen sind.

Bei der Spezifikation von Komponenten ist es unter anderem sinnvoll, den Einkauf sehr früh einzubeziehen (Early Supplier Involvement).

Das ist insofern vorteilhaft, als es für die Auswahl relevanter Hardware-Komponenten nicht nur auf die technischen Features einer bestimmten Komponente ankommt, sondern auch auf die Vorteile des Lieferanten, der in den Beschaffungsprozess einbezogen werden soll.

2.3.1 Methodik des Wandels: Whole-Scale Change™

Will man eine agile Entwicklung anstelle einer traditionellen Entwicklung entlang des V-Zyklus mit seinen langen Durchlaufzeiten einführen, so ist das ein Kulturwandel, der eine ganze Organisation betrifft. Wie bei jedem Wandel ist ein solches Unterfangen kein Selbstläufer, sondern muss bei einer großen Zahl an Mitarbeitern als sinnvoll und wünschenswert verankert werden. Das setzt voraus, dass es gelingt, Mitarbeiter für diese veränderte Arbeitsform und die neuen Prozesse zu begeistern. Nur dann können und werden sie sich aktiv einbringen und agile Prinzipien auf der Mikroebene leben. Es geht also beispielsweise darum, für Scrum zu motivieren und die bisherige Vorgehensweise loszulassen. Das ist nie einfach – nicht umsonst gibt es den Spezialbereich des Change Management – und in einem Unternehmen, das eine technisch führende Position in einem Markt hat, ist die Motivation zur Veränderung auch nicht automatisch hoch ausgeprägt. Salopp gesagt, besteht die Gefahr, dass die Mitarbeiter denken: Warum sollen wir etwas anders machen, wenn wir doch so erfolgreich sind? Entsprechende Erfahrungen im Bereich Transmission haben gezeigt, wie wichtig es ist, an die Bedeutung des Zuhörens beim Kunden zu erinnern. Kundenkontakte und die anschließende Kommunikation im Team über neu in Erfahrung gebrachte Aspekte und Fragen sind ein wertvoller Ansatzpunkt für künftige Lösungen. Es geht also sehr stark um mehr Kommunikation.

Kommunikation lässt sich aber nicht per »Order von Oben« befehlen. Dazu bedarf es eines Kulturwandels, der von möglichst vielen aktiv getrieben wird. Agile Prinzipien mit ihrer starken Betonung einer direkten, schnellen und täglichen Kommunikation ohne Hierarchien passen optimal zu einem solchen Kulturwandel – setzen ihn aber auch voraus.

Bei Transmission wurde zur Vorbereitung agiler Prinzipien in der gesamthaften Entwicklung die Methode des Whole-Scale Change™

ausgewählt. Ihre Wurzeln reichen weit zurück bis in die frühen 80er-Jahre des letzten Jahrhunderts und sind ursprünglich eng mit dem Namen Ford Motor Company verbunden. Zunächst unter dem Namen »Real-Time Strategic Change« von Kathie Dannemiller und Chuck Tyson entwickelt, kombinierte Dr. Paul D. Tolchinsky sie 1990 mit Erkenntnissen über soziotechnische Systeme und schuf so das »Real-Time Work Design«. Unter dem Namen Whole-Scale Change™ existiert diese integrierte Methode, die soziale Komponenten mitberücksichtigt, seit 1997 (*www.wholescalechange.com*).

Veränderungsprozesse nach dieser Methode zielen darauf ab, schnell zu einer umfassenden und nachhaltigen Verbreitung von neuen Prozessen und einem gemeinsamen Ziel zu gelangen. Ein zentrales Merkmal liegt darin, Mitarbeiter auf allen Ebenen und in großer Zahl in den Veränderungsprozess einzubeziehen – und zwar nicht als Zuschauer oder »Befehlsempfänger« (wie bei einem Top-Down-Ansatz), sondern als aktive Treiber. Dahinter steht eine einfache Einsicht: Es kommt auf die Menschen an, wenn eine Organisation sich wirksam verändern will.

The best way to change a system is to engage the whole system. Microcosms are the best windows through which to view the whole system in real time. They provide access to the whole system quickly and efficiently. Having a critical mass of microcosms experiencing a paradigm shift helps the whole organization shift.
(Dannemiller 2000)

So steht am Anfang eines derartigen Prozesses eine Phase, in der aus der vielfältigen Wahrnehmung von Mitarbeitern (hier im Sinne von »Experten« verstanden) und Führungskräften ein gemeinsames Leitbild entworfen wird, das für alle tragfähig ist. Im Anschluss daran lassen sich die Prozesse und Strukturen argumentieren, die zum Erreichen dieses Ziels sinnvoll sind. Sobald die Organisation in Bewegung gerät, werden für alle Beteiligten die Unterschiede als Vorteile gegenüber der früheren Vorgehensweise sichtbar. Diese persönliche Erkenntnis führt dazu, dass die Veränderung von zahlreichen Einzelpersonen in der Organisation getragen wird. Dahinter steckt eine Formel, welche die Ursache des Veränderungsprozesses als einfache Gleichung beschreibt: Diese Formel $D \times V \times F > R$ besagt, dass die Verbindung aus Unzufriedenheit (Dissatisfaction, D) mit der aktuellen Situation mit einer gemeinsamen Vision (Vision, V), wie es besser sein könnte, in Kombination mit konkreten ersten Schritten (= eigene Erfahrung, First Steps, F) ein größeres Moment erzeugt, als das Beharrungsvermögen der Organisation (= Widerstand; Resistance, R).

2.3.2 Konkrete Umsetzung

Zur Einführung agiler Prinzipien nach dem Prinzip des Whole-Scale Change™ Management wurde bei Transmission ein mehrstufiger Prozess mit Rückmeldeelementen definiert. Dieser laufende Prozess hat mit einem kleinen Führungsteam als Startgruppe begonnen. Nach dem Grundsatz »Veränderung erfordert Masse« hat dieses Führungsteam wiederum eine große Gruppe mit rund einhundert Teilnehmern (Large Group) ausgewählt, die als Kick-off-Team in Workshops mit der Erarbeitung von Veränderungen vertraut gemacht wurden. Die Teilnehmer der Large Group stellen den Mikrokosmos des Unternehmensbereiches Transmission dar. Sie wurden nach Fakten und nach ihrer Meinung zum Stand der Dinge in ihrem Bereich gefragt. Aus den Erkenntnissen aus diesen einhundert Quellen ließen sich Randbedingungen verdichten, die auf die Umsetzung einer Strategie Einfluss haben. Diese »Brain Power« des Unternehmens hilft nicht zuletzt dabei, den Fokus auf Produkte zu nehmen und dabei von einem Produktverständnis zu einem Systemverständnis zu gelangen.

Das Grundprinzip der aktiven Einbeziehung wurde so konsequent ausgelegt, dass am Ende auch keine vorgefertigte Strategie eines kleinen Führungsteams »aus dem Hut« gezaubert wurde, sondern auf die interessierte Frage der Large Group »Wo ist denn nun die Strategie?« die Antwort folgte: »Bei Euch.« Nach nicht geringer Verblüffung führte das genau zu dem erhofften »Buy-in«, der Identifikation mit einem Prozess, der den Freiraum für einen eigenen aktiven Beitrag zur Strategie und zur Veränderung bietet.

Außerdem liegt in dieser Brain Power der Transmission-Experten die Antwort auf wichtige Prozessfragen wie: Wer weiß am besten im Detail über ein Thema Bescheid? Wer kann entscheiden? Wie wird demnach eskaliert? Welche Meinung wird abgefragt? Schon über die Definition solcher Prozesse und Strukturen kommt eine Kultur in Bewegung. Außerdem ist das Wissen um dieses Netzwerk wichtig für die Organisation von Scrum.

In den Workshops mit der Large Group wurden solche Zusammenhänge und die Bedeutung für eine agile Arbeitsweise diskutiert. Außerdem wurden die einhundert Teilnehmer der Large Group dazu verpflichtet, die Ergebnisse der Workshops wiederum an ihre Mitarbeiter weiterzugeben. Dazu wurde schriftlich definiert, welche Ergebnisse und Informationen für die erweiterten Teams relevant sind. Und die Einhaltung dieser Verpflichtung zur Kommunikation wurde auch überprüft. Dahinter steht die Einsicht, dass jede Veränderung im Unternehmen für Unruhe sorgt. Nur eine offene Kommunikation über Inhalte und Ziele der Veränderung führt dazu, dass sich Mitarbeiter für die Veränderung öffnen.

Erfreulicherweise ist die Large Group bei Transmission sofort auf diesen Prozess angesprungen und hat ihn sich zu Eigen gemacht. Das Maß an Motivation ist sehr hoch, weil die Vorteile – das *Warum* der Veränderung – sofort verstanden wurden. Der Wunsch nach mehr Kommunikation mit dem Kunden, nach mehr Zuhören und der anschließenden schnellen Entwicklung von Antworten und Lösungen war sehr schnell akzeptiert. Aus Sicht der Führung ist das ein Idealzustand, denn gewinnen kann man nur mit einem Team, das sich wohlfühlt. Kommunikation ist dafür der Enabler. Dabei muss es auch möglich sein, Schwierigkeiten offen anzusprechen und diese ohne negative Konsequenzen für den Einzelnen zu lösen.

2.3.3 Ausprägung der agilen Ansätze und Instrumente

Transmission setzte bei der Nutzung agiler Prinzipien von Anfang an auf das Obeya-Prinzip. Wörtlich übersetzt, heißt das nichts weiter als »großes Zimmer«: Die japanische Silbe *O* bedeutet groß, *beya* heißt Zimmer/Raum. Nach dem Verwendungszweck eines ausreichend großen Raumes als militärische Kommandozentrale wird im englischen Sprachraum auch von »War Room« gesprochen. Diese Übersetzung ist leider etwas irreführend, weil sie die Assoziation von militärischen Kommandostrukturen mit rigider Hierarchie nahelegen kann. Genau das Gegenteil trifft bei dem Obeya als Teil agiler Prinzipien zu: Im Kern ist ein Obeya einfach ein ausreichend großer Raum, der Platz für das gesamte Team einer Entwicklungsfakultät bietet. Im Obeya arbeitet – im Unterschied zum hierarchischen Denken – ein Team, das sich selbst steuert. Was und wie dort an Aufgaben abgearbeitet wird, entscheidet das Team selbst. Das Team bindet sich durch seine Zusagen und Lieferumfänge (= zu erledigende Teilarbeiten) auch selbst. Dabei entsteht ein Commitment, das sich durch »Befehl von oben« schwerlich erreichen lässt. Zu einem großen Teil dient das Obeya-Prinzip also dazu, die Teammitglieder zu motivieren. Tatsächlich werden die Arbeitsergebnisse vor allem im Hinblick auf die Qualität in einer Obeya-Konstellation besser. Es ist leider extrem schwierig, den Zugewinn an Qualität und auch an Geschwindigkeit in einer Metrik zu erfassen, weil praktisch kein TCU-Projekt dem anderen gleicht. Dazu sind die Komplexität und die Anforderungen in der Regel von Projekt zu Projekt viel zu verschieden. Trotzdem ließen sich schon in der Pilotphase zwei Beobachtungen machen:

- Erstens erweist sich das Obeya-Prinzip als wirkungsvolles »Frühwarnsystem«. Das wird dann deutlich, wenn man sich die Vorgehensweise im Vergleich zur Entwicklung gemäß V-Modell vergegenwärtigt. Vereinfacht gesagt, stellt das V-Modell einen einzigen langen Iterationszyklus dar, an dessen Ende erst der Systemtest mögliche grundlegende Konstruktionsfehler aufdeckt. Das ist aus zwei Gründen problematisch. Einerseits passiert es heute wegen des extremen Zeitdrucks immer wieder, dass sich V-Zyklen, die eigentlich aufeinander folgen sollten, *ineinander verschieben.* Das kann beispielsweise bedeuten, dass etwa ein B2-Muster einer TCU angefertigt werden muss, während noch nicht einmal die Ergebnisse des B1-Musters vorliegen. Und das, obwohl diese Ergebnisse von Anfang an in das B2-Muster einfließen müssten. Andererseits ist die Entwicklungsgeschwindigkeit in der Elektronik generell so hoch, dass lange Zyklen grundsätzlich problematisch sind. Die Wahrscheinlichkeit, dass während der Entwicklung Änderungen notwendig werden, ist so hoch, dass der V-Zyklus zu schwerfällig wird. Das Frühwarnsystem Obeya bestätigt dagegen schon am Anfang, ob man auf dem richtigen Weg ist. Agile Entwicklung mit ihren zahlreichen kurzen Schleifen wirkt wie eine Aneinanderreihung zahlreicher kleiner »V-Zyklen«. Dadurch, dass immer Teilfunktionen getestet werden, sind die Erkenntnisse aus dem Systemtest in viel höherem Maße vorhersehbar.

- Zweitens führt die selbst organisierte Teamarbeit im Obeya zu einer direkteren und schnelleren Kommunikation. Durch die häufigen Scrum-Meetings (= in der Regel tägliche kurze Zusammenkünfte des Teams) steigt die Planbarkeit, weil Engpässe, Probleme und Lösungen sofort im Team besprochen werden. Damit steigt sowohl die Geschwindigkeit als auch die Prognosequalität. In den Scrum-Meetings wird mit den Mitteln des Kanban – also einer im Grunde sehr flexiblen und praxisnahen Methode – die Partitionierung und Verteilung der anstehenden Aufgaben vorgenommen (**Bild 2.3**). Die Frequenz der Scrum-Meetings ist bei Transmission nicht kategorisch festgelegt. Ob ein solches Scrum-Meeting täglich erforderlich ist oder etwa nur alle drei Tage, entscheidet das Team selbst. In diesem Punkt haben Obeya-Teams die Freiheit, ein gewisses »Eigenleben« zu führen. So kann ein Team auch selbst festlegen, welche Dauer ein Sprint (ein Entwicklungslauf mit zuvor fest de-

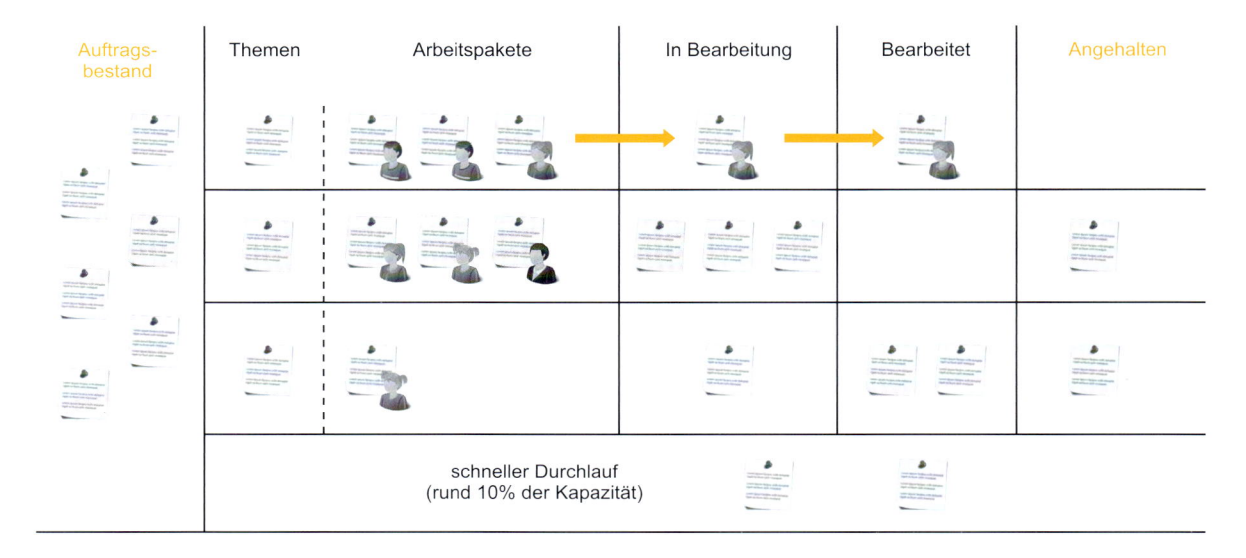

Bild 2.3
Die Kanbantafel ist ein Hilfsmittel für die regelmäßigen Scrum-Meetings innerhalb eines Sprints

finiertem Umfang) sinnvollerweise hat. Selbst wenn vielfach eine Sprint-Dauer von 14 Tagen zur Anwendung kommt, kann das Team andere Laufzeiten festlegen. Dafür gibt es in der gesamthaften Entwicklung bei Transmission konkrete sachliche Gründe: Während ein Software-Obeya durchaus in 14 Tagen zu einem Release kommen kann, kann die Entwicklung einer Hardware ganz andere Iterationszyklen erfordern. Die Teams haben also die Freiheit, ihr System selbst zu entwickeln. Das Konzept darf nicht zu eng sein, um tatsächlich zu motivieren. Dazu gehört, sich selbst und den Prozess verbessern zu können. Diese Freiheit endet dort, wo Abhängigkeiten (gegenseitige Zulieferung) mit anderen Obeya-Fakultäten auftauchen.

Bei Transmission kommt hinzu, dass nicht nur unterschiedliche Fakultäten, wie Hardware und Software, koordiniert werden müssen, sondern auch unterschiedliche Standorte. Um sie zu verbinden, kommen sogenannte Scrum of Scrums zum Einsatz, **Bild 2.4**. Bei realistischer Betrachtungsweise hat das agile Prinzip bei cross-funktionalen und verteilten Teams auch gewisse Grenzen. Ein virtuelles Kanban über Standorte hinweg funktioniert nur begrenzt. Man kann zwar mit der elektronischen Übermittlung der täglichen Kanban-Tafel von Obeya zu Obeya arbeiten, aber nichts ist besser als der persönliche Kontakt. Deshalb werden die Teammitglieder zu Reisen ermutigt. Es ist einfach so, dass sich in den Obeya-Teams auch viel Zwischenmenschliches abspielt. Das wird gerne vergessen. Die direkte Co-Location ist als Prinzip deshalb unschlagbar. Virtuelle Team-Meetings funktionieren dann, wenn sich die Teammitglieder persönlich kennen. Diese Beobachtung zeigt, wie wichtig der Team-Spirit für agile Prinzipien ist. Im Verlauf eines Projekts kann sich die Teamzusammensetzung durchaus ändern. Mit dem sich verschiebenden Fokus (etwa in der Phase der Industrialisierung) wird es notwendig, neue Teammitglieder aufzunehmen und andere dafür zurück in die »klassische« Projektarbeit zu geben oder in ein anderes Obeya.

Gerade weil die Kommunikationsfähigkeit so entscheidend wichtig ist für ein funktionierendes Obeya, gewinnt die Auswahl der Teammitglieder an Bedeutung. Es geht auch darum, die richtigen Mitarbeiter für solche Arbeitsformen auszuwählen. Grundsätzlich zeigt sich, dass alle Mitarbeiter, die in einem Obeya agil gearbeitet haben, hinterher Fan dieses Prinzips sind.

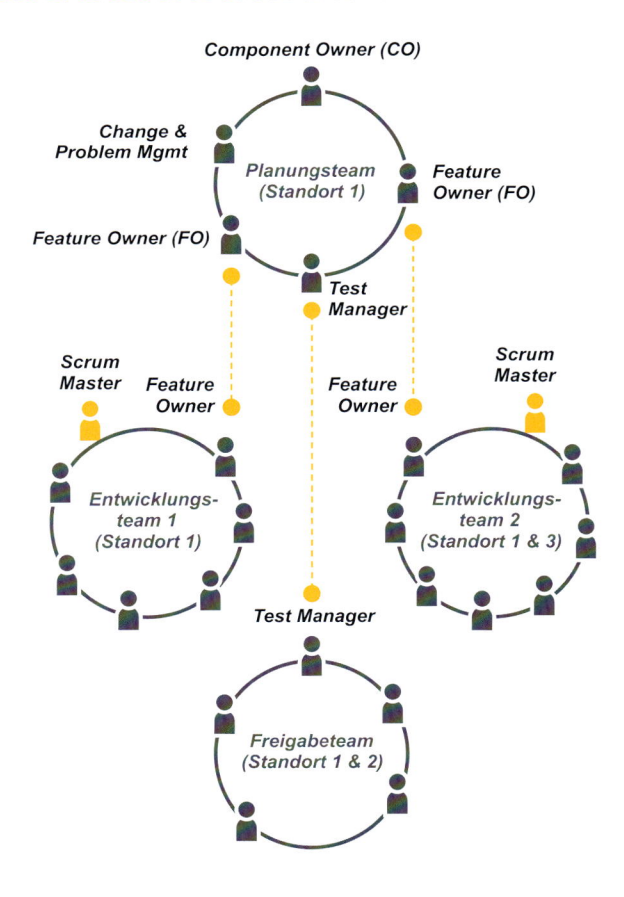

2 Von der agilen Software-Entwicklung zur agilen Produkt-Entwicklung

[Diagramm: Scrum of Scrums mit Planungsteam (Standort 1) – Component Owner (CO), Change & Problem Mgmt, Feature Owner (FO), Feature Owner (FO), Test Manager; Entwicklungsteam 1 (Standort 1) mit Scrum Master und Feature Owner; Entwicklungsteam 2 (Standort 1 & 3) mit Scrum Master und Feature Owner; Freigabeteam (Standort 1 & 2) mit Test Manager]

Bild 2.4
Bei verteilter Entwicklung an mehreren Standorten dienen Scrum of Scrums dazu, die Teams untereinander zu vernetzen.

Weise kommunikativ öffnen können, wie es für ein agiles Teamwork notwendig ist. Das darf nicht dazu verleiten, unter den Mitarbeitern auszusortieren! Wer Obeya zweckentfremdet, um das zu tun, kann schwerlich mit Akzeptanz rechnen. Es geht darum, Teams mit größeren Freiheiten und mehr Eigenverantwortung auszustatten und dabei auf die Mitarbeiterkompetenz zu setzen.

Nachdem bisher viel über die Teams gesagt wurde, soll noch ein wichtiger Aspekt betont werden: Auch der Mind-Set der Projektleiter im Obeya ist entscheidend, um eine wirkliche Identifikation zu erreichen. Das Team zieht nur dann besser mit als im V-Modell, wenn die agile Arbeitsform zu einer befriedigenderen Arbeit führt. Natürlich entsteht durch die Scrum-Meetings und die Kanbantafel auch ein hohes Maß an Transparenz, welche täglichen Zusagen im Scrum-Meeting während des Sprints eingehalten werden und welche tendenziell eher nicht. Mit dieser Transparenz fair umzugehen, ist die Voraussetzung dafür, Widerstand im Team zu vermeiden. Die Persönlichkeit und Schulung der Projektleiter als »Ermöglicher« spielt daher eine große Rolle. Dasselbe gilt für Führungskräfte, weil der Obeya das althergebrachte Linienden-

Gleichzeitig muss man anerkennen, dass es einige wenige Experten gibt, die sich nicht in einer ken aufbricht. Führungskräfte wie Abteilungsleiter geben »ihre« Mitarbeiter tatsächlich an den Obeya ab und haben keinen direkten Zugriff mehr auf sie. Aus der klassischen Zuweisung von Prioritäten für den Mitarbeiter (»50 % für Projekt A, 30 % für Projekt B, 20 % für Projekt C«) wird eine Bereitstellung einer 100 %-Ressource an den Obeya. Gleichzeitig wird der Projektleiter gegenüber dem Abteilungsleiter aufgewertet.

2.4 Strategische Bedeutung der agilen Entwicklung

Mit der Einführung und laufenden Ausdifferenzierung agiler Prinzipien in der gesamthaften Produktentwicklung wird ein doppeltes Ziel verfolgt. Zum einen geht es darum, die Entwicklung schneller und kundenorientierter zu machen. Zum anderen leisten die agilen Prinzipien einen Beitrag dazu, die Entwicklungsaufwendungen insgesamt auf einem effizienten Niveau zu halten. Gerade in einem dynamischen Markt, wo so viele Elemente neuer Lösungen im Fluss sind, birgt eine ineffiziente Entwicklung die Gefahr, die Kontrolle über die Aufwendungen in diesem Bereich zu verlieren.

Wenn man die heutige Situation im Interesse größerer Klarheit etwas überspitzt, dann kann eine Anfrage nach einem Angebot (Request for Quota, RFQ) für eine TCU in etwa nach folgendem Muster ablaufen:

Der Kunde (OEM) wendet sich mit vordefinierten Erwartungen und Anforderungen an den Zulieferer und setzt diesen unter erheblichen Zeitdruck, weil die Lastenhefte, die einem RFQ zugrunde liegen, in der Regel extrem umfangreich und sehr schwer zu überschauen sind. So ergeben sich am Anfang der Angebotsentwicklung zahlreiche Fragen und hoher Stress, weil ein frühzeitiges Frontloading fehlt und es in der Regel nicht möglich ist, die Kundenanforderungen in Übereinstimmung mit einer Re-Use-Strategie für Grundfunktionalitäten zu bringen. Das führt ohne Gegensteuern dazu, dass ein Großteil der Lösung kundenspezifisch entwickelt werden muss, während nur ein kleiner Teil aus einem Re-Use-Portfolio kommt. Diese Vorgehensweise kann Auswirkungen auf die Qualität haben, sie treibt die Kosten, und sie hat den Nachteil, dass die Kommunikation mit dem Kunden eine Einbahnstraße ist. Für die Organisation erhöht das den Stresslevel, während eine effiziente Lernkurve durch Wiederholungseffekte weitgehend fehlt.

Als eigentliche Ursache hinter dieser ineffizienten Situation steht der nachvollziehbare Kundenwunsch nach möglichst hohen Freiheitsgraden (Flexibilität). Auf Zuliefererseite liegt der Fall genau umgekehrt: Hier ist ein umfangreicher Re-Use getesteter und freigegebener Grundfunktionalitäten erstrebenswert, um bei einem gesunden Verhältnis von Aufwand und Qualitätsergebnis eine schnelle Entwicklung leisten zu können.

Agile Prinzipien leisten einen wesentlichen Beitrag, hier den goldenen Mittelweg zwischen bewährten Lösungsbestandteilen und der selbstverständlichen Implementierung von Alleinstellungsmerkmalen des OEM zu finden. Der künftige Entwicklungsprozess beginnt viel früher mit der Analyse von Trends (Trend Scouting) und einer Vorentwicklung von Lösungen für die erkannten Anforderungen. Es geht darum zu klären, wo der Markt eigentlich hin will und an diesem Entscheidungsprozess mitzuwirken. Bei diesem Prozess aus Gesprächen, Beratungen, Vorentwicklung und Systementwicklung werden funktional wichtige Produktmerkmale (Features) identifiziert und als Funktionsblock innerhalb einer Plattform standardisiert, **Bild 2.5**. Aufgabe der Vorentwicklung ist es dabei, Lösungen zu finden, wie sich das Produkt optimieren lässt. Das Fallbeispiel im Abschnitt 2.1.1 zeigt, was damit gemeint ist. Die Systementwicklung wiederum hat die Aufgabe, das System in sich zu optimieren.

Um neue Funktionen möglichst oft und effizient einsetzen zu können – beispielsweise, um den Kraftstoffverbrauch und damit den CO_2-Ausstoß zu senken –, ist es erforderlich, solche Features vorlaufend zu optimieren. Der Fahrzeughersteller kann das Feature als ausentwickelten zusätzlichen Vorteil innerhalb einer Plattformlösung nutzen, um die Gesamteffizienz seines Fahrzeugs weiter zu steigern.

Die Grundlage für diesen Teil der Vorentwicklung in kleinen Regelschleifen mit Rückkoppelung bilden häufige Gespräche mit Kunden, die der Definition von zentralen Produktvorteilen für künftige Anwendungen dienen. Wenn nach einem solchen Regelschleifen-Prozess eine RFQ gestellt wird, dann sind die dahinter stehenden Erwartungen und Ziele auf Kundenseite bereits

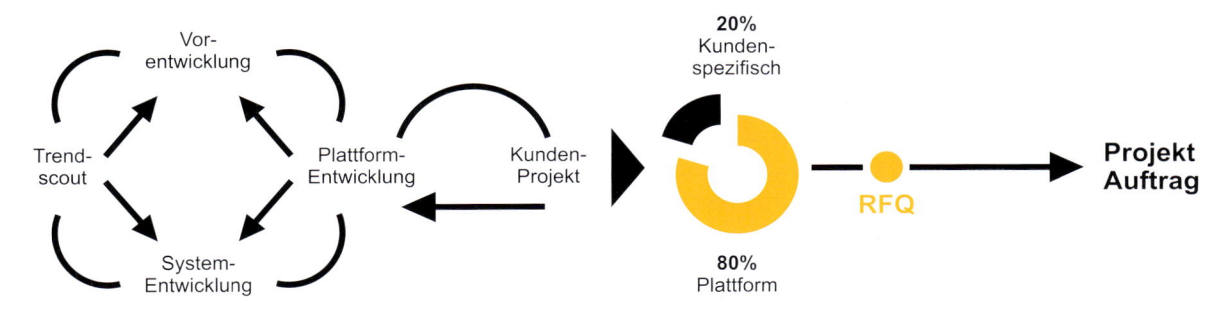

2.4 Strategische Bedeutung der agilen Entwicklung

Bild 2.5 Frühzeitige Vorbereitung der RFQ-Reaktion durch Trend Scouting und Vorentwicklung

bei Transmission bekannt. In dieser veränderten Ausgangssituation können die zentralen Merkmale der Lösung aus dem Re-Use-Portfolio bedient werden, während sich die agile Entwicklung auf Alleinstellungsmerkmale der kundenspezifischen Anpassung und Unterscheidung durch Unterfunktionen konzentrieren kann.

Um einen für beide Seiten fruchtbaren Dialog mit dem Kunden vorzubereiten, sollten zwei Voraussetzungen erfüllt sein:
- Einerseits ein sehr frühes Analysieren von Notwendigkeiten und Zielen auf Kundenseite sowie eine sehr aktive Arbeit an der Verbesserung des Gesamtsystems.
- Andererseits ein ständiges Hinterfragen des Status Quo bei bestehenden Konzepten und Verfahren.

Dieser Vorbereitungsprozess beginnt mit dem Trend Scout, der seine Arbeit mindestens fünf Jahre in die Zukunft ausrichtet und versucht, neue Anforderungen und daraus resultierende Notwendigkeiten für innovative Lösungen zu finden. Sein Motto ist: »Jedes mögliche Problem, das wir für unseren Kunden lösen dürfen, ist ein Geschenk«.

Die Entwickler im Advanced Development suchen permanent nach besseren, schnelleren oder auch robusteren Lösungen. Angespornt von den Ergebnissen des Trend Scouts sowie durch den steigenden Kostendruck wird intern und in Zusammenarbeit mit Forschungseinrichtungen nach neuen, besseren Lösungen gesucht. Da eine Komponente nur gut ist, wenn auch das System davon profitiert, wird zusätzlich die Abstimmung der Einzelkomponenten untereinander verbessert. Hier spielt vor allem die Software-Optimierung eine große Rolle.

Aufbauend auf diesen Vorarbeiten kann dann ein zielgerichtetes und fruchtbares Kundengespräch geführt werden. In vielen Optimierungsschleifen lässt sich danach ein Konzept erarbeiten, das den Kunden zufriedenstellt und das auf die Vorarbeiten in den anderen Entwicklungsabteilungen zurückgreift. Für das folgende Applikationsprojekt wird so ein großer Teil der Projektrisiken entschärft, da die nun verwendeten Prozesse bereits validiert sind. Dadurch ist es für das Projektteam einfacher, agile Prozesse zu verwenden, weil weniger Störungen die Planbarkeit beeinträchtigen.

Natürlich dienen agile Prinzipien auch bereits zur Entwicklung der Grundfunktionen, die ebenfalls in schnellen Loops gemäß der Requirements in sich optimiert werden können. Ein ganz einfaches Beispiel verdeutlicht, worum es im Einzelfall bei einer Steuergeräteentwicklung gehen kann. Da auch die Elektromobilität in besonderem Maße Dynamik in die Entwicklungsanforderungen einbringt, stammt das gewählte Steuergerätebeispiel aus diesem Bereich:

Bei einem Hybridfahrzeug, das über eine leistungsfähige Traktionsbatterie verfügt, gibt es prinzipiell die Möglichkeit, diesen gespeicherten Strom auch für die Versorgung von Elektrowerkzeugen zu nutzen. Es gibt Weltmärkte, in denen eine solche Anwendung nachgefragt wird, um mobil arbeiten zu können, etwa in landwirtschaftlichen oder handwerklichen Anwendungssituationen ohne lokal verfügbaren Netzanschluss. Wenn sich ein Fahrzeughersteller dazu entschließt, diese Option in einem oder mehreren seiner Modelle – typischerweise in einem Sports Utility Vehicle (SUV) – anzubieten, dann muss in der elektrischen Architektur eines solchen Fahrzeugs die Möglichkeit einer Steckdose für die Abgabe von Netzspannung vorgehalten werden.

Allerdings wird immer nur ein Teil der Kundschaft diese Option bestellen, sodass sich neben der Option für eine Steckdose auch die Option für einen zusätzlichen Strompfad, eine möglicherweise stärkere Batterie, eine höhere Motorleistung und eine andere Bestückung der Leiterplatte im Steuergerät für die Hochvoltfunktionen ergibt. Das hat nicht nur Konsequenzen für die Fertigung (Variantenvielfalt), sondern auch für den Test, denn eine Leiterplatte in einer ECU (Steuergerät) verhält sich in ihrer Temperaturstabilität und Vibrationsbeständigkeit unter Umständen in Abhängigkeit von der Bestückung. Letztlich ergeben sich außerdem Varianten bei der Pinzahl des Steckverbinders am Steuergerät mit der Anforderung, nicht belegte Schnittstellen abzudichten. Alle diese Konsequenzen und Abhängigkeiten müssen berücksichtigt und qualifiziert werden – idealerweise aber nur einmal im Zuge der originären Entwicklung. Als Re-Use-Funktion innerhalb einer Plattform muss dieser Aufwand nicht mehr für jede Applikation betrieben werden. Voraussetzung für diese Vorgehensweise ist stets eine transparente Produktstrukturierung. Sie hat das Ziel, die Produkte auf der Funktionsebene zu vereinheitlichen.

2.5 Lessons Learnt

Am Anfang einer agilen Arbeitsweise steht eine saubere Aufstellung des Projektes. Prozesse müssen durchgesprochen und angepasst werden. Verantwortlichkeiten müssen nicht nur *verteilt*, sondern auch *verstanden* und *angenommen* werden. Am wichtigsten ist es allerdings, die Arbeit an den zahlreichen Schnittstellen der beteiligten Fakultäten zu klären. Wie bei allen Projekten ist es wichtig, die Ausstattung der Projektteams mit Ressourcen und Know-how transparent zu machen sowie Lücken frühzeitig zu erkennen. Dazu ist im Projektverlauf die Methode der Sprints sehr hilfreich, weil Fehler und Abweichungen hier frühzeitig erkannt werden (fail early and fix quickly).

Da in den meisten Fällen standortübergreifend entwickelt wird, ist es entscheidend, auch dies zu managen. Vorteile dieser verteilten Entwicklung sind Konzentration von Know-how in Experten-Pools vor Ort und die größere Kundennähe. Dabei darf eine Verteilung der Arbeitspakete beispielsweise nicht zu kleinteilig erfolgen, um den Abstimmungsaufwand in einem gesunden Verhältnis zum Ergebnis zu halten. Andernfalls würde die Effektivität massiv leiden.

Grundsätzlich sollen Entscheidungen auf dem niedrigsten möglichen Level innerhalb der Organisation getroffen werden, weil nur dort das volle Detailwissen vorhanden ist. Einfach gesagt heißt das: Arbeitspakete werden dorthin verortet, wo sie auch abgearbeitet werden. Im Falle von Eskalationen müssen diese gut vorbereitet sein, was konkret bedeutet, mehrere Vor- und Nachteile beziehungsweise Alternativen als Optionen mitanzubieten. Unter allen Umständen müssen Eskalationen anhand der Organisationsstruktur erfolgen! Wird ein Level übersprungen, so zerstört das systematisch die Identifikation (den »Buy-in«) mit der Aufgabe und gefährdet damit das Projektziel.

Eine Verringerung der Komplexität in den Applikationsentwicklungsprojekten unterstützt die immer wichtigere Kundenanforderung nach einer kurzen Time-to-Market. Dies lässt sich am besten durch eine Plattformentwicklung erreichen. Eine solche Plattformentwicklung innerhalb eines Systems funktioniert nur in Verbindung und enger Zusammenarbeit mit der systematischen Optimierung des Gesamtsystems. Ziel ist es, einen Re-Use auf der Funktionsebene zu erreichen und Plattformfunktionen fortzuentwickeln. So entsteht mit der Zeit ein »Baukasten« für die nächste anstehende Kundenapplikation.

Die Applikationsentwicklung übernimmt diese Bausteine, soweit mit den Anforderungen des Kunden vereinbar, und arbeitet an der Anpassung der Bausteine an eine optimal an die Kundenanforderungen angepasste TCU-Lösung. Damit sind schnellere Entwicklungsfortschritte und gleichzeitig geringere Entwicklungsrisiken möglich, weil auf abgesicherte Bausteine zurückgegriffen werden kann. Dessen ungeachtet werden Alleinstellungsmerkmale aus Kundensicht weiterhin eingearbeitet. Diesem Teil der Entwicklung kommt der reduzierte Anteil der allgemeinen Bausteinentwicklung zugute.

Die agile Arbeitsweise als Methode zur Projektsteuerung leistet ihren Beitrag hierzu, weil durch die hohe Transparenz schnell reagiert und damit bei Abweichungen früh gegengesteuert werden kann.

2.6 Fazit und Ausblick

Die »klassischen« Vorteile einer agilen Softwareentwicklung gelten auch für die gesamtheitliche agile Entwicklung:

- Mit agilen Prinzipien lassen sich Produkte flexibler entwickeln, da der Prozess im Vergleich zur Vorgehensweise gemäß V-Modell reaktionsfähiger ist und Änderungen im Projektverlauf besser berücksichtigt werden können.
- Agiles Arbeiten liefert schnell lauffähige Teillösungen, die iterativ wachsen. Der Entwicklungsprozess wird zu einem Regelkreis mit

engmaschiger Rückkoppelung (Sprint/Scrum) und hohem Qualitätsniveau.
- Während eines Sprints können die Teammitglieder ungestört arbeiten und sich optimal selbst organisieren.
- Um die Koordination zwischen weltweit verteilten Teams zu ermöglichen, kommen Scrum of Scrums zum Einsatz.
- Die bessere Planbarkeit in der Entwicklung nimmt Stress aus der Organisation.
- Durch gleichzeitigen Aufbau von Plattformen mit Re-Use-Funktionen kann sich die künftige agile Entwicklung im Projekt auf kundenspezifische Applikationen konzentrieren (den Alleinstellungsanteil).
- Die agile Arbeitsweise führt zu einem »laminaren« Arbeitsfluss (ohne »turbulente« Strömungen) und einer insgesamt höheren Arbeitszufriedenheit. Ein Teil davon besteht in dem viel intensiveren und gleichberechtigteren Informationsfluss unter allen Teammitgliedern.

Für das Gelingen einer gesamthaften agilen Produkteentwicklung spielt die Kommunikation eine absolute Schlüsselrolle. Ein wichtiges Element davon ist auch ein ehrliches Reporting nach Kundenkontakten und die ergebnisorientierte Lösung von Problemen und Wissenslücken. Sobald die Mitarbeiter in der praktischen Umsetzung der agilen Arbeitsweise erleben, dass es tatsächlich akzeptiert ist, »wenn noch keiner vom Himmel gefallen ist, der alles weiß«, dann ziehen alle mit. Die Erfahrung bei Transmission ist eindeutig: Die Mitarbeiter *wollen* mitmachen! Kaum eine Erfahrung motiviert derart, wie die eigene Mitsprache auf dem Weg zur richtigen Strategie. Selbst, wenn in einzelnen Punkten nicht jedes Detail umgesetzt wird, sieht die typische Reaktion so aus: »Ich würde es persönlich zwar vielleicht anders machen, aber ich trage es mit, weil ich bei der Entstehung und dem Diskussionsverlauf dabei war«. Dieser Buy-in ist unendlich wertvoll für die Zukunft der Geschäftsentwicklung.

Zu diesem Prozess gehörten rund 20 Workshops einschließlich Ergebnisdokumentation in einer optimal erfassbaren, als Cartoon visualisierten Protokollform. Der beschriebene Kulturwandel hat sich bereits als Enabler für ein zukünftiges sprunghaftes Wachstum erwiesen. Die strategische Kette aus »Zuhören – Lösen – Überzeugen« funktioniert und trägt Früchte.

Die große Herausforderung einer gesamthaften agilen Entwicklung besteht darin, die einzelnen Obeya-Fakultäten zu synchronisieren. Hier liegen die anspruchsvollsten Themen. Es ist eine hohe Kunst, die einzelnen Kanban-Systeme zur Steuerung der Hauptaufgaben in den einzelnen Sprint-Läufen so miteinander zu verketten, dass sie sich in den Produktlebenszyklus (Product Life Cycle, PLC) einer TCU einfügen. Scrum und Kanban dürfen in einer gesamthaften Entwicklung daher keine Insel sein. Die Arbeit an einem allgemein gültigen methodischen Standard läuft hier noch. Es geht darum, wie Teams untereinander verbunden werden und wie das zu den kritischen PLC-Gates passt. Der Weg führt hier aus der Herrschaft einzelner Disziplinen in die Cross-Funktionalität und das Projektdenken. Damit ist man automatisch auf der Ebene des organisatorischen Set-Ups angekommen und muss als Unternehmen bzw. Business Unit die Frage beantworten, ob die Organisation noch den aktuellen Herausforderungen entspricht. Korrekturen auf dieser Ebene sind ein starkes Umdenken und können Reibung zwischen den Disziplinen und dem Projekt erzeugen. Trotzdem ist der Weg zu einer gesamthaften agilen Entwicklung mit Obeya, Sprint und Scrum der richtige. Auf schnelle und sich verändernde Anforderungen kann man nur mit agilen Prinzipien reagieren. Die Selbstkontrollmechanismen der agilen Vorgehensweise helfen dabei, in einem anspruchsvolleren Umfeld nicht nur zu bestehen, sondern zu führen.

Auch die Kommunikation bei Transmission bestätigt den Kulturwandel als richtig. Die agilen Teams organisieren sich nicht nur hinsichtlich ihres Arbeitsablaufes selbst, sie geben untereinander auch schnelle Rückmeldung nach Kundenkontakt, um dieses Wissen und die gehörten Fragen sofort als Ansatzpunkt für eine Lösung zu nutzen. Die Entwicklungskultur wurde merklich geschärft und damit zukunftsfähig gemacht.

Literatur

http://www.wholescalechange.com/history-and-background

Dannemiller Tyson Associates. Dannemiller, K. D., Tolchinsky, P. D. [et al.]: Whole-scale change: Unleashing the magic in organizations, S. 7, Berrett-Koehler, San Francisco 2000

03

Dräger agil

Stefan Seuferling

Nahezu alle Unternehmen stehen heute vor denselben großen Herausforderungen. Die Transparenz und Geschwindigkeit, mit der neue Ideen vermarktet werden, führt in sehr kurzen Zeitspannen zu einer Revolution ganzer Industriezweige. Die steigende Vernetzung von Lösungen zwingt etablierte Unternehmen in neue Denkmuster, um die Geschwindigkeit der eigenen Innovationsprozesse ständig zu verbessern. Größe oder Historie schützen heute nicht mehr davor, innerhalb eines Jahrzehnts in die Bedeutungslosigkeit zu verschwinden. Überleben werden die Unternehmen, die sich auf die veränderten Marktgegebenheiten am schnellsten einstellen können.

Wir beobachten bei Wettbewerbern und Partnern, dass sich der gesamte Innovationsbereich derzeit in einem starken Umbruch befindet. Die Art, wie Unternehmen neue Ideen generieren und Innovationen treiben, verändert sich radikal. Bis heute ist das Verständnis der Umsetzung von Innovationen durch prozessorientierte Denkansätze geprägt. Die Vorstellung, dass die Ausführung einem klaren und geordneten Ablauf von der Ideengenerierung bis zur Umsetzung folgt, ist noch in vielen Köpfen fest verankert. Es gilt, neue Wege zu entdecken, wie ein Unternehmen Geschwindigkeit erhöhen kann, um Innovationen zu entwickeln und diese dann schnellstmöglich an den Markt zu bringen. Die Produktlösungen werden komplexer und vernetzter – gleichzeitig nimmt die Geschwindigkeit des Wandels zu. Viele Technologieunternehmen werden daher zunehmend vom »Innovation provider«, also vom klassischen Erfinder von Innovationen, zum »Innovation consumer« bzw. »Innovation enabler«. Das bedeutet, dass Unternehmen zunehmend Innovationen aufgreifen, konsumieren oder sie extern ermöglichen und für ihre Bedürfnisse adaptieren. Das erfordert neue Kompetenzen in der Realisierung von Projekten.

Die agile Entwicklung kann dabei ein wichtiger Schritt auf dem Weg einer kontinuierlichen Veränderung sein, an dessen Ende das Unternehmen in Summe agiler handelt. Ich werde im Folgenden den Weg beschreiben, den wir bei Dräger eingeschlagen haben; von ersten Erfahrungen in der agilen Entwicklung hin zu komplexen Projekten und den immer wichtiger werdenden Randbedingungen, um einen nachhaltigen Veränderungsprozess im Unternehmen anzustoßen.

Dies ist aus Sicht eines technologiegetriebenen

Unternehmens wichtig, da die klassischen Ansätze im heutigen Umfeld vielfach nicht mehr ausreichen, um sich einen Wettbewerbsvorteil zu verschaffen. Agilität entsteht im selben Maße, wie auch Innovationskraft gestärkt und weiterentwickelt wird.

Als Technologieunternehmen haben wir bewusst die Entscheidung getroffen, zusätzlich zu unseren berechtigten klassischen Methoden und Vorgehensweisen andere Richtungen und revolutionärere Wege zuzulassen. Das erfordert ein Umdenken und mehr Mut zur Risikobereitschaft, Offenheit gegenüber Fehlern und vor allem die Motivation, nicht aufzugeben.

Agilität und Innovationen lassen sich nicht verordnen. Neuerungen entstehen auch unter den Bedingungen der kulturellen und sozialen Umstände, die nicht in der Hand des Unternehmens liegen. Innovation ist meist auch nicht die Summe der Werke einzelner Genies. Innovationen sind vor allem soziale Phänomene. Insbesondere im Scheitern zeigt sich, dass der Innovator ohne eine günstige soziale Umgebung von Sponsoren, Mitarbeitern, Kunden und nicht zuletzt Konkurrenten keine erfolgreiche, also gewinnbringende Innovationen hervorbringen und umsetzen kann. Auch kulturelle Aspekte spielen eine Rolle. Was in dem einen Jahr verrückt erscheint, wird im nächsten annehmbar. Dazu kommen interne Faktoren. Wichtig ist, die richtigen Ressourcen zur richtigen Zeit mit passenden Mitteln in einem geeigneten Umfeld zu einem entsprechenden Thema zusammenzubringen.

Bei Dräger betrachten wir Innovation und deren Umsetzung als unsere Kernkompetenz. Sie schafft den Kundennutzen und den Vorsprung gegenüber dem Wettbewerb. Doch wie können wir unsere Innovationskraft steigern? Wie können wir durch eine geeignete Innovationskultur einen Wettbewerbsvorteil generieren und uns somit deutlicher von der Konkurrenz unterscheiden und absetzen? Diesen Fragen stellen wir uns permanent. Auf dem Weg dahin haben wir zahlreiche Ideen entwickelt und mit deren Umsetzung begonnen.

3.1 Einführung der agilen Entwicklung bei Dräger

Einen wichtigen Baustein – wahrscheinlich der Startschuss für die Veränderung, die wir heute im Unternehmen erleben – stellte die Einführung der agilen Entwicklung dar. Wir haben den Begriff »agil« am Anfang sehr eng ausgelegt und ihn zunächst nur auf die Software-Entwicklung angewandt.

Dort unternahmen wir die ersten Experimente bereits 2009. Zwei Kollegen haben dieses Thema an einem unserer Standorte in den USA initiiert und in Eigenregie vorangetrieben. Zusammen mit einem externen Berater wurde ein erstes Scrum-Training organisiert. Im Fokus standen damals ausschließlich die Softwareteams. Es war somit eher der Neugier Einzelner und ihrem Wunsch geschuldet, etwas Neues zu probieren, als einen organisierten Prozess mit einem klar definierten Ziel zu etablieren. Nachdem die Veränderung von den Softwareteams aber sehr gut aufgenommen wurde, sprang der Funke von unserem Standort in der Nähe von Boston schnell auf andere Standorte über. Im Jahr 2010 versuchte man die Methode im Konzern zu verankern, indem man ein »Agile Software Development Handbook« entwarf.

Der Versuch, Agile auf diese Weise weiter zu etablieren, scheiterte jedoch und wir haben schnell festgestellt, dass man Agile nicht verordnen kann. Nach den ersten Erfahrungen in der Software-Entwicklung erkannten wir aber eine verstärkte Neugier bei Führungskräften anderer Bereiche. Es entwickelte sich schnell der ausgeprägte Wunsch, eigene Erfahrungen zu sammeln.

Mittlerweile experimentieren wir in vielen Bereichen mit agilen Entwicklungs- und Führungsteams, wenngleich noch keine flächendeckende Anwendung im Gesamtkonzern erfolgt. Wir bewegen uns als Unternehmen in Summe eher noch in der »Hobby-Zone«. Insbesondere im letzten Jahr haben wir jedoch einen regelrechten Boom erlebt und planen jetzt bewusst den nächsten Schritt in die »Commitment-Zone«. Für unser Unternehmen bedeutet das, den nächsten Schritt aus dem engen Betrachtungsfeld der agilen Software-Entwicklung hin zu einer agilen Organisation zu gehen. Im Folgenden werde ich einen Überblick über die Themen geben, in welchen wir bereits gute Erfahrungen machen konnten und die Bereiche aufzeigen, in welchen wir selbst noch am Experimentieren sind.

Wir haben den an agiler Entwicklung interessierten Mitarbeitern zu Beginn keinen bestimmten Weg vorgegeben. Vielmehr haben wir die Anwendung neuer Methoden über Leuchtturm-Projekte in die Organisation getragen. Die Umsetzung war den Führungskräften und ihren Teams überlassen und wurde daher situativ individuell gehandhabt. Am Stammsitz in Lübeck organisierten wir anfänglich Schulungen, um ein allgemeines Grundverständnis zu etablieren. Diese Angebote wurden zunächst von den »intellektuellen jungen Wilden« angenommen, die Lust auf etwas Neues hatten. Wir erwarteten, dass diese Mitarbeiter eine starke Motivation haben und somit Einfluss auf ihre Teams ausüben. Daher ließen wir ihnen bewusst viele Freiheiten, um individuelle Lösungen zu ermöglichen. Das führte dazu, dass wir heute unterschiedliche agile Reifegrade haben, aber auch, dass die Teams selbst ihren optimalen Weg finden und ggf. korrigieren konnten. Somit wurde Agile nicht als »von oben vorgegeben« wahrgenommen, sondern ist solide gewachsen.

Im Ergebnis nutzen wir Agile heute in sehr unterschiedlichen Ausprägungen. Wie so oft hatten wir dort, wo wir den größten Zeit- und Erfolgsdruck verspürt haben, die höchste Änderungsbereitschaft erlebt und Agile wurde hier am konsequentesten eingeführt.

Den ersten großen sicht- und greifbaren Erfolg hatten wir bei der Zulassung eines Pressluftatmers (SCBA = Self Contained Breathing Apparatus) für den US-amerikanischen Markt. Die Prüf- und Zulassungskriterien der einzelnen Länder weichen teilweise sehr stark voneinander ab. Ausschlaggebend dafür sind die Anwendungsfälle in der Praxis. In vorliegendem Fall handelt es sich um einen Atemregler für Rettungskräfte. In den USA gelten andere Einsatzregeln für die Brandbekämpfung als in Europa, weswegen auch die Geräte unter anderen Bedingungen getestet werden müssen. In unserem Fall hatten wir die Zulassung durch das National Institute for Occupational Safety and Health (NIOSH) in den USA wiederholt nicht erhalten, weshalb wir ein massives Problem im US-Markt hatten. Eine Führungskraft, die bereits ein Entwicklungsprojekt in Lübeck im agilen Modus begonnen hatte, wurde an den US-Standort geschickt, um das Team zu unterstützen. Die Analyse zeigte Defizite in der Organisation und in der Kooperation untereinander. Es waren weder die richtigen Kompetenzen vorhanden, um eine solche Krise zu lösen, noch fand eine ausreichende Kommunikation zwischen den Funktionen statt. Das Projekt steckte in einer Sackgasse. Mit der Erfahrung aus den bereits laufenden agilen Projekten wurde mit dem lokalen Management beschlossen, einen klaren Bruch herbeizuführen und sofort eine »neue Arbeitsweise« einzuführen. Aus dem Stand heraus wurde eine Task-Force aufgestellt, die ohne großes Training sofort wesentliche Punkte von Agile einsetzte. Sprints im 2-Wochen-Rhythmus, tägliche Stand-Ups und Retrospektiven bildeten den Rahmen. Nach drei bis vier Sprints war bereits ein guter Rhythmus gefunden worden. Die neue Arbeitsweise (the »new working mode«) wurde vom lokalen Management von Beginn an massiv unterstützt. Die Anleitung erfolgte dabei durch die entsandte Führungskraft; parallel dazu begann man sofort mit der Schulung eines Scrum-Masters.

Das Projekt war derart erfolgreich – wir erhielten die Zulassung –, dass im Anschluss die Frage aufkam, ob man nicht das tägliche Life-Cycle-Engineering (LCE) agil bearbeiten könnte, um die positiven Aspekte weiter in die Organisation zu tragen. Das wurde als »new working mode« übernommen und wird nicht im Rahmen eines Projekts geführt, sondern als kontinuierlicher Arbeitsmodus. Die Sprints wurden dabei auf vier Wochen ausgedehnt. Die bisherigen Erfahrungen sind hervorragend.

Bild 3.1
Einfluss der agilen Projektarbeit auf das Team

Question Nr.	Team Check Up Question	Team Ave. Mar 2014	Team Ave. Jul 2014	Improvement
1	All team members know exactly what is expected of them?	6.1	7.5	1.4
2	The project succeeds in integrating all team members on important decisions and to have co-decide?	4.5	8.2	3.7
3	The results and actions to be achieved in the team meeting and decisions made, are very satisfactory?	5.0	6.9	1.9
4	The team operates in an environment where team members can speak openly about disagreements, uncertainties and fears?	4.9	7.8	2.9
5	In the team we have created a positive team climate?	3.6	7.5	3.9
6	In conflict situation we look for a win-win outcome?	4.5	7.2	2.7
7	In the project team we communicate with open and honest information?	4.6	7.9	3.3
8	We detect early warnings of potential conflicts and actively address them?	4.8	6.9	2.1
9	The objectives, responsibilities and roles within the team are clear, everyone knows their position?	6.8	8.3	1.5
10	We cooperate well in the project team?	4.6	7.4	2.8
11	Overall, how effectively has your team work together on this project?	5.0	7.1	2.1
12	Team member is comfortable with language barrier and intercultural team relationships	0.0	8.5	8.5

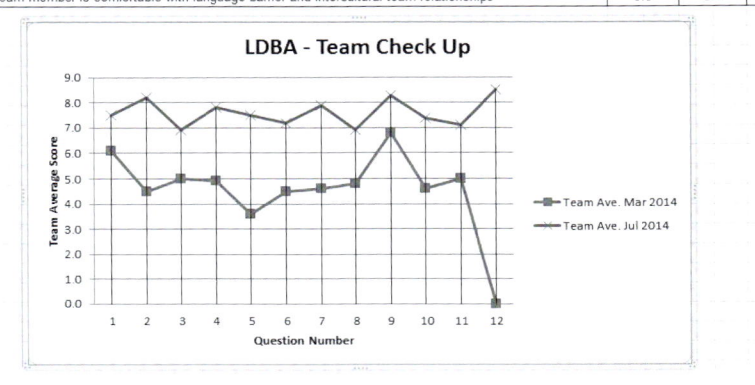

Welchen Einfluss die agile Projektarbeit auf das Team hatte, lässt sich an **Bild 3.1** erkennen. Zu Beginn wurden dem Team zwölf Fragen gestellt, um die Probleme zu identifizieren. Die gleichen Fragen stellten wir nach nur vier Monaten erneut.

»Beste Ergebnisse an den Standorten mit den größten Herausforderungen«

Leuchtturm-Projekte wie das oben beschriebene SCBA-Projekt haben dafür gesorgt, dass wir im Unternehmen mehr Interesse für agile Methoden wecken konnten. Infolgedessen entschied sich z. B. ein Hardware-Entwicklungsteam für die Entwicklung eines Anästhesie-Gerätes auf Agile umzusteigen.

Im Rahmen eines großangelegten Effizienzsteigerungsprogramms haben wir uns dann erstmals tiefer mit der Methodik und den Erfolgskriterien beschäftigt. Zwischenzeitlich hatten wir im Unternehmen eine kritische Masse erreicht, um ein Netzwerk zu etablieren und einen Erfahrungsaustausch zwischen den Anwendern zu organisieren. Dabei sahen wir uns die Voraussetzungen an, die unserer Meinung nach erforderlich sind, um die Methodik erfolgreich zu leben. Erfolgs-Indikatoren sind unter anderem: Fehler werden als Möglichkeit zum Lernen gesehen, das Team ist intrinsisch motiviert, die Beteiligten haben Spaß an der Arbeit, Teammitglieder teilen gerne ihr Wissen, Teams schätzen die Vielfalt an Ideen und Gedanken, Teams begrüßen Veränderung.

»Die große Übereinstimmung mit unseren Führungsleitlinien schuf Akzeptanz.«

Diese »Voraussetzungen« treffen auf eine Organisation, die sich im letzten Jahr neu aufgestellt und ähnliche Werte als Führungsleitlinien entwickelt hat. Die starke Überdeckung von Agile mit dem Modell zur grundsätzlichen Führung und Zusammenarbeit bei Dräger hat uns in der Akzeptanz massiv geholfen. Die Teams haben die Möglichkeit erkannt, unsere Werte zur Zusammenarbeit umzusetzen und mit Leben zu füllen. Dies geschah schneller und cross-funktionaler, als es üblicherweise möglich ist.

Seitdem ist viel geschehen. Neben weiteren Projekten in der Hardware-Entwicklung sowie dem LCE sammeln wir immer breitere Erfahrungen im Management von Task-Force-Themen. Ein wesentlicher Erfolgsfaktor für die steigende Innovationskraft entsteht dabei durch das Umfeld, welches im Unternehmen geschaffen wird. Bevor ich im Weiteren auf die Erfahrungen mit der agilen Entwicklung eingehe, möchte ich in einem kurzen Exkurs beschreiben, was parallel dazu im Unternehmen passierte und ebenfalls einen großen Beitrag zur Veränderung hin zu einer agilen Organisation geleistet hat.

3.2 Das optimale Umfeld

Die Organisation
Agile funktioniert nur mit den richtigen Leuten, wenn die Methodik die Prozesse unterstützt oder zumindest nicht verhindert und wenn die Organisation keine internen Hürden aufbaut.

Der Weg eines Unternehmens, das Agile in der Software-Entwicklung anwendet, hin zu einem agilen Unternehmen ist ein ungleich größerer Schritt. Die Herausforderung ist deshalb so groß, weil sie in vielen Fällen eine tiefgreifende Verhaltensänderung erfordert. Auch wenn eine Organisationsform Agilität per se nicht einfordern kann, so kann sie doch die Veränderung unterstützen und positiv begleiten.

Einen ersten wichtigen Beitrag erbrachte die Re-Organisation des Innovationsbereiches. Dort wurde u. a. vor etwa zwei Jahren der Entwicklungsbereich umstrukturiert. In diesem Zusammenhang änderte sich auch die Bezeichnung der Funktion: Der Entwicklungsbereich heißt bei Dräger seitdem Connect & Develop (C & D) und nicht mehr Research & Develop (R & D). Dafür gab es mehrere Gründe. Wir sehen den Entwicklungsbereich als Innovationskatalysator, als treibende Kraft, um das Thema Konnektivität im Unternehmen zu entwickeln und voranzutreiben. Das leben wir mit unseren Kollegen cross-funktional (Connect intern), es spiegelt sich aber auch zunehmend in unseren Produkten und Lösungen wider, die immer stärker einem System-Gedanken folgen und mindestens eine Fähigkeit zur Konnektivität haben müssen (Connect mit Kunden). Darüber hinaus wollen wir uns noch stärker mit anderen Innovationsgebern vernetzen (Connect extern). Den klassischen »Research«-Bereich haben wir als Technology & IP (TIP) in einer eigenen Einheit gebündelt. Grundlagenforschung im klassischen Sinne findet bei uns nur sehr eingeschränkt statt. Letztlich verfolgen wir vorhandene technologische Entwicklungen und versuchen hieraus einen Nutzen für unsere Kundenlösungen zu generieren. In diesem frühen Stadium reden wir über Technologiefelder, die wir strategisch besetzen wollen. Hier zeigt sich schon konkret die Veränderung hin zum »Innovation consumer«.

Auch das Produktmanagement (PM) ist nun im Innovationsbereich angesiedelt. Diese »übergeordnete« Neuordnung hat dazu geführt, dass das Zusammenspiel zwischen TIP, PM und C&D deutlich enger geworden ist.

Die Rollen
Wir haben in unserer Organisation sehr unterschiedlich gewachsene Strukturen. Zum Teil ist dies auf die Produktvielfalt zurückzuführen, zum Teil auf die vorhandenen Kompetenzen und sicherlich auch auf die Profile, die die Mitarbeiter bisher einbrachten. Wir sind der Meinung, dass die reine Lehre der agilen Entwicklung in einem so komplexen Umfeld angepasst werden muss und lediglich die Kernelemente adaptiert werden sollten.

Die Rolle der Kern-Teammitglieder und insbesondere die damit verbundene Erwartungshaltung muss im Vorfeld sehr klar und präzise erarbeitet werden. Das ist die wichtigste Absicherung, um Enttäuschungen zu vermeiden. Agil zu handeln, agil zu werden bedeutet in den meisten Unternehmen einen echten Kulturwandel zu erleben. Die Mitarbeiter handeln auf Basis ihrer bisherigen Erfahrungen und es bedarf anderer Positiv-Erfahrungen, um einen echten »Change« zu erzielen. Dazu sind kleine Projekte (= Experimente) bestens geeignet: Start small and stay focussed.

»Start small and stay focussed!«

Den Austausch über die Erfahrungen aus den bisherigen Experimenten organisieren wir z. B. über Workshops. Dabei stellen wir fest, dass diese erfolgreichen Leuchtturmprojekte viel Verständnis für die Chancen (und Risiken) auf breiter Fläche schaffen. Als Folge daraus ist eine höhere Bereitschaft da, sich auf vergleichbare Experimente einzulassen. Man traut sich mehr zu.

Schauen wir genauer auf die wichtigsten Rollen, so haben wir grundsätzlich ein Kernteam, das quasi als »Geschäftsführer des Produktes« tätig wird. Dieses »Product-Owner-Team« (POT) ist verantwortlich für alle Aspekte des Projektes. Das bedeutet auch, sicherzustellen, dass das

»richtige« Produkt entwickelt und die optimale Reihenfolge eingehalten wird. Ein gutes POT muss in der Lage sein, konkurrierende Prioritäten zu balancieren. Sie sind für das Team verfügbar und müssen die Kompetenz haben, Entscheidungen für das Produkt zu treffen. Unser POT besteht aus dem Projektleiter (PL) und dem Produktmanager (PM). Ein weiterer Partner – insbesondere bei den komplexen Entwicklungen – ist der System-Ingenieur (SI).

Wir bemühen uns darum, in der gesamten Organisation Verständnis dafür zu wecken, dass erfolgreiche Produktentwicklung eine echte cross-funktionale Leistung ist. Sie wurde dann erfolgreich gemeistert, wenn das Produkt die Erwartungen im Markt erfüllt. Das messen wir anhand der Verkaufszahlen während der Produkteinführung. Diese müssen in zwei aufeinanderfolgenden Quartalen mindestens 80 % der geplanten Menge erreichen. Mit diesem Ansatz stellen wir sicher, dass das Projekt aus Entwicklungssicht noch nicht abgeschlossen ist, wenn die rein technische Lösung geliefert wurde. So soll auch sichergestellt werden, dass die eingebundenen Funktionen (wie z.B. Einkauf, Produktmanagement, Produktion, Qualität, Zulassung) von Anfang an auf das Projektziel eingeschworen werden und sich aktiv einbringen (müssen). Jeder ist für seinen Teil und für das Gesamtergebnis verantwortlich. Zugegeben, das ist eine echte Idealvorstellung. Wir sprechen dafür Mitarbeiter an, die eine sehr hohe Identifikation mit ihrer Arbeit haben und es gewohnt sind, eigenverantwortlich zu arbeiten. Das ist nicht überall der Fall und je größer die Projekte bzw. das Unternehmen, desto eher läuft man Gefahr, dass sich die Beteiligten in die Prozesslandschaft zurückziehen und einen passiven Part einnehmen. Um dies zu verhindern und die Projekte in Summe agiler und somit transparenter und schneller zu realisieren, legen wir sehr viel Wert auf das gemeinsame Verständnis der Rollen in den agilen Projekten.

Es ist daher extrem wichtig, dass sich der Projektleiter nicht originär als Mitarbeiter der Entwicklungsabteilung versteht, sondern als cross-funktionaler Teamleiter, dessen einzige Aufgabe es ist, das abgegebene Versprechen hinsichtlich Funktionalität, Kosten und Zeit zu liefern. Unterstützt wird er dabei von den Teammitgliedern, die den Markt abdecken (PM) und die technische Komplexität beherrschen (SI). Für uns bedeutete das eine große Veränderung in der Denkweise und damit auch in der Auswahl und Entwicklung unserer Projektleiter. Ein Projektleiter muss heute immer stärker in der Lage sein, durch Fragen zu führen – nicht mehr durch Wissen. Das sind fundamentale Veränderungen im Rollenverständnis und gleichzeitig zentrale Voraussetzungen für Agilität und für die agile Entwicklung.

Besondere Herausforderungen stellen wir auch an die Rolle des System-Ingenieurs (oder auch System-Architekten). Das Zusammenspiel zwischen Projektleiter und System-Architekt ist deshalb so wichtig, weil der SI die technische Komplexität der Systeme überblicken und koordinieren muss. Er ist somit das technische Masterbrain im Projekt und hält dem Projektleiter den Rücken frei. Neben fachlicher Expertise muss der SI ein guter Kommunikator sein, um für die Transparenz und den Austausch zwischen den einzelnen Gewerken zu sorgen. Ein tiefes Verständnis der Arbeitsabläufe ist darüber hinaus hilfreich, um die Abteilungen optimal aufeinander abzustimmen.

Wir haben intern beschlossen, für den nächsten Schritt hin zu großen agilen Projekten dem POT zusätzlich für einen begrenzten Zeitraum einen externen Change Manager als Coach zur Seite zu stellen. Dieser Change Manager hat die Aufgabe, die einzelnen Teams zu coachen und auf die Einhaltung der Rollen zu achten. Wir denken, dass dies ein wichtiger Baustein für die persönliche Weiterentwicklung der einzelnen Teammitglieder sein wird. Im Gegensatz zum Scrum-Master soll der Change Manager mehr Fokus auf cross-funktionale Einbindung und Führungsaspekte legen. In dieser Hinsicht soll er auch den Scrum-Master coachen. Da unsere Scrum-Master bisher im Wesentlichen nur in kleineren Projekte Erfahrung sammelten und die Organisation in vielen Fällen noch den richtigen Umgang mit den Rollen sucht, denken wir, dass ein erfahrener externer Coach allen beteiligten Rollen einen echten Mehrwert bietet.

Das richtige Team zu besetzen ist sicherlich die wichtigste Voraussetzung, um erfolgreich Innovationen in agilen Projekten umzusetzen. Nichtsdestotrotz gibt es weitere Rahmenbedingungen, die in einem agilen Umfeld immer wichtiger werden und dieses unterstützen. Daher im Folgenden ein kurzer Abstecher in den Bereich des Innovationsmanagements, wo wir in den agilen Projekten von diversen Initiativen profitieren.

3.3 Innovationmanagement als Beschleuniger

Bei Dräger wurden zahlreiche Initiativen gestartet, die den Wandel hin zu einem agilen Unternehmen unterstützen. Neben dem Aufbau von Netzwerken in die Start-up-Szene einem aktiveren Technologie-Scouting und weiteren Aktivitäten, war der wichtigste Schritt die Schaffung eines eigenen Bereichs »Innovation Management«. Hier sollte bewusst ein Ort geschaffen werden, an dem neue Ideen ausprobiert werden konnten. Als ersten Schritt richteten wir zur weiteren Unterstützung eines aktiven Innovations-push eine »Garage« ein. In einer alten Produktionshalle wurde dafür auf mehreren hundert Quadratmetern eine Art Freizone für kreative Zusammenarbeit ohne Hierarchien geschaffen. In diesem vom Innovation Management betriebenen, ehemaligen Fertigungsgebäude steht modernste Technik für die Arbeit an innovativen, agilen Projekten bereit – und zwar rund um die Uhr. Allein für die Einrichtung der Garage musste einiges bewegt werden – von der Organisation der gebrauchten Möbel bis hin zur Genehmigung auch durch den Betriebsrat, den Zugang zur Garage rund um die Uhr zu gewähren.

Mit der Garage wurde der Wechsel hin zu einer agilen Organisation für alle sichtbar. Daneben folgten weitere Initiativen dem agilen Gedanken und veränderten die Gesamtperspektive im Unternehmen. Zwei Aktivitäten möchte ich kurz vorstellen. Sie trugen Agilität in einer hohen Breite cross-funktional ins Unternehmen,

Bild 3.2
Blick in die Garage

wodurch wir sehr wertvolle Erfahrungen für die agilen Projekte sammeln konnten: Die Ship-it-days und die Kickbox.

3.4 Ship-it-days

Als hervorragendes Trainingsfeld erwiesen sich sogenannte Ship-it-days. Ziel ist es, innerhalb von 24 Stunden ein fertiges Produkt zu entwickeln. Die Ideen werden zuvor eingereicht und die Mitarbeiter können entscheiden, ob sie bereit sind, an bestimmten Themen mitzuarbeiten. Die Entscheidung darüber, ob die Mitarbeit gewünscht wird, liegt jedoch beim Ideen-Geber. In den folgenden 24 Stunden wird dann versucht, ein verkaufsfähiges Produkt zu erarbeiten. Die Entwicklung läuft hoch agil in permanenten Iterationsschleifen. Bei den Ship-it-days haben wir zum einen festgestellt, dass die Teams – befreit vom Prozess-Korsett – mit sehr interessanten Lösungen aufwarten konnten. Zum anderen haben wir festgestellt, dass die Erfolge mit sehr kleinen Teams erzielt wurden. Denn es fanden sich ausschließlich Leute zusammen, die mit ihrer Expertise konkreten Mehrwert liefern konnten. Außerdem beobachteten wir eine hohe intrinsische Motivation, an den Themen mitzuarbeiten. Bei diesen Veranstaltungen gewannen wir sehr viel Erfahrung, die aktiv in unsere tägliche Projektarbeit einfließt. Der Aufwand ist überschaubar und die Strahlkraft ins Unternehmen extrem hoch.

3.5 Die Kickbox

Im Gegensatz dazu war das Kickbox-Projekt eine echte Kraftanstrengung. Mit ihr wollten wir die Innovationskraft der Mitarbeiter auf breiter Fläche nutzen. Bei rund 5 000 Mitarbeitern am Standort Lübeck rechneten wir damit, ungeahntes Innovationspotenzial im Unternehmen vorzufinden. Nur, wie lässt sich dieses Potenzial erschließen?

Wir fanden einen Weg, der für ein gewachsenes Unternehmen mit langer hanseatischer Historie eher ungewöhnlich war. Im März 2016 kam bei Dräger plötzlich eine weitere Farbe ins Spiel: Rot. Wir starteten mit einer internen Kampagne quer über das ganze Werksgelände, die neugierig machte. Am Ende der Kampagne wurde die Kickbox präsentiert. Ihre Aufgabe war es, Innovatoren in den Reihen unserer Mitarbeiter zu identifizieren. Sie erschien uns in zweierlei Hinsicht attraktiv: Einerseits, um gute neue Geschäftsmodelle und technische Lösungen aus den eigenen Reihen zu fördern, für die im Alltagsgeschäft wenig Raum ist. Andererseits versprachen wir uns davon eine gute Möglichkeit, die Unternehmenskultur positiv zu beeinflussen und Spaß an der kreativen, eigenverantwortlichen Arbeit zu vermitteln. Auch der tolerante Umgang mit Fehlern als integraler Bestandteil eines erfolgreichen Innovationsprojekts gehörte zu den erhofften Erfahrungswerten. In Summe also alles Voraussetzungen, die wir in der agilen Entwicklung sehen.

Hinter der »Kickbox« steht eine Idee, die ursprünglich ein renommiertes Software-Unternehmen für eigene Zwecke entwickelt hatte. Daraus entstand ein erprobtes Innovationsprogramm im Baukastensystem, das Unternehmen und Einzelpersonen auf ihre Bedürfnisse herunterbrechen können. Damit stand der rasanten Sammlung, Prüfung, Reifung und vielleicht sogar Umsetzung zahlreicher guter Ideen bei Dräger nichts mehr im Wege. Jeder Mitarbeiter mit einer innovativen Idee konnte im ersten Durchlauf eine solche rote Kickbox anfordern und hatte Zeit, die Tragfähigkeit seiner Idee zu prüfen.

Es wurden 120 Ideen aus der Belegschaft eingereicht. Voraussetzung für das Einreichen war die Nutzung eines Business Model Canvas, mit dem sich Geschäftsmodelle oder eine Startup-Idee gut visualisieren und testen lassen. Es wurden sechs Ideen ausgewählt, die im Unternehmen mithilfe von Sponsoren weiterentwickelt und erfolgreich an den Markt gebracht werden sollen. Das Arbeitsumfeld dieser internen Micro-Start-ups ist hoch agil und unterstützt in Summe den anstehenden Kultur-Wechsel.

War zu Beginn eine mindestens vorsichtige Zurückhaltung der meisten Funktionen außerhalb der Entwicklung zu verspüren, so kann sich die Garage heute kaum vor Anregungen und neuen Ideen retten.

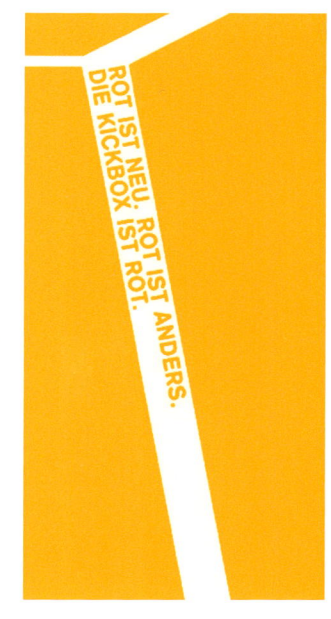

Bild 3.3
Einführung der Kickbox-Initiative

180	120	30	20	6
Kickbox Anträge	Boxen verteilt	Anmeldungen Sharktank	zugelassen zum Sharktank	Blueboxen verteilt

Auf der Reise zur Innovation

Die 120 Kickbox-Besitzer begaben sich auf eine spannende Reise. Jeder von ihnen agierte wie ein eigenes kleines Start-up. In sechs Schritten wurden sie durch den Prozess von der Idee bis zum präsentationsreifen Geschäftsmodell geführt. Die notwendigen Anleitungen und Tools steckten alle in dem roten Kästchen, das verteilt wurde. Durch den Rahmen konnten wir dem ganzen Projekt von vorn herein eine zielführende Struktur geben.

Auch die Anschubfinanzierung war gesichert in Form einer Kreditkarte mit 1 000 Euro Guthaben in jeder Box. Wie die Teams dieses Geld ausgaben, war jedem selbst überlassen. Für die Arbeit an den Kickbox-Ideen erhielten die Kollegen zudem ein Stundenkontingent zur freien Verfügung.

Mit dieser Aktion haben wir in vielen Köpfen Hebel umgelegt – oder wenigstens ein Stück bewegt. Es geht einerseits darum, offen für Neues zu sein, flexibel und auch risikobereit. Andererseits zeigen wir, dass Eigeninitiative, eine Fehlerkultur und die Unterstützung durch das Management unabdingbare Zutaten für erfolgreiche Innovation sind.

Die Kickbox lieferte einen sehr guten Leitfaden, um alle nötigen Fragen zu beantworten und zu klären, ob sich aus einer Idee ein tragfähiges Geschäftsmodell entwickeln lässt. Die Projektarbeit war sehr stark von cross-funktionalem Charakter geprägt. Jeder wollte möglichst schnell einen vorzeigbaren Demonstrator entwickeln, die Iterationshäufigkeit war rasant. Dadurch, dass die Mitarbeiter verschiedene Seiten an einen Tisch brachten, konnte der Fokus komplett auf die jeweilige Idee gerichtet werden. Zudem wurde schnell festgestellt, wenn eine Idee nicht funktionierte: Fail early and cheap!

Nach drei Monaten wurden die sechs erfolgreichsten Ideen mit einer »Bluebox« ausgestattet, was die Lizenz zum Weitermachen bedeutete. Darüber entschieden wurde im »Sharktank«, wo die Kandidaten ihre ausgearbeitete Idee einer Jury vorstellten, die sich aus den verschiedensten Bereichen und Ebenen des Unternehmens zusammensetzte. Dank eines Live-Streams konnte sich jeder interessierte Mitarbeiter aus der Ferne dazuschalten. Außerdem gab es die Möglichkeit, aus den präsentierten Ideen einen Publikumskandidaten auszuwählen.

Die Kickbox-Methode – Anfangsideen zur Reife zu bringen und dann vorzustellen – machte der Jury die Einschätzung des Potenzials viel einfacher. Gleichzeitig wurde konkret spürbar, wie die Kickbox innovatives Denken fördert und, noch wichtiger, dass dies im Unternehmen ausdrücklich gewünscht ist. Hier fand tatsächlich auf breiter Ebene ein Kulturwandel statt. Es war auch klar, dass Innovation nicht aufhört, wenn die Kickbox-Aktion beendet ist und dass viel davon direkt in den Arbeitsalltag übertragen würde.

Spontan gab die Jury die Zusage, noch weitere sieben Ideen auch ohne Bluebox zu fördern. Es war einfach schwer, sich bei diesem sehr erfolgreichen Projekt zwischen den vielen guten und erfolgversprechenden Ideen zu entscheiden.

Bei Dräger haben wir in den letzten Monaten mit einer sehr hohen Dynamik an der Transformation hin zu einem agilen Unternehmen gearbeitet. Die ersten Ergebnisse sind sehr vielversprechend. Insbesondere durch veränderte Rahmenbedingungen haben wir ein Umfeld geschaffen, in welchem neue Arbeitsweisen wie die agile Entwicklung auf fruchtbaren Boden fallen und wachsen können.

3.6 Individuelle Einführung von Komponenten

Schaut man auf die agile Entwicklung und analysiert unsere Situation im Detail, könnte man den Vorwurf erheben, dass wir keine komplette Umsetzung der reinen Lehre vorgenommen haben. Kanban Boards, Sprints, Stand-ups und Retrospektiven wurden als wesentliche Artefakte eingeführt. Aufgrund sehr guter Erfahrungen in kleinen Teams mit einem hohen individuellen Freiheitsgrad wollten wir keine Arbeitsweise aufzwingen, da wir im Vorfeld Widerstände aufgrund von Dogmatismus erfahren haben. In einigen Teams wurde darüber hinaus versucht, eine starke Verknüpfung mit bestimmten Lean-Aspekten wie MVP (Minimal-Viable-Product) oder MMP (Minimal-Marketable-Product) herzustellen. Auch dies unterstützen wir und nutzen es erstmals im Software-Bereich.

»Agile ist nicht die Antwort auf alle Gebete – zu viel missionarischer Eifer erwies sich als Bärendienst.«

Ein klares Erwartungsmanagement hat uns sehr geholfen und wir machten gute Erfahrungen damit, die Vor- und Nachteile klar aufzuzeigen. Agile ist keine »silver bullet«. Es wird weder die benötigte Kapazität der Arbeit reduzieren noch direkt Kosten einsparen. Die Vorteile von Agile liegen anfangs in der schonungslosen Transparenz, was sich in der Folge positiv auf die Zeitachse auswirkt.

Mit Agile haben wir den größten Erfolg bei Projekten, die eine aggressive Zeitleiste, einen hohen Komplexitätsgrad und ein gewisses Alleinstellungsmerkmal aufweisen. Diese typischen Elemente erhöhen den Grad der Unvorhersagbarkeit, somit sind diese Projekte unserer Erfahrung nach idealtypisch. Projekte mit einer sehr klaren Struktur und gewohnter Routine profitieren weniger von den Agile-Praktiken.

3.7 Vereinzelte Widerstände konnten entkräftet werden

Wir haben anfangs versucht, Agile jeweils komplett mit allen Aspekten einzuführen. Dabei stießen wir definitiv an Grenzen der Akzeptanz, da andere Projektmethoden für das konkrete Projekt ebenfalls geeignet und bereits etabliert waren.

Zudem steht und fällt die Einführung mit der Unterstützung der Führungskräfte, in deren Bereich die Projekte gestartet werden. Die Führungskraft muss die Freiräume schaffen und sich gleichzeitig zurücknehmen können. Die Fälle, in denen Agile angeordnet wurde, sind größtenteils gescheitert. Die größte Ablehnung erfuhren wir dort, wo Agile nicht als Methode, sondern als Hilfsreligion mit missionarischem Eifer gepredigt wurde. Es wurde vereinzelt sehr dogmatisch verstanden und weitergegeben. Das führte zu lokalen Fehlinterpretationen.

Wir haben bei uns zwei große Fallstricke identifiziert: Zum einen neigt man schnell zu einem Meeting-Overload, zum anderen ist die Gratwanderung zum Micro Management nicht zu unterschätzen.

Ein Meeting-Overload passiert schnell, man trifft sich täglich und erliegt gerade am Anfang schnell der Versuchung, andere Themen zu platzieren. »Wenn man schon mal zusammen da ist …«. Es ist daher sehr wichtig, sich auf die 15 Minuten zu beschränken, um keine Ausuferung zuzulassen. Außerdem muss man sich zwingen, »reguläre« Meetings rigoros zu streichen. Ansonsten kommen die Sprintmeetings, Reviews und Daily Stand-up-meetings on top und sind von den Teammitgliedern nicht mehr zu stemmen. Das verlangt gerade am Anfang viel Disziplin und Mut – entscheidet letztlich aber mehr als alles andere über die Akzeptanz und damit den Erfolg.

Das Gefühl des Micro Managements macht sich gerade am Anfang schnell bemerkbar, wenn »Deliverables« oft bis auf einzelne Personen heruntergebrochen werden. Eigentlich sollte das Team entscheiden, ob die Arbeitspakete angenommen werden und dann gemeinsam entscheiden, wie es weitergeht. Dies ist jedoch in der Findungsphase meist so nicht möglich, man muss sich auch hier zwingen, früh loszulassen und dem Team zu vertrauen. Dadurch wird das Team es auch früher Spaß an der neuen Methodik finden.

3.8 Spürbare Veränderung in der Projektarbeit

In den agilen Projekten haben wir einen viel engeren Austausch erlebt. Unsere Konzernorganisation war bis letztes Jahr funktional aufgestellt und es zeigten sich mit der Zeit starke Tendenzen zur Silo-Bildung. In den agilen Projekten konnten wir beobachten, dass der Austausch zwischen den Funktionen wesentlich schneller startete als in anderen Teams. Aufgrund der täglichen Abstimmung wurde das übergeordnete Ziel verinnerlicht und weniger der Teilaspekt, den die einzelne Funktion klassischerweise zu liefern hatte. Die »Definition of Done« hat sich quasi auf alle erweitert. Auch die Priorisierung verbesserte sich, da sie explizit in einer größeren Gruppe diskutiert wird und schnell gemeinsam Einigkeit erzielt wird.

»Deutlich schnellerer Austausch und hohe Transparenz in den agilen Projekten – Vorteil für Projekte, die hoch komplex sind.«

Interessanterweise waren wir in dem Bereich, in dem wir den größten Druck hatten, am erfolgreichsten. Dahinter stand die Erkenntnis, dass durch die massive Verbesserung der Transparenz alle am Projekt Beteiligten zum Teil der Lösung wurden. Wir haben erfreut festgestellt, dass der überwiegende Teil der Mitarbeiter eine extrem hohe Identifikation mit dem Gesamtprojektziel entwickelte und eigenverantwortlich seinen Beitrag zum Erfolg leisten wollte.

Die Ausstrahlung aus dem Innovationsbereich auf die anderen Funktionen war dafür der Treiber. Momentan beschränkt sich die Zusammenarbeit vorwiegend auf die Verbindungen zwischen Entwicklung, dem Produktmanagement und der Qualitätssicherung. In einem nächsten Schritt werden sukzessive weitere Funktionen eingebunden. Hier profitieren wir von den Erfahrungen im LCE-Bereich in Großbritannien, wo wir bereits komplett funktionsübergreifend arbeiten.

3.9 Besondere Rahmenbedingungen in größeren Projekten

Dräger verfügt aufgrund des hochregulierten Umfeldes über bestimmte Rahmenbedingungen, die individuell berücksichtigt werden müssen. Durch die Anforderungen der Zulassungsbehörden gibt es sowohl im Medizintechnikumfeld als auch in der Sicherheitstechnik bestimmte Anforderungen an die Entwicklung bzw. an die Erfahrung der jeweiligen Projektleiter.

Wir folgen in der Entwicklung einem Stage-Gate-Prozess. Ganz klassisch werden für das Ende jedes Gates Ziele vereinbart und Unterschriften eingesammelt. Dabei sind die Gates und die damit verbundenen Checklisten grundsätzlich nicht relevant für die Zulassung – sie helfen den Projektteams aber, sich an einen etablierten Prozess anzulehnen und den Projektfortschritt zu synchronisieren. Für die Zulassung von Medizinprodukten müssen sowohl das Gerät selbst als auch die dafür notwendige Entwicklungsleistung gewisse Anforderungen erfüllen, wie z. B. einen zu Entwicklungsbeginn definierten Design-Plan. Durch die Anforderungen an die Entwicklungsleistung soll die Erfüllung der Anforderungen an das Produkt durch die Wirksamkeit der eingeführten Prozesse sichergestellt werden. Dies folgt u. a. aus den für uns relevanten Normen und Vorgaben (ISO13485, 21CFR820). Unsere Standards und Prozesse greifen die Anforderungen aus den Normen und Vorgaben auf und setzen diese für uns um. Dabei werden einige Interpretationen und Rollenzuordnungen vorgenommen, die zu unseren Produkten und zu unserer Arbeitsteilung als Organisation passen.

Diese Normen und Vorgaben enthalten detaillierte Forderungen zu Themen, die die Herstellung und das Inverkehrbringen von Medizinprodukten betreffen. Für einen Projektleiter ist es daher grundsätzlich einfacher, sich an einem bis ins letzte Detail vordefinierten Entwicklungsprozess zu orientieren. Dies stellt in unserem Umfeld die größte Herausforderung für agile Entwicklung dar, da der Projektleiter den Entwicklungsprozess zu Beginn beschreiben muss und am Ende für die erfolgreiche Zulassung des Produkts verantwortlich ist. Je weiter sich der Projektleiter mit seinem Design-Plan vom vordefinierten Prozess entfernt, desto mehr Abstimmung muss er mit der Organisation leisten und die Einhaltung von Standards und Vorgaben überwachen. Damit steigt auch das Risiko für den Entwicklungserfolg.

Um den agilen Gedanken weiter in die Organisation zu tragen und um eine professionelle Unterstützung in dem oben genannten Bereich zu gewährleisten, haben wir eine Global Practice Group ins Leben gerufen. Hierbei handelt es sich um ein multidisziplinäres Team, das selbst positive Erfahrung mit Agile gesammelt hat und hoch motiviert ist, das Wissen zu teilen und zu unterstützen. Das Team sammelt und koordiniert Methoden und deren praktische Umsetzung in der gesamten Organisation.

Die große Herausforderung für uns wird darin bestehen, eine effiziente und smarte Verknüpfung der neuen, in ihrer Bedeutung stark wachsenden Software-/System-Lösungen mit den etablierten Hardware-Entwicklungen zu gewährleisten. An diesen Nahtstellen müssen wir zukünftig gute Lösungen implementieren, um einen schnellen und qualitativ hochwertigen Prozess zu garantieren. Das wird nur funktionieren, wenn wir uns von agilen Projekten hin zu einer agilen Organisation entwickeln. Dabei wird die agile Entwicklung stellvertretend für ein neues Betriebssystem stehen. Dies soll ähnlich dem oben beschriebenen »new working mode« folgen.

3.10 Work Agile – be(come) agile

Wir wollen Agile nutzen, um zukünftig stärker im sogenannten 2. Betriebssystem zu arbeiten. Derzeit versuchen wir ein großes Projekt in einem neuen Arbeitsmodus zu organisieren und dabei möglichst viele Erkenntnisse aus den bisherigen agilen Projekten einfließen zu lassen. Viele der identifizierten Veränderungen haben einen agilen Charakter, die wir nun erstmals konsequent in einem komplexen Großprojekt umzusetzen versuchen.

> *»Der permanent steigende Anteil an Systemlösungen erhöht den Druck, die Arbeitsweisen zu verändern.«*

Eine Herausforderung ist die Abhängigkeit der komplexen Gewerke (Systeme) von klassischen Methoden und Agile. Das Projekt wird in vielerlei Hinsicht neue Wege beschreiten und uns weiter trainieren. Einige Veränderungen gegenüber unseren bisherigen Projekten:

- Freiwilligkeit/Cross-Funktionalität. Die Personen müssen sich auf das Projekt bewerben. Das Kernteam (Projektleiter, Produktmanager, System Ingenieur) wählt sich dann die Mitarbeiter aus, die im Team mitarbeiten sollen.
- Längere Konzeptphase, um die einzelnen Risiken (technische Risiken, Zulassung, Ressourcenzwänge etc.) zu identifizieren und Gegenmaßnahmen zu starten.
- Starke Parallelisierung – häufige und frühzeitige Iteration mit Kundenfeedback.

Wesentlichen Einfluss auf die Projektorganisation und die Projektarbeit werden die Erfahrungen haben, die wir im Rahmen unseres ersten SAFe-Projektes sammelten.

3.11 Erste Erfahrungen mit LeSS (Large Scale Scrum)

Bei der agilen Entwicklung eines Produktes, das sowohl hohe Software-Anteile als auch Hardware-Entwicklungskomponenten aufweist, machten wir interessante Erfahrungen. Während ich mich zuvor stärker dem Thema Organisation agiler Projekte gewidmet habe, möchte ich hier die Erfahrungen weitergeben, die wir gruppendynamisch bzw. aus motivationstechnischer Sicht machten.

Das Gesamtteam mit einer Stärke von ca. 15 Personen startete das Projekt Anfang des Jahres 2015. Die einzelnen Phasen der nachstehenden Grafik konnten wir in ähnlicher Form in vielen anderen Projekten beobachten. Diese Erkenntnisse sind es wert, geteilt zu werden.

Bild 3.4 Einzelne Phasen der Projektarbeit

How it all began

Nachdem die Anforderungen an die neue Produktlösung standen, war schnell klar, dass das Projekt die Einbindung von zwei Standorten erforderte: Lübeck und Andover sind ca. 6 000 km voneinander entfernt und haben eine Zeitverschiebung von sechs Stunden. Die Lösung sollte von vornherein agil entwickelt werden. Von der Idee, die Arbeitspakete über zwei Standorte zu verteilen, waren wir nicht begeistert, da die Herausforderungen in der Zusammenarbeit klar auf der Hand lagen. Aufgrund knapper Ressourcen konnten wir zudem nicht auf die Freiwilligkeit für die Mitarbeit setzen. Einige Mitarbeiter wurden hier zwangsbeglückt und aus anderen Projekten abgezogen. Dem Kernteam war klar, dass es individuelle Lösungen finden musste, um alle mitzunehmen. Es bestand allerdings auch von Anfang an Konsens darüber, dass die Teammitglieder die Chance erhalten abzusagen, wenn ihnen diese Form der Zusammenarbeit überhaupt nicht liegt. Unsere Sorgen diesbezüglich waren unbegründet. Grundsätzlich gab es eine hohe Motivation, sich auf dieses Experiment einzulassen. Mit diesem Projekt sammelten wir ersten Erfahrungen mit LeSS (Large Scale Scrum).

Es wurde pro Standort jeweils ein Team zusammengezogen und ein globales Team zur Koordination gebildet. Die lokalen Teams mussten dabei alle wichtigen Funktionen abbilden. So hatte z.B. jedes Team einen Risikomanager. Diese Funktion ist im Wesentlichen für die Bewertung von Patientenrisiken verantwortlich. Insgesamt legten wir sehr viel Wert darauf, die Verantwortlichkeiten fair zu verteilen. Die Teams waren absolut gleichberechtigt und auf Augenhöhe. Ich halte es für sehr wichtig, diesen Punkt besonders zu betonen und ihn nicht als »selbstverständlich« zu sehen. Aus eigenen Erfahrungen habe ich gelernt, dass die schlauesten Leute immer in der Zentrale sitzen – egal, ob diese sich in den USA, Deutschland oder Frankreich befindet. Die Tochtergesellschaften müssen, wenn auch nur gefühlt, permanent um Gleichberechtigung kämpfen. Eine Klarstellung von Beginn an half ungemein.

Let's get started
Nun mussten die Teams zusammengebracht und das Ziel definiert werden. Die Führungscrew hatte einen einwöchigen Workshop vorbereitet, der am Standort in den USA durchgeführt wurde. Die Agenda enthielt zur Hälfte reine Aktivitäten zum Kennenlernen, zur anderen Hälfte technische Aspekte und Projektmanagementthemen. In dieser Woche wurde auch die Erwartungshaltung geklärt. Gemeinsam wurde ein »Code of Conduct« erstellt. Dieser klärt z.B., welche Entscheidungen im Team getroffen werden – alle Entscheidungen sollten einstimmig im Team geklärt werden.

Das Team aus Deutschland reiste an den Schwesterstandort in die USA. Im Rahmen des Workshops wurden Aktivitäten unternommen, die wir als überaus wichtig empfunden haben und die wir in jedem Fall auch bei zukünftigen Projekten organisieren würden:
- *Speed Dating* – die Teammitglieder konnten sich schnell und unkompliziert auf einer persönlichen Ebene kennenlernen und einen ersten Eindruck voneinander bekommen.

- *Team Building* – klassisches Team Building mit verschiedenen Kreativaufgaben.

Ein besonders wichtiger Baustein war zudem eine Mob-Programming-Übung. Dabei bearbeitet das gesamte Team gemeinsam und gleichzeitig im selben Raum, am selben Computer dieselbe Aufgabe. Eigentlich zielt Mob-Programming darauf ab, das geballte Wissen eines Teams auf eine spezielle Aufgabe zu fokussieren. Der Vorteil davon ist, dass alle mit der Lösung vertraut sind und eine solide Basis geschaffen wird. In unserem Projekt-Kickoff hatte dieser Baustein allerdings einen anderen Hintergrund. Man lernt sehr schnell Verhaltensregeln und -grenzen zu schätzen und die Teammitglieder ganz anders kennen. In diesem Fall war es anfangs sehr chaotisch, da sich jeder einbringen wollte und dadurch viel Unruhe entstand. Alle haben sich jedoch sehr schnell aufeinander eingestellt und eine optimale Zusammenarbeit gefunden. Das waren wichtige Erfahrungen für die anstehenden Aufgaben.

Daneben fanden gemeinsame Lab-Tours statt, bei denen sich die Teams mit den Möglichkeiten der Einrichtungen vertraut machen konnten.

The hills of enthusiasm

Mit großem Elan stürzten sich die Teilnehmer in das Projekt und erzielten mit dem anfänglichen Enthusiasmus schnell wichtige Erfolge, die entsprechend gefeiert und gewürdigt wurden. Das tausendste »feature« wurde bereits nach einem Vierteljahr realisiert.

Rückblickend muss man sagen, dass dieser Enthusiasmus und die Erfolge zum Großteil der Neugier auf das grundsätzlich Neue geschuldet waren und wir noch von dem positiven Schwung der gemeinsamen Meetings profitierten. Dazu später mehr.

The valley of disillusion

Nach dem erfolgreichen Start traten mit jedem Sprint neue Herausforderungen zutage, die für eine zunehmende Frustration sorgten. Die Kräfte, die gegen das Projekt wirkten, hatten wir unterschätzt und konnten den Spirit zunächst nicht aufrechterhalten. Die täglichen Stand-ups wurden per Skype gehalten – aber selbst das war nur ein schlechter Ersatz für die persönlichen Treffen. Durch die fehlende persönliche Interaktion fielen die Beteiligten sehr schnell in ein Insel-Denken zurück. Kleinste Störungen führten zu Missverständnissen. Letztlich bewegte man sich im »menschlichen Unterholz« und konnte mit elektronischen Hilfsmitteln nicht effizient genug gegensteuern oder kompensieren. In dieser Zeit traten auch die kulturellen Unterschiede verstärkt zutage. Einige Aussagen aus den Sprint-Reviews brachten die Themen gut auf den Punkt: »Bad communication« oder »stepping on toes« ließ sich dort wiederholt lesen.

We're gaining speed
Nachdem erkannt wurde, dass sich die euphorische Stimmung nicht aufrechterhalten ließ, wurde sehr konsequent und sensibel Ursachenforschung betrieben. Es zeigte sich schnell, dass es sich im Wesentlichen um eine unglückliche Verkettung von Kleinigkeiten drehte. So wurde anfangs teilweise sehr hemdsärmelig versucht, die Meetings über Skype zu organisieren. Das scheiterte u. a. an der Verfügbarkeit von Geräten oder an Netzwerkproblemen. Infolge der Feedbacks wurden neue Räume eingerichtet, die über eine geeignete Kommunikationsanlage verfügten, die permanent genutzt werden konnte. Die Kommunikation wurde in Summe deutlich verbessert. Wir stellten auch fest, dass der Kreativität in der Beschreibung von Umgehungstatbeständen keine Grenzen gesetzt sind. Ist die Leitung z. B. nicht ausreichend stabil und man muss dreimal nachfragen, um sein Gegenüber zu verstehen, greift man schnell auf Altbewährtes wie die E-Mail-Kommunikation zurück. Dadurch bleibt vieles unausgesprochen und das Risiko für Fehlinterpretationen steigt.

Nachdem dies geändert war, wurde jeweils ein Botschafter aus jedem Team entsandt, der pro Quartal für ein bis zwei Wochen im jeweils anderen Team mitgearbeitet hat. Das half insbesondere die kulturellen Unterschiede schneller zu überbrücken und für das Team positiv nutzbar zu machen. Der Klassiker war sicherlich das Thema Offenheit in den Retrospektiven, in denen das deutsche Team durch die gefühlt brutale Offenheit teilweise für Schnappatmung bei den amerikanischen Kollegen sorgte.

Letztlich mussten sich die Arbeitsabläufe einschwingen und die Teams dieses Tal bewusst durchschreiten, um ein tieferes Verständnis füreinander zu entwickeln. Diese Erfahrung birgt für zukünftige Projekte viel Potenzial, da unsere großen Entwicklungsprojekte eine hohe wechselnde Personaleinbindung haben und bestimmte Kompetenzen nur für eine begrenzte Zeit im Kernteam mitarbeiten. Mit den so gesammelten Erfahrungen sind wir überzeugt, neue Teammitglieder künftig deutlich effektiver und angenehmer einzubinden. In Zukunft wollen wir vor allem die folgenden Erkenntnisse von Anfang an mit hoher Priorität berücksichtigen:

Persönlicher Austausch, um Vertrauen aufzubauen

Man muss in den persönlichen Austausch investieren, sowohl zeitlich auch als kostenseitig. Besonders das Kickoff-Treffen muss mit allen Teilnehmer an einem gemeinsamen Ort stattfinden. Jeder Standort sollte von Beginn an einen Botschafter an den anderen Standort entsenden. Die kulturellen Unterschiede sind nicht zu unterschätzen. »Face-to-Face«-Kommunikation sollte so oft wie möglich erfolgen. Auch eine gute Audio/Video-Lösung ist wichtig. Das klingt selbstverständlich. Aber ohne das klare Bekenntnis und die Erwartungshaltung an das Team besteht immer die Gefahr, dass das nicht konsequent umgesetzt wird. Letztlich wird anfangs viel Zeit investiert, ohne sofort ein konkretes Ergebnis zu sehen.

Klare Regelung zu Beginn bzgl. der Entscheidungskompetenz / Arbeiten auf Augenhöhe

Es muss ein klares Erwartungsmanagement bzgl. der Entscheidungskompetenz betrieben werden. Dafür sollte zu Projektbeginn die Frage beantwortet werden, welche Art von Entscheidungen das Team treffen soll und wie der Prozess dazu aussehen soll. Unser Team hatte sich bewusst dafür entschieden, die Entscheidungen im Konsens zu treffen. Das gesamte Team muss demnach zustimmen. Es bedeutet aber auch, dass solange diskutiert und nach einer Lösung gesucht wird, bis alle damit einverstanden sind. Das Risiko längerer Diskussionen gingen wir bewusst ein. Durch diesen Ansatz stellten wir sicher, dass die Teammitglieder alle auf das gleiche Ziel hinarbeiten und »wusste-ich-doch-gleich-Phänomene« im Falle des Scheiterns vermieden werden. Diese bewusste Entscheidung des Teams hat sich im Nachhinein bewährt – wir haben nicht die Erfahrung gemacht, dass besonders hartnäckig oder lange diskutiert wurde. Durch die Klarstellung des Entscheidungsprozesses zu Beginn waren sich die Teammitglieder ihrer Verantwortung bewusst und haben das sehr positiv gelebt.

Fokus auf gemeinsame Arbeitszeiten setzen und diese effektiv nutzen

Durch die Zeitverschiebung von sechs Stunden – und die Vertrauensarbeitszeit – ist es möglich, dass es aufgrund der individuellen Arbeitszeitmodelle quasi keine sinnvollen Überschneidungs-Zeiten gibt. Auch damit setzte sich das Team zu Beginn auseinander. Es legte fest, dass es eine harte Zeit von drei Stunden pro Tag geben muss, an denen die Teams gemeinsam arbeiten können. Es wurde versucht, die Arbeitspakete passend zu schneiden, um diese drei Stunden im Wesentlichen für die gemeinsame Arbeit zu nutzen. In diesem Zusammenhang wurden auch Fragen geklärt, wie beispielsweise Übergaben zu erfolgen haben. Wie konnte man sicherstellen, dass der Code geschickt wurde und angekommen ist, sodass die andere Seite daran weiterarbeiten konnte? Die Teams haben sich individuell eigene Regeln überlegt, es wurde bewusst nichts vorgegeben.

Kulturelle Unterschiede nicht unterschätzen

Die direkte Art des deutschen Teams sorgte in den Retros zu Beginn für gewisse Irritationen. Dies wurde durch eine ungeschickte Wortwahl noch verstärkt. Die amerikanische Seite ist teilweise deutlich subtiler auf die Themen eingegangen, was wiederum auf der deutschen Seite nicht verstanden wurde. Dadurch wurden anfänglich Prioritäten nicht immer optimal gesetzt. Die Unkenntnis dieser Unterschiede führte im Weiteren häufig zu Verstimmungen.

Das Projekt dauert an und wir erwarten, schon in Kürze einen wichtigen Meilenstein zu erreichen (MVP 1). Das ist insgesamt ein sehr erfreuliches Ergebnis. Insbesondere die schwierige Phase nach der ersten Euphorie hilft uns heute dabei, Veränderungen im Projekt-Setup geschmeidig ohne größere Reibungsverluste umzusetzen. Dennoch muss ich auch sagen, dass es uns lieber gewesen wäre, die Aufgaben zwischen den Teams besser aufteilen zu können und die Teams somit autonomer arbeiten zu lassen. Aufgrund der Skills in den einzelnen Teams war das nicht in der Art möglich, wie wir es gerne vorgenommen hätten. Der Aufwand, den wir in die Transparenz stecken, ist deutlich größer, als er es in einer anderen Konstellation wäre.

3.12 Agile in komplexen Projektstrukturen – unsere Quintessenz

Wir haben auf sehr unterschiedlichen Ebenen unabhängig voneinander Initiativen gestartet mit dem Ziel, Innovationen zu fördern und schneller, agiler zum Erfolg zu kommen. Daraus haben wir einige Leitlinien ableiten können, die unabhängig voneinander auf eine agile Organisation hinsteuern. Alle erfolgreichen Initiativen folgen dabei einfachen Mustern, die sicherlich jedem bekannt, in der Realität aber sehr schwer umsetzbar sind. Einige Aspekte bedingen einander bzw. haben einen fließenden Übergang. Umso wichtiger ist es, sich die Abhängigkeiten permanent ins Bewusstsein zu rufen. Viele Themen findet man in der agilen Entwicklung und wir versuchen derzeit, genau diese wichtigen Erfahrungen zu extrahieren, ohne Agile in der Breite buchstabengetreu einzuführen. Insofern kann man die folgenden Punkte auch als die Quintessenz der agilen Entwicklung für uns verstehen.

Teams stabil und fokussiert halten – kleine Teams, klare Aufgaben und ein zeitlich befristeter Rahmen

Mit dieser Forderung stoßen wir in vielerlei Hinsicht an unsere Grenzen. In der Hardware-Entwicklung sind diese Grenzen schon sehr schnell in der »Planbarkeit« der Abhängigkeiten mit anderen Hardware-Projekten erreicht. Wie jedes andere Unternehmen haben wir die Herausforderung, die benötigten Ressourcen optimal zwischen den Projekten aufzuteilen. Einige Kernkompetenzen sind rar und eine Verzögerung in Projekten führt dann – einem Domino-Effekt gleich – zu Verzögerungen in allen anderen Projekten. Das versuchen wir auf zwei Wegen einzudämmen. Die Einführung einer neuen Product-Lifecycle-Management-Software soll helfen, die Abhängigkeiten von kritischen Ressourcen zwischen den Projekten transparent zu machen, um frühzeitig reagieren zu können. Wir haben mit der Erstellung einer Kompetenz-Landkarte begonnen, um die Kernkompetenzen konzernweit sichtbarer zu machen. Diese Kernkompetenzen werden sukzessive verstärkt, um eine ausreichende Flexibilität gewährleisten zu können. Durch den Aufbau von qualifizierten und zuverlässigen externen Entwicklungspartnern sind wir dabei, uns schneller extern bei »unkritischen« Kompetenzen zu behelfen. Zudem versuchen wir die Komplexität zu verringern, indem wir mit eher kleinen Teams und einer klaren Aufgabenverteilung starten.

Iterationsschleifen bewusst nutzen – parallele Entwicklungen forcieren!
In komplexen arbeitsteiligen Projekten haben wir oft die Situation, dass bestimmte Know-how-Träger, z.B. aus der Pneumatik, Mechanik oder Elektronik, in verschiedenen Phasen des Projektes stärker eingebunden sind als andere. Durch die Abhängigkeiten tauchten teilweise sehr spät Änderungen auf, die den ursprünglich geplanten Prozess komplett über den Haufen warfen. Wir stellten auch fest, dass der Aufwand, der durch Iterationsschleifen generiert wird, in Summe deutlich kleiner ist als in der herkömmlichen Projektlogik. Die Mitarbeiter können einzelne Aspekte frühzeitig bearbeiten und auf mögliche Auswirkungen für andere Gewerke rechtzeitig hinweisen, ohne den Anspruch zu haben, bereits eine hundertprozentige Lösung zu liefern. Die Kunst besteht darin, die Abhängigkeiten der einzelnen Arbeitspakete transparent zu machen und sinnvoll zu parallelisieren. Es sollte darauf geachtet werden, dass die parallelen Pakete klar abgegrenzt werden können und gut zuzuordnen sind. Dies kann u.a. dadurch erfolgen, dass in der Konzeptphase die Risiken sauber bewertet werden und bereits zu Beginn mit der Lösung durch einzelne Teams begonnen wird. Sich daraus ergebene Iterationen müssen nicht nur zugelassen sondern bewusst eingefordert werden. Das stellt hohe Anforderungen an den klassischen Entwickler, der gerne mit einer finalen Lösung aufwarten möchte.

Auf der Haben-Seite liegen die Vorteile einer umfangreichen, sinnvollen Parallelisierung auf der Hand. Sie führt zu einer Verkürzung der Gesamtprojektlaufzeit, ermöglicht die sinnvolle Aufstockung von produktiven Kapazitäten und hilft, Risiken in den unterschiedlichen Gewerken frühzeitig zu erkennen und zu beherrschen.

Die Arbeitspakete müssen so definiert werden, dass sie abgeschlossen, in kleinen Einheiten verifiziert und validiert werden können. Das hat den angenehmen Nebeneffekt, dass im Team von Anfang an eine hohe Motivation gehalten wird, da kurzfristig Erfolge präsentiert werden können und nicht erst in vier bis sechs Monaten beim nächsten Gate-Review. Erfahrungsgemäß fällt es leichter, fokussiert zu arbeiten und Entscheidungen zu treffen, je näher der Präsentationstermin heranrückt. Die kurzen Iterationsschleifen ermöglichen diesen Effekt permanent.

»Beste Ergebnisse an den Standorten mit den größten Herausforderungen«

Auf der Soll-Seite besteht die Herausforderung, dass die einzelnen Arbeitspakete bezogen auf das Gesamtprojekt sehr kleinteilig werden. Es bedarf eines sehr versierten System-Ingenieurs (oder System-Designers), um die Einzelgewerke schlussendlich zu einer funktionsfähigen Kundenlösung zusammenzubringen. Das wird umso anspruchsvoller, je größer der Anteil der extern entwickelten Komponenten ist. Diese Form der Zusammenarbeit stellt eben andere Anforderungen an die Profile und Erfahrungen der Projektleiter und System-Designer.

Risiken so früh und oft wie möglich lösen – verifiziert und validiert
Es wird gerne darauf verwiesen, unternehmerische Risiken zu tragen. Insbesondere vor dem Hintergrund von Time to Market (T2M, besser: Time to Revenue) neigt man dazu, bestimmte Risiken in die Zukunft zu verlegen und sie zunächst zu akzeptieren. In der Folge ballen sich häufig die Risiken, die durch die hohe Reglementierung unseres Entwicklungs- und Zulassungsprozesses zu massiven Verzögerungen führen. Unsere oberste Maxime ist daher, die Risiken frühzeitig transparent aufzuzeigen und vollständig zu lösen – verifiziert und validiert.

Auch dieser Schritt sollte parallel und nicht sequenziell erfolgen. Unsere Erfahrung zeigt, dass es schwierig ist, die tatsächlichen Abhängigkeiten der einzelnen Risiken untereinander richtig einzuschätzen. Gerade am Anfang ist es unbedingt erforderlich, sehr viel Zeit auf die Beschreibung der einzelnen Abhängigkeiten zu investieren. Für einen Außenstehenden klingt dies zunächst nach Vergeudung von Zeit – aber dieser Schritt ist fundamental wichtig, um später nicht Schiffbruch zu erleiden.

Ein Blick in die Realität hilft bei der Einschätzung, ob das tatsächlich die zu adressierenden Themen sind. Weist die überwiegende Zahl der Projekte eine zeitliche Überschreitung der Laufzeit auf oder wird das Budget gesprengt, weil am Ende »unkalkulierbare« Risiken materialisiert und gelöst werden müssen, sind sicherlich zu viele Risiken akzeptiert und die Abhängigkeiten zu wenig betrachtet worden. Dann wäre es eine mutige Endscheidung gewesen, frühzeitig einen harten Schnitt zu setzen und die Risiken komplett zu entschärfen.

Dazu ein gutes Beispiel aus unserem Medizintechnikbereich. Bei der Zulassung von neuen Funktionalitäten oder Produkten besteht grundsätzlich das Risiko, klinische Studien vorlegen zu müssen. Das hat signifikante Kosten zur Folge und einen wesentlichen Einfluss auf die Zeitleiste, da die Studien häufig über mehrere Monate laufen und sehr gut vor- und nachbereitet werden müssen. Umso wichtiger ist es, möglichst frühzeitig ein klares Signal zu bekommen, ob die Zulassungsbehörde eine Studie verlangt oder ob mit dem Verweis auf bereits bestehende ähnliche Produktlösungen eine Zulassung ohne weiteren klinischen Aufwand möglich ist.

Eine Möglichkeit, dieses Risiko frühzeitig zu konkretisieren, kann die sein, dass neue Funktionalitäten (z. B. ein neuer Algorithmus zur Messung von Vitaldaten) in Verbindung mit einem bereits existierenden Produkt zugelassen werden. Tritt das Risiko für eine klinische Studie für diesen Algorithmus ein, kann diese bereits parallel zur Entwicklung mit dem »Vorgängermodell« starten und mit einem Verweis als »Predicate Device« eine – gegenüber dem alten Plan – beschleunigte Zulassung realisieren. Das bedeutet, dass man in der Entwicklung sehr frühzeitig einen Schwerpunkt auf diesen Bereich legt und ggf. andere Schritte hinten anstellt. Die Idee, so etwas systematisch zu prüfen, entstand im Rahmen der Risikobewertung in einem agilen Team. Damit haben wir bisher exzellente Erfahrungen sammeln können.

Keine Kapazitäten aufbauen, wenn man sie nicht effektiv und effizient nutzen kann

Neben dem Thema der Rollen und der intrinsischen Motivation liegt ein wesentlicher Erfolgsfaktor der agilen Entwicklung sicherlich in der Stärke des System-Ingenieurs und des Projektleiters, die Aufgabenpakete in verdauliche Scheiben zu schneiden und diese soweit wie möglich zu parallelisieren. Damit haben wir sehr gute Erfahrung gemacht, wenn die Teams in Minimalbesetzung starteten. Üblicherweise basiert die Berechnung dessen, wie viele Personen in Summe benötigt werden auf bisherigen Erfahrungen. Bei unseren Neuprodukt-Entwicklungen können die Teams leicht über 30 Personen umfassen. Sind die Teams gefunden und die Kapazitäten dafür bereitgestellt, besteht ohne konkrete Arbeitspakete die Gefahr, dass sich die

Leute zunächst eher gegenseitig blockieren und jede weitere Person zur Komplexität anstatt zur Lösung der Probleme beiträgt.

Ein positives Erlebnis hatten wir bei der Entwicklung eines, so dachten wir, komplexen Software-Produktes. Im Rahmen der Ship-it-days fand sich ein kleines Team, bestehend aus einem Produkt-Manager und zwei Software-Entwickler, für eine Idee zusammen und arbeitete erfolgreich an einer Lösung. Durch die gemeinsame Tätigkeit gab es schnell Anknüpfungspunkte zu einer geplanten neuen Software-Lösung. Für dieses Projekt waren ursprünglich mehrere Leute und ein Zeitrahmen von ca. neun Monaten vorgesehen. Diesem Mini-Team gelang es jedoch, die Hauptfunktionalität innerhalb von acht Wochen in ein verkaufsfähiges Produkt (MMP) umzusetzen. Das war für alle überraschend. Auf die Frage nach den Hauptfaktoren für diese schnelle Zielerreichung nannten sie die Möglichkeit, sich komplett auf die Aufgabe konzentrieren zu können und den Vorteil, sich nicht um die Koordination und Einbeziehung eines größeren Teams kümmern zu müssen. Dadurch konnten die Entscheidungsprozesse maximal beschleunigt werden und es blieb wesentlich mehr Zeit für die eigentliche Entwicklung.

Eine weitere Beobachtung half uns bei der Definition eines weiteren Grundsatzes. Beim »Aufteilen« der interessierten Personen auf die einzelnen Ideen im Rahmen des Ship-it-days fiel auf, dass die Projektverantwortlichen deutlich weniger Personen für die Umsetzung ihrer Ideen ins Team holten, als wir vermuteten. Am Ende blieb sogar eine Gruppe von Entwicklern zurück, die nicht in die Umsetzung einbezogen wurde. Neben dem Effekt, dass einige Personen vielleicht nicht die richtigen Skills oder Profile hatten, waren die Projektleiter schlicht und ergreifend der Meinung, es mit weniger Leuten schneller hinzubekommen.

An der konkreten Umsetzung dieser Erkenntnisse kämpfen wir noch. Aufgrund der fachlichen Expertise gibt es häufig eine klare Erwartungshaltung, wer in einem Projekt vertreten sein sollte und was dessen Rolle ist. Es bedarf eines starken Projektleiters und der Rückendeckung des Managements, auch unbequeme Entscheidungen zu treffen und es dem Kernteam komplett zu überlassen, wen sie wann im Projekt einbinden wollen. Neben hierarchisch motivierten Erwartungen spielt auch die Fehlerkultur eine große Rolle. Durch die Einbindung vieler Partner wird oft versucht, die Verantwortung auf mehrere Schultern zu verteilen. Dadurch ist am Ende keiner verantwortlich und der Prozess wird stark ausgebremst, da jede Führungskraft mitreden und weitere Aspekte einbringen möchte. Die Verantwortlichkeit muss in jedem Projekt klar definiert sein und sie liegt beim Kernteam.

Dieses Kernteam hat neben den klassischen Projektmanagementfunktionen eine weitere wichtige Rolle: Es muss dafür sorgen, dass die global koordinierten Prioritäten richtig gewichtet werden und sich das Team daran ausrichtet. Dies ist wichtig, weil das Projekt am Ende nur erfolgreich sein wird, wenn sich die Produkte erfolgreich verkaufen lassen. Die global koordinierten Themen müssen daher Vorrang haben, dies muss vom Team auch so getragen werden.

3.13 Zukünftige Herausforderungen

Die Anforderungen an Entwicklungsteams, hochkomplexe Systeme in immer schnelleren Zyklen zu entwickeln, werden sicherlich steigen. Ein Vorhalten aller benötigten Kernkompetenzen ist unmöglich und zu einem großen Teil auch unsinnig. Somit ist das Ziel, das wir mit einer veränderten Personalentwicklung verfolgen, auch klar umrissen und elementarer Bestandteil, um zukünftig Wettbewerbsvorteile zu sichern. Das Experimentieren mit neuen Methoden bedeutet eben nicht, dass alles Vorangegangene schlecht war und daher hinterfragt wird. Es besteht vielmehr die Notwendigkeit, die Komplexität und Geschwindigkeit in Zukunft sinnvoll beherrschbar zu machen und selbst Treiber einer Veränderung zu sein. Themen wie Open Innovation werden in einer deutlich stärkeren Anforderung an die Einbindung externer Entwicklungspartner/Ideengeber resultieren.

Für uns bedeutet das auch, sehr klar zu definieren, was die Kernkompetenzen in unserem Haus sind und uns gezielt nach strategischen Partnern umzusehen. Scouting- und Kickbox-Projekte nutzen wir bereits heute und stoßen so langsam einen Wandel vom »Innovation provider« zum »Innovation consumer/Innovation enabler« an.

Dieser Schritt ist wichtig für die zukünftige Rolle der Entwicklung und für die Formen der Zusammenarbeit. Wir gehen davon aus, dass die Kompetenzen im Bereich des Applikationswissens auch in der Entwicklung einen deutlich höheren Stellenwert bekommen werden. Dies wird notwendig sein, um die möglicherweise große Auswahl externer Anbieter adäquat zu beurteilen und zu steuern. Die Einzelgewerke zusammen müssen später ein qualitativ hochwertiges und funktionsfähiges Produkt ergeben. Das ist dann LeSS (Large Scale Scrum) auf hohem Niveau. Neben diesen technischen Veränderungen müssen wir auch berücksichtigen, dass sich die Arbeitsgewohnheiten und Ansprüche der Mitarbeiter wandeln. Der Kampf um Talente ist in einigen Bereichen voll entbrannt. Als Arbeitgeber erhält man so geeignete Möglichkeiten, um Anreize für innovative Talente zu schaffen.

Dräger möchte den Wandel, den diese Veränderungen mit sich bringen, weiter vorantreiben. Aus diesem Grund haben wir beschlossen, verstärkt Experimente mit der Arbeit im sogenannten 2. Betriebssystem zu starten. Das ist unsere Zukunft: Schnellboote in der Entwicklung mit hoch-agilen Teams, die sich für die Entwicklung eines Produktes oder einer Lösung zusammenschließen und agil die Entwicklung und den Launch verantworten. Wir sehen das als eine wichtige Vorstufe hin zur atmenden Organisation.

Derzeit beobachten wir spannende Entwicklungen in vielen Bereichen unsers Unternehmens. Ich sehe mit großer Freude und Stolz, was die Kollegen bereits an Veränderung angestoßen haben. Das Vertrauen im Gesamtunternehmen in diese neue Art der Zusammenarbeit ist stark ausgeprägt. Ich persönlich sehe, dass wir bei Dräger mittlerweile viele Schritte in die richtige Richtung gegangen sind. Mit unseren Experimenten konnten wir wichtige Erfahrungen sammeln, wie durch die Einrichtung der Garage oder der Kickbox als »gesteuerte« Experimente oder durch die vielen Einzelinitiativen, wie agile Entwicklungsprojekte, Ship-it-days oder den CompNet Gatherings. Jeder Einzelbaustein ist eine wichtige Initiative und trägt zum großen Ziel einer agilen Organisation bei. Ich fühle mich an die Entwicklung erinnert, die Geoffrey A. Moore in seinem Buch »Inside the Tornado« zur Dynamik von »Hypergrowth Markets« beschreibt: Wir erleben derzeit, dass sich die Bowling-Pins vernetzen und zu einem Tornado entwickeln. Ich bin überzeugt, dass wir uns mit vielen guten Initiativen im Zentrum des Tornados befinden und viele Arbeitsweisen, die sich aufgrund externer Rahmenbedingungen ändern müssen, hinweg geweht werden. Ein gutes Gefühl!

04

Agile Produktentwicklung bei Festool

Wolfgang Zondler

Die Festool GmbH entwickelt und vertreibt hochwertige Elektro- und Druckluftwerkzeuge für professionelle Anwender und ist mit Exzenterschleifern, Tauchsägen und Oberfräsen für professionelle Anwender weltweiter Marktführer. Bereits die Gründung des Unternehmens unter dem Namen Fezer & Stoll 1925 war mit einer technischen Innovation verbunden – der ersten transportablen Kettensäge. Heute setzt das Unternehmen mit weltweit 2 700 Mitarbeitern über 547 Millionen Euro (2015) um und kann auf eine Exportquote von 76 % verweisen. Hauptforschungs- und Entwicklungsstandort ist die Unternehmenszentrale in Wendlingen.

Der deutsche Premiumhersteller setzt mit seinen Systemprodukten regelmäßig höchste Standards in den Bereichen Holz-, Maler- und Lackierhandwerk sowie Renovieren und Sanieren. Zentrale Zukunftsthemen, wie die Energieeffizienz im Handwerk, besetzt Festool frühzeitig mit Innovationen.

Die Entwicklung der Marke Festool ist ein Beispiel für die Kraft der Vision und für den Erfolg einer konsequent an den Bedürfnissen der Anwender ausgerichteten Unternehmensphilosophie.

Bild 4.1
Hochwertige Elektrowerkzeuge für professionelle Anwender

Warum Agile?
Obwohl es Festool in den vergangenen Jahren immer wieder gelungen ist, Innovationen in den Powertools seiner Zielkundensegmente erfolgreich am Markt zu lancieren, stehen wir – gerade heute – vor einem technologischen Umbruch. Analog zu anderen Industrien muss sich auch die Powertool-Branche den Herausforderungen der Digitalisierung und der Vernetzung im Bereich der Industrie und des Handwerks

stellen. Hierdurch steigt die Komplexität der in der Entwicklung zu bewältigenden Aufgabenstellungen und die heute gekannten Produktzyklen werden sich anderen, gegebenenfalls von außen aufoktroyierten Gesetzmäßigkeiten anpassen.

Aus diesem Trend lassen sich zwei wesentliche Handlungsfelder ableiten, die maßgeblichen Anteil daran haben, die heutigen Handlungsweisen in der Produktentwicklung auf den Prüfstand zu stellen.

1. Erhöhter Abstimmungsbedarf zwischen den Fachbereichen:

   Der durch die Anforderungen der Digitalisierung immer größere Anteil an Elektronik und die über Software zu realisierenden neuen Funktionen stellen dabei eine besondere Herausforderung innerhalb der Entwicklungsprojekte dar. Der Abstimmungsbedarf in der Produktentwicklung und damit die Anforderungen an die Kommunikationsfähigkeit der Mitarbeiter innerhalb eines Projektes steigen, sowohl innerhalb der klassischen Technikbereiche als auch über die verschiedenen Fachbereiche hinweg. Die im Stage-Gate-Prozess üblichen Kommunikationsrhythmen stoßen dabei an ihre Grenzen, sodass sich die Auswirkungen unzureichender Kommunikation und Abstimmung in Form von zusätzlichen Entwicklungsschleifen und damit verbundene Terminverschiebungen im Entwicklungsprozess zeigen.

2. Reaktion auf sich schnell ändernde Anforderungen:

   Aus den Anforderungen nach vernetzten Produkten ergeben sich aber neben der technischen Komplexitätssteigerung auch aus Sicht des Projektmanagements neue Anforderungen. Ein Blick in die Entwicklungen anderer Industrien zeigt, dass sich die Anzahl technischer Updates von Produkten, z. B. durch Bereitstellung neuer Funktionen nach einem Softwareupdate, steigend entwickelt. Entwicklungsteams müssen daher heute bereits während der Entwicklung eines Produkts flexibel auf zukünftige Anforderungen reagieren können, um am Ende ein Produkt auf den Markt zu bringen, das mit der dann vorhandenen technischen Peripherie ein optimales Leistungsangebot bietet.

Aus diesen beiden korrelierenden Anforderungen heraus stellt sich die Frage, wie die zukünftigen Handlungsweisen in der Produktentwicklung gestaltet werden müssen. In diesem Kon-

4.1 Einführung agiler Produktentwicklung bei Festool

text muss jedes Unternehmen für sich, für sein spezielles Umfeld und die jeweilige Zielsetzung geeignete Lösungen erarbeiten.

Bei Festool standen, weil Qualität und Leistungsversprechen unverhandelbare Attribute sind, zunächst die Stabilisierung der Projekttermine und die Steigerung der Effizienz in den Entwicklungsprojekten im Vordergrund.

Basierend auf dem gut funktionierenden und im Unternehmen etablierten Projektmanagement stellte sich daher nicht die Frage nach einer radikalen Änderung der Herangehensweise, sondern nach einer Ergänzung der Methodenkompetenzen in der Entwicklung.

Die Methode der agilen Produktentwicklung bietet mit ihren Grundelementen der täglichen Kommunikation und der kurzzyklischen Planung von Arbeitspaketen Lösungen für die oben genannten Handlungsfelder.

Die Bekanntheit der agilen Produktentwicklung ist momentan zwar sehr hoch und in der Industrie gibt es, quer durch alle Branchen, eine Vielzahl von Unternehmen, die sich mit dem Thema befassen. Allerdings zeigt sich durchaus in Gesprächen mit Verantwortlichen in der Produktentwicklung, dass der Stand der Implementierung und vor allem der praktizierte Umgang mit den agilen Methoden sehr unterschiedlich ist. Vor der Einführung von Agile sollten daher auf jeden Fall der Rahmen und die Zielsetzung geklärt werden.

Vor dem Change

Die Einführung der agilen Produktentwicklung bedeutet nicht nur die Implementierung neuer Handlungsweisen, sondern auch die Veränderung der Rollen und Verantwortlichkeiten innerhalb der Entwicklung. Dies zieht eine wesentlich weitreichendere Veränderung nach sich. Daher sollte vor der Implementierung jedes Unternehmen für sich festlegen, in welchem Umfang Agile eingeführt werden soll. Sollen die bisher im Projektmanagement angewandten Methoden ersetzt werden oder ist Agile als Ergänzung und Erweiterung der Methodenkompetenz im Unternehmen gedacht?

Die Zielsetzung bei Festool war von vornherein die Ausweitung der Methodenkompetenz innerhalb der bereichsübergreifenden Entwicklungsteams in der Projektbearbeitung sowie das Erlangen der Fähigkeit, auf unterschiedliche Situationen im Verlauf eines Projektes adäquat reagieren zu können. Die Anwendung von Agile war daher auf die gesamte Produktentwicklung gerichtet und nicht nur auf Teilbereiche. Die Frage nach einer Ablösung des bestehenden Produktentstehungsprozesses (PEP) wurde nicht gestellt. Wir haben daher bei der Implementierung von Agile ganz bewusst Variationen der agilen Elemente zugelassen.

Unabhängig davon, ob der bisher angewandte Entwicklungsprozess und Agile parallel verwendet werden sollen, ist es ratsam, sich zu Beginn der Einführung agiler Methoden über die im Projektmanagement bereits angewandten Elemente ein umfassendes Bild zu verschaffen.

Insbesondere sollte darauf geachtet werden, welche agilen Grundprinzipien eventuell schon in den Entwicklungsteams Anwendung finden. So haben wir bei Festool z. B. die Visualisierung von Aufgaben und wichtige Informationen zum Projektstatus bereits in den nach einem Gate-Prozess durchgeführten Projekten als Kommunikationshilfe für unterschiedliche Fakultäten in den Entwicklungsteams verwendet.

Die Nutzung bereits vorhandener Elemente aus dem gewohnten Projektumfeld erleichtert später die Einführung von agiler Produktentwicklung und unterstützt die Identifikation der Teams mit den neu hinzukommenden Rollen und Zeremonien.

PEP und Agile – ein Widerspruch?
Da bei Festool bereits vor der Einführung von Agile die Entscheidung getroffen wurde, dass der schon etablierte Produktentstehungsprozess weiterhin genutzt werden sollte, stellte sich die Frage, wie die beiden Methoden idealerweise miteinander verknüpft werden können.

Die ursprüngliche Fragestellung erwies sich jedoch nur scheinbar als Widerspruch. Bei genauerer Betrachtung boten die für den Festool-Gate-Prozess typischen Phasenzeiträume einen idealen Rahmen für die in Agile genutzten Etappen. Die langfristige Projektplanung konnte daher weiterhin auf Basis der bekannten Planungsansätze durchgeführt werden. Dies führte dazu, dass die im Unternehmen etablierten Erwartungen an die Ergebnisse des Produktentstehungsprozesses weiterhin bedient werden konnten. Allerdings birgt dies auch die Gefahr, dass die Abgrenzung zwischen Agile und dem Gate-Prozess nicht von vornherein offensichtlich ist, da sich die prozessualen Änderungen eher auf der Teamebene widerspiegeln und dort die größten Auswirkungen zu erkennen sind. Dies zeigt sich insbesondere in der Etappen- und Sprintplanung, wo Agile eine viel höhere Identifikation der Teams mit den Planungsinhalten erzwingt und so zu einer präziseren Abstimmung innerhalb des Projektes führt.

Folglich werden die beiden eingangs genannten Zielsetzungen der Stabilisierung der Termine und die Effizienzsteigerung durch bessere Abstimmung innerhalb der Teams durch die Kombination von Agile und PEP adressiert.

4.2 Definition der agilen Rollen bei Festool

Die grundlegenden Rollen innerhalb der agilen Produktentwicklung werden im Folgenden als bekannt vorausgesetzt und sollen daher nicht weiter im Detail beschrieben werden. Die folgenden Ausführungen beziehen sich daher lediglich auf die Festool-spezifischen Interpretationen und deren Umsetzung.

Im Vergleich zur heutigen Rollenverteilung in der Produktentwicklung wirft die Rollenverteilung in der agilen Produktentwicklung zunächst einige Fragestellungen bezüglich der Interpretation und der Besetzung der einzelnen Rollen auf. Sind üblicherweise die Rollen und Verantwortungsbereiche in einem Gate-Prozess klar geregelt, ergeben sich durch die Rollen des Product Owners oder des Product-Owner-Teams (POT), des Projektteams und des Agile-Coaches neue Aufgaben, Kompetenzen und Verantwortlichkeiten. Wenn diese nicht eindeutig geregelt werden, führt dies bei der Implementierung von Agile zunächst nicht zu einer Verbesserung der Teamperformance.

Rolle des Projektteams

Die Rolle des Teams scheint dabei am klarsten geregelt zu sein, ergeben sich doch hier die scheinbar geringsten Abweichungen in der Rolle und der Verantwortlichkeit. Bei genauerer Betrachtung zeigt sich allerdings, dass gerade der Verantwortungsbereich des Teams eine deutliche Veränderung gegenüber dem bisherigen Definitionsrahmen erfährt. Das Team wird in Agile, explizit und über die Grenzen der Fachbereichsverantwortung hinaus, für die Definition der Arbeitspakete innerhalb des Sprints und der Etappen in die Verantwortung genommen. Der Einzelne wird dadurch auch in der Lösung von Herausforderungen in allen Aufgabenstellungen innerhalb eines Projektes gefordert. Was sich zunächst lediglich wie eine Erhöhung der Arbeitslast für den Einzelnen anhört, birgt implizit ein riesiges Potenzial zur Verbesserung der Performance, da durch die engere Verknüpfung der Teammitglieder die Arbeitspakete viel enger aufeinander abgestimmt und getaktet werden können. Die notwendigen Arbeiten werden also genau dann erledigt, wenn dafür Bedarf besteht. Auf diese Weise werden alle unnötigen Arbeiten eliminiert, die gegebenenfalls durch den nicht transparenten Bedarf innerhalb des Teams ausgeführt würden. In der klassischen Definition von LEAN wird somit die Verschwendung von Ressourcen minimiert. Durch die bessere Abstimmung innerhalb des Teams kommt es ebenfalls zu einem besseren Verständnis hinsichtlich der Aufgaben und Inhalte unterschiedlicher Be-

Bild 4.2
Das agile Projektteam

©Festool GmbH, 2016

reiche. Idealerweise wird dadurch die Arbeitslast innerhalb der Teams nivelliert. Die Teammitglieder können sich auch gegenseitig bei »fachfremden« Aufgaben unterstützen, was absolut vorteilhaft für die Gesamtperformance ist. Dies führt wiederum zu einer permanenten Verbreiterung der Methodenkompetenzen innerhalb des Unternehmens und damit insgesamt zu einer Verbesserung.

Das cross-funktionale Team besteht im Wesentlichen aus Personen unterschiedlicher Fachfunktionen aus Entwicklung, Qualität, Einkauf, Industrial Engineering, Wertoptimierung etc. Die Teamzusammensetzung sollte hier durchaus auf das jeweilige Projekt bzw. auf unternehmensspezifische Belange zugeschnitten werden. Für eine effiziente Teamarbeit sollte die maximale Teamgröße von sechs bis acht Teilnehmern nicht überschritten werden. Dies kann durchaus bedeuten, dass die Bildung von agilen Unterteams geprüft werden muss, die dann über einen dezidierten Vertreter ins Projektteam eingebunden werden. Typischerweise ist dies für die F&E mit ihren verschiedenen Fachdisziplinen in Konstruktion, Software- und Hardwareentwicklung der Fall, da hier eine Einbindung aller Teammitglieder in das Projektteam unweigerlich zum Überschreiten der maximalen Teamgröße führt.

Die Rolle des Product Owners / Product-Owner-Teams

Die Rolle des Product Owners beziehungsweise des Product-Owner-Teams (POT) spielt bei der Implementierung von Agile eine ganz wesentliche Rolle. In der Regel ist ein solches Team in dieser Form innerhalb der Produktentwicklung nicht bzw. bezüglich der Aufgaben, Kompetenzen und Verantwortlichkeiten anders definiert.

Da die Rolle des »Product Owners« dem Ziel Rechnung trägt, den Kunden ganzheitlich in die Entwicklungsarbeit mit einzubinden, sind die Anforderungen an diese Rolle sehr weit gefasst. Der Product Owner muss über eine für das Produkt relevante Marktkenntnis verfügen, aus der sich die produktspezifischen Anforderungen ableiten. Führt man den Gedanken weiter, dass der Product Owner als Vertreter des Kunden auch die internen Kundenbedürfnisse bedienen soll, ergibt sich daraus, dass er auch in der Lage sein muss, die Projektplanung, die technischen Vorgaben für das Gesamtprodukt und Vorgaben für die Industrialisierung definieren zu können.

Da sich in den seltensten Fällen jemand in

Bild 4.3
Das Product-Owner-Team (POT)

der Organisation findet, der all diese Eigenschaften und Kenntnisse auf sich vereint, empfiehlt sich die Implementierung eines Product-Owner-Teams, kurz POT. Dieses besteht aus Vertretern, die alle oben genannten Anforderungen abdecken können. Daher setzt sich das POT in der Regel aus einem Vertreter der Marktseite – im Falle von Festool aus dem Produktmanagement –, einem Vertreter des Projektes – also dem klassischen Projektleiter – und einem Vertreter der Technik zusammen.

Der Rolle des Projektleiters kommt eine besondere Bedeutung zu, da ihm letztendlich die Verantwortung für die erfolgreiche Umsetzung des Entwicklungsprojektes obliegt. Somit liegt auch die letztendliche Entscheidungshoheit bei Differenzen innerhalb des POTs beim Projektleiter. Er entscheidet konsultativ im Sinne des Projekterfolgs.

Die Rolle des Vertreters der Technik
Die Rolle des Vertreters der Technik ist zu Beginn des Projektes aus der Entwicklung heraus zu besetzen. In dieser Phase liegt der Fokus auf der Entwicklung von Lösungen für die Erfüllung der Kundenbedürfnisse, also eher auf der funktionalen Entwicklung technischer Lösungen. Nach Abschluss der Entwicklung und dem daraus folgenden Design Freeze ändern sich jedoch die Bedürfnisse und die Anforderungen der Fertigung als internem Kunden. Sie rücken mehr und mehr in den Mittelpunkt. Daher wird bei Festool spätestens mit Abschluss der Phase »Design Freeze« der Vertreter der Technik nicht mehr aus der Entwicklung gestellt, sondern aus

dem Industrial Engineering oder einem Vertreter aus dem für die Produktion vorgesehenen Werk, der die in der Industrialisierungsphase notwendigen Arbeitsschritte in der Etappe beziehungsweise in der Sprintplanung definieren kann.

Die Rolle des Agile-Coaches
Bleibt noch die Rolle des Agile-Coaches. Diese Rolle ist in den meisten Unternehmen in der klassischen Produktentwicklung nicht definiert. Ausnahmen bilden hier lediglich die Unternehmen, die im Bereich der Softwareentwicklung mit der dort schon seit längerem verwendeten SCRUM-Methode arbeiten. Die Rolle des Agile-Coaches ist der des SCRUM Masters sehr ähnlich.

Bild 4.4 Der Agile-Coach

Sie sollte in jedem Unternehmen bereits zu Beginn der Implementierung der agilen Methode klar definiert sein, da in Abhängigkeit der Rolle des POT und insbesondere des Projektleiters sonst die Gefahr besteht, dass es hier zu Überschneidungen des Aufgaben-, Kompetenz- und Verantwortungsbereichs kommen kann.

Üblicherweise liegt die Verantwortung für die Einführung der agilen Methode und deren Elemente in den Entwicklungsteams in der Verantwortung des Agile-Coaches. Zusätzlich ist der Agile-Coach später in den Entwicklungsprojekten für die Einhaltung der agilen Zeremonien wie Etappen-, Sprintplanung, Demonstration, Retrospektive und die Daily Team Meetings verantwortlich. Neben der Einhaltung der Methodik ist seine vorrangige Aufgabe dafür zu sorgen, dass das POT und das Team in der Projektarbeit in konstruktiver Weise zusammenarbeiten und sich gegenseitig zu Höchstleistungen anspornen. Der Agile-Coach sollte daher Spaß an der Organisation und dem Umgang mit Menschen haben.

Da die Rolle des Agile-Coaches in den meisten Fällen vor Einführung der agilen Produktentwicklung nicht vorhanden ist, stellt sich immer auch die Frage, wer diese Rolle idealerweise besetzt. Meistens wird sie dem Projektmanagement-Office zugeschlagen und daher auch in vielen Fällen aus den Reihen der Projektleiter heraus besetzt. Diese wirken dann in den Projekten der Kollegen jeweils als Agile-Coach, wobei durchaus darauf zu achten ist, die Projekte soweit zu trennen, dass es nicht zum Interessenskonflikt kommt. Das könnte z. B. der Fall sein, wenn im eigenen Entwicklungsprojekt des Agile-Coaches die gleichen Ressourcen genutzt werden.

Bei Festool standen wir ebenfalls vor der oben genannten Fragestellung. Da sehr schnell klar war, dass die agile Methode als Ergänzung zum etablierten Produktentstehungsprozess in größerem Umfang eingeführt werden sollte, stellte sich neben der persönlichen Qualifikation gleichzeitig auch die Frage nach der Quantität der verfügbaren Ressourcen. Da jeder Agile-Coach einen gewissen Anteil seiner Arbeit der Rolle des Coaches widmen muss, fehlt dieser Anteil natürlich für die bisherige Rolle. Bei einer flächendeckenden Einführung von Agile werden daher der Organisation zunächst einmal verfügbare Ressourcen entzogen, die erst später durch die Steigerung der Effizienz in der Produktentwicklung wieder zur Verfügung stehen.

Konfrontiert mit dieser Fragestellung entschieden wir uns, die Rolle des Agile-Coaches nicht aus der bestehenden Organisation heraus zu besetzen, sondern dafür eigens eine neue Stelle zu schaffen. Parallel zu dieser Ressourcenfrage überlegten wir, ob die Besetzung der Stelle des Agile-Coaches überhaupt aus einer technischen oder organisatorischen Funktion heraus erfolgen sollte. Schließlich liegen die Hauptanforderungen an die Person des Agile-Coaches eher im persönlichen Bereich und in der Beobachtung der Handlungsweisen der im Entwicklungsprozess beteiligten Personen. Die Wahl fiel daher auf eine psychologisch geschulte Mitarbeiterin aus dem Personalwesen, die im Bereich der Personalentwicklung erste Erfahrungen gesammelt hatte. Diese Lösung bot sich aus verschiedenen Gründen an: Da einerseits die wesentlichen Herausforderungen bei der Einführung der agilen Produktentwicklung in der Änderung der Handlungsweise der Mitarbeiter liegen, hilft die Erfahrung eines ausgebildeten Psychologen sicherlich bei der Bewältigung des Change-Prozesses. Auf der anderen Seite stellte sich als positiv heraus, dass die Entwicklungsteams in einem Agile-Coach ohne technischen Hintergrund nicht einen zweiten Projektleiter sehen, der durch eigenes Wirken die Inhalte des Projekts bestimmen möchte. Die anfängliche Skepsis, wie die Projektbeteiligten den nicht technisch ausgerichteten Agile-Coach annehmen würden, stellte sich in dem Punkt als unbegründet heraus.

Allerdings ergeben sich aus der bei Festool gewählten Lösung auch Fragen, die die inhaltliche Verantwortung des Agile-Coaches betreffen. In der ursprünglichen Intention des Agile-Coaches ist dieser neben der Einhaltung der Zeremonien auch dafür verantwortlich, Störungen des Teams von außen zu identifizieren und abzuschaffen. Die Abgrenzung notwendiger Inputs von störenden Einflüssen auf das Projekt fällt einem in der Entwicklung unerfahrenen Agile-Coach natürlich schwerer. Um dem entgegenzuwirken, wurde diese Aufgabe dem Projektleiter zugewiesen, was seiner Gesamtverantwortung für das Projekt auch Rechnung trägt.

Abschließend bleibt anzumerken, dass die bei Festool gelebte Lösung grundsätzliche Vorteile bietet. Sie erfordert aber gegebenenfalls im unternehmensspezifischen Kontext Anpassungen an die inhaltliche Definition der Rollen in der agilen Produktentwicklung.

4.3 Erfahrungen aus der Einführung der agilen Produktentwicklung

Neben den oben beschriebenen grundsätzlichen Fragestellungen zur Einführung der agilen Methoden stellt sich auch immer die Frage, ob die Implementierung aus dem eigenen Unternehmen heraus oder unter Begleitung eines erfahrenen Beratungsunternehmens erfolgen sollte.

Grundsätzlich hängt die Beantwortung dieser Frage von der im Unternehmen bereits vorhandenen Expertise ab. Da interne Erfahrungen, wenn sie nicht durch Personalakquisition von außen gewonnen wurden, üblicherweise anfangs limitiert sind, empfiehlt sich in der Regel die Begleitung durch geeignete Unterstützung, die über entsprechende Erfahrung insbesondere im Change Management verfügt.

Die Einführung der agilen Produktentwicklung in ein Unternehmen erfolgt idealerweise anhand einiger ausgewählter Pilotprojekte. Dies bietet die Möglichkeit, die Anwendung von Agile im angedachten Kontext des Unternehmens zu testen und gegebenenfalls bezüglich der individuellen Ausprägung noch nachzusteuern.

Die Erfahrung aus den Pilotprojekten bei Festool zeigt, dass die Schulung der Projektteams von immenser Bedeutung für eine erfolgreiche Einführung der agilen Entwicklungsmethode ist. Neben einer generellen Einführung in die agilen Zeremonien und die allgemeine Zielsetzung ist vor allem das Verständnis für die Rollen in der agilen Produktentwicklung von besonderer Bedeutung.

Hierbei ist, neben dem grundsätzlichen Verständnis der Rollenverteilung in Agile, besonders die unternehmensspezifische Ausprägung des Rollenverständnisses zu beachten. Abhängig davon, ob Agile als Alternative oder als Ergänzung zu den bereits etablierten Prozessen eingeführt werden soll, ergeben sich daraus die bereits beschriebenen unterschiedlichen Fragestellungen und Anpassungen. Sie sollten idealerweise bereits zum Zeitpunkt der Vorstellung von Agile diskutiert und beantwortet werden. Die genaue Abgrenzung der Rollen bereits zum Start führt erfahrungsgemäß zu einer besseren Umsetzung von Agile in den Pilotprojekten.

Der Einstieg in die agile Methode ist grundsätzlich zu jedem Zeitpunkt in einem Projekt möglich. Es bietet sich jedoch an, einen Zeitpunkt zu wählen, an dem das Projekt einen gewissen Abschluss einer Phase erreicht. Die zunächst durch die Einführung von Agile im Projektteam entstehende Mehrbelastung wird dann vom Projektteam nicht als Zusatzbelastung zu einer ohnehin von hoher Arbeitsintensität geprägten Phase des Projektes wahrgenommen.

Zu Beginn der Einführung von Agile sollte die Schulung der Methode mit allen im Projektteam vertretenen Mitarbeiter erfolgen. Dabei hat sich gezeigt, dass es vorteilhaft ist, wenn die spezifischen Inhalte von Agile bereits an Beispielen aus dem Pilotprojekt geschult werden. Die Teams erkennen dadurch sehr schnell die Unterschiede in der Handlungsweise, aber auch ganz klar den Mehrnutzen, der z. B. durch die intensivere Kommunikation innerhalb der Teams während der Daily Meetings entsteht.

Die Rolle des Agile-Coaches bei Festool wurde zu Beginn durch einen Berater ausgefüllt, da ein interner Agile-Coach mit entsprechendem Knowhow nicht zur Verfügung stand. Die Rolle des Beraters zu Beginn der Implementierung besteht zu einem Großteil darin, die agilen Zeremonien einzuführen und deren Anwendung zu trainieren. Somit liegt der Fokus zunächst auf der Schulung der Mitarbeiter. Erst mit der Zeit kann sich der Coach auf seine eigentliche Rolle konzentrieren und die Teams stärker in die Verantwortung für die selbstständige Ausführung der Zeremonien nehmen. Die parallel dazu erfolgende Ausbildung eines internen Agile-Coaches kann ideal in die Einführungsphase integriert werden.

Mit dem Erlernen der agilen Zeremonien muss der Coach in seiner Arbeit mit dem Team auch die Änderungen in der Herangehensweise bei der Projektplanung einüben. Häufig findet sich der Projektleiter im bisherigen Projektmanagementprozess in einer starken Führungsrolle und gibt die Zielsetzungen für die Arbeitspakete in der jeweils anstehenden Phase direkt vor. Die Intention bei Agile ist es aber, dass sich die Teammitglieder als »Experten« für die jeweiligen Aufgaben selbst die notwendigen Schritte zur Erreichung dieser Ziele lediglich anhand von Zielsetzungen für die jeweiligen Etappen oder Sprintphasen erarbeiten. Dieser Schritt mag sich trivial anhören, ist aber von entscheidender Bedeutung für den Erfolg der agilen Methode, da sich hierdurch die Identifikation des Teams mit dem Projekt nochmals deutlich steigern lässt. Auf beiden Seiten, sowohl beim Team als auch beim Projektmanagement, bedeutet dies allerdings eine nachhaltige Veränderung der bisherigen Handlungsweise. Das Gelingen dieses Schrittes hängt somit sehr stark von der Erfahrung des Coaches ab, denn es besteht die Gefahr, in schwierigen Situationen in das alte Handlungsmuster zurückzufallen.

Haben wir bisher über die Veränderungen von bereits vorhandenen Rollen gesprochen, so wenden wir uns nun dem Product-Owner-Team (POT) zu.

Das Product-Owner-Team ist zwar im heutigen Produktentstehungsprozess in unterschiedlicher Ausprägung bereits vorhanden. Allerdings ändert sich bei Agile die Einbeziehung des Kunden, der meist durch einen Mitarbeiter des Produktmanagements vertreten ist. Dieser interne Kunde wird permanent in Entscheidungen über die Lösung der von ihm gewünschten Funktionen einbezogen. Dadurch bedarf es verbindlicher Vorgaben für das Kundenerleben, die der Prüfung nach objektiven Kriterien, den Definition of Done, standhalten müssen.

Dieselbe Anforderung an eine Verbindlichkeit der Vorgaben entsteht auch in allen anderen Bereichen, die Anforderungen an das Projektteam stellen. Daher sollte besonders in der Einführungsphase der agilen Methode größtes Augenmerk auf die Formulierung der Ergebniserwartungen – den Definitions of Done – gelegt werden. Die Präzision der definierten Erwartungshaltung erfordert eine gewisse Übung, sie ist allerdings ein Schlüssel für den Erfolg von Agile.

Ein umfassenderes Bild ergibt sich in der Betrachtung der Ergebnisse der Pilotprojekte. Auf eine ganzheitliche Beschreibung aller Aspekte und Inhalte von Agile soll daher an dieser Stelle verzichtet werden.

Eine abschließende Beschreibung kann aufgrund der notwendigen Anpassungen auf die jeweilige Situation und Bedürfnisse des Unternehmens ohnehin nicht geleistet werden.

4.4 Erfahrungen aus den Pilotprojekten

Welche Rolle spielt das Management bei der Einführung von agiler Produktentwicklung?
In der Regel ist davon auszugehen, dass das Management die Einführung der agilen Produktentwicklung initiiert, also der Auftraggeber ist. Daher besteht auch an das Management die Anforderung, eine Definition of Done zu formulieren. Im Falle von Festool, wo die Erweiterung der Methodenkompetenz in der Produktentwicklung und eine situative parallele Nutzung des etablierten Produktentstehungsprozesses im Fokus stehen, muss das Management die notwendigen Rahmenbedingungen für Agile schaffen und den Einführungsprozess begleiten. Dabei geht es weniger um die inhaltliche Mitarbeit in den Projekten als vielmehr um die Begleitung des Change-Prozesses. Es ist außerdem erforderlich, dass sich das Management vor Ort immer wieder ein eigenes Bild über die Fortschritte der Teams macht. Dabei sollte beachtet werden, dass der Eindruck, den das Management bei der Beobachtung der Teams in den verschiedenen Meetings hinterlässt, niemals völlig frei vom eigenen Einfluss sein wird. Daher ist gerade zu Beginn ein sehr hohes Maß an Disziplin erforderlich, um sich nicht mit Fragen in die Arbeit der Teams einzumischen.

Diese Situation lässt sich in etwa mit der eines Fußballtrainers vergleichen, der in einem vollbesetzten Stadion in brodelnder Atmosphäre seine Spieler auch nur noch vor dem Spiel und in der Halbzeit erreichen kann. Während des Spiels funktioniert das nur noch über Schlüsselspieler, die die Anmerkungen des Trainers in die Mannschaft hineintragen. Die Rolle der Schlüsselspieler fällt bei Agile den POT-Mitgliedern zu, die abseits der Demonstrationen oder Teamretrospektiven noch Einfluss auf das »Spiel« des Teams nehmen können.

Nicht nur bei den in Agile genutzten Teamzeremonien verändert sich die Rolle des Managements. Führt man sich die ursprüngliche Zielsetzung der agilen Produktentwicklung vor Augen, die darin besteht, die Verantwortung der Teams zu stärken, dann liegt es nahe, dass auch die Rolle des Managements in Agile eine andere ist. Ganz im LEAN-Gedanken sollen Entscheidungen bewusst möglichst immer an der Stelle getroffen werden, die für das Fällen einer Entscheidung am besten geeignet ist, quasi am Ort des Geschehens. Die Notwendigkeit, Entscheidungen permanent mit dem Management abzustimmen, nimmt also in der agilen Entwicklung insofern immer weiter ab, wie die Autonomie der Teams zunimmt, solange sie sich innerhalb des Projektauftrags und dem sich daraus ergebenden Handlungsrahmen bewegen.

Die Aufgaben des Managements in den nach einem Gate-Prozess etablierten Steuerkreis bestehen künftig eher in einer prozessualen Kontrolle der Vorgehensweisen. Das ist besonders dann der Fall, wenn wie bei Festool eine Mischform zur Anwendung kommt, bei der in Abhängigkeit der jeweiligen Projektbedürfnisse mit variablem Agile-Anteil operiert werden soll.

Auch hier zeigen die ersten Erfahrungen, dass neben den Teams auch im Management ein Change-Prozess erforderlich ist, um die volle Wirkung von Agile zu entfalten.

Next Steps

Nach der erfolgreichen Einführung der agilen Produktentwicklungsmethode in den ausgewählten Pilotprojekten, wurden inzwischen weitere Projekte agil aufgesetzt. Ziel ist es, sukzessive alle Entwicklungsprojekte in diesen Modus zu überführen. Die größte Herausforderung stellt zunehmend die Gesamtorganisation dar, sie soll die auch in Agile unvermeidlichen Shared Ressources ideal in die tägliche Arbeit

Bild 4.5
Langhalsschleifer PLANEX LHS-E 225 als Pilotprojekt

einbinden. Aktuell existieren dazu Überlegungen, deren Umsetzung in den kommenden Wochen und Monaten verstärkt in den Fokus rückt. Abschließend lässt sich festhalten, dass die ersten Erfolge von Agile sichtbar gemacht werden konnten. Doch die letztlich erzielbaren Ergebnisse werden ihre volle Wirkung erst in einiger Zeit zeigen. Da aber die Nutzung von Agile gerade in der Festool-Entwicklung noch am Anfang steht, sind wir gespannt auf die weitere Entwicklung von Agile in unserem Unternehmen.

05 Agil sein für eine ausdifferenzierte Produktpalette

Prof. Dr. Eike Böhm

Die Branche des Material-Handling und der Flurförderzeuge ist geprägt von extrem vielfältigen und hochkomplexen Kundenanforderungen und damit von einer außergewöhnlich breiten Produktpalette bei fast allen Herstellern. Kaum ein Gerät gleicht dem anderen, die Branche wandelt sich nicht nur durch den Aufschwung des E-Commerce rapide, der Wettbewerbsdruck verschärft sich. Gründe genug für die KION Group, einem weltweit führenden Anbieter von Gabelstaplern, Lagertechnik und Supply-Chain-Solutions, sich für agile Ansätze in der Produktentwicklung zu entscheiden.

5.1 Strukturiertes und agiles Arbeiten – zwei Ausprägungen effizienter Produktentstehung

Komplexe Produkte wie Fahrzeuge oder eben auch Flurförderzeuge werden seit Jahrzehnten mittels firmenspezifisch festgelegter Prozesse entwickelt, die genau vorgeben, was wie und bis wann im Produktentstehungsprozess (PEP) erledigt bzw. abgearbeitet sein muss. Meist sind im PEP Meilensteine oder »Quality Gates« definiert, an denen geprüft wird, ob die geplanten Entwicklungsergebnisse auch erreicht werden. Solche Meilensteine liegen meist einige Monate auseinander, was nicht immer eine zeitnahe Übersicht über den tatsächlichen Projektstatus ermöglicht, wenngleich zahlreiche und erfolgreiche Projektmanagement-Programme hierbei natürlich Hilfe leisten. Außerdem sind an diesen Meilensteinen immer nur rückwirkend Abweichungen festzustellen, die Projekte werden also nicht wirklich in Echtzeit gesteuert, auch wenn es inzwischen verschiedene Vorschaumethoden im Projektmanagement gibt. Was liegt also näher, als Review-Zeitpunkte in Projekten sehr viel dichter aneinanderzulegen und damit der Echtzeit näherzukommen. Dieses Arbeiten zwischen zwei nah zusammenliegenden Kontrollpunkten umreißt einen Aspekt des agilen Arbeitens: Konzentrierte und eng abgestimmte Projektarbeit in einer sehr kurzen Taktung. Das agile Arbeiten greift dabei auf die von Menschen sehr gut zu überblickende Zeitspanne

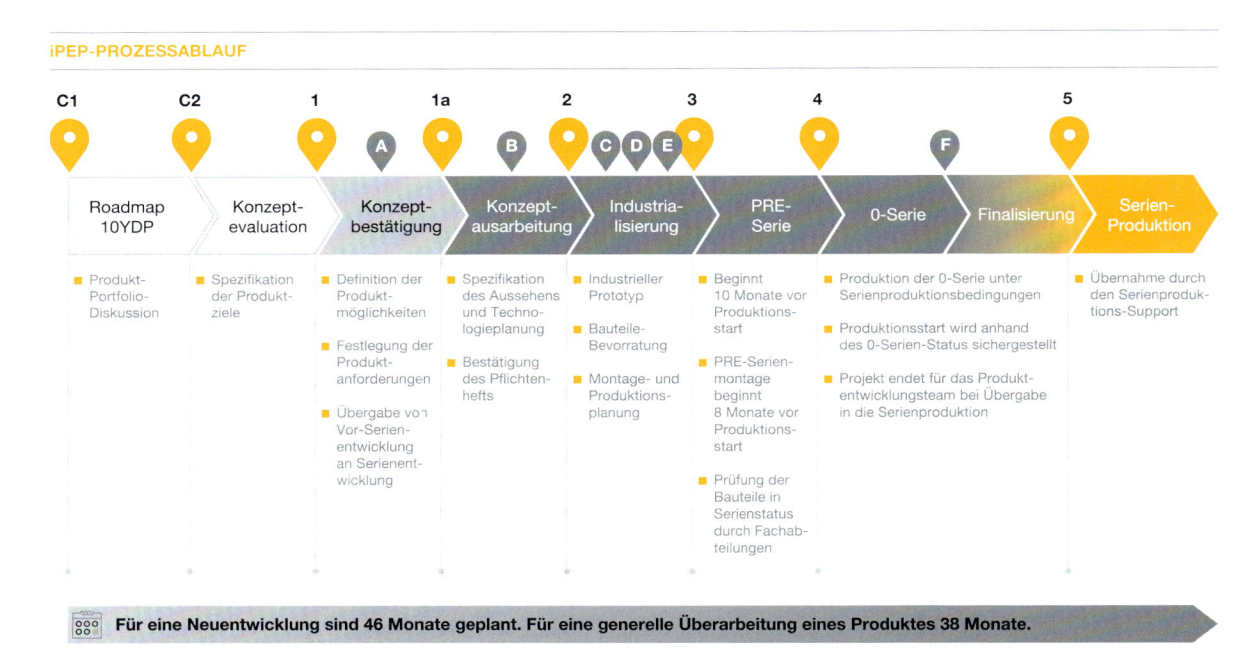

5 Agil sein für eine ausdifferenzierte Produktpalette

iPEP-PROZESSABLAUF

C1	C2	1	1a	2	3	4		5
			A	B	C D E		F	
Roadmap 10YDP	Konzept-evaluation	Konzept-bestätigung	Konzept-ausarbeitung	Industrialisierung	PRE-Serie	0-Serie	Finalisierung	Serien-Produktion

- **Roadmap 10YDP**
  - Produkt-Portfolio-Diskussion

- **Konzeptevaluation**
  - Spezifikation der Produktziele

- **Konzeptbestätigung**
  - Definition der Produktmöglichkeiten
  - Festlegung der Produktanforderungen
  - Übergabe von Vor-Serienentwicklung an Serienentwicklung

- **Konzeptausarbeitung**
  - Spezifikation des Aussehens und Technologieplanung
  - Bestätigung des Pflichtenhefts

- **Industrialisierung**
  - Industrieller Prototyp
  - Bauteile-Bevorratung
  - Montage- und Produktionsplanung

- **PRE-Serie**
  - Beginnt 10 Monate vor Produktionsstart
  - PRE-Serienmontage beginnt 8 Monate vor Produktionsstart
  - Prüfung der Bauteile in Serienstatus durch Fachabteilungen

- **0-Serie**
  - Produktion der 0-Serie unter Serienproduktionsbedingungen
  - Produktionsstart wird anhand des 0-Serien-Status sichergestellt
  - Projekt endet für das Produktentwicklungsteam bei Übergabe in die Serienproduktion

- **Serien-Produktion**
  - Übernahme durch den Serienproduktions-Support

Für eine Neuentwicklung sind 46 Monate geplant. Für eine generelle Überarbeitung eines Produktes 38 Monate.

Meilensteine im iPEP-Prozessablauf
Jeder Meilenstein repräsentiert ein klar definiertes Ziel der Produktentwicklung zu einem bestimmten Zeitpunkt. Diese bilden das Tor in die nächste Entwicklungsphase. Im Meilenstein-Meeting wird über Abnahme und Fortsetzung oder über Zurückweisung und Änderung des aktuellen Produktstatus entschieden.

- **A** Mockup (Modell)
- **B** Funktionaler Prototyp
- **C** Industrieller Prototyp
- **D** Felderprober
- **E** Stückliste
- **F** Produktionsstart

Bild 5.1
Typischer PEP z. B. im Gabelstapler-Bau (iPEP von KION)

von zwei Wochen zurück – natürlich ohne damit einen massiv steigenden Verwaltungsaufwand in die Projekte zu tragen. Dieser Schritt auf einen Zwei-Wochen-Rhythmus ist ein Kernelement des agilen Arbeitens in Projekten: Im Projektteam wird besprochen und festgelegt, was in den kommenden zwei Wochen zu erreichen ist und dann legen die Projektmitarbeiter los und erledigen die definierten Aufgaben in einem sogenannten Sprint. Danach kommt man wieder zusammen, stellt die Ergebnisse fest und legt die Ziele und Aufgaben für die nächsten zwei Wochen fest. Die Abfolge dieser Sprints muss dabei auf die zu erreichenden Ergebnisse der PEP-Meilensteine bzw. Quality Gates einzahlen. Der zweite Aspekt des agilen Arbeitens ist das konsequente, eng getaktete, regelmäßige Zusammenkommen im Projektteam mit all seinen funktionsübergreifenden Fachfunktionen und Personen. Man könnte also sagen: Agiles Arbeiten ist konsequentes interdisziplinäres Arbeiten in Teams mit einer Taktung im Zwei-Wochen-Rhythmus und dies nach einigen festen Regeln.

Vor diesem grob skizzierten Hintergrund des agilen Arbeitens gilt es für jedes Unternehmen – und insbesondere für solche, die agil werden wollen –, zunächst einmal einen durchdachten, der Branche angepassten und vor allem wettbewerbstauglichen PEP zu definieren, mit sinnvoll gesetzten Meilensteinen, mit denen sich z. B. einmal pro Quartal der Projektfortschritt in klassischer Weise verfolgen lässt. Im Rahmen dieser Grobstruktur kann dann ganz konventionell oder eben agil gearbeitet werden, denn zwischen die definierten Meilensteine lässt sich jeweils eine Sequenz von zweiwöchigen Sprints legen, also fünf bis sechs Sprints je Meilensteinabschnitt. Damit ist die Botschaft klar: Agiles Arbeiten in Sprints alleine reicht nicht, man benötigt sozusagen als Voraussetzung für agiles Arbeiten in der Fahrzeug- und Maschinenbauindustrie auch einen strukturierten Rahmen, in dem sich die agile Arbeitsweise bewegen kann. Die Kombination beider kann dann deutliche und nachweisbare Effizienzsteigerungen in der Produktentwicklung erzeugen.

5 Agil sein für eine ausdifferenzierte Produktpalette

AGILES ARBEITEN – DER SPRINT IM FOKUS

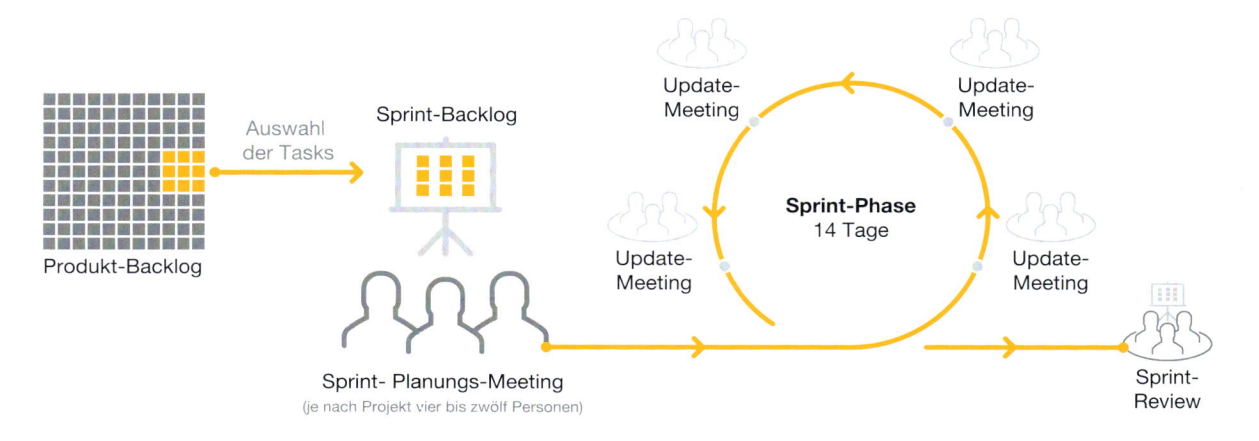

Bild 5.2
Zoom auf eine Sequenz zweiwöchiger Sprints zwischen zwei iPEP-Meilensteinen

Zwischen zwei Meilenstein-Meetings finden jeweils fünf bis sechs Sprints statt.

5.2 Organisation als Voraussetzung für agiles Arbeiten

Agiles Arbeiten in einem Unternehmen einzuführen erfordert neben einem definierten PEP auch eine passende Organisation. Denn anzunehmen, die agile Arbeitsweise ließe sich ohne passende Randbedingungen in jedem Unternehmen einführen, ist nicht zielführend. Vielmehr ist es entscheidend, schon vor der Umstellung auf agiles Arbeiten eine klare und transparente Aufbauorganisation zu haben, denn Organisation ersetzt Führung zwar nicht (wie fälschlicherweise hin und wieder angenommen wird), sehr wohl richtet Organisation aber Führung aus und steckt einen Orientierungsrahmen für das Agieren in einem Betrieb. Deshalb kommt der Aufbauorganisation / Struktur gerade in agilen Unternehmen eine hohe Bedeutung zu. Kernelemente einer zur agilen Arbeitsweise passenden Aufbauorganisation sind Klarheit, funktionsübergreifend spiegelbildliche Verantwortlichkeiten und eindeutige Aufgabenzuordnungen. Im Einzelnen heißt das:

Erstens sollten die in den Projekten arbeitenden Mitarbeiter klare Herkunfts- oder Heimatbereiche haben, mit eindeutigen Verantwortlichkeiten und definierten Ressourcen. Denn die für die Sprints definierten Arbeiten müssen ja in den jeweiligen Fachabteilungen erledigt werden, wie z. B. Konstruktionsarbeiten an Komponenten, ihre Erprobung auf Prüfständen oder Montagearbeiten an Prototypen.

Zweitens hilft eine spiegelbildliche Aufstellung von Entwicklungs-, Einkaufs- und Qualitätsfunktionen bei der agilen Arbeitsweise, also ein Zuschnitt der Entwicklungsverantwortung z. B. für Antriebsachsen, die ein eindeutiges Gegenüber in der Einkaufs- und Qualitätsverantwortung findet. So können die definierten Entwicklungsaufgaben effizient im Dreieck aus Entwicklung, Einkauf und Qualität vorangetrieben werden – ohne große Schnittstellenverluste oder Kommunikationsprobleme. Wenn diese drei Funktionsbereiche in einem Unternehmen dann auch noch unter einer Führung stehen bzw. wenn sie nach den gleichen Zielvorgaben gesteuert werden, dann ist die Erfolgswahrscheinlichkeit des agilen Arbeitens hoch.

Dritte organisatorische Voraussetzung ist eine eindeutige Aufgabenzuordnung zu den einzelnen Bereichen und Personen im Unternehmen mit Fokus auf die verfügbaren Ressourcen. Diese Aussage klingt zunächst trivial. Es muss aber klar sein, wie viele Ingenieurstunden oder Personenwochen für die Projektaufgaben wirklich zur Verfügung stehen, damit die zweiwöchigen Sprints nicht mit Aufgaben überladen werden oder unterausgelastet sind. Je nach Unternehmensgegebenheiten ist für einen Mechanismus zu sorgen, mit dem sich Kapazitäten bei Bedarf ausgleichen lassen. Denn nichts ist für die Kultur des agilen Arbeitens schädlicher, als wenn innerhalb eines Sprints die eine Mannschaft schon nach drei Tagen mit der Arbeit fertig ist und die andere am Ende des Sprints erst 50 % der Aufgaben erledigen konnte.

5.3 Auf die Produktausprägungen kommt es an

Neben der Aufbau- und Ablauforganisation eines Unternehmens entscheidet auch die Produktstruktur mit darüber, wie erfolgreich agiles Arbeiten sein kann und welche Effizienzeffekte sich mit ihm erzielen lassen. Geht es darum, im kreativen Kern einer Firma völlig neue Produktideen zu entwickeln oder Kundenlösungen zu erfinden, dann bedarf es ggf. anderer Methoden als der agilen Arbeitsweise. Kreativ-Workshops, die Methode des Design Thinking oder auch Brainstorming-Events könnten hier vermutlich die bessere Wahl sein. Geht es aber darum, Nachfolgeprodukte von Vorgängerbaureihen zu entwickeln oder bereits klar beschriebene Lastenhefte in die Produktrealität umzusetzen, dann ist das agile Arbeiten ohne Frage eine erfolgversprechende Alternative, die zudem schneller sein kann und in der Regel auch einen geringeren Ressourceneinsatz erfordert. Auch bei der Gestaltung von Produkt-Derivaten lässt sich die Methode des agilen Arbeitens perfekt einsetzen. In einem gedanklich aufgespannten Portfolio aus angestrebtem Kundennutzen des neuen Produktes und Reife der eingesetzten Technologie für das Produkt wird schnell klar, dass bei Produktentwicklungsvorhaben mit hohem angestrebten Kundennutzen und schon recht reifer Technologie der Hauptwirkungsbereich des agilen Arbeitens liegt und eine herausragende Bedeutung gewinnen kann (**Bild 5.3**).

Bei der Entwicklung völlig neuer Technologien und sogenannten »Game Changing Innovations« ist vor allem der zu erwartende Kundennutzen im Vordergrund oder der Wert, der mit der Innovation für den Kunden geschaffen werden kann. Die Zeit bis zur Marktreife des neuen Produktes ist dabei nicht unwichtig, aber zweitrangig. Es kommt vor allem auf die Überlegenheit des neuen Produktes an und damit auf die technologischen und innovativen Fähigkeiten eines Unternehmens. Ist die für das Produkt eingesetzte Technologie allerdings schon reifer und vielen Firmen im Prinzip zugänglich, dann kommt es vor allem darauf an, welches Unternehmen schneller agiert (Stichwort ist hier die berühmte »Time to Market«) und welches Unternehmen ein vergleichbares neues Produkt mit weniger Aufwand entstehen lässt (Stichwort ist hier »Entwicklungseffizienz«). Für diese beiden Ausprägungen leistungsstarker Produktentstehungsprozesse hat der agile Ansatz eine hohe Bedeutung. Beim Einsatz des agilen Arbeitens kommt es also auf die Produktausprägungen an, auf den Innovationsgrad und auf die Ausprägung des vernetzten Arbeitens innerhalb eines Projektes. Das vernetzte, fachübergreifende Arbeiten ist in den meisten Produktentwicklungsvorhaben wichtig und insbesondere im Portfolio-Feld der Produkte mit hohem Kundennutzen und reifer Technologie durchaus erfolgskritisch. Agiles Arbeiten nutzt und befördert das vernetzte Arbeiten ebenso wie das cross-funktionale Denken. Sein Ursprung liegt nicht von unge-

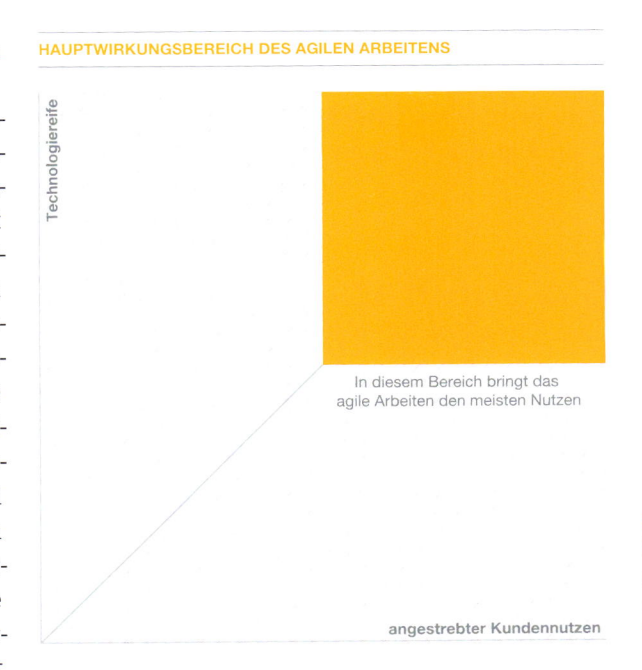

HAUPTWIRKUNGSBEREICH DES AGILEN ARBEITENS

Technologiereife / *angestrebter Kundennutzen*

In diesem Bereich bringt das agile Arbeiten den meisten Nutzen

Bild 5.3
Portfolio-Darstellung Technologiereife vs. Kundennutzen mit Markierung der Fläche für agiles Arbeiten

fähr in der Softwareentwicklung, bei der es ja auf Kundennutzen und Geschwindigkeit ankommt und meist weniger auf ganz neue Programmiertechnologien.

5.4 Agilität – ein Erfolgsfaktor für ausdifferenzierte Industrien

Reife Industrien wie der Maschinen- oder der Automobilbau sind geprägt durch etablierte Prozesse und weitgehend ausgereifte Systeme zur Produktentwicklung. Die großen Effizienzgewinne bei der Entwicklung von Produkten durch paralleles Arbeiten (»Simultaneous Engineering«), durch den Einsatz von Berechnungs- und Simulationstools und durch mehr oder weniger ausgefeilte Projektmanagement-Methoden sind bereits erzielt. In Erinnerung gerufen sei hier nur das Rennen in der Automobilindustrie um die kürzesten Entwicklungsprozesse, die sich – je nach Zählweise – inzwischen aber bei etwas über 30 Monaten eingependelt haben.

Zwar bietet die allgegenwärtige Digitalisierung weitere Möglichkeiten zur Effizienzsteigerung; erwähnt sei hier vor allem der Einsatz von immer besseren Berechnungs- und Simulationsmethoden, die immer genauer die spätere Produktrealität abbilden können. Grundlegende Umbrüche zeichnen sich in den ausdifferenzierten Industrien aber kaum ab. Hier kommt die agile Arbeitsweise ins Spiel, die auf einem interagierenden Arbeitsansatz basiert und auf einer intensiven Zusammenarbeitskultur gerade in etablierten Unternehmen – und vielleicht weniger in Start-ups. Darin liegt der Schlüssel für weitere Effizienz: Wie gut stimmen sich die Beteiligten in einem Entwicklungsprojekt ab, wie halten sie sich gegenseitig informiert über Abweichungen von geplanten Entwicklungsergebnissen, wie gut spielen sie sich die Bälle zu, wie gleichen sie unterschiedliche Leistungsniveaus in den einzelnen Fachdisziplinen aus, wie gut funktioniert das Zusammenspiel zwischen Produkttechnik, Produktion, Vertrieb und Betriebswirtschaft? Nicht im weiteren Verbessern der Methodik einer Fachdisziplin liegt der Schlüssel für effizienteres Arbeiten in reifen Industrien. Er liegt in einem verbesserten Zusammenspiel aller an der Neuproduktentwicklung beteiligten

Bereiche. Die agile Arbeitsweise schafft dazu einen strukturierten Rahmen für kontinuierliche Interaktion und zwingt die Beteiligten geradezu zur Offenheit, zum Teilen von Ergebnisse und Erkenntnissen und zum Abliefern von Ergebnissen in eine Gruppe – und das in sehr kurzen Intervallen. Damit wird sie dem menschlichen Wesen gerecht, das geneigt ist, nicht allzu lange Zeitspannen überblicken zu wollen, das für Engagement gerne kurzfristig Rückmeldungen erhält und gerne belohnt wird und das fast immer Gruppenorientierung bevorzugt gegenüber einem Arbeiten »alleine am Schreibtisch« oder in den viel zitierten »Silos« in manchen Unternehmen. Das agile Arbeiten überwindet geradezu implizit das häufig beklagte »Silodenken« und trägt auch damit zur Effizienzsteigerung bei.

SILODENKEN VERSUS NETZWERKDENKEN

Übergreifendes Ziel für das Unternehmen:
Produktentwicklungen, die den Kunden begeistern und profitabel sind

Silodenken in der Wasserfall-Struktur

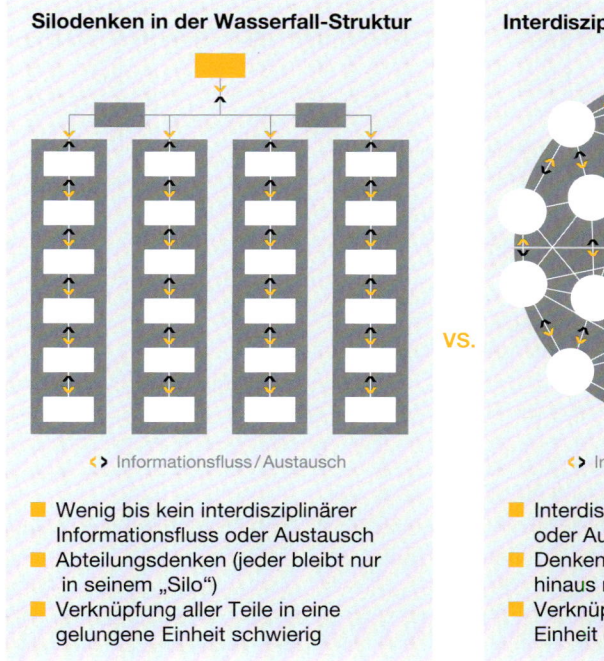

vs.

Interdisziplinäres Denken im Netzwerk

◇ Informationsfluss / Austausch

- Wenig bis kein interdisziplinärer Informationsfluss oder Austausch
- Abteilungsdenken (jeder bleibt nur in seinem „Silo")
- Verknüpfung aller Teile in eine gelungene Einheit schwierig

◇ Informationsfluss / Austausch

- Interdisziplinärer Informationsfluss oder Austausch gegeben
- Denken über Abteilungsgrenzen hinaus normal
- Verknüpfung in eine gelungene Einheit ensteht automatisch

Bild 5.4 Silodenken vs. Netzwerkdenken

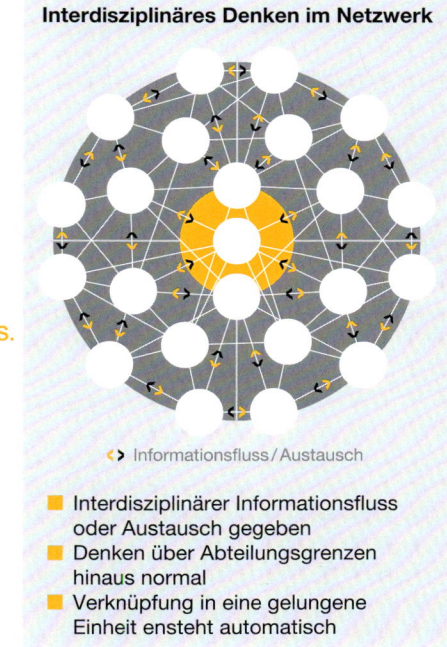

5.5 Die KION Group ist agil

Bei der KION Group wurde schon vor einigen Jahren erkannt, dass die Produktentwicklung neuer Flurförderzeuge beschleunigt werden muss, vor allem wegen der sich schneller verändernden Marktbedingungen und wegen des steigenden Wettbewerbsdruckes. Deshalb wurde Anfang 2015 die agile Arbeitsmethode eingeführt und zwar zunächst als Pilot im wichtigsten und größten Produktentwicklungsprojekt der Linde Material Handling GmbH, einem 100-prozentigen Tochterunternehmen der KION Group. Das agile KION-Projekt heißt intern »12xx« und hat das Ziel, eine neue Gabelstaplerfamilie zu entwickeln und auf die internationalen Märkte zu bringen. Durch den Fokus auf ein einziges Projekt konnten die Voraussetzungen für das agile Arbeiten zunächst sorgfältig analysiert und dann konsequent geschaffen werden – von der Projektorganisation über eine geeignete Projektfläche bis hin zur Ernennung eines Projektleiters und weiter zur offiziellen Einführung der agilen Arbeitsmethode mithilfe eines externen Beraters. Am Ende des ersten Quartals 2015 waren dann die Rahmenbedingungen gesetzt. Parallel dazu wurden die nominierten Projektmitglieder in der agilen Arbeitsweise geschult – einzeln und in der Gruppe – und konnten gleich im ersten Schritt schon an realen Projektaufgaben üben. Die KION Group wählte damit einen dezidierten »Training on the Job«-Ansatz und schloss für das gewählte Projekt – nebenbei bemerkt – eine Rückkehr zur bislang bewährten Arbeitsweise aus. Das beförderte die Entschlossenheit des Projektteams, die agile Arbeitsweise zu einem Erfolg zu machen.

Heute, nach nunmehr eineinhalb Jahren agilen Arbeitens, kann aus KION-Sicht gesagt werden: Das agile Arbeiten hat in der Pilotanwendung des »12xx«-Projektes spürbare Wirkung erzielt und verspricht in diesem Anwendungsfall vor allem eine Verkürzung der Entwicklungszeiten für Flurförderzeuge. Ein verbrennungsmotorisch angetriebener neuer Gabelstapler wird damit die neue Abgasgesetzgebung und Zulassungsfähigkeit in wenigen Jahren erreichen, was nach den bislang im Unternehmen praktizierten Prozessen kaum mehr möglich gewesen wäre. Im Einzelnen können für das agile Arbeiten bei der KION Group mehrere Erkenntnisse festgehalten werden: Der Zwei-Wochen-Rhythmus der agilen Arbeitsweise hat sich in der Praxis der Entwicklung von maschinenbautechnischen Flurförderzeugen bewährt und funktioniert gut. Das Projektteam hat nach kurzer Eingewöhnungsphase von einigen Monaten seinen Rhythmus gefunden und pulsiert eingeschwungen im Zwei-Wochen-Takt. Außerdem konnte eine kontinuierliche Transparenz über das Projektgeschehen erreicht werden, durchaus im Gegensatz zu den bislang praktizierten Meilenstein-Reviews in den bisherigen Projekten, die jeweils erst zu den Meilenstein-Terminen selbst den Projektstatus über alle Fachdisziplinen synchronisierten.

Im Projekt »12xx« wurden vier sogenannte »Workstreams« definiert, in denen agil gearbeitet wird – für Stahlbau (Chassis des Gabelstaplers und Hubmast), für den Fahrerarbeitsplatz (Fahrerkabine und Bedienelemente), für die Elektrik/Elektronik und für die Driveline (Motor und Antriebsachse), die eine handhabbare Aufteilung des Gesamtprojektes ermöglichten. Diese vier Teilgruppen des Projektes trafen sich allerdings nicht täglich für einige Minuten, wie in der »reinen Lehre« des agilen Arbeitens vorgesehen und wie auch in der Einführungsphase versucht. Vielmehr hat sich im Projektalltag des »12xx« nur jeweils dienstags und donnerstags ein morgendliches Treffen eingespielt. Diese Treffen dauerten dann eine halbe Stunde. Die etwas auseinandergezogene Taktung hat auch damit zu tun, dass es galt, ein anfängliches Gefühl der Kontrolle bei den Projektmitarbeitern zu vermeiden. Innerhalb der vier Workstreams wurden auch nicht alle Projektaufgaben agil bearbeitet. Es gab und gibt Umfänge, die als Einzelaufgaben an spezifische Konstrukteure übergeben werden, mit dem Auftrag, das zu konstruierende Teil bzw. die zu erledigende Aufgabe in z. B. zwei Wochen ohne weitere Interaktion abzuliefern. Auch wenn diese vereinzelte Arbeitsweise nicht dem agilen Gedanken entspricht, so hat sie sich doch ebenfalls bewährt.

Im »12xx«-Projekt wurde die Teamgröße mit vier bis zwölf Personen eingestellt (statt der klassisch empfohlenen fünf bis acht Personen), was sich aber nicht negativ ausgewirkt hat. Wichtig war bei der Zusammenstellung der Teams die »Product Ownership« der Teammitglieder. Es galt also, die Teilnehmer und deren ganz konkrete technische und inhaltliche Verantwortlichkeit sauber zu definieren. Die im Projekt eingeführte streng standardisierte Dokumentation der in den Zwei-Wochen-Sprints erarbeiteten

Ergebnisse und ein agiles Aktualisieren der Business Cases in den Sprints hat sich positiv ausgewirkt und wird von allen Projektbeteiligten inzwischen sehr geschätzt. Das Management ist damit inzwischen recht nah am realen Projektstatus. Bei der KION Group ist man damit dem Echtzeitgedanken sehr viel näher gekommen.

Insbesondere war und ist es bei der KION Group zwischenzeitlich möglich, notwendige Änderungen am Produkt zeitnah zurückzurollen auf deren Einflüsse auf das gesamte Geschäftssystem des Konzerns und auf den Business Case des Projektes. In komplexen Geschäftssystemen wie der Flurförderzeug-Branche mit Entwicklung, Produktion und Verkauf von Geräten, aber auch mit Leasing, mit Short Term und Long Term Rental, mit einem großen Gebrauchtgeschäft und mit einem ausgedehnten Aftersales- und Service-Geschäft, ist es extrem wichtig, wie sich Produktveränderungen wirtschaftlich auswirken. Dieses zeitnahe Erkennen der Auswirkungen von Änderungen im Produktentstehungsprozess war und ist ein großer Erfolg des agilen Arbeitens im Projekt »12xx«. Nicht nur deshalb hat sich die Linde Material Handling dafür entschieden, Spezialllösungen wie Sicherheitssysteme oder komplexere Customer Options/Kunden-Sonderwünsche nur noch mittels der agilen Arbeitsweise zu entwickeln. Diese – im Vergleich zu einem kompletten neuen Stapler – kleineren Projekte durchlaufen also von vornherein einen verkürzten Entwicklungsprozess mit schnellen Rückmeldeschleifen.

5.6 Permanenter Wandel führt zum Erfolg

Nachdem bei der KION Group durch das Pilotprojekt der methodische Rahmen und der produkttechnische Rahmen für die agile Arbeitsweise bereits gegeben sind, stellt sich im Unternehmen nun die Frage, wie es weitergehen soll mit dem agilen Arbeiten. Für den Konzern ist klar: Was sich bewährt hat und sichtbar auch ökonomische Effekte bringt, das gilt es weiter auszurollen. So wird im Frühjahr 2017 damit begonnen, die Grundabläufe des PEP weiter zu optimieren, um die Produktentwicklungsprozesse bei der KION Group stärker auf die agile Arbeitsweise auszurichten. Zudem ist geplant, die prinzipiellen Produktplattformen des Unternehmens festzulegen mit Fokus auf Module sowie Komponenten und auf die Verblockung der internationalen Produktbaureihen. Danach wird dann das agile Arbeiten in allen neu zu startenden Entwicklungsprojekten eingeführt, mit einer durchgeplanten Kaskade von Schulungen und Trainings. Begleitend zu dieser flächendeckenden Einführung der agilen Arbeitsweise werden KPIs für die Entwicklungsorganisation definiert, mit denen sich die geplanten Effizienzsteigerungen messen und nachhalten lassen. Denn eines ist klar: Ohne nachweisliche betriebswirtschaftliche Effekte machen Veränderungen keinen großen Sinn, und nur einer Mode zu folgen ist kein unternehmerischer Ansatz. Der mit der Einführung der agilen Arbeitsweise im Frühjahr 2015 begonnene Wandel des Entwicklungsgeschehens bei der KION Group wird fortgesetzt und die wirtschaftlichen Ziele dieses Vorgehens sind eingeplant. Das agile Arbeiten ist damit zu einem Baustein des unternehmerischen Erfolgs der KION Group geworden.

06 »Hybrid Agile« – best of two worlds

Antonius Reittinger

6.1 Ausgangslage bei OSRAM

OSRAM, mit Hauptsitz in München, ist ein weltweit führender Lichthersteller mit einer über 100-jährigen Geschichte. Das Produktportfolio beinhaltet High-Tech-Anwendungen auf der Basis halbleiterbasierter Technologien wie Infrarot-LED oder Laser. Die Produkte kommen in verschiedensten Anwendungen von Virtual Reality über autonomes Fahren oder Mobiltelefonen bis hin zu vernetzten intelligenten Beleuchtungslösungen in Gebäuden und Städten zum Einsatz. Im Bereich Fahrzeug-Lichttechnik ist das Unternehmen globaler Technologie- und Marktführer. OSRAM beschäftigte Ende des Geschäftsjahres 2016 (per 30. September) in den fortgeführten Geschäftsbereichen (ohne Ledvance) weltweit rund 24 600 Mitarbeiter und erzielte im Geschäftsjahr 2016 einen Umsatz von knapp 3,8 Milliarden Euro. Das Unternehmen OSRAM Licht AG ist im M-Dax an den Börsen in Frankfurt am Main und München notiert (*www.osram.com*).

Seit der Erfindung von blauen und weißen lichtemittierenden Dioden (LEDs) Ende des letzten Jahrtausends befindet sich die gesamte Lichtbranche in einem fundamentalen Technologie-Wandel. Die bisherige Lichterzeugung, wie man sie von Glühlampen und Leuchtstofflampen kennt, wird durch eine halbleiterbasierte Festkörper-Technologie (»SSL = Solid State Lighting«) abgelöst. Treibende Kraft des Wandels ist die hohe erzielbare Energieeinsparung (Lumen/Watt) und Kosteneffizienz (Lumen/Dollar). Diese »LEDification« zwingt der Industrie die Spielregeln der Halbleiter-Branche auf: »Moore's law« gilt abgewandelt auch hier. Jedes Jahr kommen leistungsfähigere LEDs auf den Markt, welche effizientere und kostengünstigere Lichtsysteme ermöglichen. Dies bedeutet deutlich verkürzte Produktlebenszyklen und verlangt nach erheblich geringeren Produktentwicklungszeiten. Neue Kompetenzen sind vorwiegend im Bereich Elektronik erforderlich, was neue Wettbewerber insbesondere aus Asien auf den Plan ruft.

Das Lichtunternehmen OSRAM hat deshalb seinen bis 2011 vorwiegend sequenziellen Produkt-Entstehungsprozess in einem ersten Schritt parallelisiert (**Bild 6.1**). Dies erfolgte durch ein beraterunterstütztes Projekt (»Move for Speed«) zunächst für den damaligen Geschäftsbereich

General Lighting. Dort wurde innerhalb eines Jahres die neue Funktion Multi-Projekt-Management (MPM) mit weltweit insgesamt 90 Mitarbeitern aufgebaut und die folgenden Kernelemente implementiert:

- **Produkt-Management (PM)**
  Produkt-Owner mit Profit & Loss-Verantwortung über den gesamten Produktlebenszyklus – von der Idee bis zur Abkündigung des Produkts.
- **Multi-Projekt-Management (MPM)**
  Eigenständige Funktion zur funktionsübergreifenden Steuerung aller Produktentstehungsprojekte innerhalb eines Geschäftsbereichs (auch »PMO = Program Management Office« genannt): Diese Einheit stellt dedizierte Projektleiter zur Steuerung der funktionsübergreifend besetzten Produkteinführungsteams (»PIT = Product Introduction Teams«) zur Verfügung und verantwortet die Umsetzung des Projektportfolios.
- **Product Steering Committee (PSC)**
  Projekt-Entscheidungsgremium, besetzt mit Abteilungsleitern aller Funktionen. Diese Gremien auf globaler und regionaler Ebene genehmigen neue Projekte, treffen bei Planabweichungen oder Ressourcenengpässen Prioritätsentscheidungen und entlasten das Projektteam nach erfolgreicher Projekt-Fertigstellung.
- **Wasserfall-Methodik**
  Projektmanagement-Standardmethodik zur strukturierten Durchführung von Projekten. Hier werden die Projektphasen Planung, Produktentwicklung, Industrialisierung und Markteinführung schrittweise abgearbeitet (»WBS = Work-Breakdown Structure«) und das »V-Prinzip« angewendet (Lastenheft, Pflichtenheft, Umsetzung, Abnahme).
- **Stage-Gate-Prozess**
  Synchronisierungsmeilensteine für die Pro-

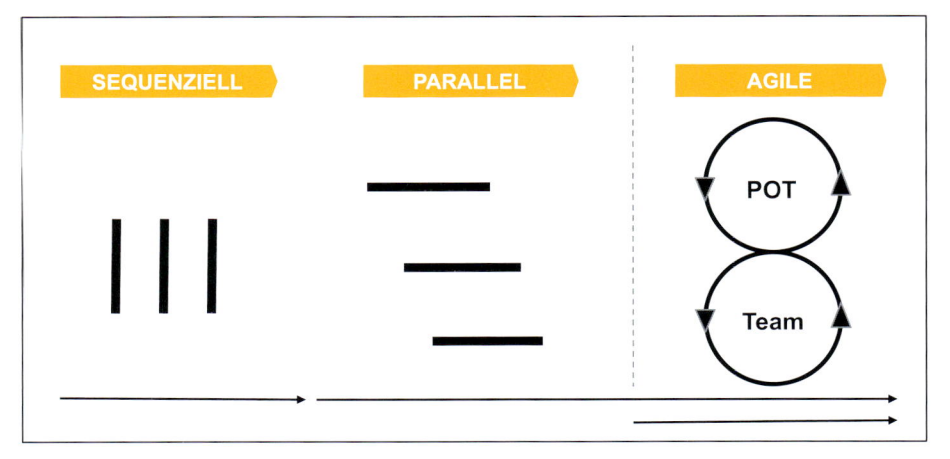

Bild 6.1
Evolution des Produkt-Entstehungsprozesses bei OSRAM

jektphasen Planung, Produktentwicklung, Industrialisierung, und Markteinführung.
- **Key Performance Indicators (KPIs)**
Etablierung von Messkriterien für den Projekterfolg: Der primäre Fokus liegt auf Zeit (Termintreue: »On-time-delivery«, Durchlaufzeit: »Time-to-Launch«) und den Produktherstellkosten neben Qualität/Performance und Projektbudget. Jedes Projektteammitglied erhält diese Projekt-KPIs als Ziel. Ein KPI-Update erfolgt nach jedem Projektmeilenstein. Auf Produktebene wird zusätzlich der Markterfolg drei Monate nach Einführung bzw. nach einem Jahr gemessen (»Time-to-Money«).

Das Ergebnis waren deutlich kürzere Produktentwicklungszeiten (unter einem Jahr) und eine hohe Verlässlichkeit der zugesagten Markteinführungstermine (über 75 %). Dies trug entscheidend zur Wettbewerbsfähigkeit der elektronischen und LED-basierten Produkte und Systeme bei. Aufgrund dieses operativen Erfolgs wurde der Ansatz von allen anderen OSRAM-Geschäftsbereichen übernommen und als neue Kernmethode im OSRAM-Produktentstehungsprozess verankert.

6.2 Motivation für Agile

Nach mehreren Jahren erfolgreicher Projektarbeit gibt es wichtige Erkenntnisse: Festgelegte Abläufe mit klaren Verantwortlichkeiten werden teilweise als zu unflexibel empfunden oder lassen zu wenig Freiraum für den einzelnen Mitarbeiter. Die anfängliche Euphorie der funktionsübergreifenden Zusammenarbeit im Projektteam hat sich zum Teil in einen eher funktionszentrierten Arbeitsmodus zurückentwickelt.

Auch marktseitig gibt es neue Trends: Digitalisierung, Vernetzung und Forderung nach System-Lösungen (Stichwort: »IoT = Internet of Things«). Parallel steigt die Nachfrage nach kundenspezifischen Lösungen und Innovationen.

Für die Produktentstehung bedeutet dies zum einen die Notwendigkeit des Ausbaus zusätzlicher Kompetenzen, wie z. B. Systemarchitektur, Software und Netzwerktechnik. Zum anderen ist die klassische Wasserfall-Methodik für innovative oder kundenspezifische Lösungen nur bedingt geeignet: Die Technologie- und Kundenbedürfnisse ändern sich während der Projektlaufzeit. Diese »moving targets« erhöhen das Risiko, dass nach Projektfertigstellung das neue Produkt nicht mehr den veränderten Anforderungen entspricht. Eine neue Methodik muss her!

Erwartungen an Agile

Daher wurden im Jahr 2015 verschiedene Ansätze untersucht. Agile Methoden sind aus der Softwareentwicklung bekannt: »Scrum«-Ansätze werden z.B. für PC-Software-Applikationen seit vielen Jahren angewendet. Leider erschien die Übertragung auf Entwicklungsprojekte mit hohem Hardware- und Mechanik-Anteil schwierig, da diese »lead-time«-Zwängen unterliegen und im Gegensatz zu Software nicht täglich anpassbar sind.

Entscheidender Ideengeber war der Besuch eines F&E-Fachforums Ende 2015: Mehrere Unternehmen berichteten hier über erste Erfolge mit Agile im Mechatronik-Umfeld. Zentrale Neuerung war das »POT« = Produkt-Owner-Team: Ein »Triumvirat« aus Marketing, Entwicklung und Projektleitung. Übertragen auf die OSRAM-internen Strukturen versprach dieses Konzept eine verbesserte inhaltliche Zusammenarbeit zwischen dem Produktmanager, dem Systemarchitekt-Entwickler und dem Projektleiter.

Die internen Erwartungen an Agile waren vielfältig:
- Flexiblere Reaktion auf veränderte Marktanforderungen noch während der Entwicklungsphase
- präzisere Aufwandsabschätzung und Priorisierung der Aufgaben
- optimierte Projektlaufzeit und Projektkosten bei konstant hoher Termintreue
- frischer Wind für die fachübergreifende Zusammenarbeit im Projektteam
- mehr Freiraum für den einzelnen Mitarbeiter.

Einführung von Agile

OSRAM entschied sich Anfang 2016, die agile Methodik mit Beraterunterstützung einzuführen. Dies erfolgte im ersten Schritt in der OSRAM Business Unit »Digital Systems« unter der Schirmherrschaft der globalen Leiter für Entwicklung und Multi-Projekt-Management.

Der Kernansatz war, Agile nicht als Ablösung, sondern als sinnvolle Ergänzung zur erfolgreichen Wasserfall-Methodik zu etablieren: Evolution statt Revolution. Der Einsatz sollte dort erfolgen, wo Agile methodisch sinnvoll erschien, insbesondere bei Innovationsprojekten.

Zur Eingrenzung wurden drei Standorte in

Nord-Amerika und Europa ausgewählt und auf die Produktgruppe LED-Treiber und Licht-Steuerungen fokussiert. Vier Projekte mit innovativem Charakter und sich schnell verändernden Marktanforderungen wurden ausgewählt. Die Pilot-Projektteams wurden mit erfahrenen Mitarbeitern besetzt. Ziel war es, diese Agile-Pilotprojekte erfolgreich umzusetzen und einen »Pull«-Effekt für die nicht teilnehmenden Mitarbeiter zu generieren. Nach drei Monaten trat genau dieser Effekt ein: Zwei weitere Agile-Pilotprojekte und ein weiterer Standort kamen nach Anfrage hinzu.

Der Auftakt war eine jeweils eintägige Agile-Informationsveranstaltung an jedem Standort mit rund 30 Teilnehmern, bestehend aus den Projektmitgliedern aller Funktionen und deren Vorgesetzten. Am Ende wurde von den Projektsponsoren an jeden einzelnen Teilnehmer persönlich die Frage gestellt, ob »wir gemeinsam diesen agilen Weg ausprobieren wollen« – ganz im Sinne des agilen Ansatzes eigenverantwortlicher Teamentscheidung. Die Zustimmung lag in jeder Veranstaltung über 98 %. Die wenigen skeptischen Stimmen kamen aus der Konstruktion, welche in ihrem Bereich keinen Vorteil in der Anwendung von Agile sahen. Es wurde daher vereinbart, auf diesen Aspekt in den Agile-Pilotprojekten ein spezifisches Augenmerk zu legen und hier eine sinnvolle Lösung zu erarbeiten.

Jedes Pilotprojekt wurde durch einen externen Agile-Coach im Wochenwechsel gecoacht. Zusätzlich wurden erfahrene Gruppenleiter aus der Entwicklung und MPM ausgewählt, um die Agile-Pilotprojekte zu begleiten. Ziel war es, projektbegleitend mit der Agile-Einführung eigene interne Agile-Coaches aufzubauen.

Bei jedem Projektteam wurde der gleiche Einführungsansatz angewandt: Nach einer zweitägigen Intensiv-Einführung in die Agile-Methodik erfolgte ein einwöchiger »Test-Sprint« zum Einüben des Gelernten. Ab dann erfolgten »echte« zweiwöchige Sprints. Während dieser zwei Wochen wurden tägliche »Daily Stand-ups« in Eigenverantwortung der Agile-Team durchgeführt. Nach diesen zwei Wochen erfolgten mit Unterstützung des Agile-Coaches die Abnahme des vorherigen Sprints und die Vorbereitung des nächsten Sprintzyklus durch das POT mit den Agile-Teams.

Im Rahmen der Agile-Pilotprojekte wurden vom Agile-Coach die folgenden Agile-Kernaspekte eingeführt:

- **Team-Setup:**
  - *POT = »Produkt-Owner-Team«:* Leitungsteam bestehend aus jeweils einem Vertreter der Funktionen Produkt-Management, Entwicklung und Projektmanagement, verantwortlich für die Planung.
  - *Agile-Teams:* Mitarbeiter aus verschiedenen Funktionen, verantwortlich für die Umsetzung.
- **Meeting-Struktur (»Agile-Ceremonies«)**
  - *Konklave:* Update der Release-/Backlog-Planung und Ableitung der nächsten Sprint-Ziele durch das POT.
  - *Sprint-Planung*: Das POT und die Agile-Teams klären und vereinbaren die nächsten Sprint-Ziele (»Stories«) und erzielen ein gemeinsames Verständnis für die notwendigen Tasks und die »Definition-of-done«.
  - *»Daily Standups«*: Täglich 15-minütiger Austausch der Agile-Teammitglieder untereinander mit Status-Update zum Fortschritt der vereinbarten Tasks (eigenverantwortlicher Durchführung ohne POT).
  - *Demonstration:* Agile-Teams präsentieren nach Ende des Sprint-Zyklus dem POT die Ergebnisse zur Abnahme.
  - *Retroperspektive:* Review der Teamperformance während des letzten Sprint-Zyklus mit dem Agile-Coach, jeweils für die Agile-Teams und für das POT.
- **Transparenz:**
  - *Release/Backlog-Board:* Darstellung der Release-Meilensteine mit den dazugehörigen EPICs und Stories.
  - *Sprint-Board:* Darstellung des Fortschritts der einzelnen Stories innerhalb eines Sprints, heruntergebrochen nach personalisierten, eintägigen Tasks (To-Do, Work-in-Progress, Done, Definition-of-Done).
  - *Magic estimation:* Methodik zur Aufwandsabschätzung und Abarbeitungsdauer von EPICs, Stories und Tasks.
  - *Paarweiser Vergleich:* Priorisierung der Anforderungen (EPICs und Stories) nach Wichtigkeit für den Kunden. Diese Reihenfolge dient als Basis für die spätere Abarbeitung (»forced ranking«).

Im Zwei-Wochen-Rhythmus gab es außerdem kurze Update-Meetings zwischen den Projektsponsoren, den externen Agile-Coaches und den ausgewählten Gruppenleitern. Dies diente dem Fortschritts-Monitoring, der Definition von korrigierenden Maßnahmen und dem Austausch von lessons learned.

6.3 Erforderliche Anpassungen: »Hybrid Agile«

Nach dem ersten Monat wurde schnell klar, dass trotz POT-Ansatz die eingeführte Agile-Methodik nicht zum erwünschten Projekterfolg führen würde: Zur Steuerung der Zulieferer und Partner für z. B. mechanische Bauteile oder die Fertigung war das Terminziel »im Sprint x« für deren Kapazitätsplanung zu ungenau. Daher wurde wieder ein Gesamt-Projektplan (Masterplan) eingeführt und speziell für die Zulieferer und Partner eine Work-Breakdown-Structure (WBS) vom Projektleiter erstellt. Damit konnten wieder klare Zeitpläne und Termine kommuniziert werden. Auch die Darstellung des kritischen Pfads auf Basis der lead-time, z. B. für Fertigungswerkzeuge, war wieder möglich.

Dies führte zur angepassten Methodik »Hybrid Agile«: die Kombination der klassischen Wasserfall-Methode für die Hardware/Mechanik-Industrialisierung mit der Agile-Methode für die Software-/Hardware-Entwicklung, ein »best of two worlds«.

Die grundlegende Ursache für den »Hybrid Agile«-Ansatz ist, dass es aufgrund der mechanischen Natur von Fertigungserzeugnissen immer lead-times bei geplanter Massenfertigung geben wird. Selbst mit innovativen Fertigungsmethoden wie 3D-Druck kann die Industrialisierung bis dato nur für kleine Serien beschleunigt werden. Im Gegensatz dazu ist Software virtueller Natur und kann in der Funktionalität täglich angepasst werden.

Mit dieser adaptierten »Hybrid Agile«-Methodik wurden die Projektteams neu aufgestellt:

- **Agile**: Entwicklungsteams für Software und Hardware-Prototypen inklusive Systemtest
- **Wasserfall**: Hardware/Mechanik-Industrialisierung und Markteinführungsteam.

Das POT übernimmt als oberstes Leitungsgremium die Steuerung der Teams und die Synchronisierung der Aufgaben (**Bild 6.2**).

Dabei haben die einzelnen POT-Mitglieder klare Rollen mit einem spezifischen Fokus:

- **Produktmanager (PM)**: Er definiert die Anforderungen (Was?) und steuert das Markteinführungsteam. Die Herausforderung dieser Rolle liegt in der Definition der EPICs und Stories und in der Priorisierung dieser Anforderungen mithilfe des paarweisen Vergleichs nach

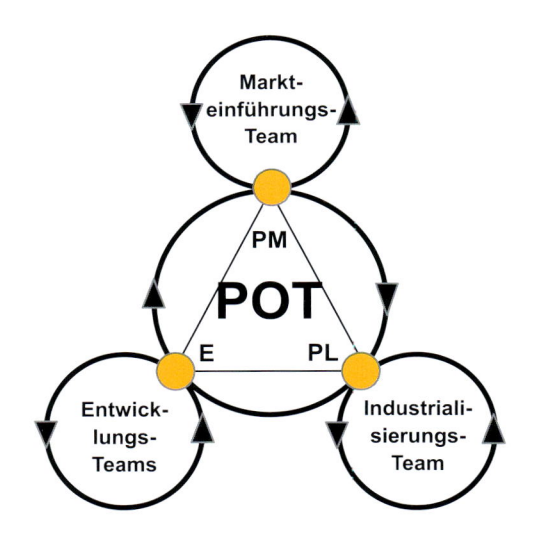

Bild 6.2
Aufbau von POT und Agile-Teams

mintegration der Ergebnisse von parallel laufenden Agile-Entwicklungsteams (Hardware, Firmware, Applikations-Software) und der Zulieferungsergebnisse außerhalb des Projektteams (z. B. Plattform-Module, Vorfeld-Entwicklungsergebnisse) sicherzustellen. Dazu werden ggf. Experten aus den Fachgebieten (»Development Delegates«) bei der Sprintplanung hinzugezogen.

- **Projektleiter (PL):** Er definiert den Gesamt-Projektplan (Wann?) und steuert das Industrialisierungsteam. Außerdem ist er für die Gesamtsynchronisierung aller Teams und die Projektumsetzung verantwortlich. Die Herausforderung dieser Rolle liegt im »Loslassen«; ein (Micro)-Management der Projektmitarbeiter ist nicht mehr möglich – mit dem Sprintplanungs-Meeting wird die Umsetzung eigenverantwortlich an das Agile-Team für die Dauer des Sprint-Zyklus übertragen. Lediglich bei akuten Problemen im Sprint-Zyklus fungiert er für die Agile-Teams als erster Ansprechpartner im POT.

»must-haves« (Plattform und Basisfunktionalitäten), »should-haves« und »nice-to-haves«. Bei limitierter Projektlaufzeit – inhärent im Agile-Ansatz durch fix getaktete Release- und Sprint-Zyklen vorgegeben – sind Abstriche gering priorisierter Anforderungen vorprogrammiert.

- **Systemarchitekt-Entwickler (E):** Er definiert die Produktarchitektur und die technische Funktionalität (Wie?) und steuert die Agile-Entwicklungsteams. Die Herausforderung dieser Rolle liegt in der Festlegung eindeutiger technischer Schnittstellen, um die reibungslose Syste-

Kern des POT ist die gemeinsame Zusammenarbeit: Das POT plant gemeinsam den Release/Backlog, entscheidet gemeinschaftlich über die Prioritäten für den nächsten Sprint und nimmt die Agile-Teamergebnisse ab. Dies erfordert eine sehr enge Zusammenarbeit der drei Funktionen. Das ist insbesondere für den Produktmanager eine neue Erfahrung: Er muss sich mit den beiden anderen POT-Mitgliedern hinsichtlich Machbarkeit und Realisierungszeitpunkt der Anforderungen einigen und ist nicht mehr alleiniger »Owner«. Zur transparenten Darstellung der POT-Aufgaben wird ein eigenes POT-Board verwendet. Diese Transparenz und die engere Abstimmung ermöglichen die gegenseitige Vertretung der POT-Mitglieder untereinander und erlauben Flexibilität im Austausch mit den Agile-Teams, z. B. bei der Sprint-Planung oder in der Demonstration.

Aufgrund der verschieden Teams und deren Aufgabenbereiche sind die Synchronisierungs-Zyklen unterschiedlich:

- Täglich in den Agile-Entwicklungsteams
- wöchentlich für das Markteinführungsteam und Industrialisierungsteam mit dem Produktmanager bzw. dem Projektleiter
- alle zwei Wochen Synchronisierung aller Teams gemeinsam mit dem POT.

Zur einheitlichen Taktung der Teams gibt es außerdem alle 12 Wochen einen (Interim)-Release. Dort erfolgt eine vollständige Systemintegration aller Komponenten (Mechanik, Hardware, Software, Werkzeuge). Der 12-Wochen-Zyklus reflektiert die typische Dauer für mechanische Anteile. Dies entspricht sechs Sprintzyklen. Durch den Release-Plan werden die Wasserfall-Meilensteine für die Industrialisierung mit den Agile-Entwicklungssprints synchronisiert. Die bisherigen Stage-Gate-Meilensteine wandeln sich zu Releases. Jedes neue Release stellt eine erweiterte Funktionalität dar und kann dem Kunden demonstriert werden (ggf. als noch nicht verkäufliches »Engineering sample«). Dies erlaubt ein frühzeitiges Feedback und Anpassungen für den nächsten Release. Der zugesagte Produkt-Einführungstermin ist der finale Release (**Bild 6.3**).

Der Projektplanungsaufwand ist bei »Hybrid Agile« deutlich geringer, da er weniger detailliert ist als bei der reinen Wasserfall-Methode. Die Agile-Aufgaben werden nur grob in den Gesamt-Projektplan aufgenommen. Die eigentlichen Aufgaben des Agile-Teams werden im Sprint-Board abgebildet.

Herausforderungen in der Einführung

Im Rahmen der Pilotprojekte mussten eine Reihe wichtiger Punkte bei der Implementierung gelöst werden:

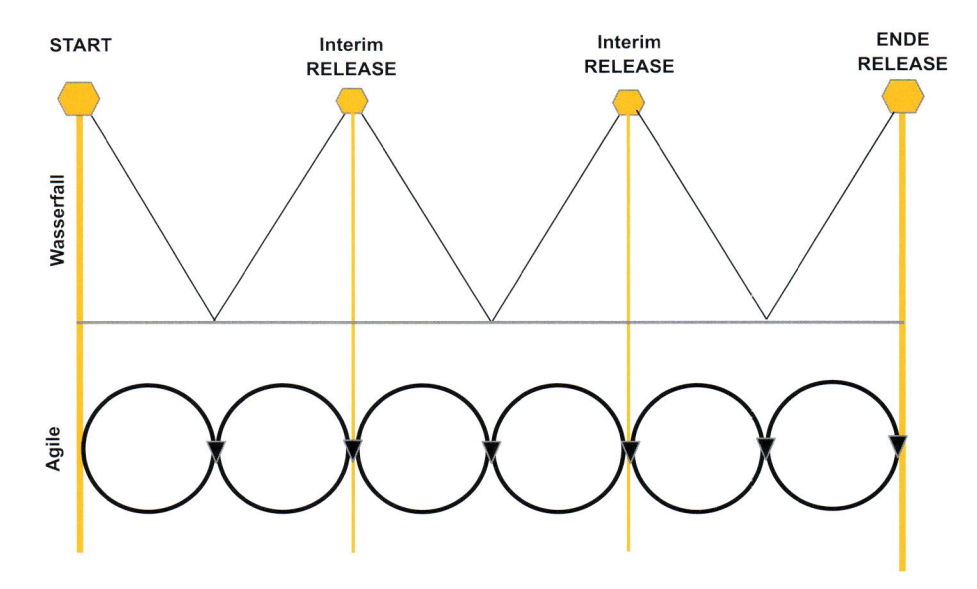

Bild 6.3
Release-Synchronisierung der Wasserfall-Meilensteine und der Agile-Sprints

Für die **Agile-Teamgröße** hat sich eine Größenordnung von fünf bis acht Mitarbeitern bewährt. Nur dann ist ein gegenseitiges Aushelfen im Team möglich. Die Kompetenzen sind idealerweise überlappend. Mitarbeiter mit Silo-Wissen (vorhanden nur bei einer einzigen Person) werden ansonsten zum Flaschenhals, insbesondere wenn diese Mitarbeiter anderen Einflüssen außerhalb des Projekts unterliegen.

Bei einem internationalen Unternehmen wie OSRAM gibt es häufig **unterschiedliche Standorte** für Entwicklung, Fertigung, Vertrieb und Marketing. Der Idealzustand eines gemeinsamen Projektstandorts ist schlichtweg nicht abbildbar. Dennoch kann zumindest teilweise eine Lösung durch den Einsatz moderner Kommunikationsmedien und elektronischer Tools geschaffen werden, um »Daily Stand-ups« durchzuführen und Boards weltweit sichtbar zu machen. Damit ist dann auch standortübergreifendes Arbeiten möglich. Ratsam ist es, zum Projekt-Kick-off das POT und die Agile-Teams zum gegenseitigen Kennenlernen an einem Standort zu vereinen. Dies zahlt sich hinterher in einer verbesserten Zusammenarbeit aus. Idealerweise wiederholt man dies alle drei Monate nach einem erfolgreichen Release für einen gemeinsamen Retroperspektive-Workshop in Vorbereitung auf den nächsten Release.

Ein **elektronisches Tool** für die Agile-Projektarbeit ermöglicht die notwendige Transparenz und Fortschrittskontrolle der POT- und Agile-Teamaufgaben und die Dokumentation. Bei erstmals durchgeführten Agile-Projekten sind für die ersten Sprints papierbasierte Boards hilfreich, um das Team mit der Methodik vertraut zu machen. Danach wird das Projektteam jedoch schnell auf ein elektronisches Tool umsteigen (z. B. Confluence und Jira), da dann mit deutlich geringerem Aufwand eine standortübergreifende Transparenz und Fortschrittskontrolle der POT- und Agile-Teamaufgaben im Sprint-Zyklus und die Dokumentation der Release-/Backlog-Planung, »lessons learned«, »improvements« und »impediments« erfolgen kann. Dies erlaubt auch eine Teilnahme an Team-Meetings mobil während Geschäftsreisen.

Requirement Engineering ist eine erforderliche Kompetenz für ein erfolgreiches »Hybrid Agile«-Projekt: Der Produktmanager muss Anforderungen aus Kunden- und Endanwender-Sicht beschreiben können (Use cases und EPICs), der Systemarchitekt-Entwickler diese in technische Funktionalität umwandeln (Stories) und die Agile-Teams daraus eine technischen Lösung formulieren (Tasks). In der Praxis werden häufig »Was?« und »Wie?« vermischt: Dadurch enthalten Anforderungen bereits technische Lösungsansätze. Dies verhindert jedoch Innovationen und Flexibilität. Klarheit verschafft hier eine Fokusmatrix, bei der das »Was?« und das »Wie?« orthogonal dargestellt werden.

Die **Systemarchitektur** bestimmt entscheidend den Flexibilitätsrahmen, den das Projekt besitzt, um Anpassungen oder neue Anforderungen während der Entwicklungsphase zu berücksichtigen. Die Systemarchitektur basiert auf den »must-have«-Anforderungen (Basisfunktionalitäten) des Produkt-Managers. Zur Illustrierung dient das Beispiel Hausbau: Die Architektur-Entscheidung »Zelt«, »Einfamilienhaus« oder »Hochhaus« bestimmt, was später im Projekt noch anpassbar ist. So ist beim Einfamilienhaus z. B. kein weiterer zusätzlicher Keller möglich, die Anpassung der Farbe, Art oder Form der Fliesen im 2. Stock aber sehr wohl. Dies ist der grundsätzliche Unterschied zur Wasserfall-Methode, die mit einem fest definierten Lastenheft (»Teppichfarbe im Zimmer x ist y«) bereits alle Projektanforderungen vorab fest definiert.

Die **Gruppenleiter** aus der Entwicklung (Hardware, Firmware, Software, Systemtest) haben in »Hybrid Agile« eine andere Rolle: Sie planen zwar weiterhin ihre Mitarbeiter auf Projekte, sie steuern diese jedoch nicht mehr selbst aus. Die Aufgaben-Einlastung erfolgt jetzt durch das POT in der Sprintplanung. Die Agile-Teammitarbeiter definieren nun selbstständig die Art und Weise, welche Tasks sie wann, wie und durch wen während des Sprints umsetzen.

Der Gruppenleiter soll und darf hier keinen Einfluss mehr ausüben, ansonsten zerstört er den Kern des Agile Erfolgs: die Selbstbestimmung und Eigenverantwortung des Mitarbeiters. Dies bedeutet jedoch, dass für den Gruppenleiter eine wichtige bisherige Aufgabe, die fachliche Führung und Aussteuerung, wegfällt. Dies erfordert ein gutes Change-Management und die Definition alternativer Aufgaben. Zielführend hat sich der Einsatz der Gruppenleiter als Mitglied des POT-Teams als Systemarchitekt-Entwickler, als erfahrener neutraler interner Agile-Coach oder als eingeladener Experte (»Development Delegates«) bei der Sprintplanung erwiesen.

Es gab viele **vorgefertigte Meinungen** und Ansichten über Agile. Diese galt es zu korrigieren. Dazu war kontinuierliche Kommunikation auf allen Ebenen notwendig. Vor allem die Projektsponsoren waren gefordert, **häufige Fehlinterpretationen** klarzustellen:

»Agile macht Projekte schneller«.
Richtig ist: Agile erlaubt mehr inhaltliche Flexibilität und konsequente Fokussierung. Bei Agile kann auf Marktanforderungen während der Projektentwicklung schneller reagiert werden. Dies führt zur Verringerung von notwendigen Design-Schleifen.

»Agile reduziert Kosten«.
Richtig ist: Der Aufwand bleibt in etwa gleich. Durch frühzeitige Feedbackloops werden Zusatzkosten von sonst später eventuell notwendigen Design-Änderungen minimiert.

»Agile bedeutet kein Termindruck und kein Budgetrahmen«.
Richtig ist: Projektendzieltermin und Projekt- und Produktkosten sind weiterhin vorgegeben. Unternehmen sind weiterhin von betriebswirtschaftlichen Zwängen und Kundenanforderungen bestimmt. Die Hoffnung, man könnte »wieder vor sich hin basteln« trifft auch bei Agile nicht zu.

»Agile bedeutet: Ich muss mich an keine Regeln/Prozesse mehr halten«.
Richtig ist: Agile erfordert sogar mehr Disziplin von den Teammitgliedern. Die Aufgaben müssen innerhalb der zweiwöchigen Sprints erledigt werden. Das Team kann sich jedoch jetzt selbst organisieren, wie es die Aufgaben erledigen möchte.

»Mit Agile braucht es kein Projektmanagement mehr, das Team macht das jetzt selbst«. Richtig ist: Es gibt keine Methodik, die alle Probleme wie durch ein Wunder von alleine löst. Der Vorteil von Agile ist, dass Fortschritt, Probleme und Auswirkungen im Projekt schneller sichtbar sind. Die Lösung erfordert ein Projektmanagement, welches sich der Probleme annimmt und Entscheidungen trifft bzw. herbeiführen kann. Das Projektmanagement wird mit dem POT sogar personell erweitert.

Erfolgsfaktoren
- Im Rahmen der Einführung von »Hybrid Agile« haben sich die folgenden **Erfolgsfaktoren** herauskristallisiert:
- **Produkt-Owner-Team (»POT«)**
  Das Beherrschen von »Requirement Engineering« ist entscheidend. Drei verschiedene Funktionen und Personen sind notwendig, um die verschiedenen Kompetenzen abzubilden: Produktmanager: »Was?«, Systemarchitekt-Entwickler: »Wie?«, Projektleiter: »Wann?« Diese Kompetenzen in einer Person zu finden ist kaum möglich und ein entscheidender Unterschied zum Produktowner(PO)-Ansatz bei Scrum.
- **Keine Abweichung vom definierten Agile-Prozess**
  Der Agile-Prozess ist ausgereift und erprobt, jede Abweichung vermindert die Effektivität oder zerstört seine Vorteile. Negative Erfahrungen wurden insbesondere mit verlängerten Sprint-Zyklen (über zwei Wochen) gemacht. Trotz mehr Zeit wurden die Sprint-Ergebnisse nicht erreicht. Der Grund dafür war meist ein zu später Start der Aufgaben (»noch lange hin«) oder die Unterschätzung von äußeren Störungen, die die Teamkapazität reduzieren. Daher gilt die Regel: der 2-Wochen-Sprint-Rhythmus bleibt immer bestehen. Wenn nötig, sind Zwischenergebnisse zu definieren.
- **Sicherstellung von Eigenverantwortung**
  Teammitglieder wollen ihren Beitrag leisten und sind stolz, wenn sie ihre Ergebnisse dem Agile-Team oder dem POT zeigen dürfen – das macht den Erfolg von Agile aus: Eigenständig seine Task-Karte zu schreiben schafft Verantwortung. Die Karte in einem »Daily Stand-up« auf »Done« zu setzen, steigert das Selbstwertgefühl. Teilweise wurden Karten sogar nachträglich geschrieben, um zu zeigen: »Ich habe auch etwas für die Gruppe beigetragen«. Daher gilt die Regel bei der Sprint-Planung: Jeder Task

ist eindeutig zu personalisieren und ist binnen ein bis zwei Tagen selbständig erledigbar.
- **Tägliche Transparenz der Ergebnisse und Fortschritte**
Transparenz schafft Vertrauen durch Klarheit über den Projektstatus, den Fortschritt und die Probleme/Barrieren. Dies ermöglicht eine schnellere Lösungsfindung.
- **Teamselbstbestimmung**
Agile-Teams haben den Freiraum, sich selbständig innerhalb eines zweiwöchigen Sprints ohne Einwirkung von Gruppenleitern oder POT-Mitgliedern zu organisieren. Im Gegenzug verpflichtet sich das Agile-Team, die vereinbarten »Stories« bis zum Ende des Sprints fertigzustellen. Insbesondere bei den »Daily Stand-ups« gab es anfangs Probleme: Durch die aktive Teilnahme von POT-Vertretern mit inhaltlichem Eingreifen verlängerte sich der ursprünglich 15-minütige Austausch auf zwei Stunden. Resultat: Das Vertrauen in die Teamproblemlösungskompetenz sank und die Eigenverantwortung wurde zunichte gemacht. Daher gilt die Regel für das POT: Zuhören im »Daily Stand-up« ja, sprechen nein.
- **Time-boxed**
Getaktete zweiwöchige Sprints und 12-wöchige Produkt-Releases sind der wiederkehrende Rhythmus in Agile-Projekten. Im Kern zerlegt Agile durch diese Taktung das bekannte »V«-Prinzip der Wasserfall-Methode in viele kleine, kürzere »V« und erlaubt dadurch den flexibleren Einbau von sich ändernden Anforderungen.
- **Agile-Coach**
Er ist der Katalysator für den Kulturwandel hin zur Agile-Methodik und Garant für die kontinuierliche Steigerung der Teamperformance. Diese Rolle erfordert eine erfahrene Führungskraft mit Kenntnissen in Teamprozessen. Die alle zwei Wochen stattfindenden Retroperspektiven sind das Herzstück der Effizienzsteigerung: Hier wird die Teamperformance im letzten Sprint diskutiert und eine adaptierte Arbeitsweise für den nächsten Sprint vereinbart. Dadurch kann sich das Agile-Team zu einem »High Performance Team« entwickeln. Dieser eingebaute kontinuierliche Verbesserungsprozess ist der Schlüssel für den Erfolg von Agile.
- **Top-down-Einführung**
Sehr hilfreich in der Umsetzung war ein Top-Down-Einführungsansatz durch das Top-Management (»die wollen das«). Externe neutrale

Agile-Coaches brachten die notwendige Außenperspektive, Methodik und Teamcoaching-Erfahrung ein. Ausgewählte Gruppenleiter sichern die Implementierung an der Basis ab.

6.4 Perspektiven

Nächste Schritte

Bei OSRAM wird »Hybrid Agile« derzeit als komplementäre Projekt-Management-Methode offiziell in den Produkt-Entstehungsprozess aufgenommen mit dem Fokus auf Innovation.

Aufgrund der guten POT-Erfahrung wird das Konzept auch in allen klassischen Wasserfall-Projekten implementiert.

Für Agile-Teams wird in Infrastruktur investiert, d.h. ein elektronisches Agile-Tool flächendeckend ausgerollt und – wo möglich – spezielle Teamräume an den Standorten eingerichtet.

Weitere interne Agile-Coaches (Gruppenleiter in der Entwicklung und MPM) werden speziell in Agile und Teamprozessen geschult, um die Methode in die Breite zu tragen.

Ein »Requirement engineering«-Training für Produktmanager, Systemarchitekt-Entwickler und Projektleiter wird aufgelegt.

Zusammenfassung

»Hybrid Agile« und »Wasserfall« sind KOMPLEMENTÄRE Projekt-Methoden und werden je nach Ziel angewendet (s. Tabelle 6.1).

»Hybrid Agile« kombiniert die Vorteile von traditioneller Wasserfall-Methodik mit der Flexibilität von Agile. Der klare Vorteil von »Hybrid Agile« ist die Möglichkeit des flexiblen Einbaus von sich ändernden Marktanforderungen im Projektverlauf. Die Anwendung von »Hybrid Agile« ist besonders geeignet für Innovationen. Agile heißt nicht schneller, sondern inhaltlich flexibler »on-time«.

Tabelle 6.1
Übersicht und Anwendung der Projekt-Methoden »Wasserfall« und »Hybrid Agile«

Projekt-Methodik	Wasserfall	»Hybrid Agile«
Fokus	klare Marktanforderungen eindeutiges Endziel	schnell sich ändernde Marktanforderungen nebulöses Endziel
Ansatz	top-down linear	iterativ »time-boxed«
Prinzip	»V«-Prinzip: • Lastenheft, Pflichtenheft • Umsetzung, Abnahme	»Agile«-Prinzip: • POT plant und steuert • Agile-Team verpflichtet sich und liefert Ergebnisse • getaktete Abnahme (Sprint, Release)
Anwendungsbeispiele	Produkt-Modifizierungen Design-to-Cost	Innovationen kundenspezifische Lösungen

07 Agile Produktentwicklung bei SMA Solar

Dr. Jürgen Reinert, Dr. Carsten Gundlach

7.1 AGILE@SMA – In Innovationsprojekten Unmögliches möglich machen

Die Energieversorgungsstrukturen sind weltweit im Umbruch. Dezentrale erneuerbare Energien gewinnen dabei immer mehr an Bedeutung. In diesem dynamischen Umfeld ist die Branche der Hersteller von Wechselrichtern und Systemtechnik für die Photovoltaik von starkem Wettbewerb und immer kürzeren Produktlebenszyklen geprägt. Um sich in diesem Verdrängungsmarkt erfolgreich zu behaupten, ist es für den Marktführer SMA Solar Technology AG (SMA) elementar, neue Geschäftsmodelle und Wachstumsfelder zu erschließen, vor allem aber auch, Innovationen schnell voranzutreiben (Keese 2014 und 2016).

Den Verantwortlichen bei SMA ist von Anfang an klar: Eine rein »evolutionäre« Fortentwicklung eines bestehenden Produktes wird den neuen Marktanforderungen und dem gestiegenen Kostendruck auf Dauer nicht gerecht. Daher setzt der Vorstand Ende 2015 ein besonderes Projekt mit dem Ziel auf, einen signifikanten Innovationssprung (Bild 7.1) zu erreichen: Ein neues Wechselrichterkonzept (Demonstrator) mit maximaler Marktdurchdringung, welches die Herstellungskosten im Vergleich zu den bestehenden Wechselrichtern nochmals halbiert.

Eine große Herausforderung, die unter den »normalen« Rahmenbedingungen, in denen ein Entwicklungsprojekt durchgeführt wird, mit den klassischen Strukturen des Projektmanagements, den strengen inhaltlichen und zeitlichen Vorgaben nicht zu bewältigen ist. Also beschließt das

Bild 7.1
Innovationssprung

Unit-Leitung und Leitung der Vor-/Technologieentwicklung – gänzlich neue Wege zu gehen. Dabei stehen neben technologischen Neuerungen auch die speziellen Rahmenbedingungen für das Projekt-Setup und der unterstützende Einsatz von Innovationsmethoden (Gundlach 2010, Lunau 2013, Fischer 2016, Gundlach 2015) im Fokus.

7.1.1 Denkmuster durchbrechen, Wissen lösungsorientiert zusammenführen

Von entscheidender Bedeutung hierfür ist es, dem interdisziplinären Projektteam für diese Aufgabe »Leitplanken« (**Bild 7.2**) zu geben, die auf der einen Seite einen Zielkorridor vorgeben, auf der anderen Seite genug Freiraum lassen, um neue Ideen, Innovationsansätze (Smerlinski 2009) und Konzepte entstehen zu lassen.

Die Mitglieder des Projektteams werden gezielt ermuntert, gewohnte Denkmuster und Paradigmen zu durchbrechen, scheinbar Unmögliches in Betracht zu ziehen und Innovationsmethoden und Analogien aus anderen Unternehmen und Bereichen zu nutzen. Anschließend soll dieses Wissen wieder strukturiert und lösungsorientiert zusammengeführt werden.

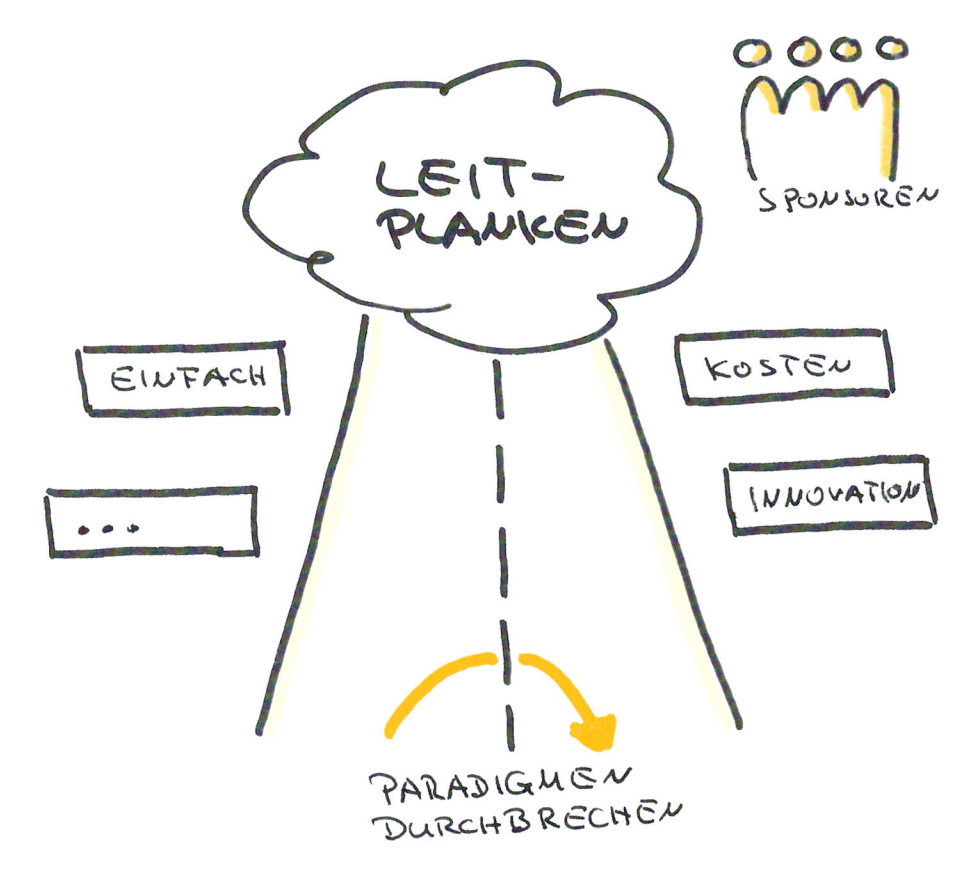

Bild 7.2 Projektleitplanken

verantwortliche Sponsorenteam aus Technologievorstand – Entwicklungsleitung, Business-

7.1.2 Vorgehensweise – In drei Etappen »agil« zum Ziel

Zur Lösung dieser Herausforderung, wird das Projekt mit dem Lösungsansatz »Kontrollierte Kreativexplosion« und »Fokussierung auf das Wesentliche« aufgesetzt. Die Durchführung erfolgt anhand von drei Etappen (jeweils drei Monate):

- Etappe 1: Ideenfindung
- Etappe 2: Konzeptentwicklung
- Etappe 3: Demonstrator.

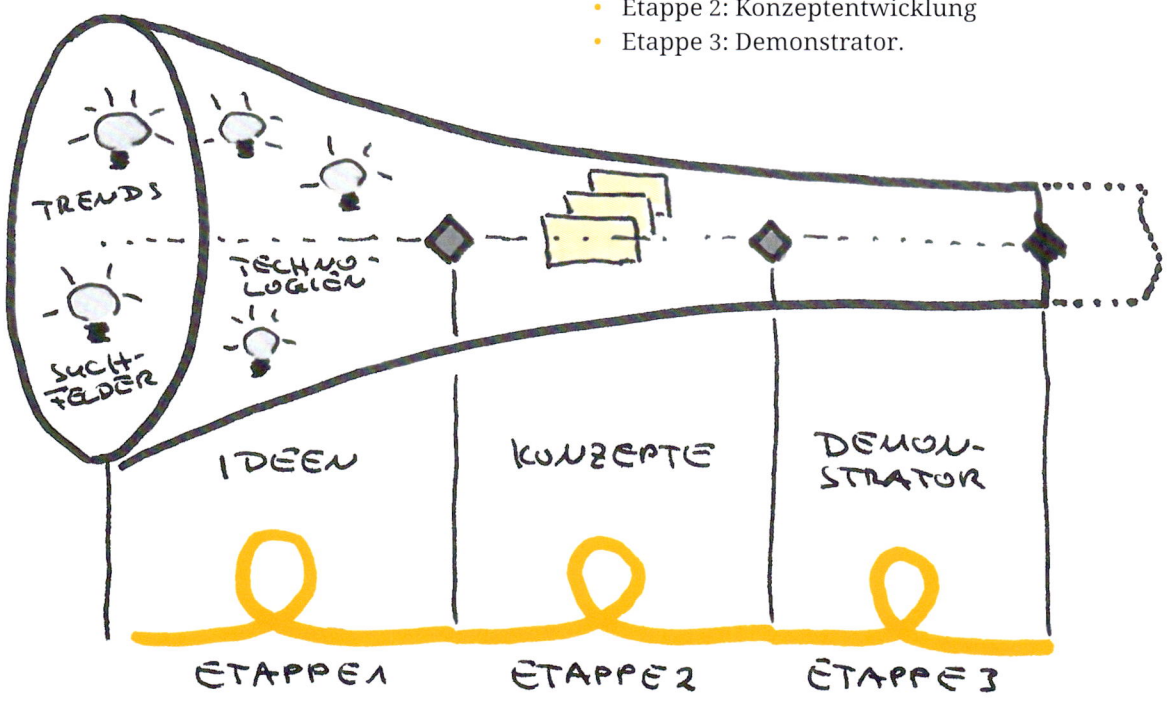

Bild 7.3
Scrum Stage Gate vor dem PEP

Vor der ersten Etappe müssen geeignete Rahmenbedingungen geschaffen und Mitarbeiter ausgewählt werden.

Das Sponsorenteam beschloss, das Projekt »agil« durchzuführen, um der Komplexität und Änderungsdynamik in Innovationsprojekten gerecht zu werden (Fischer 2016, Wolf 2016, Bayer 2016). Um sicherzugehen, dass die Lernkurve »Agile Entwicklung« schnell durchlaufen wird, greift SMA im Anfangsstadium beim Aufsetzen des Projekts auf externes Know-how zurück. Das Ziel ist nicht die Einführung von Agilität bei SMA, sondern die Zielerreichung des Innovationsprojekts. Im Vordergrund steht der »Inspect & Adapt«-Gedanke: »Wir setzen um, was uns weiterbringt! Was uns nicht hilft, wird so lange geändert, bis es hilft!«.

7.1.3 Was jedoch steckt hinter »Agiler Entwicklung« bzw. was verstehen wir bei SMA darunter?

Agile Entwicklung ist ein teambasiertes Vorgehen, dass das Entwicklungsteam befähigt, selbstbestimmt zu entscheiden, »WIE« es ein Produkt entwickelt (in unserem Fall den Demonstrator). »WAS« entwickelt werden soll, wird vom Product Owner über die Produktvision, die Anforderungen und Funktionen sowie über Einschränkungen beschrieben (**Bild 7.5**). Das Ziel hinter dem agilen Vorgehen ist es, in kurzen Iterationen (Sprints) fertige Fragmente des Produkts zu liefern. Dies können z.B. Ideenskizzen, Konzepte, Bewertungsmatrizen, Kostenanalysen, CAD-Zeichnungen, aber auch physische Mockups sein. Nicht zuletzt ist es wichtig, am Ende des Sprints ein Feedback in der Ergebnispräsenta-

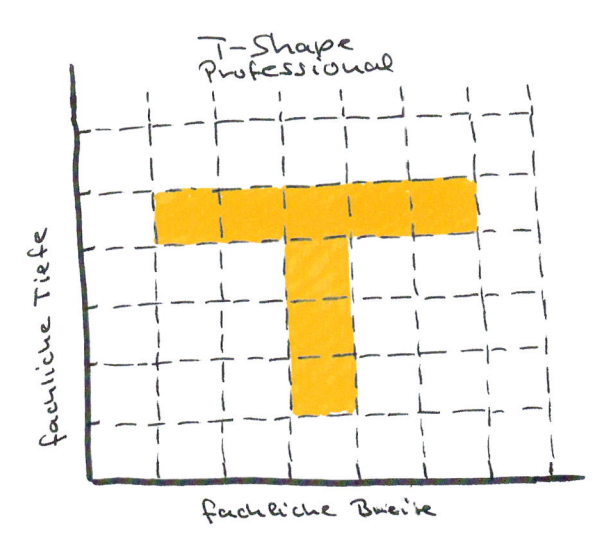

Bild 7.4
T-Shape Professional
(Gloger 2013)

tion (Demonstration) zu bekommen. Anhand des agilen Frameworks (Gloger 2013) werden im Projekt eine schlanke und reibungslose Kommunikation und die Reduktion der Komplexität ermöglicht.

7.1.4 Team – Eine Mannschaft aufstellen, die alle Positionen beherrscht

Vor Projektstart wird ein interdisziplinäres Entwicklungsteam aus Mitarbeitern der Vor-/Technologieentwicklung und der Produktentwicklung zusammengestellt. Dies soll sicherstellen, dass die erarbeiteten Ergebnisse die spätere Serientauglichkeit berücksichtigen, aber auch der Innovationsanspruch (Innovationssprung, **Bild 7.1**) nicht zu kurz kommt.

Bei der Teamzusammenstellung ist es erfolgskritisch, dass im Team ein breites Wissen (Systemverständnis) aber auch Expertenwissen vorhanden ist (**Bild 7.4**) und dass die relevanten Fachdisziplinen (Elektronik, Leistungselektronik, Mechanik, Software, Systemarchitektur) vertreten sind, um autark ein vollständig neues Wechselrichterkonzept zu entwickeln.

> »The concept of T-shaped skills, or T-shaped persons is a metaphor used in job recruitment to describe the abilities of persons in the workforce. The vertical bar on the T represents the depth of related skills and expertise in a single field, whereas the horizontal bar is the ability to collaborate across disciplines with experts in other areas and to apply knowledge in areas of expertise other than one's own. The earliest reference is by David Guest in 1991. Tim Brown, CEO of the IDEO design consultancy defended this approach to résumé assessment as a method to build interdisciplinary work teams for creative processes.«
> (*http://en.wikipedia.org/wiki/T-shaped_skills*)

Damit sich ein echter Teamspirit entwickeln kann, arbeitet das Team in einem eigenen Gebäude mit allen nötigen Einrichtungen (Büros, Labore, Besprechungsraum, Küche etc.).

Das Entwicklungsteam wird von Kollegen der Marktseite (Business Unit) begleitet. Die Rolle des Product Owners ist nicht mit einer Person auszufüllen (Schröder 2016), sondern einem aus Produktmanagement, Systemarchitekten und Projektleiter bestehenden Product-Owner-Team (POT). Ebenso wird mit einem Agile-Coach gearbeitet, der dem Team hilft, die Ziele zu erreichen und Schwierigkeiten, Blockaden und Probleme (Impediments) zu lösen.

Bei klassischen Projektentwicklungen wird im Hause SMA bereits mit der Konstellation eines Projektmanagementteams bestehend aus Projektleiter, Technical Manager und Product Manager gearbeitet. Neu ist die Rolle des Agile-Coaches, die es zu etablieren gilt. Seine wesentlichen Aufgaben sind eine erfolgreiche Einführung des Agile-Ansatzes, die Einhaltung der agilen Regeln und Artefakte, Moderation der Meetings, Führung des Impediment Backlogs sowie das Fernhalten von Hindernissen und Störungen. Enorm wichtig in diesem Zusammenhang ist, dass er keine Vorgesetztenfunktion ausübt. Was die Fähigkeiten des Agile-Coaches betrifft, so sind die Beherrschung der agilen Methodik, die Vermittlung der konsequenten Anwendung der Regeln und das Vermitteln bei Konflikten (Team, Product-Owner-Team, Sponsoren) zu nennen. Das Hauptziel des Agile-Coaches besteht darin, Menschen in den Vordergrund zu stellen und damit einen wesentlichen Beitrag zum Projekterfolg zu leisten.

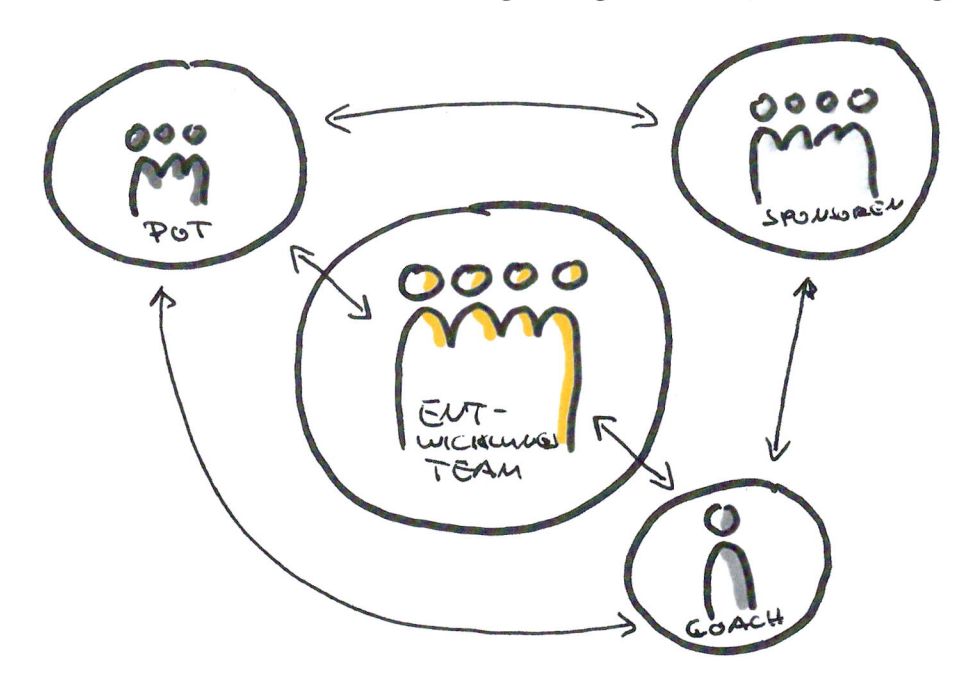

Die hohe Bedeutung des Projektes erfordert die Bildung eines Steering Boards, bestehend aus dem verantwortlichen Management (**Bild 7.5**).

Das Managementteam (Sponsoren) räumt dem Projektteam viele Freiheiten ein, um die Projektziele zu erreichen. Der ausdrückliche Hinweis darauf, dass explizit alles infrage gestellt werden solle und auch unkonventionelle Herangehensweisen erlaubt sind, ist für das Projektteam eine besondere Herausforderung. Es trägt aber entscheidend dazu bei, bestehende Denk- und Handlungsmuster aufzubrechen und mutig neue Wege einzuschlagen.

Bild 7.5 Zusammenspiel der Projektrollen

7.2 Projektdurchführung – Zielsicher zum Erfolg

Die Vorbereitung bis zum Projektstart dauert ca. zwei bis drei Monate. In den entsprechenden Fachabteilungen aus Vor-/Technologieentwicklung und Produktentwicklung werden Experten ausgewählt, die einem vorher definierten Anforderungsprofil (**Bild 7.4**) entsprechen. Nach der Auswahl werden die Mitarbeiter Schritt für Schritt von ihren normalen Aufgaben entlastet und in das Innovationsprojekt überführt. Das Ziel besteht darin, alle Projektmitarbeiter bis zum Start der Etappe 1 zu 100 % für das Innovationsprojekt freizustellen, um damit eine volle Fokussierung auf dieses eine Projekt zu erreichen. Diese Freistellung von Ressourcen ist oft eine schmerzhafte Erfahrung, denn sie bedeutet in der Regel, dass andere Dinge liegen bleiben oder dass das oftmals vorherrschende Multitasking in mehreren Projekten eingestellt wird.

Durch die schrittweise Überführung der Mitarbeiter können diese Effekte jedoch minimiert werden. Darüber hinaus wurden so bereits in der Vorbereitungsphase erste Projekttätigkeiten durchgeführt. Dazu zählen Interviews mit hausinternen Experten sowie interne und externe technologische Recherchen. Um eine systematische Arbeitsweise zu gewährleisten, werden Suchfelder definiert. Außerdem beginnen die Teammitglieder, einen Ideenpool zu generieren und zu strukturieren sowie Wettbewerbs- und Patentanalysen zu initiieren.

Danach beginnt die eigentliche Arbeit des Kernteams mit der agilen Methodik. Ziel war es, nach dem Durchlaufen der drei Etappen einen Demonstrator zu präsentieren, der dann in ein Produktentstehungsprojekt überführt werden kann.

Zu Beginn der ersten Etappe bekommt das Team die agile Arbeitsweise in einem Tages-Workshop vermittelt. Im theoretischen Teil erfahren die Teilnehmer, was »Agile Entwicklung« ist, was die Artefakte darstellen und welche davon in diesem Projekt angewendet werden sollen (**Bild 7.6**).

Das Product-Owner-Team definiert die Projektziele der drei Etappen und stellt sie dem Entwicklungsteam vor. Anschließend wird die erste Etappe, die in zweiwöchentliche Sprints unterteilt ist und einen Zeitraum von drei Monaten haben soll, inhaltlich heruntergebrochen. Nach dieser ersten Grobplanung (Aufbau des initialen Product Backlog) beginnt das Team damit, den ersten Sprint detailliert zu planen. Das Product-Owner-Team stellt die zu erreichenden Ergebnisse (Ziele) vor und das Entwicklungsteam unterteilt sie in konkrete Aufgabenpakete (»Tasks«) (**Bild 7.7**). Eine kontinuierliche Pflege des Product Backlogs auf dem Sprintplanungsboard stellt sicher, dass die Etappenziele sowie der Weg zum Projektziel im Fokus bleiben.

7.2.1 Typischer Sprintablauf

Vor einem typischen Sprint (**Bild 7.7**) findet ein »Refinement Meeting« statt, in dem das Product-Owner-Team und das Entwicklungsteam gemeinsam die Sprintvorausplanung auf Etappenebene erstellen und aktualisieren. Der Sprint startet nun mit der Sprintplanung 1, in dem das Product-Owner-Team dem Entwicklungsteam die gewünschten Ergebnisse (»WAS«) erklärt. Gemeinsam wird dann die Definition of Done (DoD, Abnahmekriterien) vereinbart. Anschließend bricht das Entwicklungsteam die zu erzielenden Ergebnisse in Aufgabenpakete (»Task«)

Bild 7.6
Agiler Flow und Artefakte

herunter. Der dann folgende Abgleich der zur Verfügung stehenden Arbeitsstunden mit den Ergebnissen und den Arbeitspaketen stellt sicher, dass die Arbeit auch geschafft werden kann. Das Entwicklungsteam »committet« sich dann, am Sprintende die »committeten« Ergebnisse zu liefern. Ergebnisse, Definition of Done und Arbeitspakete werden gut sichtbar auf dem Taskboard (Sprintboard) visualisiert. Ein Color-Code für Tasks, die nach der Sprintplanung hinzugekommen sind (weiße Post-Its) hilft, die Qualität der Sprint- und Aufgabenplanung sichtbar zu machen. Weiterhin wird die Regel angewandt, dass ein Task nicht mehr als drei Tage in Anspruch nehmen sollte.

Jeden Morgen zur gleichen Zeit trifft sich das Entwicklungsteam (manchmal auch mit dem Product-Owner-Team) vor dem Taskboard zum 15-minütigen Stand-up-Meeting (Daily). Dieses stellt sicher, dass das gesamte Team über alle Aktivitäten informiert ist (tägliche Regelkommunikation). Der Agile-Coach hört ebenso gut zu, ob es »Impediments« (Probleme) gibt, um die er sich kümmern kann, um die Performance des Teams zu steigern. Die Arbeitspakete wandern im Laufe einer Sprintdauer von »To-Do« über »Progress« in »Done«.

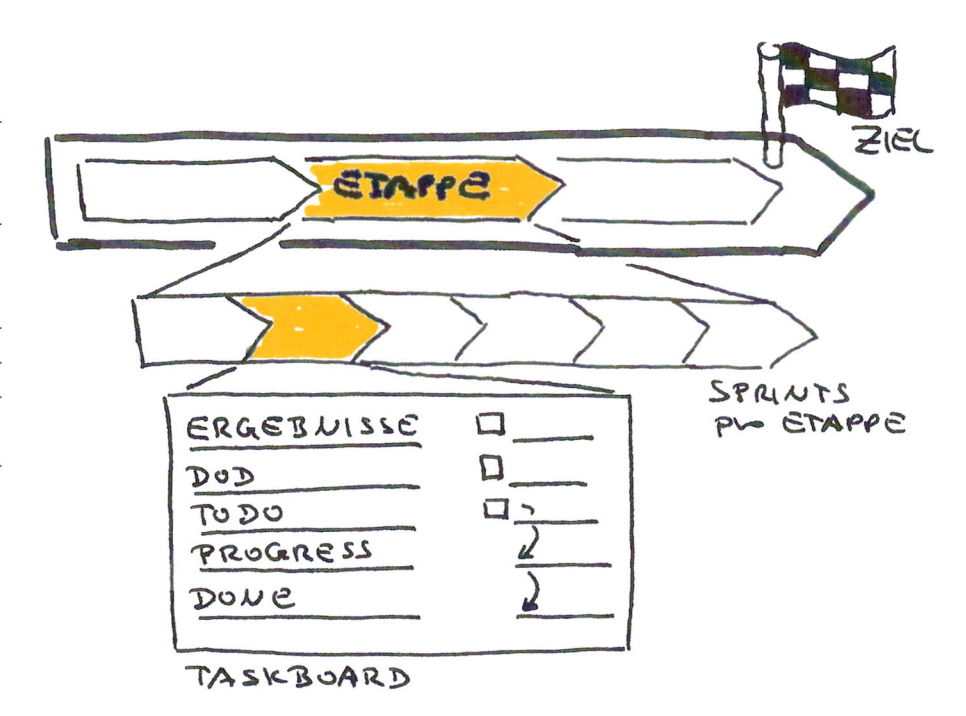

Am Ende des Sprints findet die Demonstration mit dem Product-Owner-Team und den Sponsoren statt. Hier stehen »Wahrheit und Transparenz« im Vordergrund. Nur »fertige« Ergebnisse werden demonstriert. Alle 14 Tage findet somit ein »kleiner« SOP statt. Damit weiß jeder, ob das Projekt noch »on track« ist.

Bild 7.7
Projektunterteilung in Etappen und Sprints

Bild 7.8
Methodenübersicht
(SPP 2016)

Eine »Performanceauswertung« kann mit wenigen Leistungskennzahlen erfolgen (Kapitel 7.3.1).

Den Abschluss bildet die Retrospektive, in der das Entwicklungsteam und der Agile-Coach den Sprint reflektieren, um das, was »gut« gelaufen ist, in den nächsten Sprints beizubehalten, aber auch Verbesserungspotenziale aufzudecken, die im nächsten Sprint sofort umgesetzt werden sollen.

7.2.2 Methodenanwendung im Projekt

Neben der Agilität werden im Projekt gerade in den Etappen 1 (Analyse und Ideengenerierung) und 2 (Konzepterstellung) weitere Kreativitäts- und Innovationsmethoden angewendet. Auch Ansätze der »frugalen Innovation« und des »Design to Cost« (Subtraktionsansatz) finden Anwendung, werden jedoch nicht weiter ausgeführt.

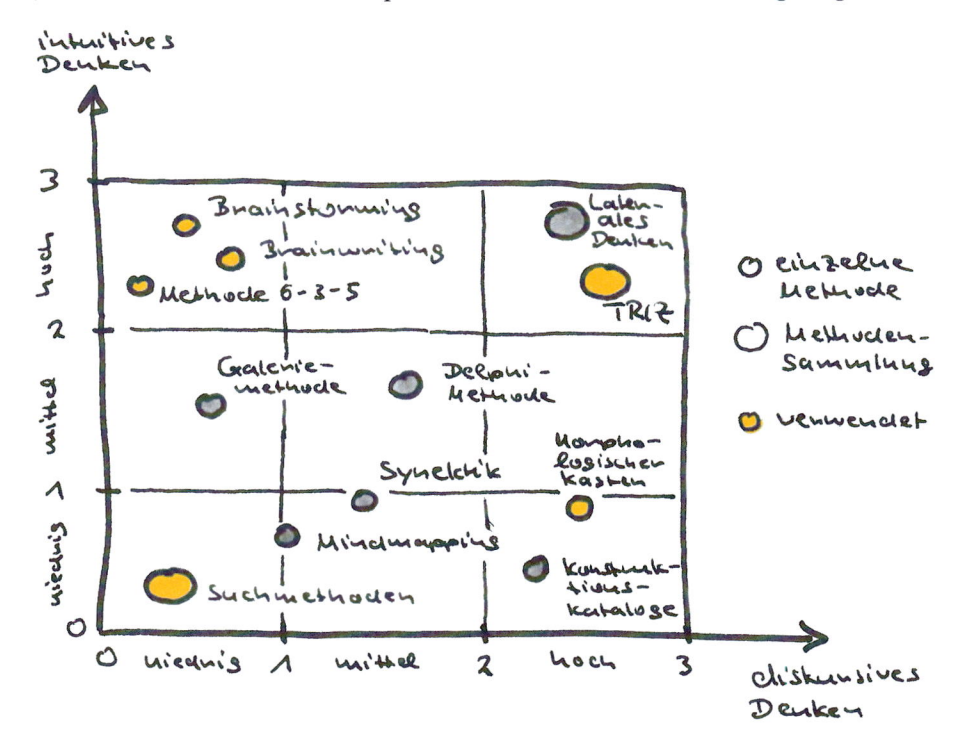

Ausgehend von einem gefüllten Ideenpool aus der Etappe 1 (Ideenworkshops, ausgearbeitete Suchfelder, Wissensrecherche etc.) arbeitet das Entwicklungsteam in Etappe 2 eine Vielzahl an Grobkonzepten aus. Ziel ist es, durch geeignete Darstellungs- und Bewertungsmechanismen eine Entscheidung für ein Konzept herbeizuführen. Dazu wird im Vorfeld ein Konzeptchart erstellt, um die Konzepte dokumentier- und vergleichbar zu machen. Weiterhin werden vom Product-Owner-Team Bewertungskriterien definiert, die neben den Kosten weitere Punkte zur Entscheidungsfindung beinhalten.

Aufgrund der »Neuheit« des ausgewählten Konzeptes beschließt das Team zu Beginn der Etappe 3, eine Attrappe (»Minimal Viable Product«, Ries 2014) herzustellen, um frühzeitig, vor der eigentlichen Produktentwicklung, ein Marktfeedback einzuholen. Dazu wird parallel zum Aufbau des Demonstrators eine Marktstudie durchgeführt.

Einige der in den Etappen eingesetzten Methoden werden nachfolgend näher erläutert.

> MVP steht für Minimum Viable Product, was so viel bedeutet wie »ein Produkt mit den minimalen Anforderungen und Eigenschaften«. Zumeist wird das MVP im Zusammenhang mit dem Lean-Startup-Gedanken genannt und kann in diesem Kontext auch hervorragend genutzt werden.
> Der Grund dafür, ein MVP zu erstellen war, unser Konzept schnell mit ausgewählten Kunden zu testen und ein frühes Marktfeedback zu erhalten. Anhand des Feedbacks auch aus internationalen Märkten ist eine weitere Iteration, eine Anpassung des Konzeptes möglich. Unser MVP war nur mit den unbedingt nötigen Funktionen ausgestattet, um den Zweck unseres Ansatzes zu verdeutlichen. Im Vordergrund dabei stand immer, das Risiko zu verringern (Marktakzeptanz und -bedürfnisse).

7.2.3 Kreativitätstechniken

Unter Kreativitätstechniken verstehen wir die Methoden, die Kreativität fördern, die gezielt neue Ideen erzeugen, Visionen entstehen lassen oder Probleme lösen. Die im Folgenden aufgeführten Methoden werden verwendet, um Probleme zu präzisieren, die Ideenfindung und den Ideenfluss zu beschleunigen, Suchrichtungen zu erweitern sowie gedankliche Blockaden aufzulösen. Allgemein lassen sich die Kreativitätsmethoden in intuitive und diskursive Methoden unterteilen, wie **Bild 7.8** zeigt. Aufgrund der Tatsache, dass die meisten Methoden bekannt und somit in vielen Unternehmen bereits etabliert sind, werden sie nicht näher beschrieben (Gundlach 2010, Gundlach 2015).

Um die erstellten Konzepte vergleichen zu können, wird ein Konzeptchart verwendet, in dem jedes einzelne Konzept nach einheitlichen Kriterien beschrieben wurde. Weiterhin erstellt das Product-Owner-Team im Vorfeld ein Kriteri-

Bild 7.9
Konzeptchart und Bewertungskriterien

Bild 7.10
Idealitätsgleichung

enset zur Bewertung, um daraus einen Konzept-Score bestimmen und die Konzepte vergleichbar machen zu können.

Mit TRIZ steht ein weiteres Methodenspektrum zur Verfügung, welches intuitive und auch diskursive Elemente beinhaltet. Nachfolgend werden die verwendeten TRIZ-Methoden näher erläutert.

7.2.4 TRIZ

Die Bezeichnung TRIZ steht für das russische Akronym »Theorie des erfinderischen Problemlösens«. Die Methode wurde mit dem Grundgedanken konzipiert, technisch-wissenschaftliche Probleme ohne Kompromisse zu lösen. TRIZ stellt einen Werkzeugkasten für vielfältige Problemstellungen, bereit, aus dem folgende Methoden zur Anwendung kamen: Idealität, Neun-Fenster-Denken, Funktionsanalyse/-modellierung (Gundlach 2006, Hentschel 2010).

Idealität

Idealität: Idealität ist eine qualitative Beurteilung, die die Summe der nützlichen Funktionen eines Systems (Produkt, Prozess oder Dienstleistung) ins Verhältnis stellt zur Summe der unerwünschten Merkmale eines Systems, einschließlich Kosten.

Zur Beeinflussung der Idealität gibt es nun mehrere Möglichkeiten, u.a.:

- Einführung zusätzlicher oder Stärken vorhandener nützlicher Funktionen
- Verminderung oder Eliminierung der schädlichen Funktionen
- Kombination beider Möglichkeiten sowie

- nützliche Funktionen stark erhöhen und schädliche Eigenschaften geringfügig erhöhen oder
- nützliche Funktionen geringfügig reduzieren und dadurch schädliche Eigenschaften stark verringern.

Ziel ist es, in jeweils einem Brainstorming so viele nützliche und so viele schädliche Funktionen des bisherigen Systems zu benennen wie möglich. Dabei wird häufig deutlich, wie weit bestehende Produkte davon entfernt sind, ideal zu sein. Durch diese Erkenntnis wird der weitere Arbeitsfortschritt beeinflusst.

Das Prinzip der Idealität und das Werkzeug des idealen Endresultates fordern die psychologische Trägheit am stärksten heraus. Sich ein

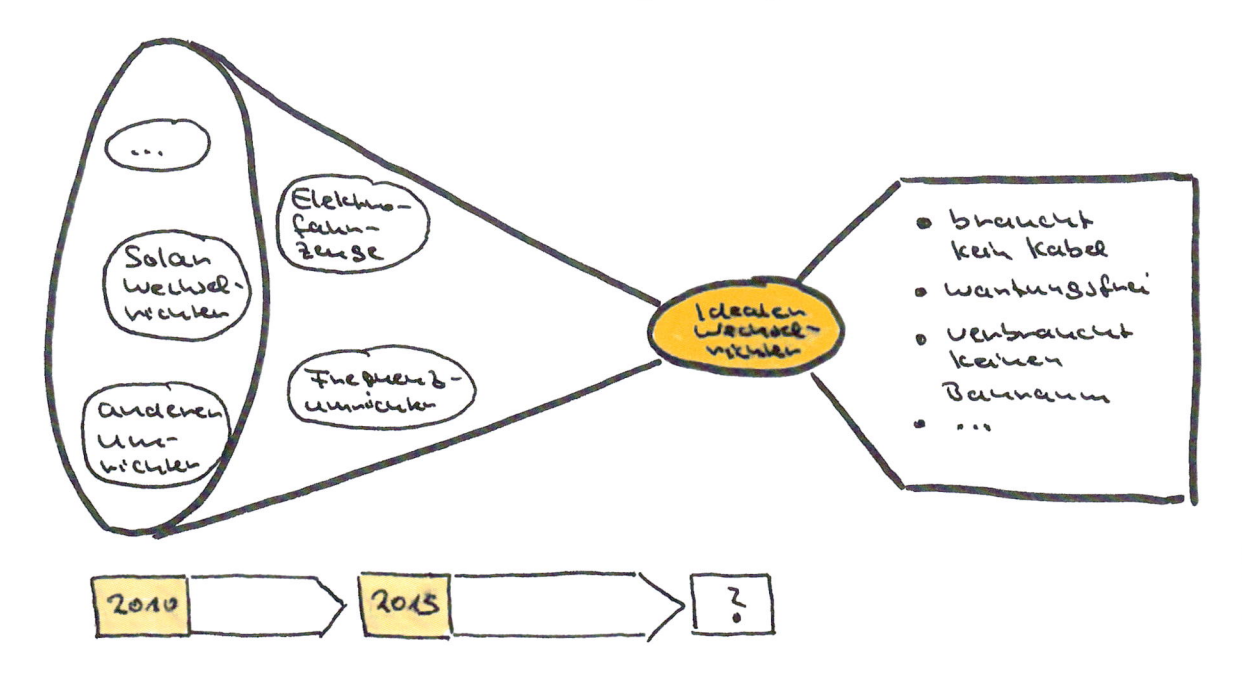

Bild 7.11
Entwicklung einer Produkt-Vision – Idealität als der übergeordnete Trend

Produkt vorzustellen, das seine Funktion von selbst erfüllt oder seinen Nutzen liefert ohne schädlich zu sein, widerspricht dem Erfahrungswissen der meisten Ingenieure (Bild 7.11).

Neun-Felder

Problemsituationen und technische Systembetrachtungen verleiten häufig dazu, sich entweder nur auf Details oder auf übergeordnete Zusammenhänge zu konzentrieren und die jeweils andere Sicht auszublenden. Das Werkzeug Neun-Felder (auch Multi-Screen- Approach genannt) liefert ein Modell, das die Fähigkeit des Denkens in Raum und Zeit und damit die vollständige Betrachtung eines Systems oder einer Situation in seinem Gesamtzusammenhang unterstützt.

Dabei geht es darum, bei jeder Aufgabe nicht nur das betreffende Problem oder System und seine derzeitige Situation wahrzunehmen, sondern auch gedanklich zwischen seinem Umfeld sowie einzelnen Bestandteilen und Ursache-Wirkungs-Zusammenhängen zu springen. Das Werkzeug der Neun-Felder liefert ein Schema, sich diese Denkrichtungen systematisch anzueignen.

Bild 7.12 Trendbetrachtungen – Grobeinschätzung mit dem Neun-Felder-Denken

Das Grundmodell spannt dabei ein Raster aus drei mal drei Feldern auf (Bild 7.12). In der Horizontalen sind die Systemebenen Super-, System und Subsystem aufgeführt (Raum-Struktur). Die Spalten repräsentieren die zeitliche Facette Vergangenheit, Gegenwart und Zukunft.

Das Neun-Felder-Modell weitet somit den Blick und leuchtet mögliche Lösungsräume nicht nur inhaltlich, sondern auch zeitlich aus. Jedes System ist damit unter neun verschiedenen Blickwinkeln zu betrachten.

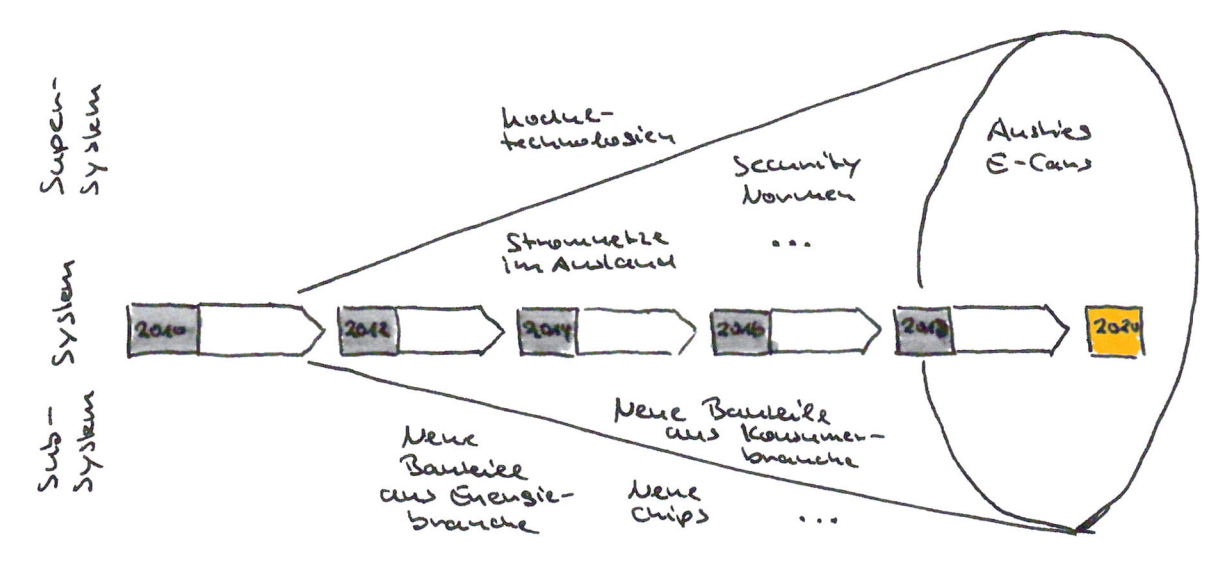

Bild 7.13
Trendbetrachtungen – Feintuning mithilfe des Neun-Felder-Ansatzes

Die Anwendung des Neun-Felder-Modells ist universell und kann eingesetzt werden zur Abschätzung zukünftiger Produktgenerationen, Herleitung von Handlungsfeldern und Lösungsräumen innerhalb einer Prozessbetrachtung und Ableitung neuer zusätzlicher Funktionen sowie Dienstleistungen rund um das Produkt oder den Prozess (**Bild 7.13**).

Funktionsanalyse
Die Funktionsanalyse ist ein Werkzeug, um die Funktionsweise eines existierenden Systems/Produktes detailliert zu untersuchen. Zur Entwicklung von komplett neuen Produkten ist sie nicht geeignet. Jedoch bauen viele Produkte auf älteren auf, sodass der Einsatzbereich recht groß ist. Er erstreckt sich von Produktverbesserungen, wertanalytischen Betrachtungen, Trimming (engl.: to trim – beschneiden, stutzen) über Patentumgehungen bis hin zum Funktionsraum. In **Bild 7.14** ist dies noch einmal dargestellt.

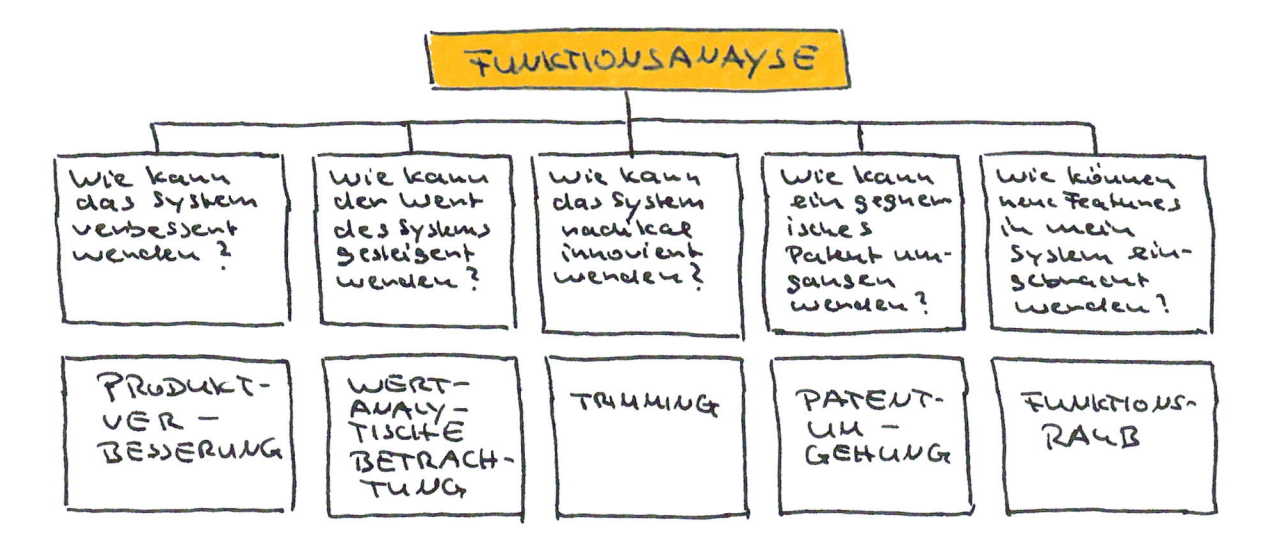

Bild 7.14
Anwendungsmöglichkeiten Funktionsanalyse

Abhängig von den Zielen, die mit der Funktionsanalyse verfolgt werden, unterscheiden sich die Vorgehensschwerpunkte bei der Durchführung. Die Funktionsanalyse für die Produktverbesserung wird in den drei Schritten – Komponentenanalyse, Interaktionsanalyse und Funktionsmodellierung – durchlaufen. Bei der Komponentenanalyse werden die relevanten Komponenten (Bauteile) des betrachteten technischen Systems und seiner Umgebung (Supersystem) bestimmt. Die darauf folgende Interaktionsanalyse identifiziert, welche Beziehungen zwischen den einzelnen Komponenten bestehen. Als dritter Schritt erfolgt dann die grafische Funktionsmodellierung. Dabei findet eine Überführung der identifizierten Interaktionen in Funktionen (nützliche/schädliche) statt und das Funktionsmodell entsteht.

Mittels der wertanalytischen Betrachtung (Funktionskostenanalyse) wird das Verhältnis zwischen Funktionen und Kosten dargestellt. Dabei hängt die Funktionalität einer Komponente von den Funktionen ab, die von ihr ausgehen (**Bild 7.15**). Vor allem sind die Anzahl der nützlichen Funktionen, ihre Wichtigkeit und ihr Erfüllungsgrad relevant.

Zur Ermittlung der Funktionalität der einzelnen Komponenten wird das Funktionsmodell bei der wertanalytischen Betrachtung um sogenannte Funktionsränge erweitert. Dabei gilt, dass eine Funktion umso wichtiger ist, je näher sie bei der Zielkomponente liegt.

Anschließend wurden die Komponenten zur differenzierten Betrachtung in einem Strukturdiagramm dargestellt (**Bild 7.16**). Auf der x-Achse werden die auf zehn normierten Kosten aufgetragen. Die Funktionalität der Komponenten des zu analysierenden technischen Systems wird auf der y-Achse berücksichtigt. Je nach Lage der Komponenten im Diagramm ergeben sich unterschiedliche Vorgehensweisen.

Anhand dieses Vorgehens werden detaillierte Funktionskosten herausgearbeitet. Durch Anwendung der drei Strategien aus **Bild 7.16**, »Kosten reduzieren«, »Komponenten eliminieren« und »Funktionalität erhöhen«, konnte eine Vielzahl an Ideen und Ansätzen für das neue Wechselrichterkonzept in Richtung der Idealitätsgleichung (**Bild 7.10**) gewonnen werden.

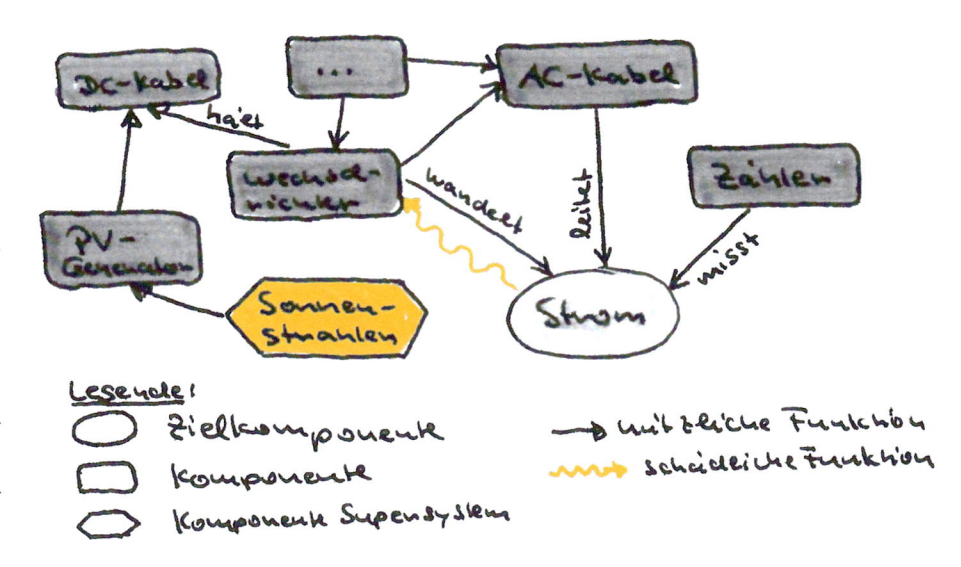

Bild 7.15 Schematische Darstellung eines Funktionsmodells (Beispiel)

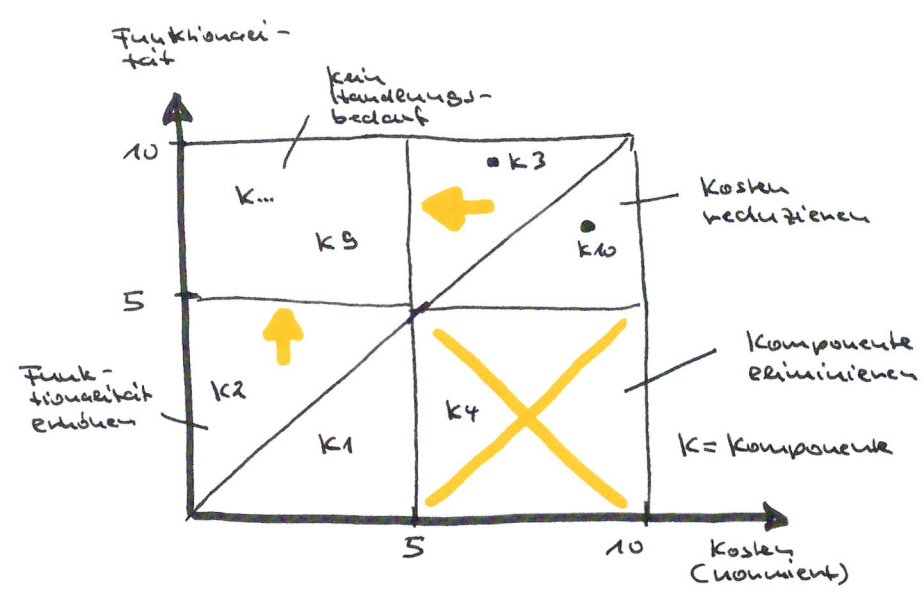

Bild 7.16
Strukturdiagramm
Funktionalität zu Kosten

raufhin können Hypothesen zur Interaktion der definierten Zielkunden mit dem Produkt aufgestellt werden. Anhand dieser werden Schwerpunktbereiche herausgearbeitet, um die Kundenbedürfnisse später in den 1-zu-1 Interviews bzw. den Workshops mit Lead Usern anhand des Minimal Viable Products (Ries 2014) abzuprüfen. Zur weiteren Vorbereitung wird noch ein Benchmark (Next Best Alternative) erstellt, um weitere relevante Kundenpotenziale anhand der Wettbewerbssituation herauszustellen.

Mit diesen Inputgrößen werden dann zahlreiche Interviews und drei Workshops durchgeführt. Anschließend werden die erhobenen Daten nach Zielgruppen und Ländern unter qualitativen und quantitativen Gesichtspunkten ausgewertet. Anhand dieser Auswertungen ist es dem Team möglich, den Sponsoren eine Entscheidungsvorlage zu präsentieren.

Zum Ende der Etappe 3 liegen somit zum Demonstrator reale Aussagen zur Marktakzeptanz des Konzeptes vor.

Marktstudie

Zur Einholung des Marktfeedbacks wird neben dem Aufbau des Demonstrators (Etappe 3) eine Marktstudie durchgeführt. Auch hierbei werden einige Methodiken (Lunau 2013) berücksichtigt, die nachstehend kurz angerissen werden. Eine Übersicht zeigt **Bild 7.17**.

Zu Beginn wird die Verbrauchskette aus Kundensicht (Lebenzyklus-Roadmap) erstellt. Da-

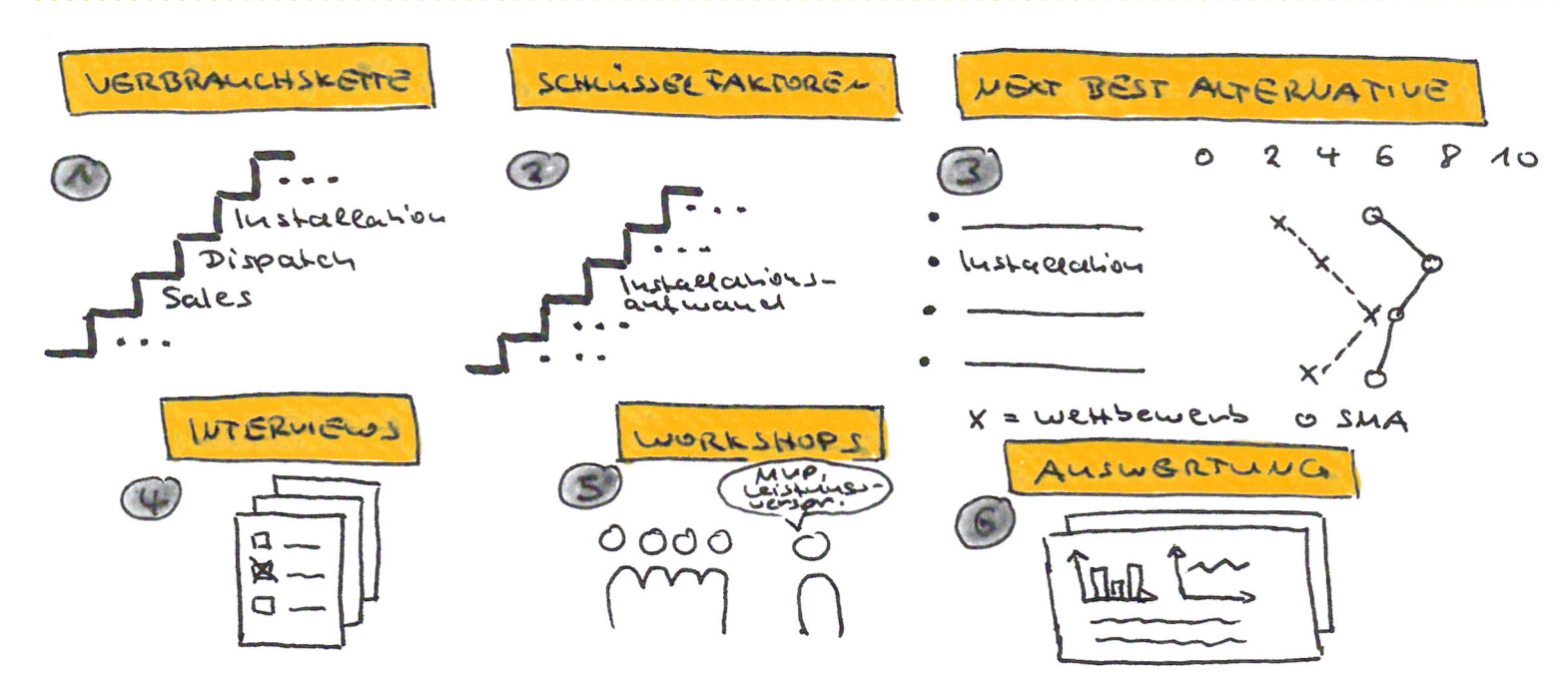

Bild 7.17 Elemente der Marktstudie

7.3 Sichtbarmachung von Planung, Fortschritt und Problemen im Prozess

Das Agile-Management-Framework stellt einfache Verfahren bereit, um die Projektplanung, den -fortschritt und die Performance sichtbar zu machen. Dazu gehören:
- Product Backlog – eine Liste klar abgegrenzter Anforderungen an das Produkt
- Meeting-Formate – für die tägliche Koordination und für regelmäßiges, gezieltes Feedback zum Projektfortschritt in kurzen Zeiträumen sowie
- Reporting-Tools – die den Teams rasch zeigen, wo sie stehen.

7.3.1 Leistungskennzahlen

In klassischen Projekten ist man gewohnt, eine Vielzahl an Reporting-Instrumenten oder -Kennzahlen aufzustellen. In dem vorgestellten Projekt werden als »Management Reporting« nur zwei Kennzahlen erhoben.

Dazu wird ein »Sprint Delivery Sheet« verwendet, welches übersichtlich auflistet, was das Team versprochen hat zu liefern (Ergebnisse und Definition of Done). Die Ergebnisse aus dem »Sprint Delivery Sheet« werden dann in ein »Sprint Delivery Over Time Sheet« überführt (**Bild 7.18**). Damit wird die Lieferrate je Sprint als eingehaltene Zusage über die Zeit visualisiert. Teams, die im Durchschnitt zwischen 50 % und 75 % liegen, werden als »produktiv« bezeichnet. Teams, die darüber liegen, als »hoch produktiv« (Erretkamps 2016).

Im diesem Projekt liegen die Ergebnisse knapp unterhalb der Schwelle »hoch produktiv«. Das Team erreicht einen Durchschnitt von 73 %, was für ein erstes Projekt mit dieser Arbeitsweise mehr als zufriedenstellend ist. Ebenso ist die Transparenz hoch und der Projektfortschritt für das Product-Owner-Team sowie die Sponsoren jederzeit ersichtlich.

7.3.2 Lessons learned

Da der agile Ansatz für SMA neu ist, sollten die Veränderungen durch die Arbeitsweise »Agile« bewertet werden. Dazu wird das Team vor Start des Projektes und am Ende bzgl. neun Kriterien befragt. Bei den Kriterien handelt es sich um Kundenfokus, verlässlich Liefern, Transparenz, Flexibilität, Effektivität, Zusagen/Verantwortungsgefühl, Zusammenarbeit/Kommunikation, Teamgeist und Disziplin. Die Einschätzung erfolgt auf einer 10er-Skala, wobei 10 der beste Wert ist.

Im Durchschnitt wurde eine Verbesserung um mehr als einen Punkt erreicht. Die größte Verbesserung ergab sich in den Punkten Kundenfokus, Transparenz, Flexibilität und Zusagen/Verantwortungsgefühl. Bei Teamgeist und Zusammenarbeit gab es kaum Veränderungen. Dies ist sicherlich auf die bereits gute Zusammenarbeit und den Teamgeist in klassischen Produktentwicklungsprojekten bei SMA zurückzuführen.

Zum Abschluss des Projektes wurde weiterhin ein Lessons learned Workshop mit dem Team durchgeführt. Als sehr positiv stellten sich hierbei der organisatorische Rahmen von Agile (Artefakte), der Coach, die Definition of Done und die Eigenverantwortung heraus. Verbesserungspotenziale werden noch im Umgang mit Langläufern und beim Herunterbrechen von größeren Arbeitspaketen auf handhabbare Tasks gesehen. Darüber hinaus wurde darauf hingewiesen, dass Aufgabe und Bearbeiter nicht beliebig austauschbar sind und dass das Product-Owner-Team noch näher am Entwicklungsteam sein sollte.

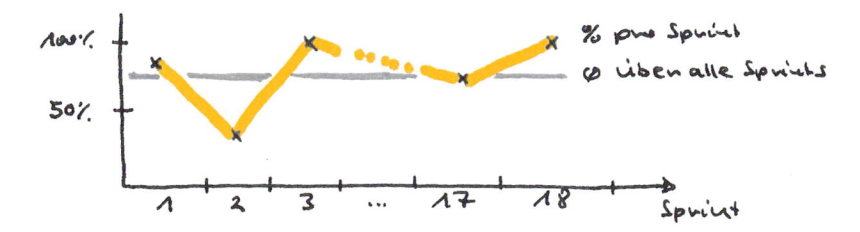

Bild 7.18
Ergebnislieferung vs. Zusagen über die Sprints

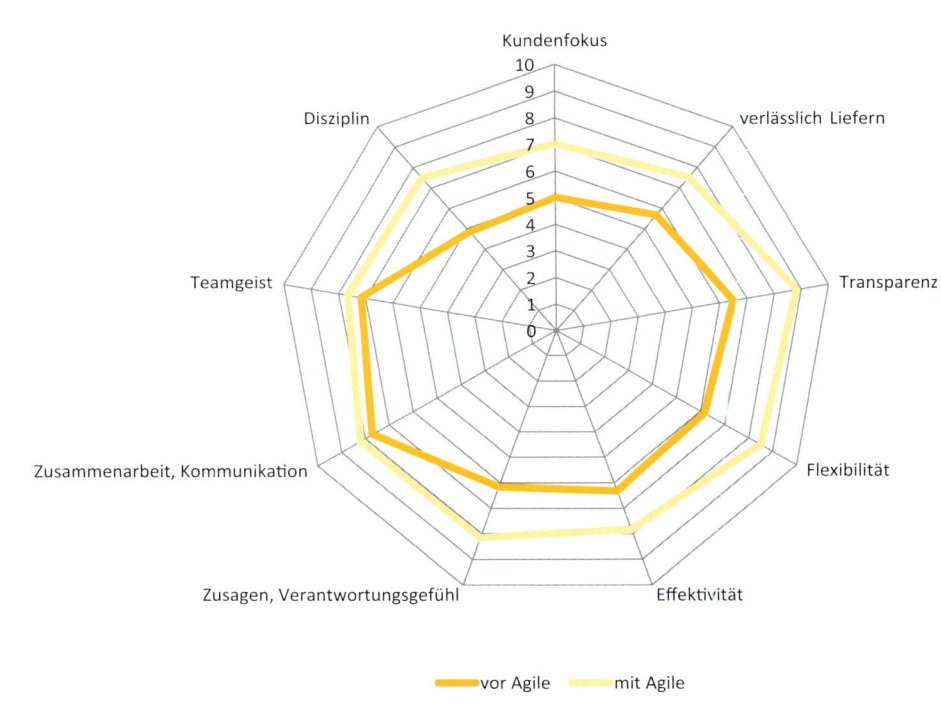

Bild 7.19
Selbsteinschätzung vor und nach dem Projekt

7.4 Fazit

Das Projekt war ein voller Erfolg und das Projektteam erreichte die Ziele »in Time«. Gleichzeitig konnten aus diesem Pilotprojekt folgende wertvollen Erkenntnisse für Folgeprojekte gewonnen werden:

Der Aufsatz eines solchen Innovationsprojektes sowie die Auswahl und Freistellung der Mitarbeiter hat länger gedauert als ursprünglich erwartet. Um gemeinsam arbeiten zu können, mussten zunächst organisatorische Dinge, wie z. B. Teilnahme an Abteilungsmeetings, Abstimmung mit Vorgesetzten, weitere Teilnahme an Sprachkursen etc., geklärt werden.

Darüber hinaus brauchte das Team Zeit, sich zu finden und die Agile-Werte wie Committment, Mut, Selbstorganisation zu verinnerlichen. Im Laufe des Projekts entwickelte sich jedoch ein starker Teamgedanke und es zeigte sich, dass die interdisziplinäre Teamzusammenstellung ideal war, um das Wechselrichterkonzept autark aufzubauen. Auch ein später hinzugekommenes Teammitglied aus der Fertigung wurde schnell integriert. Positiv beigetragen haben auch die räumliche Trennung des Teams vom Tagesgeschäft und die Einrichtung entsprechender Büro- und Arbeitsräume in einem separaten Gebäude.

Für das schnellere Durchlaufen der Lernkurve und die Unterstützung bei der Einführung der agilen Entwicklungsmethodik für physische Produkte hat sich die externe Begleitung bewährt. Aufgrund der schnellen Adaption konnte diese zum Ende der ersten Etappe auslaufen. Der Einsatz von agiler Methodik trug dazu bei, dass der Projektstatus jederzeit erkennbar war. Transparenz und Wahrheit waren wichtige Begleiter des Projektes in jeder Demonstration. Ebenso sorgte das Timeboxing für Fokussierung und Effizienz bei Meetings. Es zeigte sich im Verlauf, dass die Retrospektiven zur kontinuierlichen Verbesserung beitrugen. Agile Entwicklung im Zusammenspiel mit weiteren Innovationsmethoden kann viel bewirken, vor allem in einem komplexen und sich schnell ändernden Umfeld, in dem die Koordination und Zusammenarbeit unterschiedlicher Experten notwendig ist.

Als unerlässlich stellte sich die Produktvision zum Projektstart heraus. Sie gibt dem Team Orientierung und richtet sowohl Ziele als auch Aufgaben daran aus. Wichtig ist in diesem Zusammenhang, dass das Product-Owner-Team die Verantwortung für das Produkt (die Vision) übernimmt. Als weiterer wichtiger Punkt ist die Verfügbarkeit des Product-Owner-Teams zu nennen. Das Product-Owner-Team sollte jederzeit für Fragen zur Verfügung stehen und regelmäßig an den Dailys teilnehmen. Auch dies stellt einen nicht unerheblichen Aufwand dar, der beim Projektaufsatz zu berücksichtigen ist. Der Einsatz von Innovationsmethoden hat dem gesamten Team geholfen, strukturiert und systematisch neue Wege zu gehen.

Neben all diesen Themen war es entscheidend, der Unterstützung des Managements sicher zu sein. Das Sponsorenteam stand dem Projektteam jederzeit mit Rat und Tat zur Seite und half, Impediments, die die Teammitglieder nicht selber lösen konnten, aus dem Weg zu räumen und Entscheidungen dann zu treffen, wenn sie vom Team eingefordert wurden. In die operative Projektsteuerung griff das Sponsorenteam nicht ein. Diese lag in der Verantwortung des Product-Owner-Teams in Zusammenarbeit mit dem Entwicklungsteam. Hier hat sich auch bewährt, dass viele Entscheidungen zum Projektfortschritt dort gefallen sind, wo die Informationen vorhanden waren.

In der Zwischenzeit wurde der Agile-Ansatz für ein weiteres Projekt ausgewählt. Dort liegt der Fokus mehr auf der Softwareentwicklung. Die besondere Herausforderung dabei ist, mit mehreren Teams in einem Projekt agil zu arbeiten.

Literatur

Bayer, D.: Scrum in der Hardware: Wie starte ich? Internet. Abgerufen: 01.10.2016. https://blog.borisgloger.com/2016/07/26/scrum-in-der-hardware-wie-starte-ich/.

Erretkamps, H.;Weigel, S.; Kettling, R.; Frey, R.: Nano Scrum – Physische Produkte schnell entwickeln. Digitale Fachbibliothek Symposion Publishing, 2016.

Fischer, D.; Herbst, M.: Die 6 Erfolgsfaktoren im Innovationsmanagement. Opportunity Fakten für Experten und Entscheider. Paderborn: Unity AG, 2016.

Gloger, B.: Scrum in der Hardware (Whitepaper). Internet. Abgerufen 01.10.2016: Boris Gloger, 2016.

Gloger, B.: Scrum. Produkt zuverlässig und schnell entwickeln. München: Carl Hanser Verlag 2013.

Gundlach, C.; Glanz, A.; Gutsche, J.: Die frühe Innovationsphase: Methoden und Strategien für die Vorentwicklung. Düsseldorf: Symposion Publishing, 2010.

Gundlach, C.; Nähler, H.: Innovation mit TRIZ: Konzepte, Werkzeuge, Praxisanwendungen. Düsseldorf: Symposion Publishing, 2006.

Gundlach, C.; Jochem, R.: Praxishandbuch Six Sigma: Fehler vermeiden, Prozesse verbessern, Kosten senken. 2. Auflage. Düsseldorf: Symposion Publishing, 2015.

Hentschel, C.; Gundlach, C.; Nähler, H.: TRIZ – Innovation mit System. München: Carl Hanser Verlag, 2010.

Keese, Ch.: Silicon Germany. München: Albrecht Knaus Verlag, 2016.

Keese, Ch.: Silicon Valley. München: Penguin Verlag, 2014.

Lunau, S. (Hrsg.): Design for Six Sigma + Lean Toolset. Mindset für erfolgreiche Innovationen. Wiesbaden: Springer, 2013.

Pichler, R.: The Product Canvas. Internet. Abgerufen: 01.10.2016. *http://www.romanpichler.com/tools/product-canvas/*.

Ries, E.: Lean Startup: Schnell, risikolos und erfolgreich Unternehmen gründen. München: Redline, 2014.

Schröder, A.: Das Agile-Unternehmen. F&E Manager Ausgabe 4/2016.

Smerlinski, M.; Stephan, M.; Gundlach, C.: Innovationsmanagement in hessischen Unternehmen. Eine empirische Untersuchung zur Praxis in klein- und mittelständischen Unternehmen. Diskussion Paper on Strategy and Innovation. Marburg: Philipps Universität Marburg 2009.

SPP GmbH: Kreativitätstechniken. Internet. Abgerufen: 02.11.2016: *http://www.innovations-wissen.de/index.php?id=84*.

Wolf, M.: Scrum in der Hardware: Praxisbericht von Fronius International, AVL List und Siemens. Internet. Abgerufen: 01.10.2016. *https://blog.borisgloger.com/2016/05/20/scrum-in-der-hardware-praxisbeispiele-fronius-international-avl-list-und-siemens/*.

08 Von Scrum in Projekten zum agilen Unternehmen

Dr. Heinz-Jürgen Prokop, Gabriela Buchfink
Illustrationen: Denis Gabriel

8.1 Die Welt von morgen leben, heißt, flexibler zu werden.

Bild 8.1
Der Schritt in die Zukunft: Kurze Reaktionszeiten und vernetzte Produkte erfordern neue Arbeitsweisen.

Die digitale Vernetzung schafft neue Möglichkeiten und wird damit auch neue Anforderungen des Marktes wecken. Im Privatleben bietet das Internet heute bereits einen Komfort, auf den kaum jemand noch verzichten möchte. Einkäufe und Bankgeschäfte erledigen, Preisvergleiche anstellen, Musik hören, Videos herunterladen etc. – die Liste ist beliebig lang. All diese Anwendungen sind zur Normalität geworden. Umso mehr verwundert es, dass wir in der industriellen Produktion damit vielfach noch ganz am Anfang stehen. Denn hier geht es nicht nur um Annehmlichkeiten, sondern um Wettbewerbsfähigkeit und Profitabilität. Der Begriff Industrie 4.0 wurde bereits vor fünfeinhalb Jahren auf der Hannover Messe Industrie 2011 vorgeschlagen. Industrie 4.0 ist aber bis heute in der Industrie nicht wirklich angekommen, einige Anwendungen in der Massenproduktion ausgenommen.

Wir spüren jedoch, die Inkubationszeit nähert sich dem Ende. Das Fieber wird einsetzen. Und dann kann es sehr schnell gehen. Durch Lösungen, die auf digitaler Vernetzung basieren, lassen sich gewaltige Produktivitätsfortschritte erzielen – insbesondere in allen nicht wertschöpfenden, administrativen Tätigkeiten. Das senkt die Kosten. Derartige Lösungen schaffen jedoch auch Voraussetzungen, flexibler und vor allem schneller reagieren zu können. Kunden werden die Vorteile schnell in Anspruch nehmen.

Schon heute erwarten die Kunden unserer Kunden immer kürzere Reaktionszeiten und stellen weitere Ansprüche: Angebote müssen so schnell wie möglich erstellt werden, Bestellvolumen pro Auftrag und damit auch die Losgrößen sinken, Rahmenverträge sollen möglichst vermieden werden, Änderungen noch bis kurz vor Produktionsstart möglich sein und vieles mehr. Wer diesen Ansprüchen zukünftig nicht gerecht werden kann, wird im Wettbewerb zurückfallen. Dies betrifft gleichermaßen auch TRUMPF als Unternehmen.

Zukunftsweisende Produkte lassen sich nicht mit den Denkweisen von gestern entwickeln
Um Industrie 4.0 zu realisieren, wird es jedoch nicht genügen, eine Infrastruktur zu schaffen und entsprechende Softwarelösungen zu installieren, die die digitale Vernetzung unterstützen. Die neuen Möglichkeiten müssen dann im beruflichen Alltag auch genutzt werden. Menschen müssen schneller und flexibler reagieren, müssen mit anderen Fachbereichen gut vernetzt sein, um Kundenwünschen möglichst indivi-

duell und umfassend begegnen zu können. Dem stehen bisherige Denkmuster, Organisationsstrukturen und letztlich die Kultur von Unternehmen unter Umständen entgegen.

Das heutige Denken im Arbeitsleben wurde über 100 Jahre geprägt – Jahre, in denen die Massenproduktion immer weiter perfektioniert wurde. Das hat Aufbauorganisationen hervorgebracht, die hierarchisch aufgebaut und funktional gegliedert sind. Vorgesetzte haben Verantwortung für ihren Bereich, kontrollieren engmaschig und stellen die letzte Entscheidungsinstanz dar. Denn Fehler können große Auswirkungen haben. Um möglichst effizient zu sein, wurden Regeln und Prozesse entwickelt, die Mitarbeitern helfen sollen, ihre Arbeit »richtig« zu verrichten und Fehler auszuschließen. Mitarbeiter in einer solchen Welt können weniger selbst entscheiden und sind teilweise zu Unselbstständigkeit erzogen. Es gibt zwar Möglichkeiten, Ideen für Verbesserungen einzubringen, die Umsetzung ist dann aber in der Regel langwierig und muss erst von »oben« abgesegnet werden. All das behindert die Erfüllung der Anforderungen von Morgen, im Einzelfall schnell und spontan – eben agil – reagieren zu müssen.

Der Blick weitet sich: Von Maschinen zu Produktionslösungen

Bei TRUMPF wurden im Geschäftsbereich Werkzeugmaschinen mehr als 90 Jahre lang Maschinen für die Blechbearbeitung und entsprechende Dienstleistungen entwickelt und vertrieben. Ziele waren, die Maschinen immer produktiver zu machen und die Qualität der Bearbeitung zu verbessern. Darüber hinaus ging es in den letzten 30 Jahren darum, das Werkzeug »Laser« und dessen vielfältige Möglichkeiten in der Materialbearbeitung zu etablieren. Die Technologien standen am Anfang und TRUMPF war jahrzehntelang dem Wettbewerb voraus – auch deshalb, weil man sich sehr früh entschieden hatte, eigene Laser zu entwickeln. Die in der Blechbearbeitung relevanten Technologien haben jedoch mittlerweile eine große Reife erlangt. Alle wesentlichen Komponenten können bei unabhängigen Spezialisten gekauft werden. Immer mehr Wettbewerber drängen in den Markt. Es wird zunehmend schwerer, Wettbewerbsvorteile herauszuarbeiten.

Die Maschinen sind heute so schnell, dass die Prozesse vor und nach der eigentlichen Bearbeitung zunehmend die zeitkritischen Größen darstellen. Prozessstörungen wirken sich immer stärker auf die Gesamtproduktivität aus. In der Realisierung von Systemlösungen entsteht daher ein großes Innovationsfeld.

Künftig gilt es, Maschinen zu entwickeln, die sich ideal in einen Gesamtherstellprozess einbetten lassen. Dafür müssen von vornherein neue Fachdisziplinen in den Entwicklungsprojekten mitarbeiten. Waren es bisher im Wesentlichen die Mechanik, Elektrik, Elektronik und Software, kommen nun die Logistik, die Informationstechnologie und die Datenwissenschaften hinzu. Entwicklungsprojekte werden daher technisch und menschlich immer komplexer und lassen sich mit den klassischen Methoden kaum noch steuern – oder brauchen mehr Zeit, sodass am Projektende das Produkt nicht mehr den Kundenanforderungen entspricht, weil diese sich zwischenzeitlich geändert haben. Um diese ständig wachsende Komplexität noch zu beherrschen, entschlossen wir uns bei TRUMPF, ganz neue Wege zu gehen.

8.2 Projekt für Projekt ins Agile-Mindset

Das Mindset der agilen Produktentwicklung

Die Ausgangsfrage: Was macht den Wert des Produkts für den Kunden aus?

Gut genug ist besser als perfekt: Es gilt, schnell ein marktfähiges Produkt zu entwickeln.

Möglichst wenig gleichzeitig tun, hilft schneller Ergebnisse zu liefern.

Interdisziplinäre Teams erarbeiten die Ergebnisse.

Die Priorisierung gibt eine klare Reihenfolge vor.

Veränderungen und Überraschungen meistern – dabei helfen diese Prinzipien

Wie meistert man Komplexität in der Produktentwicklung? 2007 begannen die ersten Kollegen in der Software Scrum zu nutzen. Als 2008 ein großes Softwareprojekt seine Arbeitsweise umstellte, fragten sich einige Entwicklungsteams der Maschinenprojekte, ob dies nicht auch bei ihnen funktionieren könnte und begannen zu experimentieren. Noch schien Scrum nicht wirklich nutzbar, beispielsweise aufgrund der Idee, nach jedem Sprint ein lauffähiges Produkt zu liefern. Alle Teams kamen damals zu dem Schluss, dass der hohe Aufwand für Teamsitzungen, Planung und Abstimmungen keinen Mehrwert gegenüber bisherigen Vorgehensweisen bringe.

Vielleicht waren die Projekte nicht komplex genug und deshalb war der Mehrwert noch nicht sichtbar. Vielleicht brauchte es aber doch einen professionellen Impuls von außen und ein paar Details, um Scrum ins Laufen zu bringen? Dieser Impuls kam 2014 im Pilotprojekt TruLaser Center 7030.

TruLaser Center 7030: Interdisziplinarität, kurze Planungszyklen und vernetztes Wissen
Im Oktober 2016 arbeitete die TruLaser Center 7030, der erste Laservollautomat der Welt, fünf Tage lang im Dauerbetrieb auf der EuroBLECH in Hannover, der Welt-Leitmesse für Blechbearbeitung. Wie dieses Produkt aussehen und ob es funktionieren würde, war im März 2014 noch unklar. Für einige Schlüsselkomponenten gab es noch keine technische Lösung und für die softwareseitige Steuerung und Programmierung der Anlage wurden völlig neue Algorithmen benötigt.

Zweieinhalb Jahre vor der geplanten Produktvorstellung zeigte sich: In einer klassischen Vorgehensweise würde man das Projekt nicht termingerecht entwickeln können. Warum? Personen waren in Teilprojekten organisiert. Die Arbeitspakete für Konzepte liefen über mehrere Wochen. Wenn in so einer Struktur am Ende das

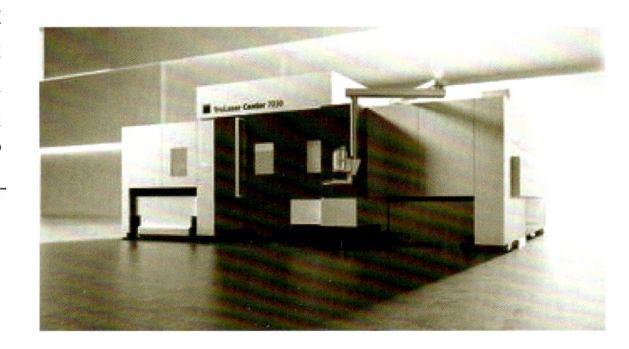

Bild 8.2 Made with Agile: die TruLaser 7030 Center, ein Großprojekt mit hohem Innovationsgrad

Ergebnis gezeigt würde und Änderungen nötig wären, verlängerte sich die Dauer der Arbeitspakete. Außerdem war allen klar, dass erst anhand des funktionierenden Prototyps die notwendigen Erfahrungen gemacht werden konnten, um Komponenten zu optimieren.

Die Komplexität des Projektes war so groß, dass das Team meinte, es mit den bisher verwendeten Tools nicht transparent und stets aktuell darstellen zu können: Schließlich musste ein Aufwand von etwa 300 Mannjahren zuverlässig so koordiniert werden, dass innerhalb von zweieinhalb Jahren ein Ergebnis erzielt werden konnte. Dabei arbeitete ein großes Team über mehrere Standorte hinweg und in enger Zusammenarbeit mit Zulieferfirmen zusammen.

In dieser Situation lernte der Geschäftsführer Entwicklung einen Agile-Berater kennen, der bereits Erfahrungen mit Scrum in Nicht-Software-Projekten hatte. Spontan engagierte er ihn und einen weiteren Berater, um die Arbeitsweise im Projekt zu nutzen. Und damit beginnt die Geschichte von Scrum in der Maschinenentwicklung bei TRUMPF.

In fünf Workshop-Tagen erarbeiteten die Berater mit den Projektverantwortlichen und dem Team das Framework: Rollenbesetzung, Backlog, Sprintzyklus und das erste Sprintboard. Am vierten Tag startete das Team mit dem ersten Sprint. Dieser erste Sprint umfasste die Aufgaben, die die Personen sich schon zuvor für die nächste Woche eingeplant hatten. Ein geschicktes Vorgehen, weil es kein fertiges Projektbacklog benötigte und dem Team erlaubte, schnell zu starten. Im darauf folgenden Sprintwechsel besprachen Product Owner, Team, Agile-Master und Berater in einer ersten Retrospektive die ersten Optimierungen bezüglich Visualisierung, Sprintablauf und Zusammenarbeit. 12 Wochen später war die erste Etappe vorüber und das Ziel erreicht. Der Maschinenkörper war bestellt. Zwei weitere Etappen später konnte der Prototyp das erste Teil schneiden.

Parallel zur Einführung begleiteten das Project Management Office und die Interne Beratung für Synchro (= Lean bei TRUMPF) das Projekt, um die Erkenntnisse intern auf weitere Projekte übertragen zu können.

> Aus diesem Projekt haben wir vieles gelernt:
> 1. Wie sich Scrum an Maschinenprojekte anpassen lässt.
> 2. Dass es hier um einen Mindset- und Kulturwandel geht.
> 3. Dass es interner Kapazität und professioneller Strukturen bedarf, um Agile weiter in die Breite zu tragen.

Die 2D-Lasermaschinen-Plattform wird agil

Rund sechs Monate nach dem Pilot stellte das zweite Großprojekt in der Entwicklung seine Arbeitsweise um: 30 Entwickler an vier Standorten erarbeiteten eine Modulplattform für 2D-Lasermaschinen nach dem Vorbild der Automobilbranche.

Die Herausforderung im Projekt war vor allem die mangelnde Transparenz: Woran arbeitet der Kollege gerade? Passt mein Ergebnis mit dessen Anforderungen zusammen? Wie sind wir insgesamt auf Kurs? Und: Wer ist der Kollege vom anderen Standort eigentlich – wie tickt er? Die positiven Erfahrungen mit dem Projekt TruLaser Center 7030 veranlassten den Entwicklungsleiter auch hier zu einer Umstellung.

Das Setting: Aus den bisherigen Modulverantwortlichen, dem Projektleiter und dem Entwicklungsleiter entstand ein schlagkräftiges Project-Owner-Team (PO-Team). Das Backlog wird inzwischen in einem Aufgabenabwicklungssystem online geführt; so können alle jederzeit auf die Aufgaben zugreifen. Dailys finden zwei Mal pro Woche per Videokonferenz standortübergreifend statt. Zum Sprintwechsel trifft sich das Team persönlich. Lange wurde hier noch offline gearbeitet und die Einträge des Systems ausgedruckt. Nun laufen die Planungen direkt im System.

Heute sehen sich die Beteiligten wesentlich häufiger und kommunizieren enger als vor der Umstellung. Sie arbeiten in wechselnden Konstellationen an Aufgaben zusammen. Das führt zu einem stärkeren Wir-Gefühl im Team und Kollegen aus anderen Standorten führen kein Satelliten-Dasein mehr, sondern empfinden sich als gut integriert.

Entscheidungen werden nicht mehr im kleinen Kreis zwischen Projektleitung und Entwicklungsleitung getroffen, sondern im Team besprochen und im Review vorgestellt. Damit kann sich jeder einbringen und die Entscheidungen werden von allen getragen.

Nicht jeder fand am Anfang diese größere Sichtbarkeit und Verantwortung gut; nicht jeder brachte sich sofort in den Retrospektiven ein. Dies war ein Lernprozess, der sich für das Projekt und die Beteiligten gelohnt hat.

TruLaser Weld 5000: 10 Monate bis zur Messereife

Agil Entwickeln eignet sich per se gut, um schnell auf ein Ergebnis hin zu arbeiten. Damit passte es zu der Aufgabe, die die Abteilung »Laserschweißen in der Blechfertigung« hatte: In zehn Monaten sollte ein wesentlich verbessertes Produkt auf der Messe vorgestellt werden. Wichtigste Anforderung: Wie machen wir das Laserschweißen attraktiver für kleine Losgrößen?

Die Abteilung bot weitere Idealvoraussetzungen: Um das Geschäftsfeld zu beleben, hatte man hier eine interdisziplinäre Abteilung geschaffen, in der die vorher verteilten Mitarbeiter aus Entwicklung, Vertrieb, Service und Marketing zusammengeführt wurden. Der Abteilungsleiter hatte schon einige Jahre zuvor mit Dailys und Planungsboards gearbeitet und war offen für agile Methoden.

Um die Anforderungen an das Produkt zu sammeln und zu verstehen, führte das Team im Vorfeld des Projekts Kundenbesuche durch. Damit hatten alle Beteiligten im Projekt die echten Kundensituationen in den Schweißzellen vor Augen und wussten, für wen sie da entwickelten.

Mit fünfzehn Personen war die Teamgröße überschaubar und das Team kam gut voran. Die TruLaser Weld 5000 war das erste Projekt, in dem Service und Vertrieb im Development-Team beteiligt waren und regelmäßig am Review teilnahmen. Und das zahlte sich mehrfach aus. Zum einen konnte in der Konzeptphase schon Feedback des Service eingearbeitet werden. Im klassischen Entwicklungsvorgehen hätte der Service das Produkt zum ersten Mal im Prototypenstadium gesehen. Zum anderen erleichterte die rege Zusammenarbeit mit dem Vertrieb die Markteinführung.

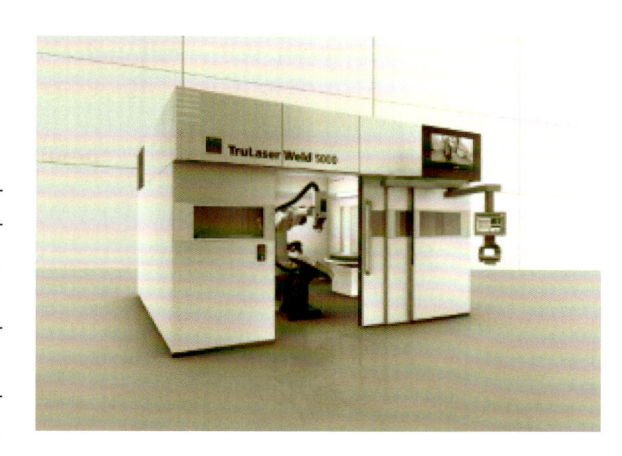

Bild 8.3
Die TruLaser Weld 5000 macht das Laserschweißen auch bei kleinen Losgrößen wirtschaftlich.

Hochfrequenzgeneratoren: WIP-Limit und Fokus auf Kundenanforderungen bringen das Langläuferprojekt schnell zu Ende.

Insbesondere drei agile Prinzipien sorgen für Beschleunigung: Sich klar am Kundennutzen orientieren (Customer Value); mit dem kleinsten marktfähigen Produkt starten (Minimum Viable Product) und möglichst wenig parallel tun (Limit your Work in Progress).

Dies zeigte ein Scrum-Team in Freiburg, das den TruPlasma RF 1003/3006 entwickelte – einen Hochfrequenzgenerator für Plasmaprozesse. Das Entwicklungsprojekt lief seit sechs Jahren. 90 % der Grundlagenarbeit waren erledigt, 12 Produkt-Derivate sollten entstehen. Wann diese auf den Markt kommen würden, war noch ungewiss. Im März 2016 stellte das Projekt die Arbeitsweise auf agil um und brachte bereits im August sechs Produkte auf den Markt. Wie konnte das erreicht werden?

Im Team des TruPlasma RF 1003/3006 stellten sich Scrum-Master, Product Owner und System-Architekt zunächst die Frage: Werden die 12 Produktvarianten überhaupt benötigt? Für welche gibt es wirklich Kunden? Und was müssen wir wirklich noch tun, um diese möglichst schnell auf den Markt bringen zu können? Diese Fragen führten dazu, dass schließlich nur noch sechs Varianten weiterentwickelt wurden.

Die bisherige Projektleiterin agierte im Product-Owner-Team und als Scrum-Master. Sie strich das Backlog rigoros zusammen, nur die Produktfeatures blieben darin, die für die Markteinführung benötigt wurden. In den ersten Sprints zeigte sich außerdem, dass die Mitarbeiter mehr Aufgaben pro Sprint erledigen konnten als angenommen. Die Planung wurde von Sprint zu Sprint genauer.

Weitere Kollegen steigen ein: Agil im Web-Relaunch-Projekt

Viele Stakeholder? Die Anforderungen der Kunden und die technischen Lösungen ändern sich während des Projektverlaufs? Möglichst schnell ein erstes Minimum Viable Product auf den Markt bringen? Das trifft auch auf uns zu, dachte sich die Projektleiterin des Relaunch-Projektes für die TRUMPF-Website. Deshalb entwickelte das Projektteam eigens eine eigene Vorgehensweise, die auf Scrum und dem Best Practice der Maschinenentwicklung aufbaute. Anders als bei einer klassischen Unterteilung in Projektphasen wie »Konzeption – Pflichtenheft – Umsetzung« entstanden dabei schneller sichtbare Ergebnisse. Es wurden fortlaufend in sich geschlossene Arbeitspakete bearbeitet und deren Resultate überprüft. Das Projekt konnte so besser und zielgerichteter gesteuert werden. Diese dynamische und flexible Vorgehensweise stellte sicher, dass die Vielzahl an beteiligten Fach- und Zentralbereichen auch über Ländergrenzen hinweg jeweils zum richtigen Zeitpunkt eingebunden wurden.

Dabei hieß es umdenken – auch für die Fachbereiche. So war z.B. die Detailseite eines Produkts ein erstes Ergebnis, das die grundlegenden Anforderungen an die Datenbankstruktur definierte. Agile Prinzipien wie die Continuous Delivery wurden zum Vorbild für die Planung der Übersetzungsarbeiten. Inhalte werden in 2-Wochen-Paketen erstellt, übersetzt und eingepflegt. Das Scrum-Team umfasst Kollegen von TRUMPF sowie zwei beteiligte externe Projektpartner. Rund um das agile Team gibt es weiterhin die klassische Projektstruktur mit Teilprojekten und vielen Workshops, um an die klassischen internen Strukturen anzudocken. Diese Strukturen helfen, die Anforderungen der Stakeholder und Zusammenarbeit mit den internen Zulieferern an das Scrum-Team in schlüssige Backlogeinträge umzuwandeln, die dann kontinuierlich bearbeitet werden.

Eine Zwischenbilanz: Unsere Erfahrungen auf Projektebene

Mut haben zu beginnen, Dranbleiben und die Veränderung begleiten - diese Devise galt für das Pilotprojekt der TruLaser Center 7030 und sie gilt letztlich für alle Projekte.

Man kann sich sicher sein, dass eine Agile-Einführung positiv auf ein Projekt wirkt, weil die Prinzipien zuverlässig für engere Zusammenarbeit, klareren Fokus und eine realistische Planung sorgen. Hindernisse transparent zu machen und sie schnellstmöglich zu beseitigen ist eine weitere Maxime. Nimmt man diese ernst, werden Probleme angesprochen und gelöst, die häufig schon lange bestanden und die bisher hingenommen wurden.

Unsere Geschichte zeigt: Man muss nicht mit einem kleinen unbedeutenden Projekt beginnen, damit nichts schief geht. Im Gegenteil, es hilft, wenn es ein wichtiges Projekt ist, das einen Anschub braucht. Nur: Wenn man startet, dann am besten richtig! Agil löst nicht alle bestehenden Probleme, aber es macht sie zuverlässig sichtbar. Wo vorher Projekte zu wenig Kapazität hatten oder Entscheidungen dümpelten, wird dies nun schmerzlich bei jedem Sprint bewusst.

Auch Konflikte im Team oder im Umfeld des

Projekts kommen auf den Tisch: Schneller und zuverlässiger als in klassischen Projekten, da man sich im engen Kommunikationsraster nicht mehr aus dem Weg gehen kann.

Am Ende wirkt nicht die Methode als starres Framework, sondern das Verständnis der Prinzipien und Werte dahinter. Iterativ denken, statt in linearen Abfolgen; Fehler als Feedback und Lernanlass verstehen, statt sie zu bestrafen; Führungskräfte kümmern sich nun um die Beseitigung von Hindernissen, statt mit dem Team inhaltlich in Detaillösungen einzusteigen. Dahin kommt man Projekt für Projekt. Und man braucht eine Infrastruktur im Hintergrund, die dies professionell begleitet.

8.3 Bewährte Elemente von PO-Team bis Product Backlog

Agilität in die Maschinenprojekte zu bringen, das gelang bei TRUMPF erst im zweiten Anlauf mit dem Projekt TruLaser Center 7030. Die vorherigen Experimente nutzten das Framework nur teilweise und sie erreichten damit nicht die Wirkung, die die agile Methode möglich macht. Heute machen wir es besser. Die folgenden Elemente haben sich dabei bewährt.

Die Rollen vollständig abbilden

Product Owner, Development-Team und Agile-Master bilden ein in sich schlüssiges System, »Was hat Priorität? Was ist zu tun?« (Product Owner), »Wie tun wir es?« (Team), »Wie können wir es effizient tun, was hindert uns?« (Agile-Master) Das sind die Kernfragen, die die Rollen prägen. Wir besetzen die Rolle Product Owner meist als Team mehrerer Personen, da wir die umgebende Struktur des Projekts nicht kurzfristig ändern können. Ziel dabei ist es, die Personen einzubinden, die den Kundenblick und das technische Verständnis zusammenbringen und für eine akzeptierte Entscheidung sorgen können.

Auch die Rolle Agile-Master wird in jedem Fall besetzt. Der Agile-Master braucht die innere Stärke, allen Beteiligten auf Augenhöhe entgegenzutreten, dazu Handlungsspielraum und Rückendeckung von seiner Umgebung bzw. die Anerkennung der Linienführungskräfte, mit denen er zu tun hat. Auch die hierarchischen Beziehungen aus der Linie sollten bei der Einführung betrachtet werden: Gibt es kritische Konstellationen? Ist zum Beispiel ein Product Owner gleichzeitig Projektleiter und Abteilungsleiter? Dann ist die Gefahr groß, dass diese Rollendefinitionen das Geschehen ungesund bestimmen.

Hier ist neben der Expertise in Scrum systemisches Wissen aus der Organisationsentwicklung gefragt. In welchem Wechselspiel stehen die Beteiligten im Projekt und außerhalb? Wenn es gelingt, die Rollen system-logisch zu besetzen, hilft dies tatsächlich im Sinne von Scrum zu agieren. Und es erleichtert den Start, weil nicht zuerst ein Umstrukturierungsprojekt gestartet werden muss.

Vier Planungsartefakte: Meilensteinplan, Product Backlog, Sprint Backlog, Impediment Backlog

Scrum bringt neue Planungsartefakte in die Projektplanung. Wie vertragen sich die bisherigen Projektpläne und Vorgaben des Produkt-Entwicklungsprozesses mit den Scrum-Artefakten? Entwicklungsprojekte nutzen üblicherweise die Meilensteine und Vorgaben des Produkt-Entwicklungsprozesses, um das Projekt zu strukturieren. Bei TRUMPF sind dies z.B. acht Phasen und Meilensteine für die Entwicklung einer neuen Maschine. Daneben gibt es viele weitere Zwischenmeilensteine, die Synchronisationspunkte mit Subprozessen oder vernetzten Prozessen im Projekt darstellen. Diesen Gesamtblick auf das Projekt nutzen wir weiterhin als grobe Orientierung.

Die nächste Detaillierungsstufe bildet das Product Backlog. Neben der priorisierten Liste hat sich bei uns eine grafische Form bewährt. Die Lieferergebnisse der beteiligten Teilprojekte/Subteams oder Bereiche sind zeilenweise sortiert und nach Sprints aufgetragen. Mithilfe dieser Zeit-Ergebnis-Matrix lässt sich die Mittelfrist-Planung visualisieren: Alle 12 Wochen erarbeitet das Team ein neues Etappenergebnis und die beteiligten Subteams leiten ihre Ziele und Sprintziele ab. So lassen sich Lieferergebnisse synchronisieren und Abhängigkeiten besprechen.

Im Sprint nutzen wir die üblichen Sprint-Backlogs sowie eine Visualisierung der Hindernisse, um die Aufgaben zu steuern. Offline mit Post-its – online mit unserem Aufgabenverwaltungssystem.

Agile muss man erfahren, um es zu lernen
Um schnell aus der Theorie in die Praxis zu kommen, bilden spielerische Simulationen einen wichtigen Teil im Startprozess. Zum Beispiel das Ball-Point-Game oder die Lego-Simulation. Im Ball-Point-Game wird die Gruppe in Teams eingeteilt. Die Teams haben die Aufgabe möglichst viele Papierkügelchen unter der Einhaltung von bestimmten Regeln von einem Papierkorb in den anderen zu befördern. In der Lego-Simulation wird in vier Sprints ein Objekt gebaut, das nach jedem Sprint funktionsfähig sein soll. Damit lassen sich die Rollen und Abläufe erproben und erste Erfahrungen machen. Auch Teaminteraktionen und Codes kann man hier einführen, z.B. Daumen hoch für Zustimmung und das Prinzip, dass eine Entscheidung erst als angenommen gilt, wenn alle Daumen nach oben zeigen.

Nach den Startworkshops beginnt für die Teams die Arbeit in Sprint eins. Man geht direkt ins Tun über und hat mit jedem Sprintwechsel wieder Zeit zur Reflektion: Was haben wir gelernt: Was war wichtig? Was lief gut und sollte beibehalten werden? Was soll verändert werden? Die Umstellung der Arbeitsweise bedeutet automatisch, mit seinen bisher eingespielten Verhaltens- und Denkmustern konfrontiert zu werden. Und die Änderungen machen sich auf dieser Ebene bemerkbar. Deshalb ist es wichtig, in der Reflektion nicht nur auf Äußerliches zu achten, sondern auch auf die Stimmungen und Reaktionen der Menschen im Team.

8.4 Wie bringt man Agile zum Laufen?

Lohnt es sich für mich agile Methoden einzuführen und wie mache ich das? Wie bringe ich das Thema in die Breite?

Zunächst braucht es einen Grund, um damit zu beginnen. Die meisten Agile-Einführungen beginnen mit einem Projekt, das mit den bisherigen Methoden nicht umsetzbar zu sein scheint. Agile bewährt sich dann, wenn es komplex wird, seien es technisch komplexe Produkte, Marktanforderungen, die sich schnell ändern, oder eine hohe Anzahl von Teammitgliedern, die aus ganz verschiedenen Wissensgebieten und Fachbereichen zusammenarbeiten. Unter diesen Umstän-

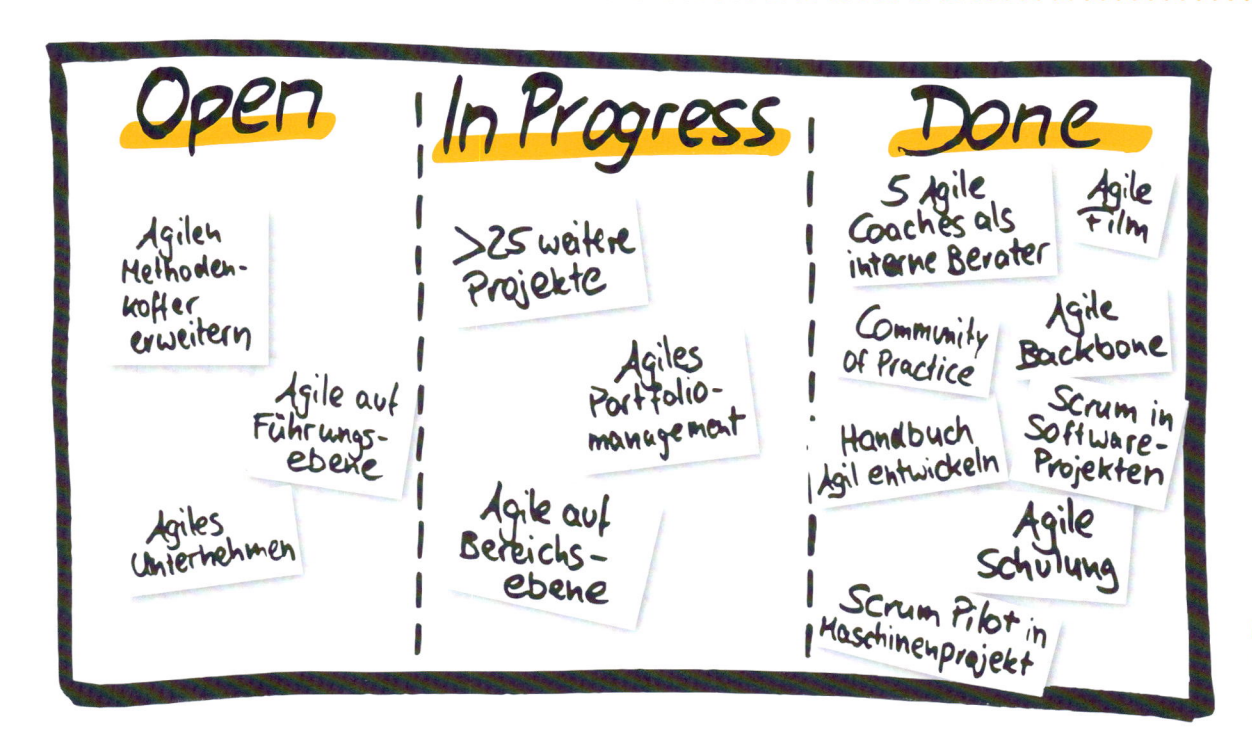

Bild 8.5
Um Agile einzuführen, braucht es mehr als ein erfolgreiches Pilotprojekt.

den ist die Bereitschaft groß, etwas Neues auszuprobieren.

Ein anderer Grund damit anzufangen liegt in der Struktur- und Kulturebene begründet: Die etablierten Managementsysteme der tayloristisch geprägten Industrie genügen nicht mehr, um Neues zu schaffen, das im Wesentlichen aus der Vernetzung von Wissen entsteht. Hierfür haben sich neue Modelle der Zusammenarbeit entwickelt. Die Literatur dazu wächst stark und Filme wie »Augenhöhe« inspirieren viele Führungskräfte und Mitarbeiter zu Fragen wie:

Welche Strukturen werden dem Potenzial der Mitarbeiter besser gerecht? Was braucht es, um Werte wie Offenheit, Eigenverantwortung, Vertrauen usw. tatsächlich zu leben?

Egal, wer das initiiert: Um zu starten ist dann eine Führungskraft mit ausreichend großem Einfluss und Handlungsspielraum erforderlich.

Den Pilot zum Erfolg führen

Wenn die Entscheidung gefallen ist, ein Projekt agil aufzusetzen, dann gilt es, dies richtig und vollständig zu tun: Alle Scrum-Rollen besetzen, die Artefakte Backlog, Sprint-Product Backlog, Impediment Backlog aufbauen und den Sprintzyklus leben.

Um ein Team ins agile Arbeiten zu coachen, veranschlagen wir 10 bis 20 interne Beratertage in einem Zeitraum von 12 bis 18 Wochen. Das umfasst die Vorgespräche, die ersten drei Sprints und den ersten Etappenwechsel. Die meisten Teams kommen in dieser Zeit auf einen Reifegrad, in dem sie mit einem Agile-Master in der Lage sind, das Framework zu nutzen und für sich weiter zu entwickeln.

Gerade das erste Agile-Projekt hat eine hohe Aufmerksamkeit: »Was macht ihr da?« – und zeigt typische Hürden inner- und außerhalb des Teams, die zu überwinden sind. Deshalb ist es wichtig, das Projekt mit Kompetenz bezüglich Agile, Veränderungsprozesse und systemischem Blick zu begleiten, um die Methodik ins Laufen zu bringen – aber auch die Konflikte und offenen Fragen zu lösen. Wenn die Kompetenz noch nicht im Unternehmen vorhanden ist, bietet sich die Zusammenarbeit mit einem erfahrenen Berater an.

Lernen und die Essenzen herausziehen – Handbuch, Film, Trainings

Als der Pilot TruLaser Center 7030 startete, war klar, dass dies für uns die Gelegenheit sein würde, Scrum als Framework zu verstehen und zu nutzen. Entsprechend investierten wir Zeit, um aus dem Projekt zu lernen und das Wissen intern verfügbar zu machen. So entstand das Handbuch »Agil Entwickeln«, ein Leitfaden, der zeigt, wie das Framework funktioniert und wie die Einführung abläuft.

Stück für Stück entwickelten sich die internen Kommunikations- und Lerninstrumente weiter. Auf das Handbuch folgte ein Film, der den Projektteams durch einen Sprint folgt und so Eindrücke aus den Projekträumen bietet. Mittlerweile haben wir interne Schulungen für Mitarbeiter und Führungskräfte aufgebaut, um mit gleicher Botschaft ins Unternehmen zu kommunizieren: Agile Methoden im Projektmanagement, Zertifizierungstrainings für Product Owner und Scrum-Master sowie Führungskräfteworkshops, die den Wandel in der Arbeitsweise und Führungskultur thematisieren.

Das Wissen mehren – Beratungskompetenz intern aufbauen: Agile-Coaches
Teams kommen schneller ins Arbeiten mit einer kompetenten Begleitung. Diese Erfahrung haben wir mehrfach gemacht. Deshalb gibt es bei TRUMPF mittlerweile einige Personen, die als Agile-Coaches Teams begleiten. Agile-Coaches sind interne Berater. Sie sind in Zentralbereichen angesiedelt und können somit von Standorten der ganzen TRUMPF-Gruppe angesprochen werden. Dabei arbeiten das Project Management Office im Zentralbereich Forschung und Entwicklung sowie das Synchro-Consulting-Team (Interne Lean-Beratung) eng zusammen, um das Thema in die Breite zu tragen.

Die interne Beratung zahlt sich in zweierlei Hinsicht aus: Indem wir intern die Projekte coachen, lernen wir sehr viel über die Anliegen der Beteiligten und die Methoden selbst. Außerdem trägt Agile im Unternehmen eine einheitliche Handschrift.

Roll-in statt Roll-out
Wie sorgt man überhaupt dafür, dass andere Projekte einsteigen? Bei TRUMPF galt und gilt das Prinzip Freiwilligkeit. Wer Interesse hat einzusteigen, kann dies tun. Es gibt keine grundsätzliche Verpflichtung. Wir präsentieren die agilen Denkweisen und Methoden auf internen Plattformen wie der Entwicklungsleitertagung und im Intranet, bieten Informationsgespräche in Abteilungen an und erleben ein kontinuierlich steigendes Interesse am Thema.

Die Idee Roll-in statt Roll-out folgt damit den aktuellen Empfehlungen des Change-Management-Experten John Kotter (Kotter 2015). Er beschreibt darin u. a. die Erfahrung, dass Veränderungen, in die Menschen aus eigenen Stücken einsteigen, wesentlich wirkungsvoller sind, als in den Fällen, in denen Menschen eine Veränderung aufgezwungen wird. Und dieser Weg passt gut zu den agilen Prinzipien der Selbstverantwortung und des Engagements.

Dreh- und Angelpunkt Agile-Backbone

Das Agile-Backbone gründete sich 2014 und besteht aus drei Personen des Project Management Offices und des SYNCHRO-Consulting-Teams, die sich wöchentlich treffen. Es bildet die zentrale Anlaufstelle im Unternehmen für Fragen und Anliegen zu Agile, hat ein eigenes Backlog, setzt Impulse und informiert die Geschäftsführung über den Stand.

Welche Teams möchten Agile einführen, welcher Coach übernimmt? Wann findet das nächste Agile-Community-Treffen statt? Welche neuen Termine oder Plattformen braucht es, um die Beteiligten besser zu vernetzen? Welchen Erfahrungsaustausch mit anderen Unternehmen machen wir, welchen nicht? Solche Fragen werden hier besprochen.

Voneinander lernen: Scrum-Agile-Community und Plattform

Für Scrum- und Agile-Master, Product Owner, Coaches – kurz gesagt –, alle Agile-Praktiker gibt es eine so genannte Community of Practice, die zur Vernetzung und zum gegenseitigen Wissensaustausch dient. Neben zwei Offline-Treffen pro Jahr gibt es einen Bereich auf der Online-Plattform, über den man in Kontakt treten kann.

In den Offline-Treffen informiert das Agile-Backbone über die Entwicklungen und den Stand von Agile bei TRUMPF seit dem letzten Treffen, danach bieten Formate wie Open Space, World-Cafe und Vorträge Gelegenheit, voneinander zu lernen. Aus den Themen der Teilnehmer entstehen neue Impulse und Arbeitsaufträge, die über das Agile-Backbone angestoßen werden.

Iterativ vorgehen

Agile Denkweisen und Methoden einzuführen, ist ein komplexes Unterfangen. Deshalb bietet sich auch hierfür eine iterative Vorgehensweise an. Das Agile-Backbone plant in Etappen und veranstaltet vier Mal pro Jahr einen Termin mit den Geschäftsführern der Bereiche, die Agil bereits einsetzen. Ganz im Sinne des Agile-Zyklus wird in einem Review vorgestellt, was seit dem letzten Mal erledigt wurde. Danach setzen die Geschäftsführer die Prioritäten für die nächste Etappe und das Agile-Backbone-Team passt sein Backlog entsprechend an.

8.5 Welche Hindernisse gilt es zu beseitigen?

Agil bringt zuverlässig Bewegung ins Projekt UND zeigt Reibungseffekte im Team oder auch an den Schnittstellen. Hier ist unser Best-off der Hindernisse und wie man sie beseitigt.

Agil lebt nur von innen heraus
»Die vielen Besprechungen kosten doch unnötig Zeit.« »Ich frage mich immer noch, warum ich hier alles auf Klebezettel schreiben soll.« »Mein Chef ändert im Sprint die Priorisierung.« Solche Aussagen hören wir bei Umstellungen häufig. Ein Buch aufzuschlagen und den Methoden strikt zu folgen, genügt daher nicht. Es kommt darauf an, Agile aus dem Mindset heraus zu leben. Das heißt, die dahinterliegenden Werte und Prinzipien erfahren und verinnerlicht zu haben. Übrigens gilt dies auch für Berater: Wer rein dogmatisch mit Vorgaben arbeitet, hat es schwerer, Teams zu gewinnen. Wer das Agile-Mindset und die Wirkungsweisen verstanden hat und sie selbst lebt, kann Agile überzeugender präsentieren und wirkungsvoller einführen.

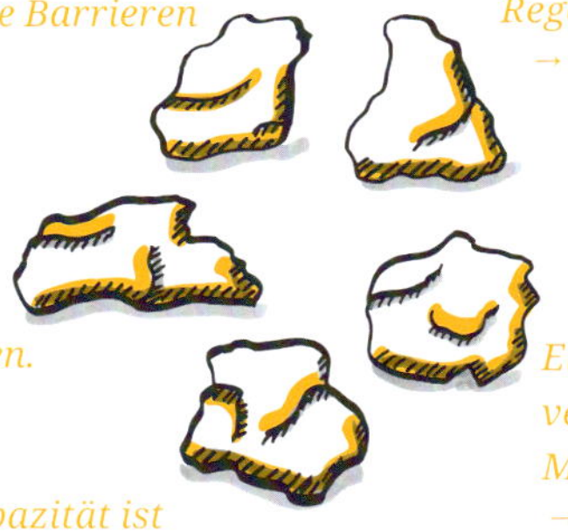

Jeder muss sich persönlich umstellen.
→ *Die richtige Kommunikationskultur hilft, innere Barrieren zu überwinden.*

Regeln befolgen genügt nicht,
→ *Agil lebt nur von innen heraus.*

Jeder tickt anders!
→ *Den Übergang gut begleiten.*

Elemente wegzulassen, verringert die Wirkung der Methode:
→ *Einen verlässlichen, vollständigen Sprintzyklus etablieren.*

Agile Master-Kapazität ist ein Engpass:
→ *Ausreichend Kapazität bereitstellen.*

Bild 8.6
Fünf typische Agile-Hindernisse und was man dagegen tun kann.

Es gilt also, Agile vorzuleben. Idealerweise gibt es Vorbilder quer durch die Rollen und Führungshierarchien, vom Geschäftsführer, der erst nachfragt: »Wie würden Sie es denn entscheiden?«, bevor er seine Meinung sagt, über den Agile-Master, der durchsetzt, dass nur 80 % der verfügbaren Kapazität im Sprint verplant werden – auch wenn das Unternehmen es gewohnt ist, 120 % zu verplanen.

Deshalb begleiten wir die Teamumstellungen intensiv. In den Startworkshops vermitteln wir

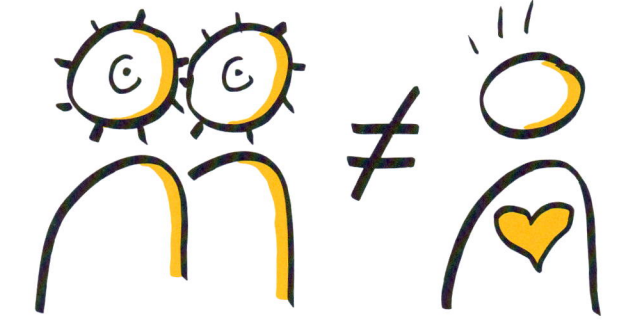

Bild 8.7
Agil wird erfolgreich mit Menschen, die die Prinzipien verinnerlicht haben und davon überzeugt sind.

Wissen und bieten erste Erfahrungen in der Simulation. Das Team ist verantwortlich, sein Framework nach und nach anzupassen und zu gestalten.

Das richtige Verhältnis von Zeit für Synchronisation und Arbeit an Backlogitems
Ein weiteres typisches Hindernis zeigt sich in Fragen wie diesen: »Warum brauchen wir so viele Besprechungen? Früher ging es doch auch so…« oder »Ich bin an fünf Projekten beteiligt und wenn jedes Projekt agil wird, komme ich nicht mehr zum Arbeiten.«

Agiles Entwickeln bei TRUMPF basiert auf dem Scrum-Framework. Dieses Framework scheint zunächst sehr aufwendig. Zahl und Länge der Dailys und die Retrospektive an sich werden dann infrage gestellt. Unsere Erfahrung ist hier: Wenn Scrum Wirkung zeigen soll, braucht es den kompletten Sprintzyklus mit allen Ereignissen. Die Ereignisse geben eine feste Struktur, um Ergebnisse zu definieren, zu priorisieren, realistisch zu planen, sich während des Sprints zu synchronisieren und dann das Erreichte und die Zusammenarbeit zu reflektieren.

Für jedes Projekt gilt es also, einen vollständigen Zyklus zu etablieren. Gegebenenfalls genügen zwei bis drei statt fünf Dailys pro Woche, ganz weglassen geht aber nicht. Auch eine kurze Retrospektive ist besser, als sie gar nicht durchzuführen.

Aber ist Scrum wirklich aufwendiger als die unkoordinierte Abstimmung vorher? Ein Team führte ein Zeitprotokoll und erkannte so, dass im Gegenteil weniger Zeit eingesetzt wird für die Planung und Koordination. Die Termine sind nur jetzt im Kalender sichtbar, früher flossen viele Stunden in Einzelgespräche. Die Sprint-Ereignisse bieten den Rahmen, um mit allen Beteiligten gleichzeitig, fokussiert und in einer Time Box zu arbeiten und sind effektiver als unstrukturierte Besprechungen.

Zu viel Aufwand für Planung und Koordination, das sagen oft die, die in mehreren Projekten arbeiten. Hier gilt: Wo sich Multitasking etabliert hat und Personen mit wenig Kapazität viele Projekte bedienen ist die Frage, ob sich das Multitasking reduzieren lässt. Jeder weiß intuitiv, dass drei Personen mit 100 % mehr leisten als sechs Personen mit 50 % oder 12 mit 25 %. Agile fordert auf, wieder in Richtung reine Projektorganisation statt Matrixorganisation zu denken.

Die inneren Barrieren
Unsere Gesellschaft und Ausbildungssysteme legen den Fokus auf Einzelleistung und -bewertung – auch in den Unternehmen setzt sich dieses System fort. In agilen Projekten ist die Exzellenz des Einzelnen im Zusammenspiel mit Anderen gefragt. Der Fokus liegt auf der Kooperation. Für die meisten entspricht das in vielen Aspekten dem gegenteiligen Verhalten, das wir uns antrainiert haben. Gleichwohl passt es zu den menschlichen Grundbedürfnissen an sich.

Wer bisher nur erlebt hat, dass er für Fehler schlechte Noten und weniger Anerkennung bekommt, für den genügt ein Appell an den Verstand nicht, um sein Verhalten zu ändern und nun Probleme und Hindernisse proaktiv anzusprechen.

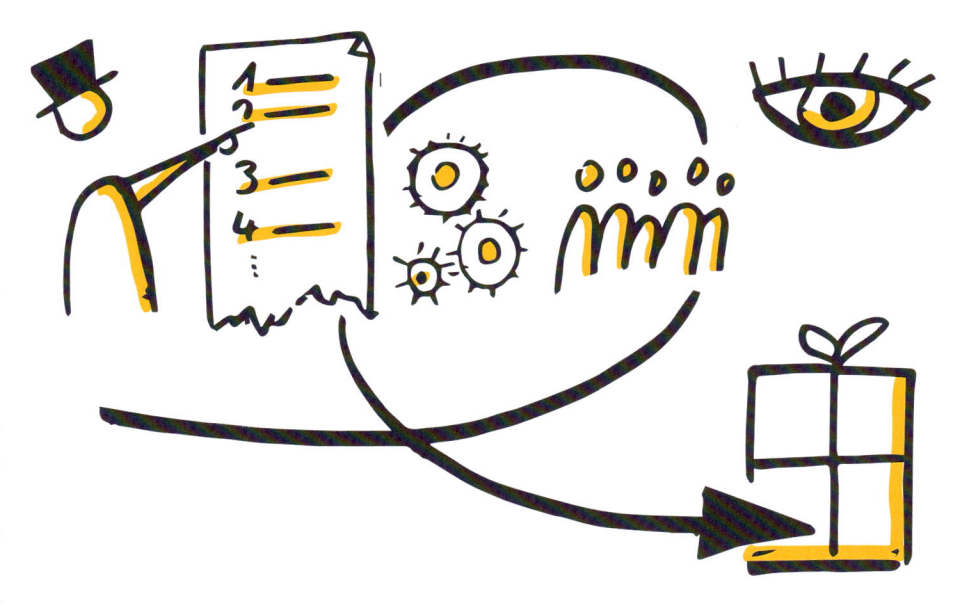

Oft heißt es dann: »Ich bin doch Entwickler, jetzt muss ich die ganze Zeit reden.« Oder »Bekomme ich eine schlechte Leistungsbeurteilung, wenn ich meine Aufgabe nicht schaffe?« Auch für sich einstehen und z. B. eine Überbelastung anzusprechen sind wir vielfach nicht gewohnt und vermeiden dies nach dem Motto: »Es ist zwar zu viel für einen Sprint, aber ich frage jetzt mal nicht um Hilfe, es wird schon irgendwie gehen«.

Agile-Master und Agile-Coach moderieren die

Bild 8.8
Der Sprintzyklus muss vollständig gelebt werden, um den vollen Nutzen zu erzielen.

Bild 8.9
Agile bedeutet auch eine Änderung auf persönlicher Ebene.

Ereignisse und können so die Atmosphäre schaffen, in der jeder offen kommunizieren kann. Wenn jemand sich öffnet und ein Problem anspricht, muss er die Erfahrung machen, dass er Unterstützung bekommt und nicht dafür schlecht angesehen wird. Demütigung und Scham sind Gefühle, die die meisten erlebt haben. In der Erinnerung sind die dazugehörigen Situationen als unangenehm eingestuft – also vermeiden wir ähnliche Situationen fortan.

Die gute Nachricht: Menschen lernen aus Erfahrung und neue Erfahrungen überschreiben die alten Muster im Gehirn. Das heißt, jedes gemeinsam gelöste Problem bringt das Team einen Schritt voran.

»Das geht doch auch ohne Agile-Master«

Die Aufgabe des Scrum- oder Agile-Masters ist wahrscheinlich die am meisten unterschätzte im ganzen Team, sowohl vom Anspruch der Rolle her als auch vom Nutzen. Das zeigt sich in Fragen wie: »Welche greifbaren Ergebnisse liefert der Agile-Master?« oder »Ist er der Assistent des Product Owners?« oder »Und wie soll ich messen, ob sich der Invest in diese Kapazität lohnt?« oder »Moderator, Sekretärin, Organisierer, was genau macht der Agile-Master?«

Grundsätzlich gilt: Wenn es keinen Agile-Master gibt oder dieser weniger Zeit hat, fällt seine Arbeit auf den Product Owner und das Team oder die umgebenden Führungskräfte zurück. Welche Arbeit genau? Zunächst das Organisieren und Moderieren der Ereignisse, vor allem aber das sichtbar Machen und Lösen von Hindernissen. Der Agile-Master stellt sicher, dass die Methode gelebt und weiterentwickelt wird. Er sorgt allein schon durch das Einhalten der Besprechungsdauer (Time Box) für Effizienz und trägt einen großen Teil zur Teamentwicklung bei.

Vielleicht ist ein Vollzeit-Agile-Master pro Team eine ungewohnt hohe Forderung, die nicht jedes Unternehmen bereit ist, umzusetzen. Unsere Erfahrung zeigt, dass ein Agile-Master ca. 1,5 bis 2 Tage pro Woche pro Team benötigt und somit mit zwei bis drei Projekten oder Teams ausgelastet ist.

Der agile Kulturschock

»Warum kann ich nicht mehr die Prioritäten setzen?! Ich bin doch der Entwicklungsleiter!« »Die Teammitglieder sind doch noch alle so jung. Denen soll ich zutrauen, dass sie die richtige Lösung finden?« Wer Agile einführt, startet in einen Modus, der sich wahrscheinlich von der bisherigen Firmenkultur unterscheidet. Einfach deshalb, weil die grundlegenden Prinzipien nicht denen des klassischen Managements entsprechen.

Diese Prinzipien beschreibt das Agile-Manifesto. Individuen und Interaktionen gelten z. B. mehr als das strikte Einhalten von Prozessen. Im Scrum-Framework priorisiert der Product Owner das Backlog und nicht der Linienmanager. Selbstverantwortung entsteht nur dort, wo Menschen auch eigeninitiativ handeln dürfen.

Was tun? In der Vorbereitungsphase der Umstellung sollten auf jeden Fall die umgebenden Führungskräfte über agile Prinzipien und die Methode im Projekt informiert werden. Welche Rollen gibt es? Was ist deren Aufgabe? Simulationen wie das Ballpoint Game oder das Lego Game helfen, einen Eindruck der geänderten Arbeitsweise zu erhalten und darüber zu reflektieren. Während der Umstellung zeigt sich zuverlässig, wo die Reibungspunkte an den Schnittstellen zwischen Projekten und Abteilungen sind. Gerade dann ist es wichtig, diese zu bearbeiten und sie nicht zu ignorieren. Dabei hilft ein erfahrener interner Berater oder Agile-Master.

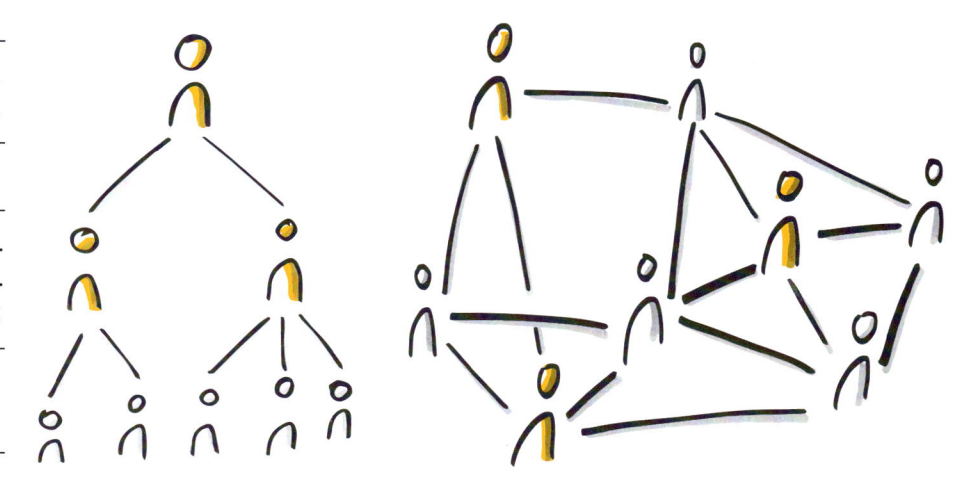

Wenn ein Projekt auf agil umstellt, betrifft dies automatisch die umgebende Organisation. Wissen über systemische Organisationsentwicklung gehört daher zum Handwerkszeug von internen Coaches und Agile-Mastern.

Bild 8.10
Von der Pyramide zum Netzwerk, bedeutet, in einen anderen Modus zu wechseln.

8.6 Agil verändert Führungsstil

Viele Mitarbeiter sagen heute: »Ich will nie wieder anders arbeiten.« Dazu haben verschiedene Elemente beigetragen:

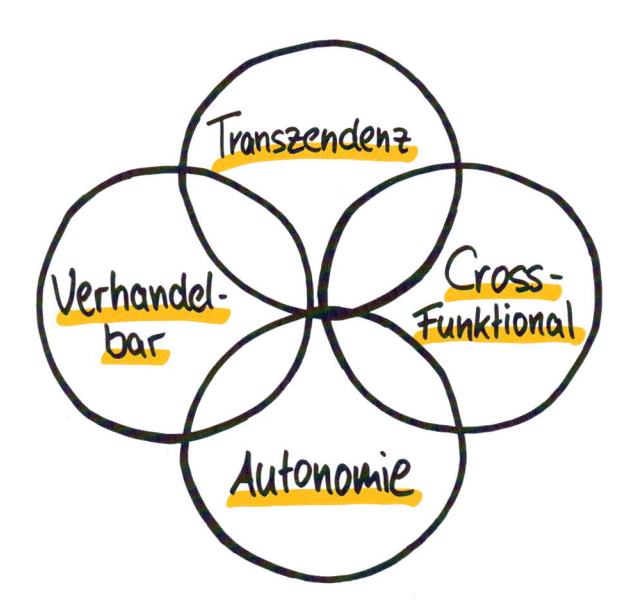

Bild 8.11
Vier Elemente, die das agile Arbeiten so attraktiv machen

1. Transzendenz: Den eigenen Beitrag zum großen Ganzen sehen: Bisher saßen Mitarbeiter oft isoliert an einer fixen Aufgabenstellung und waren dann mit der Zeit z. B. in der Rolle eines Komponentenspezialisten gebunden, aus der sie so leicht nicht wieder herauskamen. Die Arbeit wird dann zunehmend zur Routine. Es fehlen Herausforderungen und der Bezug zum Gesamtprodukt geht verloren. In agilen Teams sieht man diesen Zusammenhang wieder im Planning und im Review. Außerdem kann man sein Wissen und seine Fähigkeiten auch in neue Themen und anderen Teams einbringen. Dabei spürt man immer wieder von Neuem, was man kann und erfährt Anerkennung. Das macht Spaß und fördert das Selbstvertrauen.
2. Cross-funktional: So werden die Teams zusammengesetzt. Dadurch, dass verschiedene Fachbereiche zusammenarbeiten, entsteht ein großer Lerneffekt. Man bekommt einen Blick für das Ganze und ein Verständnis für die Probleme und Schwierigkeiten der anderen. Aus seiner eigenen Perspektive kann man u. U. Anregungen geben, auf die ein Fachspezialist in seinem Denken vielleicht nicht gekommen wäre.

3. Autonom: Die Teams können weitgehend selbst entscheiden. Sie tragen Verantwortung und können sich so beweisen.
4. Verhandelbar: Die Aufgabenverteilung wird abgesprochen. Niemand muss etwas übernehmen, das ihn vielleicht überfordern könnte. Ein jeder sieht aber auch, wie andere zu Lösungen kommen und traut sich dann beim nächsten Mal vielleicht mehr zu.

> **Erlebnis einer Führungskraft:**
> Ich kam kürzlich in unseren Versuchsraum und beobachtete einen Monteur, der an einem Prototyp arbeitete. Ich hätte es an seiner Stelle anders angestellt und wollte ihm daher einige Ratschläge geben. Bisher führte das oft zu Verunsicherung, da man den Rat eines Vorgesetzten ja nicht einfach ignorieren kann, auch wenn es vielleicht gar nicht so ginge, wie vorgeschlagen. In diesem Fall lautete die Antwort jedoch: »Das haben wir im letzten Sprint so entschieden. Ich habe noch eine Woche Zeit, verlassen Sie sich darauf, ich bekomme das hin.« Das zeigte mir, dass wir schon weit gekommen waren.

Neue Strukturen schaffen die Voraussetzung für agile Teams

Anfangs hatten wir Scrum in den bisherigen Strukturen umgesetzt – und tun dies auch weiterhin. Dies führte und führt jedoch zu Rollenkonflikten. Wenn ein Product Owner gleichzeitig Gruppen- oder gar Abteilungsleiter ist, kann es Teammitgliedern schwerer fallen, kontrovers zu diskutieren. Schließlich könnte man ja doch schlechter bewertet werden. Und bisher gilt bei TRUMPF: Die Linie hat auch eine fachliche Führungsfunktion. Hier entsteht die Herausforderung, die fachlichen Entscheidungen ins Team zu übergeben.

Mehrfachrollen erzeugen Reibungspunkte und Konflikte. Die Lösung hierfür heißt letztlich: Strukturen in der Aufbauorganisation anpassen, z. B. auf Abteilungsebene. In einem Pilotbereich der Softwareentwicklung wurde dies umgesetzt und die fachliche Führung von der personellen Führung getrennt.

Die fachlich-inhaltliche Führung der Scrum-Teams geschieht über Product Owner. Die disziplinarische Führung aller Entwickler liegt nun bei einem einzelnen Mitarbeiter. Er kann sich so ganz darauf konzentrieren. Er entsendet seine Mitarbeiter in passende Projekte, beobachtet sie in ihrer Arbeit und sorgt für die Weiterentwick-

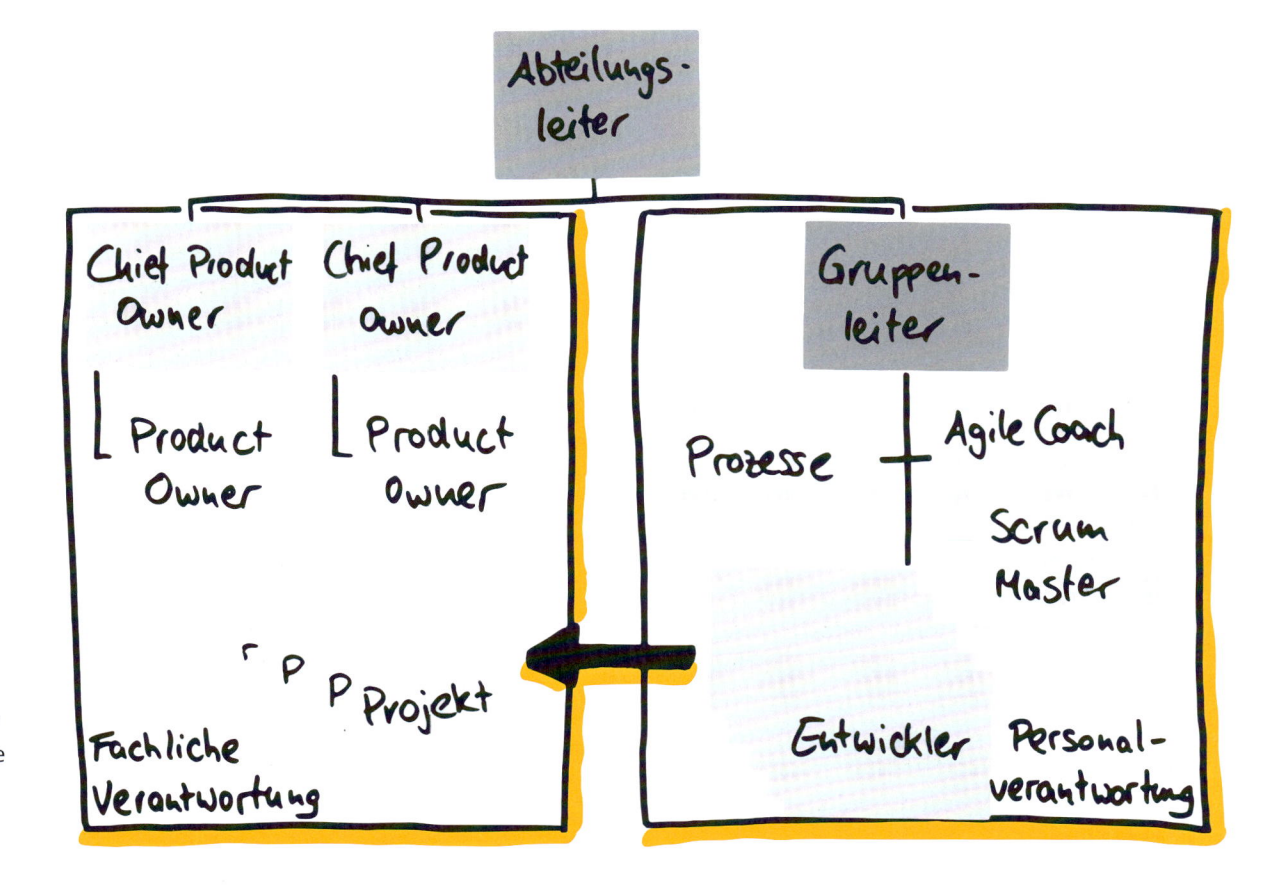

Bild 8.12
Die erste agile Struktur auf Abteilungsebene: Fachliche Verantwortung und Personalverantwortung sind nun getrennt.

lung eines jeden Einzelnen. Muss jemand z.B. teamfähiger werden, an seiner Selbstorganisation arbeiten oder sein Fachwissen vertiefen? Fragen, die oft zu kurz kommen, wenn ein guter Entwickler um der Karriere willen Führungsaufgaben übernimmt, für die er sich vielleicht gar nicht berufen fühlt und die dann nur nebenbei erledigt werden.

Sich trauen, Verantwortung zu übernehmen, Entscheidungen schneller treffen
Wenn es gelingt, Mitarbeiter dazu zu befähigen, Entscheidungen eigenständig dort zu treffen, wo sie benötigt werden, wird ein Unternehmen schneller und flexibler und kann zukünftige Anforderungen besser erfüllen. Führungskräfte werden entlastet und können sich stärker auf strategische Themen konzentrieren. Komplexe Entscheidungen werden in fachübergreifenden Teams getroffen und sind damit valider.

Bisher waren alle auf den jeweiligen Vorgesetzten fokussiert und mussten auf seine Entscheidungen warten, denn schließlich trug er die Verantwortung. Dabei lassen sich viele Entscheidungen auch im Team treffen. In der Literatur gibt es viele Vergleiche, dass Menschen im Privatleben sehr viel größeren Handlungsspielraum haben und eigenverantwortlich und selbstmotiviert agieren. Diese Chancen sollten auch im Unternehmen genutzt werden. Dabei müssen jedoch auch die Risiken überschaubar bleiben, weil Fehlentscheidungen sehr viel größere Auswirkungen haben als im Privaten.

Wie weit dürfen die Entscheidungen einzelner Mitarbeiter also reichen? Eine Führungskraft ist in der Regel auch in die Position gekommen, weil sie Erfahrungen gesammelt und erfolgreiches Arbeiten bereits unter Beweis gestellt hat. So ist es für beide Seiten eine Herausforderung: Für den Mitarbeiter, der für seine Entscheidungen die Verantwortung trägt, was Ängste hervorrufen kann und eine zusätzliche Belastung bedeutet. Für den Vorgesetzten, der sich zurücknehmen muss, wenn er Freiräume schaffen will. Mit mehr Abstand muss man als Führungskraft ein Gefühl dafür entwickeln, wann man wo nachhaken muss, wo Impulse notwendig sind und dafür, wem man was zutrauen kann.

Es hilft, dass es in den agilen Projekten Reviews (Abgleich zwischen dem, was geplant wurde und was erledigt ist) und Demonstrations (Vorführen des Ergebnisses) gibt, die Transparenz darüber schaffen, ob Ziele eingehalten werden. Dort wo die Gefahr besteht, dass sich ein

Team nicht einigt, kann man auf den Modus des konsultativen Einzelentscheids übergehen: Derjenige, der die Entscheidung zu treffen hat, muss sich zunächst die Ratschläge aus mehreren Sichten einholen und hat diese abzuwägen. Dazu gehören Spezialisten mit Erfahrung, Betroffene, der Vorgesetzte, das eigene Team und bei Bedarf weitere. So verringert sich das Risiko einer Fehlentscheidung in den Projekten.

Wie entsteht Vertrauen in das neue Rollenverständnis in einer Unternehmenskultur, die bisher auf eine streng hierarchische Organisationstruktur und entsprechende Entscheidungswege gesetzt hat? Als Unternehmen agil zu werden ist ein individueller Prozess, der davon abhängt, welche Strukturen, Werte und Verhaltensweisen das Unternehmen bisher bestimmen.

Bei TRUMPF sind die Voraussetzungen für Agile gut: Über unser Produktionssystem Synchro haben wir weltweit über viele Jahre ein konsequentes Denken in Prozessen eingeführt. Für fast sämtliche Vorgänge wurden Prozesse entwickelt, geschult und mit großer Disziplin für die Einhaltung gesorgt. Das macht zwar zunächst unflexibel, aber es schuf eine Grundordnung, die uns heute als Orientierung dient. Mit dieser soliden Basis fällt es leichter, loszulassen.

Denn jeder Mitarbeiter kann sich informieren, wie man üblicherweise verfahren würde. Er kennt die Verantwortlichen und kann so leichter einschätzen, wie groß das Risiko ist, das er eingeht, wenn er nun eigenständig und sich im Sinne des Kunden vielleicht ein Stück weit vom Prozess entfernt.

Unser Zwischenfazit
Für eine abschließende Bilanz zu Agile bei TRUMPF ist es heute zu früh. Im Sinne eines Zwischenfazits lässt sich feststellen: In den letzten beiden Jahren hat das Thema eine große Resonanz erfahren und wir gehen nun über Projekte hinaus, um Agile mit einer strategischen Initiative breiter ins Unternehmen zu tragen.

Was uns dazu moviert? Das agile Unternehmen ist in der Lage, schnell und flexibel zu reagieren, Komplexität zu beherrschen und Projekte effizient umzusetzen. Das sind die Voraussetzungen, um in einer vernetzten Welt, die eine immer stärkere Individualisierung von Produkten und Leistungen fordern wird, wettbewerbsfähig bleiben zu können.

Agile bewirkt letztlich einen Kulturwandel. Er führt dazu, dass Mitarbeiter eine stärkere Eigenständigkeit entwickeln, die sie ertüchtigt, im

Rahmen ihrer Möglichkeiten Entscheidungen selbst zu treffen. Dazu gehört es auch, von etablierten Mustern abzuweichen, wenn es im Sinne des Kunden notwendig ist. Um diesen Wandel zu beginnen und zu gestalten, braucht es Überzeugung, Mut und die Fähigkeit, Situationen richtig einzuschätzen. Und viel Vertrauen.

Agile Methoden in der Projektarbeit sind ein passendes Mittel, um erste Erfahrungen zu machen. In agilen Teams wächst das Selbstvertrauen aller Beteiligten. Ziele werden gemeinsam angestrebt und effizienter erreicht. Aber auch Führungskräften gibt die Einführung agiler Methoden eine gute Möglichkeit, das »Loslassen« und Delegieren von Entscheidungen zu üben.

In agilen Strukturen sind Führungskräfte nicht mehr die letzte Instanz im Tagesgeschäft. Vielmehr dienen sie ihren Mitarbeitern, indem sie gute Randbedingungen schaffen, Raum für Entwicklung bieten und Hindernisse beseitigen. Die Mitarbeiter im Unternehmen arbeiten fachbereichsübergreifend in Teams zusammen und streben gemeinsam die Unternehmensziele an, anstatt sich in kleineren Einheiten zu optimieren.

Manche sehen in dieser größeren Autonomie höhere Risiken. Um diese überschaubar zu halten, ist eine Grundordnung aus Strukturen und wertschöpfungsorientierten Prozessen hilfreich. Sie geben Orientierung – auch in Fällen, in denen abweichendes Handeln erforderlich ist. Am Ende gilt es, die Balance zwischen Flexibilität und Ordnung zu finden. Dann ist Agile erfolgreich.

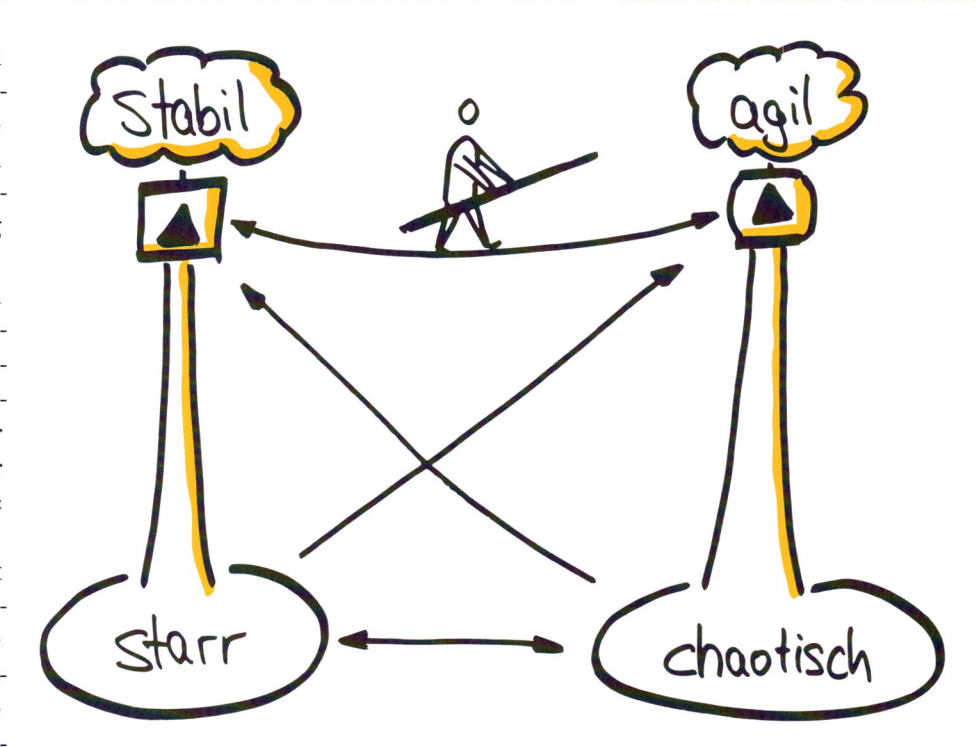

Bild 8.13
Wer flexibel sein will, braucht beides: Stabil und agil.

Literatur

Manifesto for Agile Software Development 2001, www.agile-manifesto.org, zugegriffen am 29.11.2016

Kotter, J. P.: Accelerate (XLR8), S. 95–96, Verlag Franz Vahlen GmbH, München 2015

09 Agile Innovation – Ein Kernelement des Siemens Healthineers Performance System

Walter Märzendorfer

9.1 Einleitung

Es gibt kaum ein Unternehmen, welches das Attribut »agil« nicht für sich in Anspruch nimmt. Die Innovationsgeschwindigkeit steigt weiter und wer an der Spitze dabei sein möchte, hat im harten internationalen Wettbewerb ohne Agilität kaum eine Chance. Nicht nur einzelne Unternehmen, ganze Industrien verändern sich heute in kurzer Zeit radikal (Brynjolfsson 2014). Die Markteinführung des iPhones liegt nur zehn Jahre zurück! Was bedeutet Agilität für das Unternehmen Siemens Healthineers nun konkret? Wie interpretiert und realisiert es – agiles Arbeiten? Der Begriff »agil« im Kontext von Produktentwicklungsprozessen wurde 2001 über das »Manifesto for agile Development« bekannt (Beck 2001). Das grundlegende Gedankengut hat sich in den davor liegenden 15 Jahren nach und nach entwickelt. Denklinien wie »Lean Management« (Womack 1996), »Concurrent Engineering« (Clausing 1994), »SCRUM« (Nonanka 1986) und Extreme Programming (Beck 2000) überlappen in zentralen Ideen wie der klaren Ausrichtung am Kundennutzen, einer Entbürokratisierung der Arbeit, einer Abwendung von starren Aufbauorganisationen hin zu flexiblen Projektstrukturen und der Delegation breiterer Verantwortung auf einzelne Projektmitarbeiter. Siemens Healthineers arbeitet seit Mitte der 90er-Jahre erfolgreich mit vielen dieser Ansätze. Eingefasst durch das top+-Programm der Siemens AG, das 1998 gestartet wurde (Siemens 2006), standen immer erprobte und durch firmeninterne Beratung unterstützte Methodenbausteine für die einzelnen Unternehmensbereiche zur Verfügung. Die Produktionsstätten werden seit über 20 Jahren nach Prinzipien des Lean-Management geführt. Methoden wie Wertstromanalyse, Kanban, visuelles Management, teilautonome Gruppen sind in die Unternehmens-DNA eingegangen und sehr gut etabliert. Auch in der Produktentwicklung wurden seit Mitte der 90er-Jahre immer wieder gute Erfahrungen mit Concurrent Engineering gemacht. Einige der erfolgreichsten Produktserien sind durch die Arbeit in cross-funktionalen Projektteams entstanden. In der SW-Entwicklung ist das agile Entwicklungsmodell mit SCRUM-Teams und Backlog-orientiertem, iterativem Entwickeln inzwischen in weiten Bereichen der Standard. Gleichzeitig muss aber auch konstatiert werden, dass es im

Gegensatz zum Produktionsbereich in der Produktentwicklung schwerer fiel, Praktiken, die sich in einzelnen Projekten als sehr erfolgreich erwiesen haben, im gesamten Unternehmen nachhaltig zu etablieren. Es gibt daher seit einiger Zeit das Bedürfnis, einen deutlichen Schritt in Richtung eines effizienter lernenden Unternehmens zu tun, um neue Erfahrungen aus Einzelprojekten im Sinne von »Towering of Competence« (Peters, T. The Tom Peters Seminar 1994) permanent in der Organisation zu verankern.

In Konsequenz hat das Managementteam vor ca. zwei Jahren eine Initiative gestartet, die vorhandenen Inseln von erfolgreichen Lean-Management-Praktiken zu einem unternehmensweiten ganzheitlichen System zusammenzuführen, um sich damit einen nachhaltigen Vorteil im Wettbewerb zu verschaffen. In diesem Sinne ist agile Innovation als zentrale, voll integrierte Säule eines umfassenden Lean-Management-Systems, des Siemens Healthineers Performance Systems (HPS) zu verstehen.

Im Folgenden werden nach einem kurzen Abriss des Geschäftsumfeldes in der Medizin und einer Überblicksdarstellung des Siemens HPS ausgewählte Erfolgsfaktoren des Innovationsprozesses des Unternehmens diskutiert.

9.2 Gesundheit – Ein attraktiver Zukunftsmarkt

Gesundheit ist heute in allen entwickelten Ländern einer der größten Wirtschaftssektoren. Die zunehmende Lebenserwartung verschiebt die Alterspyramide nach oben und erfordert die langfristige Versorgung von zahlreichen chronisch Kranken, die über viele Jahre und bis an ihr Lebensende Leiden wie Diabetes, Herz-Kreislauf-Erkrankungen oder neurodegenerativen Erkrankungen zu bewältigen haben. Moderne Hochtechnologie leistet bei der Lösung dieser Probleme exzellente Beiträge und kann, richtig eingesetzt, nicht nur die Qualität, sondern auch die Kosteneffizienz der Gesundheitsversorgung verbessern. Auf der anderen Seite kämpfen Entwicklungsländer zunächst einmal um besseren Zugang ihrer Bevölkerung zu grundlegender Gesundheitsversorgung. Hier geht es für die Industrie darum, einfach handhabbare und erschwingliche Lösungen zu entwickeln, die zuverlässig Tag für Tag unter schwierigen Umgebungsbedingungen ihren Dienst tun. Schon alleine aufgrund seiner Größe, seines Wachstumspotenzials und seiner Resilienz ist der Gesundheitsmarkt als unternehmerisches Betätigungsfeld sehr attraktiv.

Siemens Healthineers ist seit 140 Jahren ein nachhaltig erfolgreicher Innovationsführer in der Medizintechnik. Dem Unternehmen ist es im Laufe seiner langen Geschichte vom ersten Röntgengerät an nicht nur gelungen, regelmäßig mit bahnbrechenden Produkten Meilensteine der Medizintechnik zu setzen, sondern sich als Innovator in eigener Sache auch selbst immer wieder neu zu erfinden (Siemens 2006).

Die oben angesprochenen Trends im Gesundheitswesen treiben tief greifende Veränderungen des Marktes. In den entwickelten Ländern industrialisiert sich die Gesundheitsversorgung im Sinne der Einführung von evidenzbasierten Versorgungsstandards, professionellem Prozessmanagement und transparenter Qualitätskontrolle. Die sprichwörtliche ärztliche Kunst wird in der Breite mehr und mehr zu einer qualitäts- und effizienzkontrollierten Routine in einem nach industriellen Prinzipien geführten medizinischen Dienstleistungsbetrieb (Porter 2006). Die parallele, äußerst dynamische Entwicklung der Informationstechnologie unterstützt und verstärkt diesen Trend. In führenden Ländern, in führenden Unternehmen der Gesundheitsversorgung, aber auch in der medizinischen Zuliefer-Industrie werden unter Flaggen wie »Big Data« oder »Population Health Data« systematisch medizinische Informationen gesammelt, die, vermehrt unterstützt durch Ansätze aus dem Bereich künstlicher Intelligenz, als Wissensbasis für die ständige Optimierung der aktuellen Diagnose- und Behandlungsentscheidungen dienen sollen. In Summe bieten diese Veränderungen für agile Medizintechnikunternehmen ausgezeichnete Entwicklungschancen. Nur der industrielle Partner eines Dienstleisters im Gesundheitswesen, der am schnellsten und zuverlässigsten innovative Lösungen zur Verfügung stellt, und die diesem einen nachhaltigen Konkurrenzvorteil versprechen, wird langfristig in der Lage sein, die Führungsposition einzunehmen und zu halten. Eine wesentliche Voraussetzung dafür ist erstklassiges Innovationsmanagement.

9.3 Innovationsstrategie als integraler Bestandteil der Geschäftsstrategie

Systematische Strategieentwicklung und -umsetzung ist der zentrale Erfolgsfaktor eines jeden Unternehmens. Als separat geführtes Geschäft der Siemens AG (Siemens 2016) hat sich Siemens Healthineers für die Entwicklung und Implementierung eines neuen, ganzheitlichen Lean-Management-Systems, dem HPS, entschieden. Es spannt von der Strategiebildung bis zur operativen Umsetzung, von der lang- bis zur kurzfristigen Perspektive einen konsistenten Gesamtrahmen. Nach langjährigen, sehr positiven Erfahrungen mit dem Einsatz von ausgewählten Lean-Management-Methoden in der Produktion und punktuell auch in der Produktentwicklung ist nun seit einiger Zeit damit begonnen worden, diesen Bogen wesentlich weiter zu spannen.

Einen zentralen Baustein des HPS bildet der Ansatz des ursprünglich aus Japan stammenden Hoshin Kanri, was so viel bedeutet wie Kompass Management (Hutchins 2008). Der Hoshin-Kanri-Prozess verbindet bei einem hohen Grad von Mitarbeitereinbindung in systematischer und transparenter Weise die strategischen Ziele des Unternehmens mit den operativen Umsetzungsplänen auf jeder Ebene. Durch die große Transparenz und das gute Verständnis der Zielsetzungen ist jeder Mitarbeiter wesentlich besser in der Lage, eigenverantwortlich seine Beiträge zum Erfolg zu leisten. Der Wechsel von einer klassischen, streng hierarchisch geführten Unternehmenskultur hin zu einer Kultur des Lean-Management erfordert allerdings eine nachhaltige Veränderung von zum Teil über Jahrzehnte eingeübten Verhaltensmustern auf allen Hierarchieebenen und in allen Unternehmenseinheiten.

Als die vier Kernelemente des HPS wurden Strategieentwicklung und Ziele, operative Umsetzung, Methoden und Lernen sowie Mitarbeiter und Führung identifiziert (**Bild. 9.1**). Dabei wird auf die bewährten Methoden des Lean-Managements aufgesetzt (Liker 2004). Die strategische Ausrichtung auf allen Ebenen, gerade auch in den Innovationsbereichen, wird gemeinsam mit dem Ansatz des Hoshin Kanri erarbeitet. Wertstromanalysen, Problemanalysen mit A3, visuelles Management und Stand-up-Besprechungskultur entwickeln sich mehr und mehr zum Standard der gemeinsamen Arbeit. Der klassische direktiv orientierte Manager wandelt sich nach und nach zum Coach für Mitarbeiter und für Projektteams. Er gibt Richtung und Ziele, aber nicht Lösungsvorgaben.

Die Schwierigkeit des dazu nötigen tiefgehenden Kulturwandels sollte keinesfalls unterschätzt werden, er benötigt hohe Aufmerksamkeit auf allen Führungsebenen. Nach der bisherigen Erfahrung sind eine systematische, intensive Mitarbeiterkommunikation, der Aufbau von Methodenkompetenz in Form von gut ausgebildeten und erfahrenen Multiplikatoren und eine gezielte Auswahl von erfolgsversprechenden Pilotprojekten auf unterschiedlichen Ebenen, in denen die Mitarbeiter kurzzyklisch lernen können, ein guter Startpunkt. Die Initiativen müssen, um nachhaltig zu wirken, alle Ebenen des Unternehmens einbeziehen. Es ist weder erfolgsversprechend, wenn Lean-Initiativen an der Basis laufen und das Top-Management weiterarbeitet wie bisher, noch wenn versucht wird, den Wandel Top-down zu verordnen, ohne die Mitarbeiterbasis ausreichend vorzubereiten und mitzunehmen. Diese Veränderung braucht Zeit!

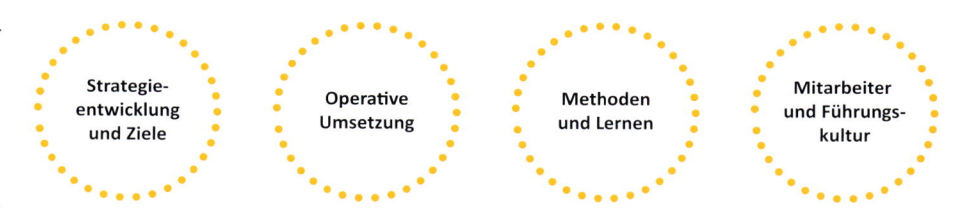

Ein interessanter Aspekt dabei ist die Motivation der Einführung eines Lean-Business-Systems, auch in der Mitarbeiterkommunikation. Das Kernziel des Lean-Managements ist kontinuierliche Verbesserung der Erzeugung von Kundenwert, verbunden mit einer konsequenten Beseitigung von nicht Kundenwert generierenden Aktivitäten. Eine Fehlinterpretation von Lean-Management als Methode zur schlichten Kosteneinsparung ist ein sicheres Rezept für ein Scheitern eines erfolgreichen Wandels.

Im Bewusstsein der zentralen Bedeutung einer adäquaten Zielkultur für eine erfolgreiche Einführung des HPS hat Siemens Healthineers die Kernelemente der gewünschten Kultur in intensiver Teamarbeit herausgearbeitet (**Bild 9.2**). Dabei ist das Verhalten der Führungskräfte auf allen Ebenen der Erfolgsfaktor schlechthin. Sie sind für das vorbildliche Leben der Geschäftsprinzipien verantwortlich. Der Erfolg oder Misserfolg kann

○ Strategieentwicklung und Ziele   ○ Operative Umsetzung   ○ Methoden und Lernen   ○ Mitarbeiter und Führungskultur

Bild 9.1
Kernelemente des Siemens Healthineers Performance-Systems (HPS)

Bei QUALITÄT machen wir keine Kompromisse

Unser Handeln wird durch **lean** geleitet

Wir **sagen** was wir **tun**
Wir **tun** was wir **sagen**

Ein Tag ohne *Leidenschaft* für das Gesundheitswesen ist ein verlorener Tag

Verpasste **Chancen** sind unser größtes Risiko

Mehr **Zu**hören weniger re**den**

Wir legen heute den Grundstein für morgen

Bild 9.2
Die Geschäftsprinzipien der Siemens Healthineers

am regelmäßig erfassten Stimmungsbild der Mitarbeiterbasis abgelesen werden.

Gleichberechtigt neben allen anderen ist »Unser Handeln wird durch lean geleitet« eines der sieben Geschäftsprinzipien und hat dadurch hohe Sichtbarkeit in der gesamten Organisation.

Nach der oben beschriebenen Vorgehensweise entwickelt Siemens Healthineers sowohl die Unternehmensstrategie als auch die operativen Zielsetzungen im Rahmen von Hoshin-Kanri-Workshops. Produktinnovation ist ein zentrales Thema dieser Aktivitäten. Aus dem Hoshin Kanri entstehen in Richtung der gemeinsamen Zukunftsvision, dem Nordstern des Unternehmens, und entlang definierter Leitplanken zunächst mittelfristige und dann kurzfristige Zielzustände, die jeweils mit konkreten Aktionsplänen hinterlegt werden (**Bild 9.3**). Die Leitplanken symbolisieren die Summe der Randbedingungen des Handelns, von der Firmenkultur bis hin zu den vielfältigen regulatorischen Vorgaben. Die Eleganz des Ansatzes liegt darin, nicht zu versuchen, umfangreiche und detaillierte Projektpläne für längerer Zeiträume auszuarbeiten und diese dann mit großem Aufwand unterwegs immer wieder zu iterieren, sondern Unsicherheiten zu akzeptieren (Nebel der Unsicherheit) und agil mit schnellen, kleineren, aber sehr konkreten Schritten in »Plan – Do – Check – Act«-Zyklen (PDCA) zu lernen und sich dabei ständig wieder am mittelfristigen Ziel zu orientieren. Die Erarbeitung der strategischen Ziele erfolgt keinesfalls in elitären Strategiezirkeln, sondern unter breiter Einbindung von Mitarbeitern unterschiedlicher Ebenen. Dieser partizipative Ansatz hat u. a. den Vorteil der Entwicklung eines besseren Geschäftsverständnisses bei den Mitarbeitern und einer besseren Akzeptanz der resultierenden Entscheidungen, verbunden mit einer höheren Bereitschaft der Einzelnen, Verantwortung für die Erreichung der Gesamtziele zu übernehmen.

Das Prinzip des Hoshin Kanris wird in allen Be-

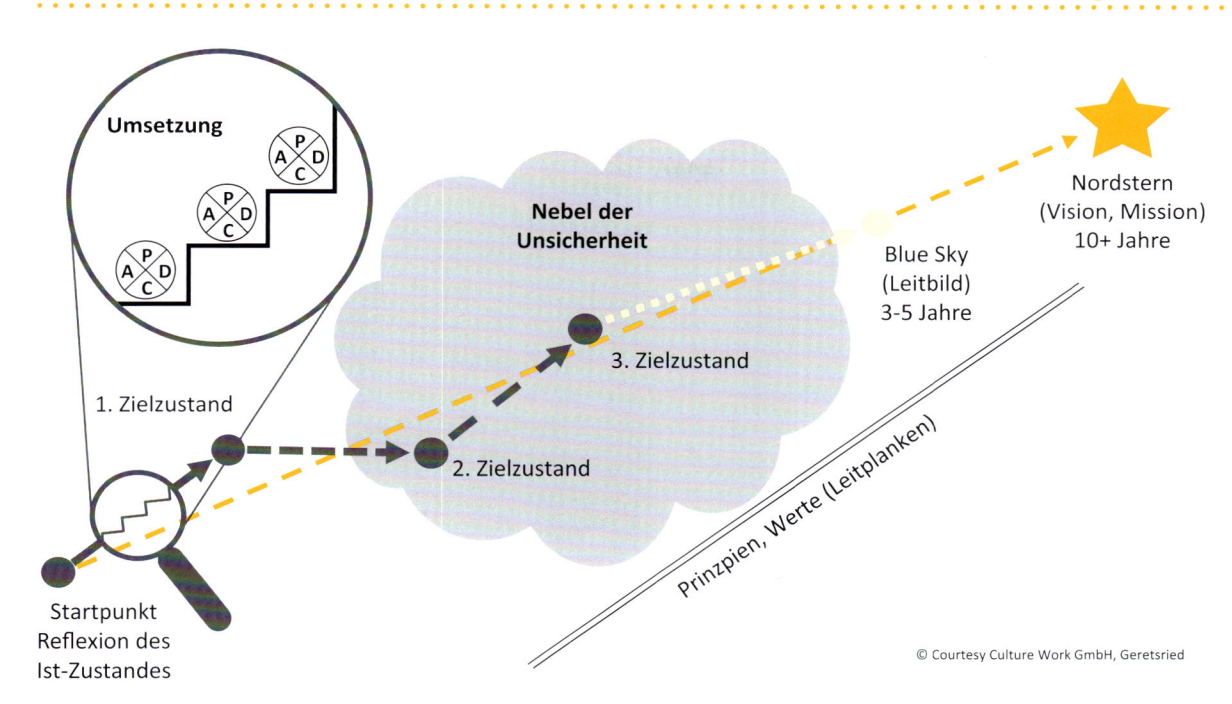

Bild 9.3
Prinzip des »Hoshin Kanri«-Management

reichen eingesetzt. Eine Region formuliert damit ihre Vertriebs- und Service-Strategie ebenso, wie das Management einer Geschäftseinheit seine Produktstrategie und deren Umsetzung. Die Ergebnisse der Hoshin-Kanri-Übungen münden in eine einheitliche und umfassende Darstellung von Zielzuständen, Aktionsplänen und Messgrößen in sogenannten X-Matrizen (**Bild 9.4**). Es geht bei der X-Matrix explizit nicht um eine Verfolgung der operativen Geschäftskennzahlen des Routinegeschäfts, sondern darum, wie die zentralen mittelfristigen, strategischen Ziele der betreffenden Einheit in messbares operatives Handeln heute umgesetzt werden. Die Basis der X-

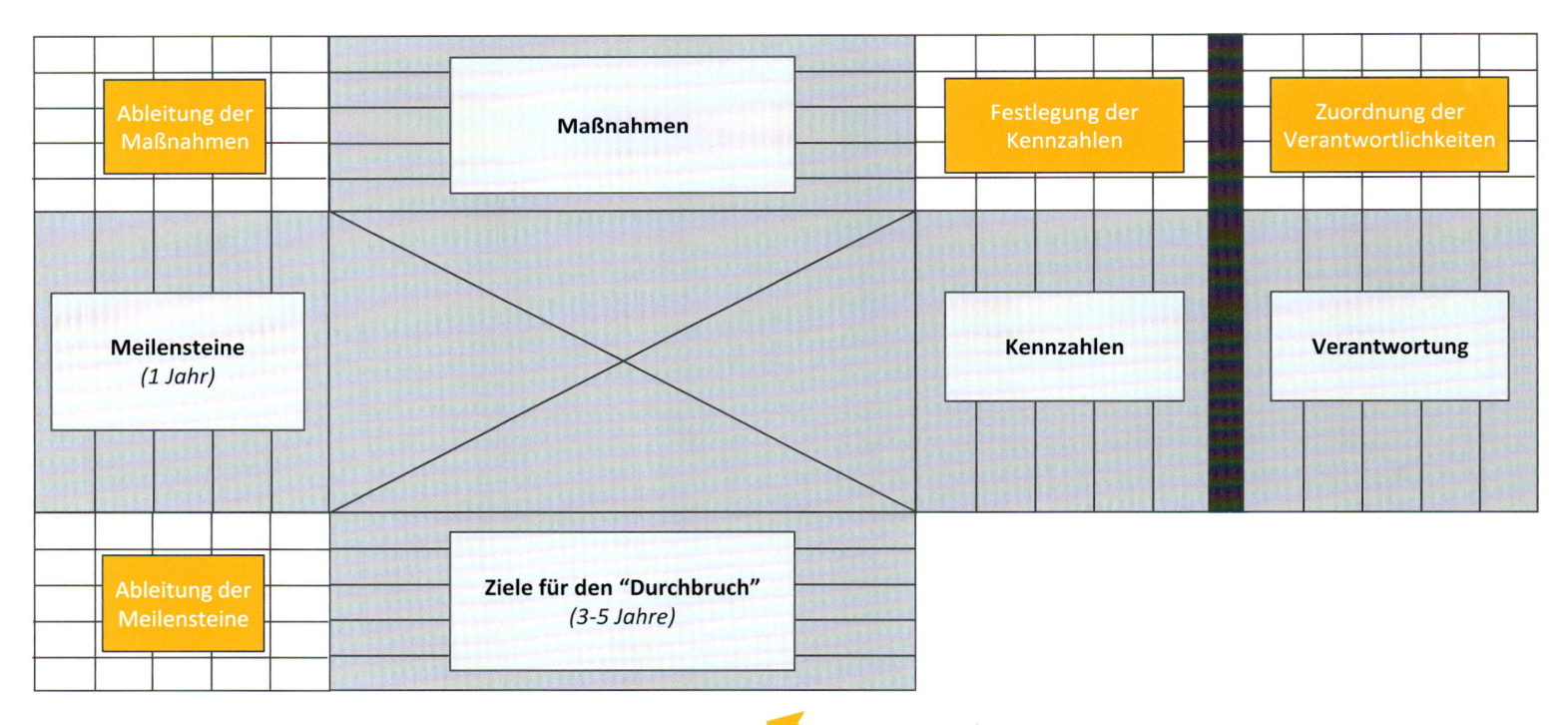

Bild 9.4
HPS-X-Matrix-Vorlage

Diagram labels:
- Ableitung der Maßnahmen
- Maßnahmen
- Festlegung der Kennzahlen
- Zuordnung der Verantwortlichkeiten
- Meilensteine (1 Jahr)
- Kennzahlen
- Verantwortung
- Ableitung der Meilensteine
- Ziele für den "Durchbruch" (3-5 Jahre)
- Abgeleitet vom Nordstern des Unternehmens definieren die einzelnen Geschäftseinheiten ihren Beitrag
- Nordstern (Zeithorizont: ca. 10 Jahre)

Matrix bilden die für einen 5-Jahres-Zeitraum gesetzten Breakthrough-Ziele im unteren Bereich, daraus abgeleitet werden im linken Bereich der Matrix kurzfristige Ziele für die nächsten 12 bis 18 Monate. Aus diesen Zielen leiten sich entsprechende Aktionsfelder ab, die im oberen Bereich aufgelistet sind. Abgerundet wird die Darstellung auf der rechten Seite mit einer Auflistung der Kenngrößen zur Darstellung der Ist-Situation, sowie den jeweils für die Zielerreichung konkret verantwortlichen Mitarbeitern. Über die Kreuzungsfelder in den Ecken der Matrix ist in einfacher Weise der Zusammenhang zwischen den einzelnen Breakthrough-Zielen, den Zielzuständen, den geplanten Aktivitäten sowie deren Messgrößen ersichtlich.

Es ist essenziell, die Hoshin-Kanri-Prozesse in den einzelnen Einheiten so vom großen Ganzen abzuleiten, dass ein zwar lose gekoppeltes, aber kohärentes Netzwerk von kurz-, mittel- und langfristigen Zielzuständen und Aktionsplänen entsteht. Dazu werden die relevanten Ergebnisse der übergreifenden Einheit immer wieder als Input für die Hoshin-Kanri-Arbeit der Teileinheiten eingefüttert und verarbeitet. Die X-Matrizen der Teileinheiten sind lose kaskadiert bzw. hängen auf der gleichen Ebene zusammen (**Bild 9.5**). Das kompakte und über das gesamte Unternehmen einheitliche Format der X-Matrizen erlaubt allen Beteiligten einen einfachen Überblick und auch eine hocheffiziente Diskussion über den Stand des Arbeitsfortschritts und der auftretenden Hürden. Anekdotische Arbeitsberichte mittels arbeitsaufwendiger Powerpoint-Präsentationen verschwinden damit mehr und mehr aus der Arbeitsrealität.

Die Besprechung von Soll-/Ist-Abweichungen in einem monatlichen Operational Review sollte pro Einheit nicht mehr als 30 Minuten dauern. Dabei ist zu erwarten, dass »rote« Bereiche nicht ungewöhnlich sind, schließlich setzt sich die Organisation bewusst aggressive Ziele. Dazu gehört dann auch, bei Problemen nicht in eine Vorwurfshaltung zu verfallen, sondern konstruktiv und lösungsorientiert konsequent das Instrumentarium der Ursachen-Analyse (Root Cause) und der Maßnahmenableitung nach Methoden wie A3 o. ä. einzusetzen. Die Leitungsfunktionen wirken hierbei als Coach und bieten – wo erforderlich – Unterstützung an. Innovationsstrategieentwicklung und -Umsetzung sind zentraler Teil des gesamten Hoshin-Kanri-Prozesses.

Das Ziel von Siemens Healthineers ist, sich im harten Konkurrenzumfeld mittels fokussierter

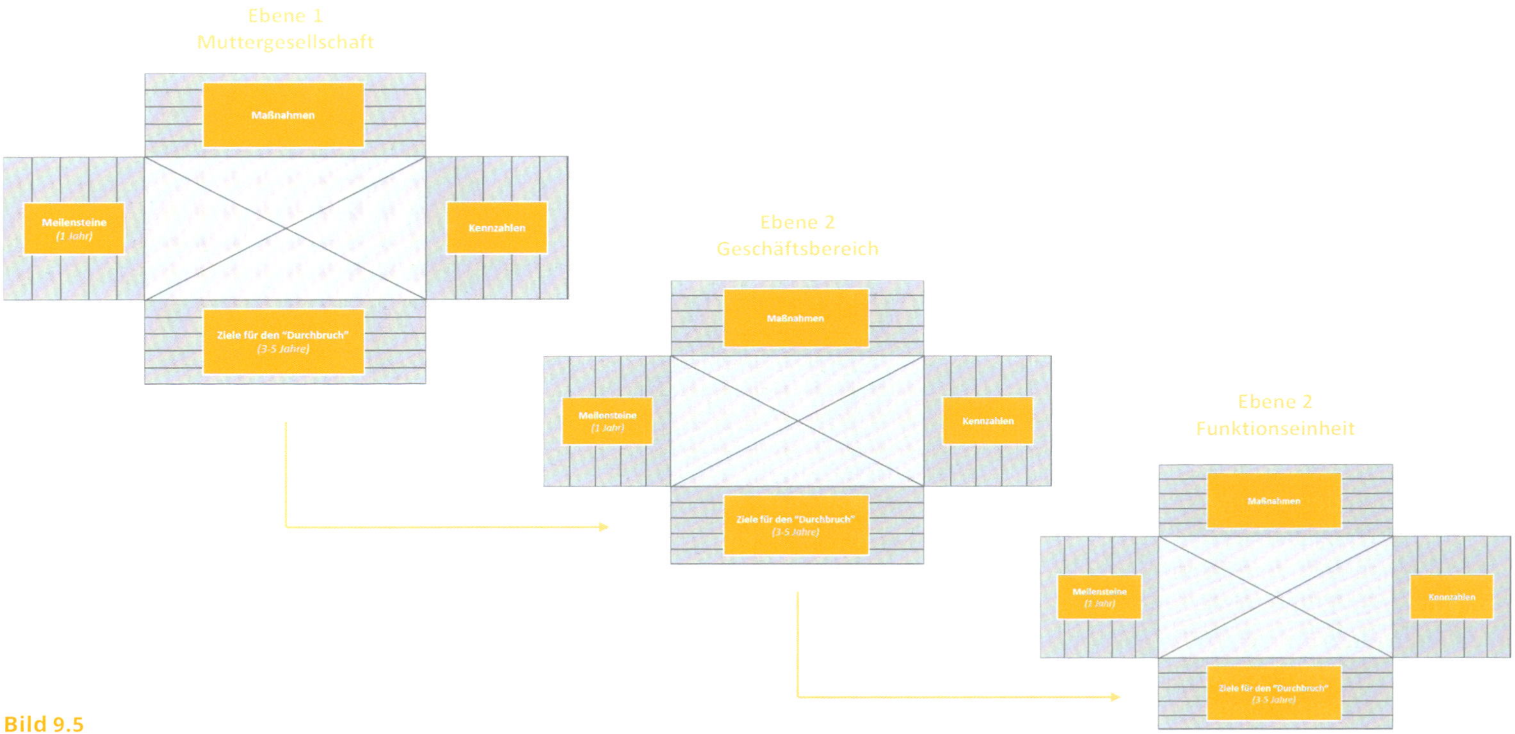

Bild 9.5
Kaskadierung von X-Matrizen im HPS

Kundenorientierung, schlagkräftiger Innovationsprozesse und bester Innovationskultur weiter als klarer Innovationsführer zu positionieren und damit seine derzeitige Spitzenposition in der Industrie auszubauen. Siemens Healthineers reinvestiert in Summe mehr als eine Milliarde Euro pro Jahr für F & E, eine enorme Summe, die im Interesse der Kunden, der Mitarbeiter und der Kapitalgeber selbstverständlich so effektiv und effizient wie irgend möglich einzusetzen ist.

Folgende Leistungsparameter werden als wesentliche Messlatten für den Erfolg der für Produktinnovation verantwortlichen Bereiche gesehen:
- Der Anteil neuer Produkte am Gesamtumsatz
- das profitable Wachstum aus neuen Produkten
- der Gewinn von Marktanteilen durch neue Produkte
- die beste »Time to Market« von Neuheiten im Industrievergleich
- die beste Produktqualität im Industrievergleich
- die niedrigsten Produktkosten im Industrievergleich (Gesamtkosten »End to End«, inklusive Installation und Service)
- der kleinste Entwicklungsaufwand pro Produktfunktion im Industrievergleich.

Ohne hohe Kundenorientierung ist bei einigen dieser Messgrößen für die F&E-Mitarbeiter kein Preis zu gewinnen.

9.4 Innovationsfeld medizinische Bildgebung

Der Nordstern von Siemens Healthineers beschreibt den angestrebten Kundennutzen. Die Kunden sind die Dienstleister im Gesundheitswesen – also medizinische Praxen, Labore und Hospitäler weltweit. In diesen Business-to-Business-Beziehungen ist das Ziel, mit innovativen Produkten und Dienstleistungen im Konkurrenzvergleich am besten zur Verbesserung der Qualität der Leistungen unserer Kunden beizutragen und gleichzeitig ihre Kostenposition zu optimieren (**Bild 9.6**).

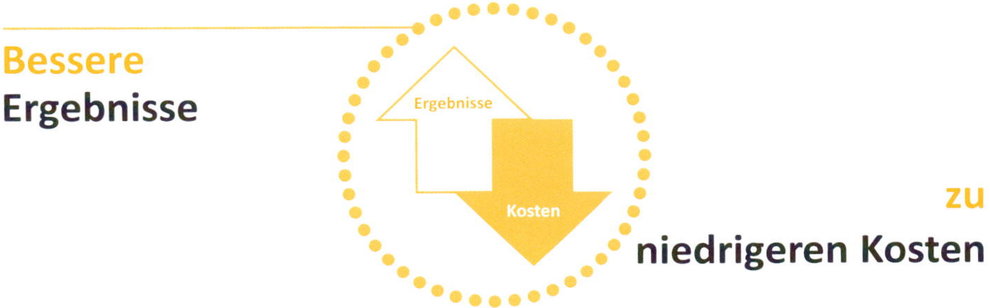

Bessere Ergebnisse zu **niedrigeren Kosten**

Bild 9.6
Der Nordstern der Siemens Healthineers

Bild 9.7
Beispiele für Bildergebnisse modernster CT- und MRT-Untersuchungen

CT Daten; gerendert mit *syngo*.via Frontier
Courtesy: Radiologie im Israelitischen Krankenhaus, Hamburg

MR Daten 7T; gerendert mit *syngo*.via Frontier
Courtesy: Max-Planck Institut, Leipzig

Um diesem Anspruch gerecht zu werden, streben alle Geschäftsfelder Innovationsführerschaft an. Damit wird erfolgreiches Innovationsmanagement essenziell für den Unternehmenserfolg und erfährt entsprechend hohe Aufmerksamkeit in der gesamten Organisation. Im Folgenden soll am Beispiel des Geschäftsfeldes »Medizinische Bildgebung« der aktuelle Ansatz erfolgreicher agiler Entwicklung erläutert werden.

Die dynamische Entwicklung der medizinischen Bildgebung leistete in den letzten Dekaden einen signifikanten Beitrag zur Verbesserung unserer Gesundheitsversorgung. Zusätzlich zur klassischen Röntgendurchleuchtung und der Bildgebung mit Ultraschall haben herausragende, mit mehreren Nobelpreisen bedachte Forscher seit den 1970er-Jahren neuartige tomografische Verfahren entwickelt. Inzwischen erlauben diese nicht nur die präzise anatomische Darstellung der inneren Organe, sondern zunehmend auch die Visualisierung deren physiologischer Funktion (**Bild 9.7**) (Kramme 2011). Vor allem die Computer- und die Magnetresonanztomografie (CT beziehungsweise MRT) sind Eckpfeiler moderner Präzisionsdiagnostik – und retten täglich Leben. Hören wir heute in den Nachrichten von der erfolgreichen Versorgung schwer verletzter Unfallopfer, hat mit großer Wahrscheinlichkeit in der Notaufnahme ein Arzt anhand einer innerhalb von Sekunden entstandenen CT-Aufnahme festgestellt, wo akut lebensgefährdende innere Verletzungen einer sofortigen chirurgischen Notfallmaßnahme bedürfen. Auch gibt es wohl in den Industrieländern

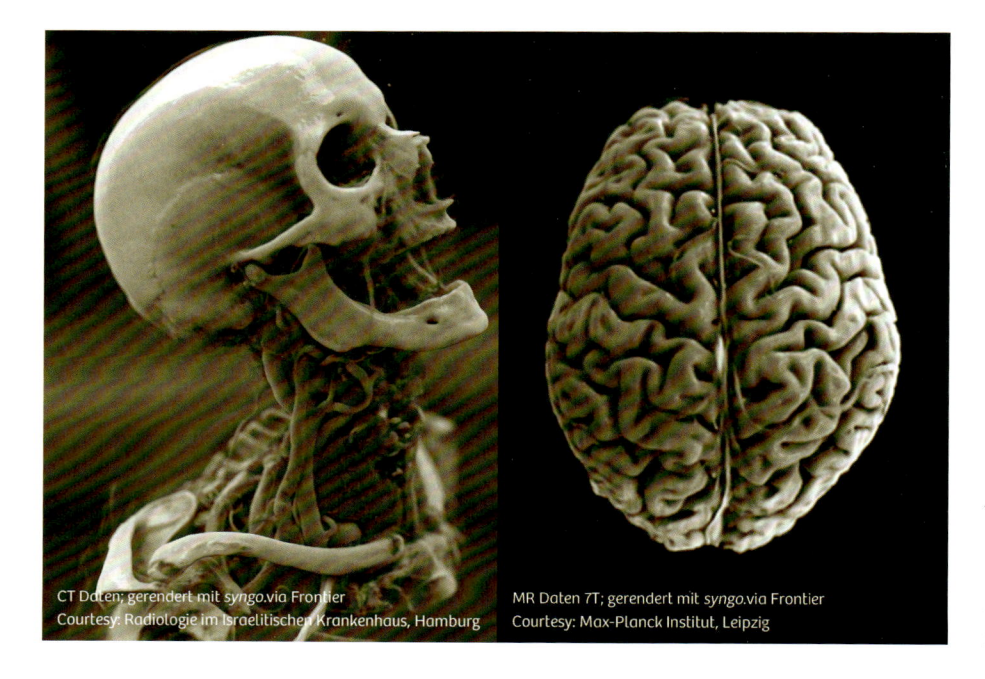

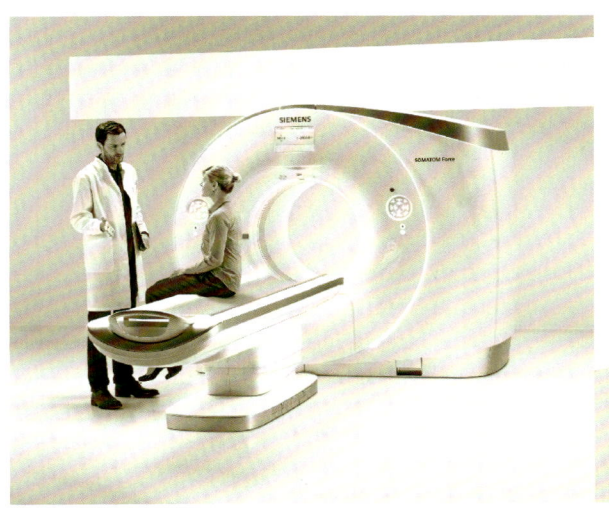

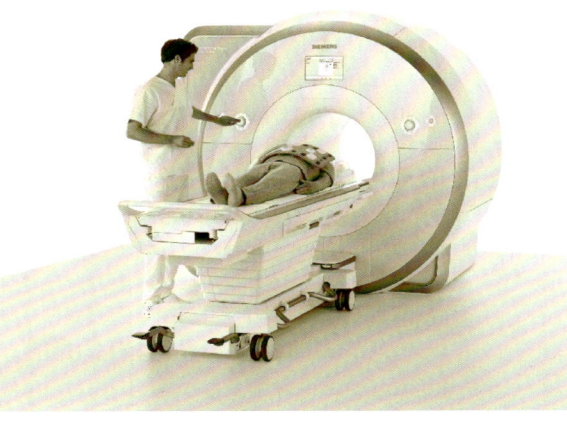

Bild 9.8
Modernste CT- und MRT-Geräte aus dem Hause Siemens Healthineers

kaum einen Krebspatienten, dessen Erkrankung nicht mit CT- oder MRT-Unterstützung genauestens beurteilt, behandelt und kontrolliert wurde.

Den faszinierenden Einblicken in die Struktur und Funktion unseres Körpers liegt eine nicht minder faszinierende technologische Komplexität dieser medizinischen Großgeräte zugrunde (Bild. 9.8): Ein Hochleistungs-CT generiert innerhalb einer Sekunde Bilddatensätze mit Datenmengen von mehreren Gigabyte. Dazu rotiert, für den Patienten unsichtbar, ein Messsystem mit bis zu einer Tonne Gewicht bis zu vier Mal pro Sekunde um den Patienten – und wird dabei Zentrifugalkräften von bis zum 40-Fachen der Erdanziehungskraft ausgesetzt. In den supraleitenden Magneten eines MRT, die bei circa 4 Kelvin in flüssigem Helium betrieben werden, sind Energien gespeichert, die durchaus denen eines landenden Flugzeugs entsprechen können. Es fließen dabei in den zig Kilometer langen supraleitenden Drähten permanent und verlustfrei Hunderte von Ampere. Die Messablaufsteuerung sowie die Verarbeitung und Visualisierung der erfassten Patientendaten setzen neben umfangreicher Hardware mindestens ebenso komplexe, leistungsfähige Software-Systeme voraus.

Die Produkte der medizinischen Bildgebung zeichnen sich durch eine ausgeprägte Leistungsskalierung in jeder einzelnen Produktart aus. Vom einfachen Gerät für die Basisversorgung bis hin zu Forschungslösungen an der Grenze des technologisch Möglichen ist alles im Programm. Um die zugrundeliegende Entwicklungs- und Fertigungskomplexität wirtschaftlich beherrschen zu können, sind Plattform- beziehungsweise Baukastenstrategien essenziell. Siemens Healthineers konzipiert also nicht primär eigenständige Einzelprodukte, sondern entwickelt von Beginn an Subsystem-Baukästen. Erfolg hat dieser Ansatz dann, wenn es gelingt, Anforderungen künftiger Anwendungen über die erste Produktausleitung hinaus bereits in der frühen Konzeptphase zu antizipieren. Diese Vorgehensweise setzt hervorragendes Markt- und Technologieverständnis mit Weitblick, aggressive Zielsetzungen in allen Dimensionen, sowie sehr hohe Architektur-Kompetenz voraus. Ein weiterer Erfolgsfaktor dieser Baukasten-Plattformen ist große Disziplin im Hinblick auf Schnittstellenstabilität und Wiederverwendung über ihre gesamte Laufzeit. Da agile Entwickler kundenorientiert, kreativ, flexibel und schnell sein sollen, entstehen erhebliche Zentrifugalkräfte, die der wirtschaftlich gewollten Gravitation, hin zur Plattformstrategie entgegenwirken. Um die entstehenden Konflikte zwischen den Zielen agiler Einzelprojekte und dem größeren Gesamtinteresse für alle Beteiligten transparent zu balancieren, wurde eine neue Funktion, die Plattform-Governance, ins Leben gerufen und als Teil der Leitplanken für alle Einzelprojekte etabliert. Ziel ist es, über einen längeren Zeitraum hinweg unterschiedliche Produkte aus einer Generation des Baukastens abzuleiten. Dabei werden in diesem Zeitraum einzelne Baukastenelemente zwar technisch weiterentwickelt, sie sollen aber dem Plattformkonzept für Mechanik-, Elektronik- und Software-Schnittstellen konsequent treu bleiben. Unterstützend zur Erreichung dieser Ziele wirkt heute mehr und mehr der Einsatz von digitalen Toolketten wie des Team-Foundation-Servers der Firma Microsoft (Rossberg 2016) und des Teamcenters der Siemens AG (Herbst 2017) in Entwicklung und Produktion. Neben weiteren Aspekten erlauben sie, die Einhaltung der Spielregeln durch alle beteiligten

Entwickler weitgehend automatisch zu prüfen. Ein verändertes SW-Modul kann eben nur in das SW-Archiv eingespielt werden, wenn es erfolgreich die automatisierte Prüfung gewisser Programmiervorgaben durchlaufen hat. In der HW-Entwicklung sind für Standardfunktionen in der Elektronik definierte und bewährte Bibliothekselemente einzusetzen. Abweichungen hiervon generieren keinerlei Kundennutzen, sondern erzeugen durch unnötige Komplexität Zusatzkosten und sind auch der Produktqualität meist nicht zuträglich. Die eingesetzten SW-Werkzeuge erlauben zunehmend die Erstellung von »digital Twins« des eigentlichen Produkts, mit wesentlich besseren Möglichkeiten der Simulation des Produkts, aber auch der effizienten Entwicklung und Simulation von Fertigungseinrichtungen und Serviceprozessen. Beispielsweise gestalten Fertigungsmitarbeiter, die später die Produkte montieren werden, mithilfe von digitalen Produktmodellen in virtuellen Realitätsumgebungen ihren künftigen Arbeitsplatz selbst und optimieren ihn im Simulationsmodell. Mit diesen agilen Elementen jenseits der eigentlichen Produktentwicklung entstehen ab Tag eins effizientere Abläufe in Produktion und Service, verbunden mit dem zusätzlichen positiven Effekt höherer Mitarbeiterzufriedenheit.

Die Entwicklung von Basisplattformen für einzelne medizinische Bildgebungsmodalitäten, wie z. B. die Computertomografie, erfolgt bei Siemens Healthineers in Großprojekten mit einer Laufzeit von mehreren Jahren und mit bis zu 1 000 involvierten Entwicklern, die über mehrere Standorte weltweit verteilt sind. Der große Ressourcen-Aufwand für die Initialentwicklung eines Subsystem-Baukastens rechnet sich über die Lebensdauer der Plattform hinweg: Folgeprodukte können in kleineren Projekten mit deutlich kürzeren Laufzeiten umgesetzt werden.

Eine zusätzliche Komplexität stellt der hohe Grad von regulatorischen Vorgaben im medizintechnischen Markt dar. Die nationalen Behörden machen detaillierte Vorgaben, welche Randbedingungen im Entwicklungsprozess einzuhalten sind. Im Kern geht es dabei um die Implementierung von speziellen Qualitätsmanagementsystemen (ISO 13485), die über die Anforderungen von Standard-QM-Systemen deutlich hinausgehen. Dies gilt insbesondere für Anforderungen im Bereich der sogenannten »Design Controls«, die eine strenge, formale und konsistente Dokumentation aller Anforderungen an ein System sowie deren Verifizierung und Validierung durch die gesamte Prozesskette erfordern. Die Behörden überprüfen die Einhaltung dieser Vorgaben an allen Standorten regelmäßig in jeweils mehrtägigen und zum Teil unangemeldeten Audits. Lücken in diesem System können erhebliche wirtschaftliche Auswirkungen bis hin zur Sperrung der Lieferung betroffener Produkte haben.

Wie gelingt es nun in diesem Spannungsfeld zwischen harten prozessualen und inhaltlichen Randbedingungen, in Großprojekten dennoch agil zu innovieren? Systematische Innovationsprozesse und kreativer Freiraum sind kein Widerspruch – sie gehen Hand in Hand. Allerdings kennen erfahrene Entwicklungsleiter den Unterschied zwischen guten Ideen und guten Produktlösungen sehr gut. Der Lernprozess ist dabei nicht immer schmerzfrei. Um in einem hart umkämpften High-Tech-Markt der medizinischen Großgeräte Innovationsführerschaft zu behaupten, braucht es selbstverständlich die besten Ideen, aber noch mehr das beste Know-how im schnellen Umsetzen von guten Ideen in noch bessere Produkte. Wirkliche Innovation ist immer nur das herausragende, im Gesundheitswesen in der Breite fruchtbar wirkende und damit auch geschäftlich erfolgreiche Produkt. Der Weg von der Idee dahin ist lang und risikoreich.

Betrachtet man den gesamten Product-Lifecycle-Management-Pozess (PLM), unterscheiden sich die drei wesentlichen Bereiche Vorentwicklung, Produktentwicklung und Produktpflege. Eingebettet sind diese Einzelbereiche des PLM-Prozesses in die Gesamtstrategie sowie in die internen und externen Entwicklungsrahmenbedingungen prozessualer wie inhaltlicher Art (**Bild 9.9**). Die Produktpflege soll in diesem Beitrag nicht weiter vertieft werden. Neben Prozessen und Governance-Aspekten gibt es allerdings weitere wichtige Erfolgsfaktoren in der Arbeitsorganisation, der Kommunikations- und der Entscheidungskultur. Diese sollen aufgrund ihrer erheblichen Bedeutung etwas näher beleuchtet werden.

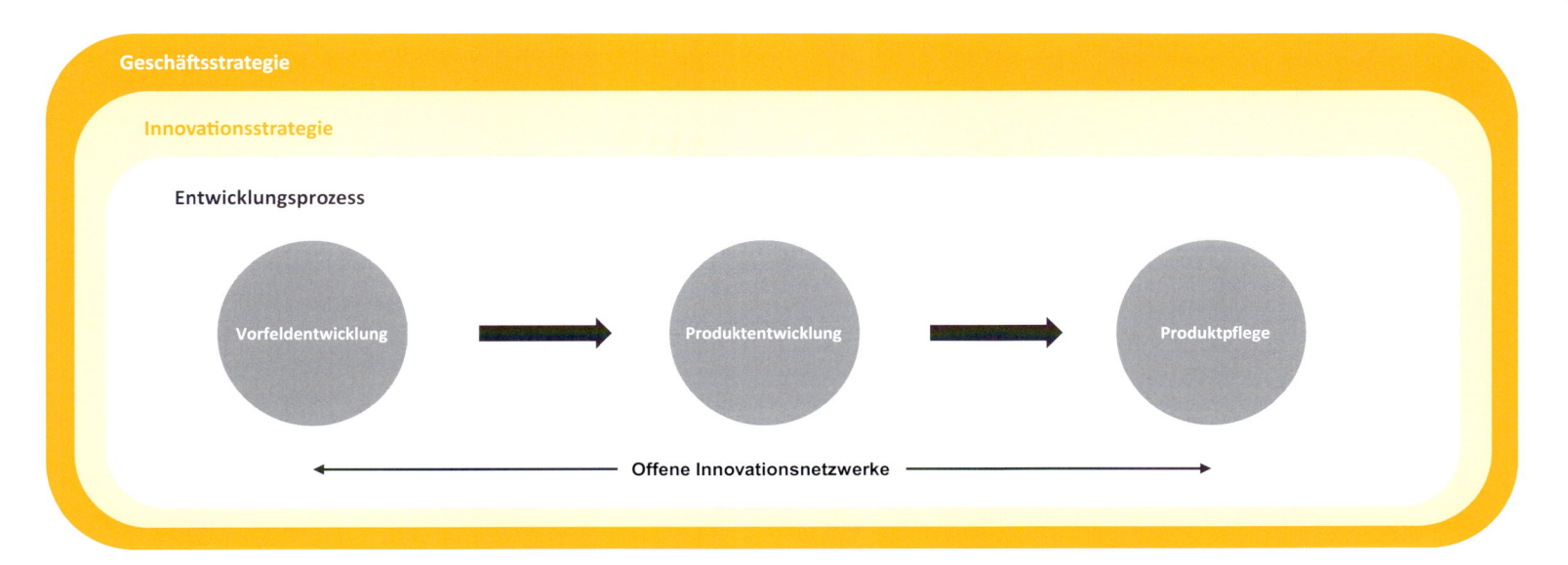

Geschäftsstrategie
Innovationsstrategie
Entwicklungsprozess

Vorfeldentwicklung → Produktentwicklung → Produktpflege

Offene Innovationsnetzwerke

Bild 9.9 PLM-Struktur

9.5 Die Vorfeldentwicklung – Technology to Innovation (T2I)

Als eine Voraussetzung für erfolgreiches Management von Innovation ist bei Siemens Healthineers eine klare Trennung der Prozesse für Vorfeldentwicklung und Produktentwicklung identifiziert worden, dies allerdings innerhalb der Entwicklungsabteilungen, ohne organisatorischem Herausschneiden eigener Vorentwicklungseinheiten. Dadurch existieren keine Elfenbeintürme in der Vorentwicklung, die womöglich zu wenig zielorientiert und zu praxisfern arbeiten würden. Dieser Ansatz umgeht zudem weitgehend »Not-Invented-Here-Symptome« im Übergang von der Vorentwicklung zur Produktentwicklung. Die klare Trennung hat den positiven Nebeneffekt, dass Entwickler in der Phase der Vorfeldentwicklung freier arbeiten können als in der eigentlichen Produktentwicklung. In der Produktentwicklung selbst werden zu hoher Agilität aus gutem Grund klare Grenzen gesetzt. Ein Unternehmen im medizinischen Umfeld trägt hohe Verantwortung für die Wirksamkeit und die Sicherheit seiner Produkte. Die Aufgabe der Vorfeldentwicklung ist es, Trends zu verfolgen und Innovationsideen zu sammeln bzw. zu generieren. Dabei ist klar: Bei Siemens Healthineers ist Innovation die Aufgabe eines jeden Mitarbeiters. Vom Verbesserungsvorschlag eines Monteurs an der Fertigungslinie über die grundlegende Erfindung eines Wissenschaftlers im Forschungslabor bis hin zur Idee eines Vertriebsmitarbeiters für ein neues Geschäftsmodell – alles trägt zu Innovation im Unternehmen bei. Nur wenn auf allen Ebenen ein dauerhafter Wille zur Veränderung, die Suche nach Verbesserung, die Freiheit zum Experiment – inklusive der Akzeptanz von Fehlschlägen – verankert sind, kann von einer guten Innovationskultur gesprochen werden.

Im T2I-Prozess (**Bild 9.10**), der in allen Einheiten etabliert ist, geht es nun darum, die aus verschiedenen Quellen stammenden Ideenpools theoretisch und praktisch zu evaluieren und die nach einer ersten Filterung ausgewählten Themen zu einem Reifegrad zu bringen, der einen risikoarmen Einsatz in einem eng getakteten Produktentwicklungsprojekt erlaubt. T2I hat also die Aufgabe, permanent einen ausreichenden Pool innovativer Konzepte zu einer Reife zu bringen, die eine risikokontrollierte Anwendung in Produktentwicklungsprojekten mit ihren harten Qualitäts-, Kosten- und Zeitzielen erlaubt. Wir unterscheiden hierbei die Technologie und die Innovationssicht. Dabei ist Innovation immer aus dem Blickwinkel Kunde interpretiert (Market Pull) – sie kann sich in neuen Produktideen, neuen Dienstleistungsideen oder auch in neuen Ansätzen zu Geschäftsmodellen herauskristallisieren. Technologien werden in dieser Systematik als Treiber bzw. als Grundvoraussetzung für Innovationen verstanden (Technology-Push) und separat betrachtet. Für jede geschäftsführende Einheit sind die relevanten Innovations- und Technologiefelder definiert. Jedes dieser Felder hat einen verantwortlichen Leiter zugeordnet, der als Unternehmer in dieser Sache agiert. Er kennt auf seinem Gebiet den Stand der Forschung und pflegt systematisch ein Netzwerk mit den führenden Köpfen in der Welt, sei

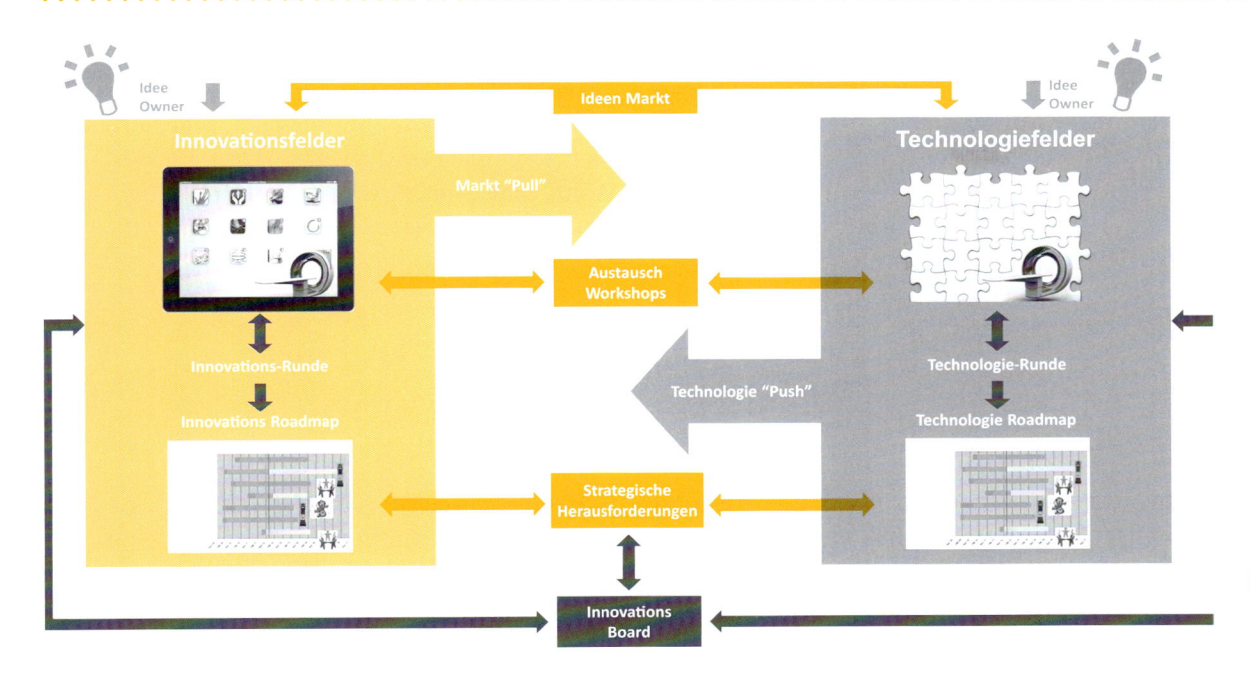

Bild 9.10
Struktur Innovationsmanagement

es im akademischen oder privatwirtschaftlichen Sektor. Er animiert die breite Ideenfindung für seinen Verantwortungsbereich und treibt die Auswahlprozesse für die weitere Bearbeitung. Als themenübergreifendes Entscheidungsgremium ist ein regelmäßig tagendes Innovations-Board etabliert, in dem der Geschäftsführer und der kaufmännische Leiter der jeweiligen Geschäftseinheit ständige Teilnehmer sind. Hier wird priorisiert und über die erforderlichen Mittel entschieden. Das jeweilige Team hat die Verantwortung, dem Innovations-Board Projektideen aus seinem Bereich vorzuschlagen und bei Akzeptanz nachfolgend über den Fortschritt zu berichten. Die Summe aller Projekte wird in Form von Technologie- und Innovations-Roadmaps dokumentiert und regelmäßig auf Gesamtkonsistenz auch im Sinne der Ausrichtung auf die Gesamtstrategie geprüft.

Die erfolgreiche Arbeit in den Innovations- und in den Technologiefeldern ist für Mitarbeiter auf dem Expertenkarrierepfad, der bei Siemens gleichberechtigt neben dem Managementpfad steht, ein wichtiger Beitrag zu erfolgreicher Laufbahnentwicklung. Die Arbeitsgruppen für die einzelnen Themen werden dynamisch nach Bedarf aus den vorhandenen Expertenpools besetzt, wobei die Mitarbeit im Allgemeinen nur einen Teil der Gesamtkapazität der Mitarbeiter in Anspruch nimmt. Die Teams können ihren Arbeitsansatz frei wählen und ohne bremsende Formalitäten so agil wie möglich arbeiten.

Immer kritisch ist das Finden des richtigen Zeitpunktes für den Übergang eines Vorentwicklungsthemas in die Produktentwicklung. Für komplexe und erfolgskritische Entwicklungen hat sich zur Beurteilung der nötigen Reife einer Produktentwicklung das bei der NASA für die Raumfahrt entwickelte Technology Readiness Assessment sehr gut bewährt (ISO 16920). Das Verfahren ist ein harter Prüfstein und es ist lehrreich zu sehen, wie die Einschätzung der am Projekt arbeitenden Fachleute dann gelegentlich doch signifikant vom Ergebnis der systematischen Analyse abweicht. Da bei diesen Entscheidungen zu großer Optimismus aufgrund zu hoher Technologierisiken projektgefährdend sein kann, lohnt der Aufwand für gezielt eingesetztes Technology Readiness Assessment in jedem Fall.

9.6 Die Produktentwicklung

Die Business-Area »Diagnostische Bildgebung« der Siemens Healthineers ist industrietypisch in produktorientierte Business-Lines gegliedert, die jeweils für Produktlinien wie etwa MRT oder CT die weltweite Geschäftsverantwortung tragen (**Bild 9.11**). Diese Einheiten verfügen über globale Ressourcen und sind u.a. für das Produkt-Management, die F&E, das Marketing sowie die Produktion zuständig. Zusätzlich zu den produktorientierten Business-Lines sind in zwei weiteren unabhängigen Einheiten Querfunktionen zusammengefasst: Je eine für Hardware – einschließlich hardware-naher Software – und für reine Software. Diese verantworten die Ent-

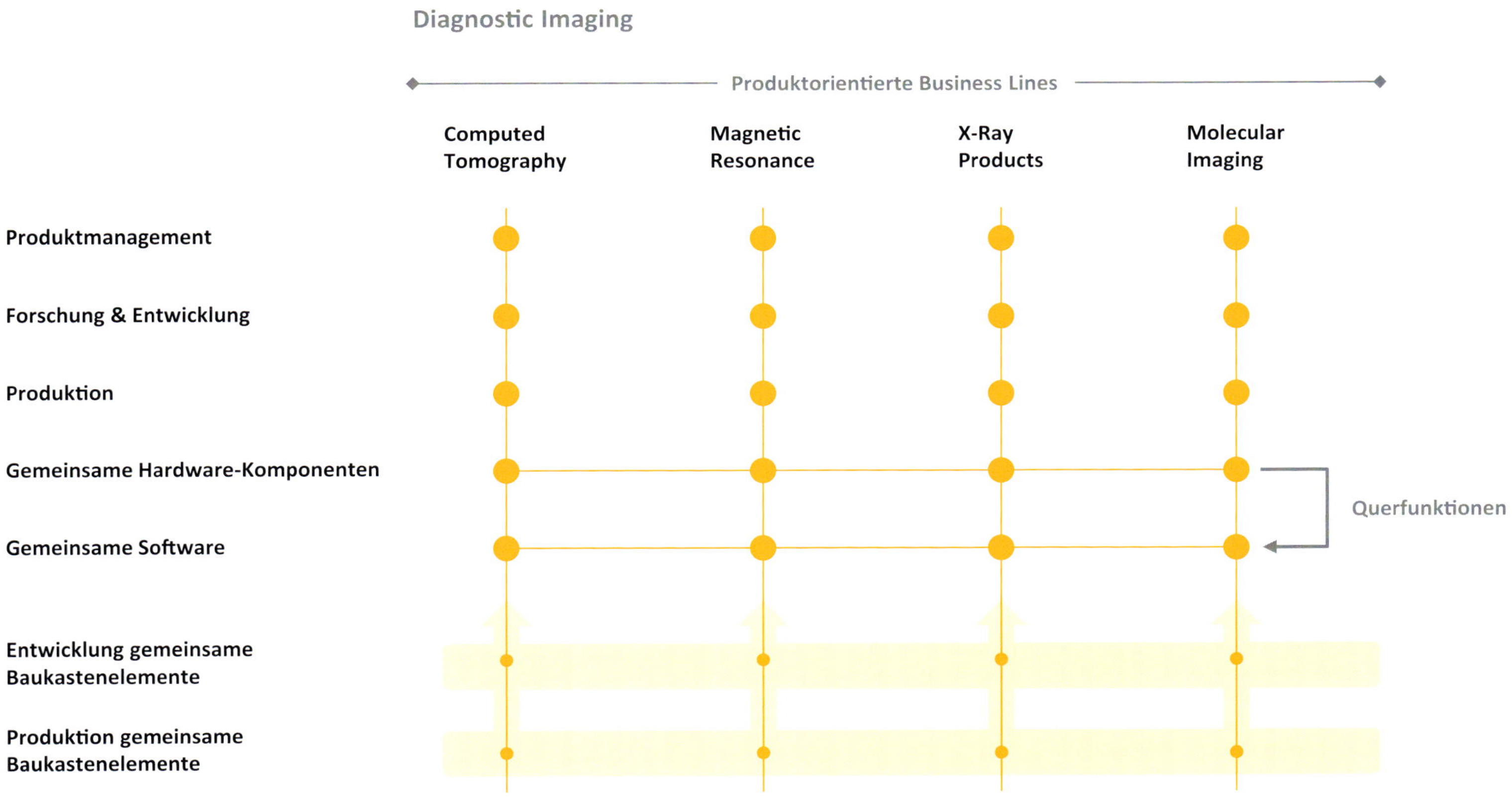

9.6 Die Produktentwicklung

Diagnostic Imaging

◆——————— Produktorientierte Business Lines ———————◆

	Computed Tomography	Magnetic Resonance	X-Ray Products	Molecular Imaging
Produktmanagement	●	●	●	●
Forschung & Entwicklung	●	●	●	●
Produktion	●	●	●	●
Gemeinsame Hardware-Komponenten	●————	●————	●————	●
Gemeinsame Software	●————	●————	●————	●
Entwicklung gemeinsame Baukastenelemente				
Produktion gemeinsame Baukastenelemente				

Querfunktionen

Bild 9.11
Organisationmatrix in der Produktentstehung

wicklung und Produktion aller Baukastenelemente, die von mehr als einer Business-Line eingesetzt werden. Diese Struktur stellt weitestgehend sicher, dass keine Synergien über die geschäftsführenden Einheiten hinweg verlorengehen. Die Organisation innerhalb der Produktlinien folgt im Wesentlichen einer funktionalen Logik: Unter der Geschäftsleitung finden sich einerseits gemeinsame Funktionen, wie Business-Administration, Qualitätssicherung, Human Resources u.s.w., andererseits die Hauptprozesse für Marketing, Entwicklung und Produktion.

Bedingt durch die signifikante Mitarbeiterzahl und die internationale Verteilung dieser Hauptprozesse ist die Organisationsstruktur entsprechend komplex. Die Zusammenarbeit zwischen Produktgeschäft und Querfunktionen erfolgt im Rahmen der festgelegten, übergreifenden Entwicklungs- und Produktionsstrategie und über Projektvereinbarungen. Dabei wird gleichzeitig alles getan, um im aktuellen Projektgeschäft die organisatorischen Grenzen zu reduzieren, mit dem Ziel, dass sich alle Projektmitarbeiter mehr als Mitglied des Projektteams als der Heimatabteilung fühlen und damit besser zusammenarbeiten. Die beschriebene Organisationsstruktur und die ihr zugrundeliegenden Prinzipien der Zusammenarbeit erlauben hocheffizientes Arbeiten bei außerordentlicher Prozessqualität und formen damit ein zentrales Fundament für die führende Position von Siemens Healthineers im Markt.

In der Systementwicklung kommt als gemeinsamer Gesamtrahmen das vom Wasserfall-Modell abgeleitete V-Modell zum Einsatz – aus guten Gründen. Dieses Entwicklungsmodell gibt einen Rahmen vor, der sicher gewährleistet, den oben erwähnten regulatorischen Anforderungen im medizinischen Umfeld gerecht zu werden und auch umfangreiche, komplexe Projekte sicher bewältigen zu können. In diesen Rahmen lassen sich aber sehr gut agile Teilentwicklungsmodelle einbauen, die vor allem für die Software und alle anwenderrelevanten Teilaspekte des Systems – wie beispielsweise das User Interface – sehr gewinnbringend eingesetzt werden (**Bild 9.12**)

Dabei kommt das agile Entwicklungsmodell besonders bei der Entwicklung von Software zum Einsatz. Der Product Owner formuliert die Anwendersicht für die Entwickler in User Stories. Die SCRUM-Teams arbeiten ihre Produktbacklogs nach und nach in Sprints ab und stimmen den Arbeitsfortschritt sowie die weitere Vorge-

9.6 Die Produktentwicklung

Bild 9.12
V-Modell mit agilen Elementen

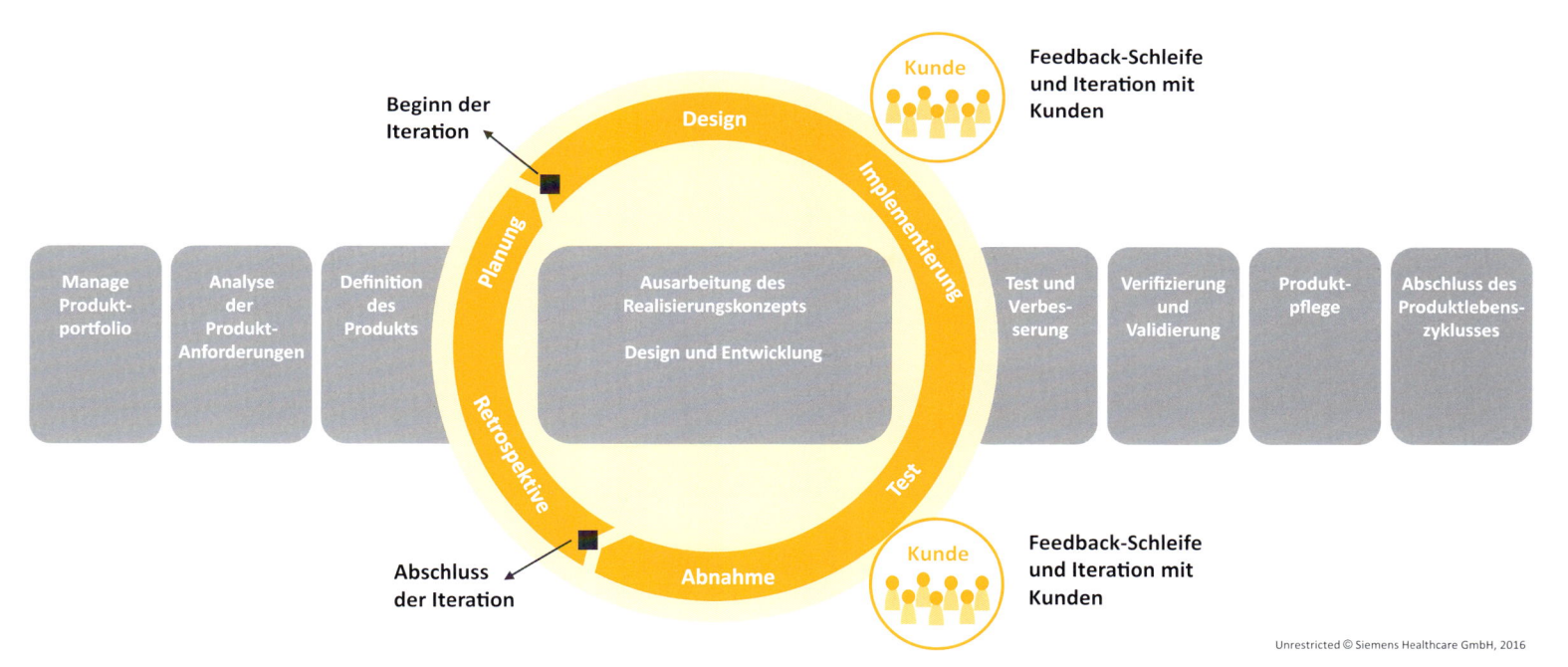

hensweise in täglichen Abstimmungen am Taskboard ab. Für geeignete Teile einer Systementwicklung hat sich das agile Entwicklungsmodell sehr gut bewährt. Auch bei komplexeren SW-Projekten funktioniert die Aufteilung der Aufgaben in viele parallel laufende und auch international verteilte SCRUM-Teams ausgezeichnet und effizient. Die Teams erreichen Projektziele in den Aspekten Qualität, Zeit und Kosten typischerweise gut. Besonders bewährt hat sich dabei der Time-Boxed-Ansatz, bei dem die Zeit Priorität gegenüber der Funktionalität bekommt. Die Priorisierung der Funktionalität im Produktbacklog erlaubt zuverlässiges Erreichen der Zielqualität, des Liefereinsatzes und der Entwicklungs- und Zielkosten. Adaptiert wird über eine

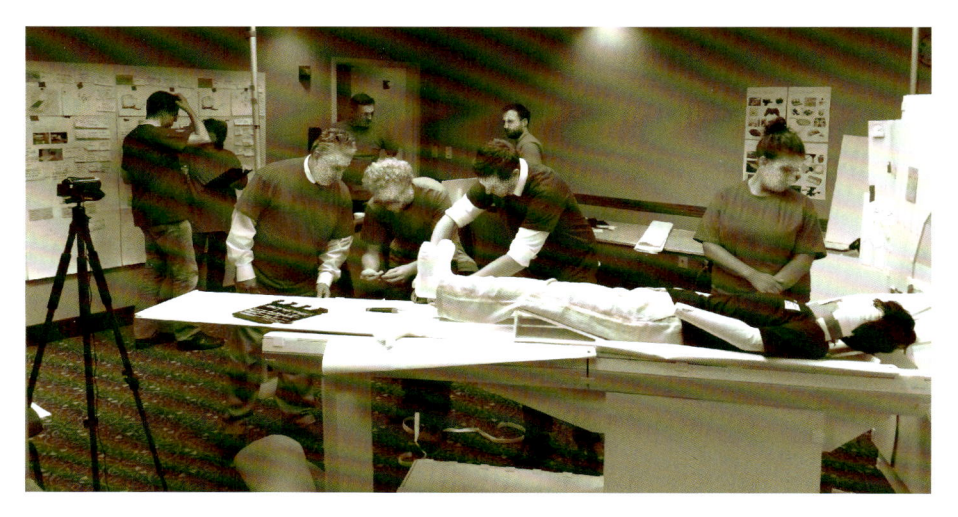

Bild 9.13
Co-Creation-Workshop USA

gewisse Flexibilität in dem Teil der Funktionalität, welcher über das »Minimal Marketable Product« hinausgeht. Die Planungsansätze werden dabei so gewählt, dass das » Minimal Marketable Product« sicher und gut in der zur Verfügung stehenden Zeit realisiert werden kann.

Gerade bei grundlegenden Neuentwicklungen arbeiten die Projektteams mit stetiger Einbindung klinischer Anwender und externer Entwicklungspartner. Neben Customer Advisory Boards, mit denen Workshops zur Ermittlung von Anforderungen, aber auch zur Beurteilung von Konzepten durchgeführt werden, haben sich eigene Usability-Labore bewährt, in denen klinische Anwender aus der Praxis die Prototypen in den verschiedenen Phasen der Entwicklung immer wieder bedienen. Diese Labore erlauben systematisch und frühzeitig bereits in Prototypen-Phasen festzustellen, wo sich die unterschiedlichen Anwender beim Betrieb der Geräte schwer tun, um dies dann im Laufe der Entwicklung bis zur Serienfreigabe zu optimieren. Neben der ständigen Absicherung der Konzepte generieren diese Sessions auch eine Zahl neuer Konzeptideen. Ein weiterer Schritt aus der jüngeren Zeit ist die gemeinschaftliche Entwicklung mit Kunden in intensiven Co-Creation-Workshops. Das darin freigesetzte Kreativpotenzial der Anwender erweckt Begeisterung bei allen Beteiligten und leistet einen erkennbaren Wertbeitrag zu den neuen Produktlinien (**Bild 9.13**).

Es gilt immer wieder, den Mut und die Freude zu haben, um zu experimentieren und neue Wege zu gehen. Nur der Wille zu ständiger Veränderung der eigenen Arbeitsweise und Anschauung sichert letztendlich den Innovationsvorsprung im Markt. Wie in vielen Bereichen des Lebens bedeutet auch hier Stillstand Rückschritt.

Bei all dem ist im medizinischen Umfeld auch bei agiler Vorgehensweise eine den regulatorischen Anforderungen genügende Dokumentation der Entwicklungsziele, der Entwicklungsartefakte und Testergebnisse nicht verhandelbar.

9.7 Die Kernaufgabe des Managements – Randbedingungen und Kultur

Prozesse, Methoden und Tools können selbstverständlich nur den Rahmen des Arbeitens vorgeben, der durch die agierenden Menschen mehr oder weniger sinnvoll gefüllt wird. Daher lohnt es sich, auf die weicheren, aber nicht minder wichtigen Faktoren der Zusammenarbeit im Innovationsprozess zu sehen. In der Folge sollen blitzlichtartig einige Aspekte herausgegriffen werden, die sich in der Vergangenheit immer wieder als Schlüsselthemen erwiesen haben.

Diversität im Team

Innovationen sind das Resultat von Diversität, nicht von Konformität. Je mehr qualifizierte Ideen zur Lösung eines Problems zur Verfügung stehen, desto höher ist die Wahrscheinlichkeit, die »richtige« Lösung zu finden. Eine bewusste Mischung von Menschen mit unterschiedlichen Schwerpunkten und Sichten ist somit ein gutes Erfolgsrezept. Herausragende Fachexperten gehören ebenso dazu wie gelegentlich auch unbequeme Querdenker. Dieser Personenkreis erfordert das berühmte gewisse Händchen in der Führung sowie Unternehmen, denen es gelingt, für diese Individualisten in einem zu Konformität tendierenden Industriebetrieb Arbeitsumgebungen zu schaffen, in denen sie ihre Fähigkeiten umsetzen können. Beides hat einen unschätzbaren Vorteil im Wettbewerb. Um in einem kompetitiven Umfeld ein attraktiver Arbeitgeber für Innovatoren zu sein, sind neben einer innovationsfreundlichen Arbeitsumgebung auch Laufbahnperspektiven erforderlich. Seit Jahren gibt es bei Siemens einen ausgewiesenen Karrierepfad für Fachexperten. Dadurch ist es gelungen, Innovatoren, die bewusst keine Managementkarriere anstreben, gute Entwicklungschancen zu bieten und sie somit dauerhaft an das Unternehmen zu binden. Zudem sind in einem vielfältigen kulturellen Umfeld, in dem Teams aus Europa, Asien und Nordamerika in einem Projekt zusammenarbeiten, interkulturelle Kompetenz und Toleranz Schlüsselfaktoren für erfolgreiche Forschung- und Entwicklungsarbeit geworden. Wer einmal die Gelegenheit hatte, in einem interkulturellen Workshop mit deutschen und chinesischen Kollegen dabei zu sein und zu erleben, wie befruchtend und auch erheiternd die gegenseitige Erfahrung ist, will dieses Erlebnis nicht missen. Am Ende stehen gegenseitiges Verstehen, Respekt und eine wesentlich bessere Zusammenarbeit.

Herausforderung durch disruptiven Entwicklungsbedarf

Wo Licht ist, gibt es bekanntlich auch Schatten: Große, langfristig stabile und in wohldefinierten Prozessen arbeitende Linienorganisationen entwickeln mit der Zeit unweigerlich eine gewisse Rigidität. Dieses gut eingespielte Räderwerk ist effizient in der Abarbeitung von »regulären Innovationsprojekten«. Schwieriger wird es bei Aufgaben, die nicht in das gewohnte Raster fallen.

Teil der Innovationsstrategie von Siemens Healthineers ist, neben vielen gut beherrschbaren, inkrementellen Entwicklungsprojekten in größeren Abständen auch fundamentale Neuentwicklungen durchzuführen – eine nicht gerade kleine Herausforderung für die Organisation. Dies gilt insbesondere auch, weil der Erfolg der nächsten Plattformentwicklung den Erfolg oder Misserfolg der entsprechenden Business-Line über lange Zeit maßgeblich prägen wird. Wie hart die Konsequenzen eines »Danebenliegens« in einem zentralen Entwicklungsprojekt für Unternehmen sein können, ist gelegentlich in der Wirtschaftspresse zu verfolgen.

Die nachfolgend diskutierten Ansätze waren bei Siemens Healthineers für den Erfolg von Breakthrough-Projekten ausschlaggebend.

9.8 Businessprojekt vs. Entwicklungsprojekt – Fokus der Geschäftsführung

Die wohl kritischste Voraussetzung für erfolgreiche Breakthrough-Projekte ist die von Anfang bis Ende konsistente und überzeugende Richtungsweisung durch die Geschäftsführung. Es handelt sich im Gegensatz zu den vielen laufenden normalen Entwicklungsprojekten um Projekte strategischer Bedeutung. Naturgemäß werden derartige Projekte in der Organisation kontrovers diskutiert – und schnell sind auf den Fluren die berühmten 100 Gründe zur Hand, warum das so nicht funktionieren wird. Es ist daher essenziell, jedem in der Organisation klar zu machen, dass das gesamte Managementteam ohne »Wenn und Aber« hinter dem Projekt steht und alles Nötige tun wird, um es zum Erfolg zu bringen. Die gemeinsame Entwicklung einer Produktvision im Rahmen eines Hoshin-Kanri-Workshops ist ein guter Anfang. Darin werden die vorliegenden geschäftlichen Herausforderungen und Opportunitäten durchdrungen und ein gemeinsamer Zielpunkt mit den zugehörigen Randbedingungen für das Projekt formuliert. Wenn das Management zum Projektstart geschlossen auf eine derart solide Argumentationsbasis zurückgreift, steht der erfolgreichen Überzeugungsarbeit in der Organisation nichts im Wege. Dieses Maß an Fokus und Entschlossenheit gilt es anschließend über die kritischen Phasen des Projektes hinweg zu halten. Nur dann ist sichergestellt, dass die immer in der Organisation wirkenden Zentrifugalkräfte nicht beginnen, das Projekt zu unterminieren und letztendlich zu gefährden.

Heavyweight-Projektleitung

Beim Management von inkrementellen Entwicklungsprojekten ist die organisatorische Zuordnung des Projektleiters in die Entwicklung nicht ungewöhnlich. Die Abwicklung dieser Projekte ist gut eingespielt, alle Interessengruppen sind in einer Projektsteuergruppe vertreten und es gibt normalerweise nur geringes Konfliktpotenzial. Jedoch entsteht auf diese Weise auch ein Interessenkonflikt bei den Projektleitern, die naturgemäß der Entwicklungsleitung näherstehen als ihren Kollegen in Fertigung oder Produktmanagement. Das kann in kritischen Situationen negative Auswirkungen auf die Projektergebnisse haben.

Die Anforderungen an die Erfahrung und die Seniorität der Projektleiter in kleineren Projekten sind weniger kritisch als in sehr schwierigen großen, wodurch sich die Möglichkeit ergibt, diese zur Ausbildung von Nachwuchsführungskräften zu nutzen. Im Gegensatz dazu sind die Anforderungen an den Projektleiter in Breakthrough-Projekten deutlich höher. Es kommen dafür nur reife Führungspersönlichkeiten infrage, die mit Erfahrung, Sozial- und Kommunikationskompetenz, aber auch hoher Belastbarkeit in der Lage und willens sind, das Projekt über mehrere Jahre hinweg erfolgreich zu führen und letztendlich zum Markterfolg zu bringen. Diese »Heavyweight-Projektleiter« operieren – mit ihren Fähigkeiten ebenso wie mit ihrer Position innerhalb der Organisation – auf Augenhöhe mit dem Leitungskreis der Business-Line. Sie sind gleichberechtigte Mitglieder im Leitungskreis und berichten direkt an den Leiter der Einheit. Im Vorfeld des Projektes unterstützt der Projektleiter die Erarbeitung der bereits beschriebenen Projektvision. Gemeinsam mit dem Leiter der Geschäftseinheit ist er außerdem maßgeblich verantwortlich für die Kommunikation von Projektkontext, -vision und -ansatz in die gesamte Organisation. Es kann kaum genug betont werden, wie wichtig es ist, Personalwechsel in dieser zentralen Funktion während der gesamten Projektlaufzeit zu vermeiden.

Projekt-Power-Teams

In Projekten, die den Anspruch haben, von Anfang an alle geschäftlich relevanten Aspekte in

Bild 9.14
Typische initiale Struktur eines Projekt-Kernteams

Unrestricted © Siemens Healthcare GmbH, 2016

die Arbeit einfließen zu lassen, stellt der Projektleiter zum Start ein handverlesenes Kernteam zusammen, das von Tag eins an alle relevanten Themenfelder repräsentiert. Das Team beinhaltet typischerweise je einen Vertreter aus Entwicklung, Produktmanagement, Marketing und Vertrieb, Produktion, Service und Finanzen (**Bild 9.14**). Jeder Einzelne wird maßgeblich vom Projektleiter ausgewählt und zu 100 % in das Projekt abgestellt. Neben der fachlichen Arbeit haben die Mitglieder des Kernteams als Delegierte im Projekt die Aufgabe, den Kommunikationsbrückenkopf zur jeweiligen Heimatabteilung zu bilden.

Daher bleiben sie organisatorisch in ihrer Abteilung verankert, ziehen aber gemeinsam mit dem Projektleiter in speziell zur Verfügung gestellte Projekträume ein. Im Fortgang des Projektes bilden die Mitglieder mit der Zeit um sich wachsende Sub-Teams für die einzelnen Fachbereiche. In Hochphasen arbeiten schließlich große Teile der gesamten Organisation am Projekt mit. Die Anforderungen an die Mitglieder des Kernteams sind beachtlich: Sie benötigen hohe und breite Fachkompetenz, müssen gleichzeitig aber auch in der Lage sein, ihr Team erfolgreich aufzubauen und über die Projektlaufzeit zu leiten. Außerdem wird von ihnen außerordentliche Kommunikationsfähigkeit verlangt, um die reibungslose Zusammenarbeit zwischen Projekt und Heimatstützpunkt sicherzustellen. Kandidaten für diese Positionen haben nur dann eine Chance, wenn sie – wie der Projektleiter auch – eine klare Zusage geben, bis zum erfolgreichen Abschluss des Projektes an Bord zu bleiben. Das

Bild 9.15
Typischer Obeya-Raum einer Projektmannschaft

Projektteam arbeitet konsequent »lean«, dauerhaft einen Obeya-Raum (**Bild 9.15**), in dem das Projekt visualisiert wird, und kann sozusagen über den Schreibtisch hinweg höchst effizient zusammenarbeiten. Auch beim weiteren Ausbau der Projektorganisation wird versucht, die zusätzlichen Kräfte soweit möglich zu 100 % mit ins Projekt zu holen.

9.9 Projekt-Orientierung vs. Linien-Orientierung bei Entscheidungen

Bei einer ausgeprägten Linienorganisation fällt im Projekt tendenziell keine fachliche Entscheidung ohne das Plazet aller beteiligten Funktionshierarchien. Jeder Leiter in der Linie sieht sich in der Verantwortung für die im Projekt von seinen Mitarbeitern bearbeiteten Felder. Zum Nachteil des Gesamtgeschäfts stehen in einer solchen Struktur manchmal die Interessen des eigenen Verantwortungsbereichs vor denen des Projektes. Immer wieder beobachtet man außerdem langwierige und personalaufwändige Abstimmungsprozesse, die die Projekte mitunter bremsen und zu Entscheidungsunsicherheiten führen können.

In den Breakthrough-Projekten bei Siemens Healthineers sind die Fachabteilungen immer durch ein sie repräsentierendes Mitglied im Kernteam vertreten. Damit delegieren sie die Kompetenz für Projektentscheidungen an diesen Mitarbeiter. Die Entscheidungen werden im Projekt getroffen und alle Kernmitglieder sind für die Abstimmung in der eigenen Heimatabteilung verantwortlich. Sie sind diejenigen, die mit Erfahrung beurteilen können, wo in der Abteilung gesetzte Paradigmen die Erreichung der Projektziele gefährden. Und sie sind diejenigen, die auch bereit sind, die damit verbundenen und gelegentlich unangenehmen Auseinandersetzungen gleichermaßen konstruktiv wie konsequent anzugehen. Dazu gehört auch, sicherzustellen, dass die Entscheidungen zur Leitung hin, aber auch in die Organisation klar kommuniziert werden. Eskalationsgremium ist gegebenenfalls die Leitung der Geschäftseinheit – eine

Eskalation wird dabei jedoch nicht als negativ angesehen. Sie ist vielmehr ein ganz normaler Vorgang bei der Suche nach dem besten Weg für das Gesamtgeschäft. Da sich bei Siemens Healthineers im Bereich »Diagnostische Bildgebung« die Leiter aller Business-Lines einmal wöchentlich mit der Business-Area in einem festen Obeya-Raum, der auch virtuell zu betreten ist, zu einem Meeting zusammenfinden, sollte die Eskalationszeit zur Business-Area-Leitung nie länger als eine Woche seinn. So können auch Probleme zwischen Produkt-Business-Lines und Querfunktionen sehr schnell geregelt werden.

9.10 Projektkommunikation – Tools vs. Mensch

Moderne Kommunikationstools sind Fluch und Segen zugleich. Unter dem Druck, im Entwicklungsprozess für medizinische Produkte vieles dokumentieren zu müssen, und auch angesichts geografisch weit verteilter Projektmitarbeiter hat die toolgestützte Kommunikation konsequent Einzug gehalten. Elektronische Kommunikation wird jedoch nicht in jedem Fall zielorientiert genutzt und birgt, sofern eine direkte, lösungsorientierte Zusammenarbeit nicht sichergestellt wird, durchaus Problempotenzial.

Neben der formalen, nach wie vor sinnvollen Projekt-Dokumentation, die Anforderungsdokumente, Konzeptpapiere u.s.w. umfasst, ist die Projektvisualisierung im Obeya-Raum von zentraler Bedeutung. Das erlaubt, in der täglichen Projektarbeit neue Themen zu adressieren und die laufenden Aktivitäten zu verfolgen. Möchte sich die Leitung über das Projekt informieren, findet das nicht in einem Besprechungszimmer anhand von Powerpoint-Präsentationen statt, sondern in Form eines Besuchs im Obeya-Raum.

In Summe ist neben dem offenen Zugang zum Obeya-Raum die sehr gute Strukturierung, Verteilung und Zugänglichkeit der Projekt-Dokumente – von Konzeptunterlagen über Spezifikationen bis zu Besprechungs- und Entscheidungsprotokollen – sowohl für die Projektorganisation als auch für die Leitung essenziell. Die Verantwortung dafür liegt bei der Projektleitung.

Zusätzlich ist es für die Projektleitung nicht nur zu Beginn, sondern immer wieder im Laufe des Projektes hilfreich, den Stand der Dinge in verschiedenen Mitarbeiter-Informationsforen zu platzieren – und so über die Zeit die Überzeugung der Mitarbeiter zu gewährleisten. Da es bei Siemens Healthineers zu diesen Mitarbeiter-Informationsforen systematisch – auf Wunsch auch anonyme – Feedback-Möglichkeiten gibt, ist das für das Projekt immer auch eine gute Chance, den Puls der Mitarbeiter zu fühlen.

9.11 Make or Buy – Kernkompetenz vs. Open Innovation

Als letzter Aspekt soll die optimale Balance zwischen der internen und externen Wertschöpfung im Entwicklungsprozess besprochen werden. Im Kern ist das Ziel der Aufbau eines nachhaltigen Wettbewerbsvorteils (Porter 1985) über Technologiedifferenzierung, über die Differenzierung in der Güte des Innovationsprozesses und über die Überlegenheit des eigenen Partnernetzwerks. Ohne Verwässerung der Kerntechnologieposition sollen in Feldern, die nicht als Kerntechnologie betrachtet werden, dynamische Innovationspartnerschaften zusätzlichen Kundenwert generieren.

Für ein Unternehmen, dessen Erfolg zentral auf technologischer Überlegenheit basiert, ist es unabdingbar, die relevanten Technologien frühzeitig zu identifizieren und die entsprechende Kompetenz konsequent aufzubauen. Es kommen heute durchaus Technologien zum Einsatz, die Vorlaufzeiten von über zehn Jahren hatten und die mit hohen Anlaufinvestitionen verbunden waren. Hierbei ist Vorausschau und Risikobereitschaft in Verbindung mit systematischem Vorgehen essenziell. Für einen Markteintritt in die diagnostische Bildgebung mit einfachen Systemen gibt es heute keine hohen Barrieren. Die benötigten Subsysteme sind am internationalen Zuliefermarkt gut verfügbar. Innovationsführerschaft durch überlegenes Systemdesign oder eine gute Kostenposition sind damit allerdings nicht zu erreichen. Vielmehr bedarf es einer ganzheitlichen Innovationsstrategie, in der zentrale Technologien verbunden mit hoher Wertschöpfungstiefe in der eigenen Organisation beherrscht werden. Siemens Healthineers bildet beispielsweise bei einem CT-Subsystem zur Detektion der Röntgenstrahlen vom Ausgangsmaterial bis zur vollständigen Integration in ein Subsystem die volle Wertschöpfungskette intern ab (**Bild 9.16**). Verbunden mit exzellenter Systemdesign-Kompetenz erlaubt dieses Vorgehen das Beschreiten neuer Wege in der Systemintegration mit signifikanten Funktions-, Qualitäts-, aber auch Kostenvorteilen.

Hochtechnologiebeherrschung stellt allerdings in gewisser Weise die Komfortzone jedes Unternehmens dar. Auch die gemeinsame Entwicklung mit akademischen Partnern, die in der

Bild 9.16
Kerntechnologie im CT-Detektorbau

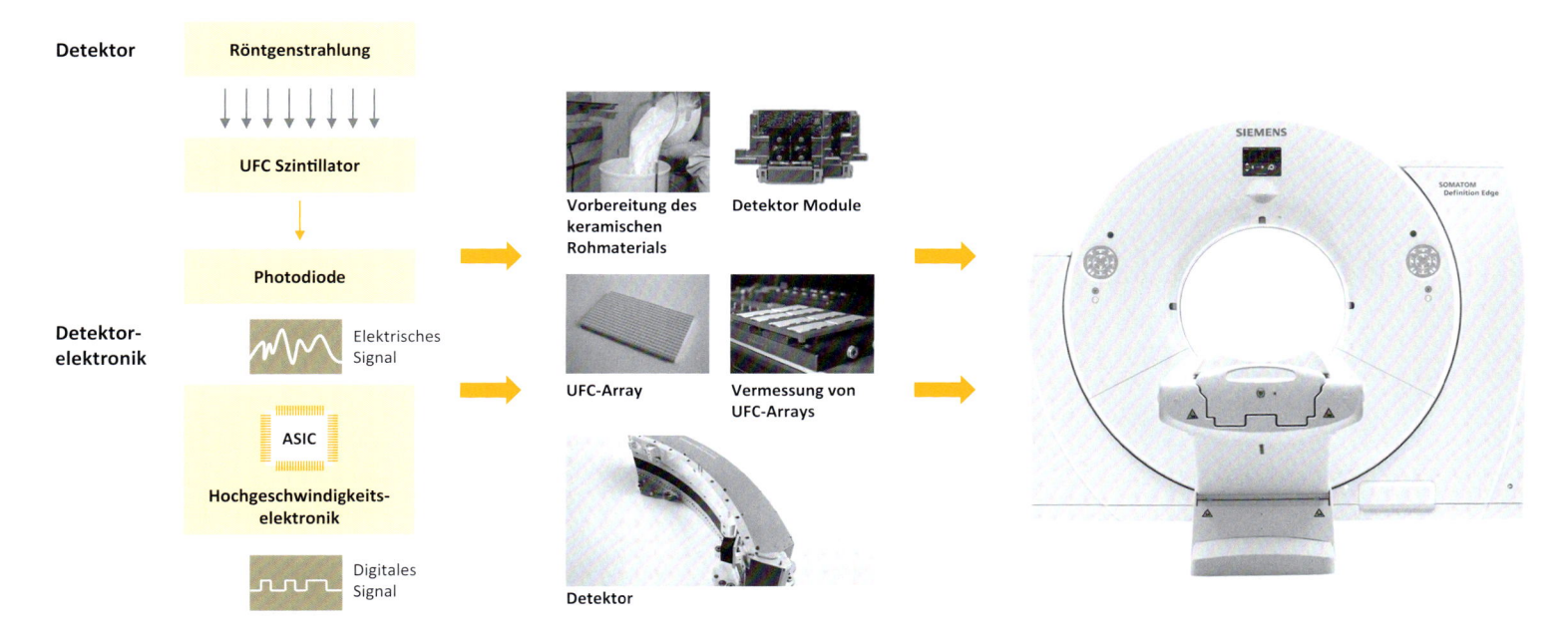

CT Detektor Prinzip – dreistufige Umwandlung von Röntgenstrahlung in digitale Signale

Unrestricted © Siemens Healthcare GmbH, 2016

Medizin oft eine Doppelrolle von Endkunde und Entwicklungspartner spielen, sowie die frühe Integration von strategischen Entwicklungspartnern für Subsysteme, die nicht als Kerntechnologie betrachtet werden, sind für Siemens Healthineers lang geübte und erfolgreiche Praxis (**Bild 9.17**).

Diese recht starren Konzepte der Zusammenarbeit mit externen Partnern kommen nun allerdings an ihre Grenzen. Daher soll die Art und Weise der Zusammenarbeit nach außen, im Sinne von breiten Open-Innovation-Ansätzen deutlich erweitert und flexibilisiert werden, ohne die eigenen Kerntechnologien aufzugeben. Als neue Modelle der Zusammenarbeit wird für kleinere Hersteller von bildbasierten medizinischen SW-Applikationen ein flexibles Ökosystem aufgebaut, in dem diese Anwendungen für den Endkunden eingebettet und in dem gewohnten Workflow der Siemens-Umgebung laufen können. Dadurch entsteht eine echte Win-Win-Situation sowohl für unsere Kunden, für Siemens Healthineers als auch für die kleineren Partner, die sich in diesem Ökosystem erfolgreich bewegen können. Es gibt auch erste Ansätze für Lean-Startups (Ries 2011), in denen externe Partner, die gute Ideen in unser Unternehmen einbringen möchten, die eigene unternehmerische Freiheit erhalten können und den Freiraum für hohe Agilität finden. Weitere Komponenten sind in der Zusammenarbeit mit Unternehmen zu finden, die Serienprodukte für Spezialanwendungen adaptieren und so in der Lage sind, kleine, aber attraktive Märkte zu eröffnen, die das Mutterschiff ohne deren spezielles Domänenwissen und deren Netzwerk nur

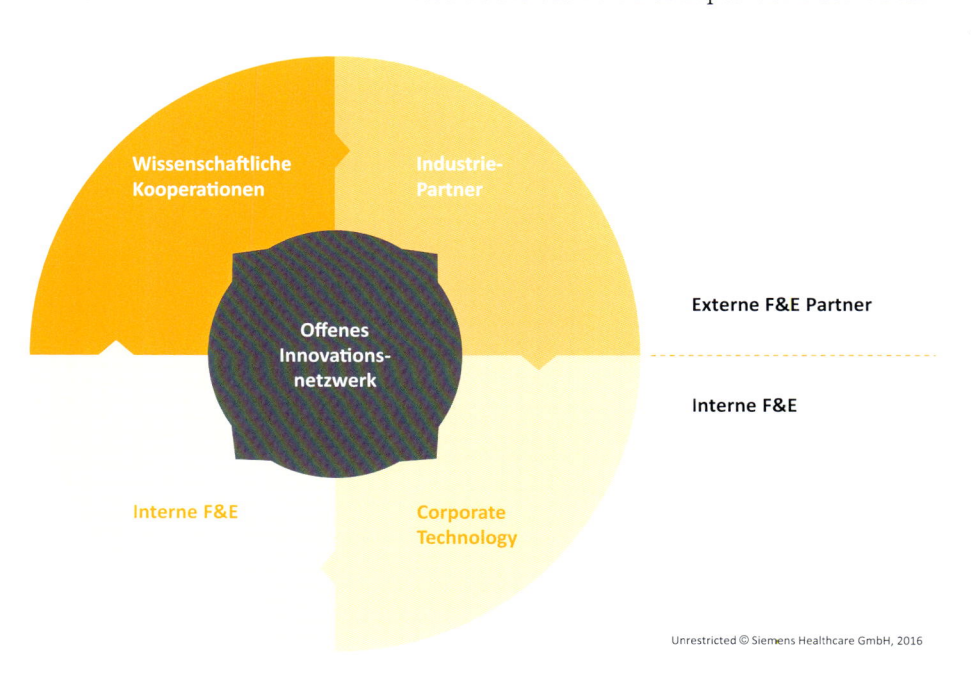

Bild 9.17
Open-Innovation-Netzwerk Siemens Healthcare

schwer bedienen könnte. Die deutlich zunehmende Offenheit und Agilität des Unternehmens Siemens Healthineers im Sinne von Open Innovation fordert alte Denkweisen heraus und das bei jedem einzelnen Mitarbeiter, der mit an den Entscheidungshebeln für diese Partnerschaften sitzt. Die größte Gefahr besteht in der Ansicht, man könne alles selber besser und die besten Ideen entstünden immer im eigenen Haus. Transparente Strategieentwicklung hilft auch an dieser Stelle, die nötige Überzeugungsarbeit zu leisten. Das Ziel ist klar: Neben der eigenen Beherrschung aller Kerntechnologien das beste Innovationsökosystem in der Industrie aufzubauen. Das kann nur gelingen, wenn Siemens Healthineers auch selbst der attraktivste Partner für andere ist. Dabei ist die weitere Optimierung der eigenen Agilität einer der besten Hebel für diesen Zweck.

9.12 Zusammenfassung

Der Gesundheitsmarkt ist ein dynamisches Hochtechnologiefeld mit attraktiven Wachstumsperspektiven, in dem hohe Innovationskraft ein wesentlicher Erfolgsfaktor für Unternehmen darstellt. Daher bildet die Innovationsstrategie ein Kernelement des HPS, des Lean-Management-Systems von Siemens Healthineers. Ziel des Unternehmens ist es, seine Postion im Markt durch den Einsatz agiler Innovationsprozesse gemeinsam mit einem exzellenten Partnernetzwerk auch in Zukunft weiter auszubauen. Das Ziel soll durch hohen Kundenfokus, durch eine offene Kultur und durch unternehmensweite Umsetzung des HPS erreicht werden. Die Mitarbeiter sind sich der notwendigen Veränderung bewusst und formen diese aktiv mit. Die Transformation hin zu agilen Management-Modellen erfordert besonders bei erfahrenen Führungskräften in der Linienorganisation ein verändertes Rollenverständnis. Hierbei wird durch intensives Training und durch Coaching Unterstützung angeboten. Eine Kultur der stetige Verbesserung ist durch die breite Anwendung von leanen und agilen Methoden in weiten Bereichen der Siemens Healthineers zum Credo geworden. Zur Ausrichtung des gesamten Unternehmens auf die gemeinsame Vision, den Nordstern, dient durchgehend der Ansatz des Hoshin Kanri, der es erlaubt, die mittel- und langfristigen Ziele in konsequentes operatives Handeln umzusetzen.

Eine offene, vertrauensvolle, aber auch leistungsorientierte Firmenkultur ermöglicht es den einzelnen Mitarbeitern, ihr persönliches Potenzial zu entwickeln und entlang der gemeinsamen Zielsetzungen Verantwortung für den Gesamterfolg zu übernehmen. Dieser Ansatz macht das Unternehmen zu einem attraktiven Partner, nicht nur für seine Kunden, sondern auch für externe Partner im offenen Innovationsnetzwerk. Die bisherigen Erfahrungen im Veränderungsprozess sind weitgehend positiv und der eingeschlagene Weg wird konsequent weiterverfolgt.

Literatur

Beck, K. et al.: Manifesto for Agile Software Development. http://www.agilemanifesto.org 2001

Brynjolfsson, E.; McAfee, A.: The Second Machine Age., W. W. Norton & Company, New York, London 2014

Clausing, D.: Total Quality Development. ASME Press, New York 1994

Herbst, S.; Hoffmann, A.: Product Lifecycle Management mit Siemens Teamcenter, Carl Hanser Verlag, München 2017

Hutchins, D.: Hoshin Kanri. Abingdon, Routledge, 2016

ISO 13485 Medical devices – Quality Management Systems – Requiremenst for regulatory purposes

ISO 16290:2013 Space systems – Definition of the Technology Readiness Levels (TRLs) and their criteria of assessment

Kramme, R.: Medizintechnik. Verfahren – Systeme – Informationsverarbeitung. Springer, Berlin 2017

Liker, J.: The Toyota Way. McGraw-Hill, New York 2004

Nonaka, I.; Takeuchi, H.: The New New Product Development Game. Harvard Business Review 64, no. 1, 1986

Peters, T.: The Tom Peters Seminar, Vintage Books, New York 1994

Porter, M.; Olmsted Teisberg, E.: Redefining Healthcare., Harvard Business School Press, Boston 2006

Prashad, B.: Concurrent Engineering Fundamentals: Integrated Product and Process Organization. Volume I and II. Prentice-Hall, 1995/1996

Ries, E.: The Lean Startup. Crown Business, New York 2011

Rossberg, J.: Agile Project Management using Team Foundation Server 2015. Springer, New York 2016

Siemens: Max Gebbert & die Pioniere der Medizintechnik in Erlangen. Siemens Med Archiv, 2006

Siemens AG: Siemens will seine Gesundheitssparte weiter stärken – Siemens Pressemitteilung. München, 10. November 2016

Womack, J.; Jones, T.: Lean Thinking. Free Press 1996, New York 2003

TEIL 3

Anhang

Fazit

Dieses Buch ist das erste seiner Art, in dem konkret beschrieben wird, wie Unternehmen den Ansatz der agilen Produktentwicklung aus der Software heraus in die Gesamt-Produktentwicklung überführen.

Soll die Übersetzung vom Software-Scrum hin zu Agile für die Gesamtentwicklung gelingen, muss zunächst einmal mit Missverständnissen aufgeräumt werden. Erst wenn man das »Herz« der Methode erkennt, kann man es auch auf eine andere Umgebung übertragen.

Dr. Hans-Peter Hübner und Dr. Martin Hurich von ROBERT BOSCH beschreiben konkret, wie Agile den mit dem Unwort »Wasserfall« belegten PEP geradezu erforderlich macht und keineswegs ausschließt. Agile funktioniert auch dann, wenn das Projekt auf einen Endtermin, z. B. einen SOP hinarbeitet.

Wolfgang Zondler von FESTOOL sieht Agile darüber hinaus als geradezu ideale Ergänzung zum Vorgehen nach PEP. Er verdeutlicht, dass sich die PEP-Meilensteine hervorragend mit den Etappenzielen aus Agile verbinden lassen. Antonius Reittinger von OSRAM entmystifiziert Erwartungen, die der Methode Agile unterstellen, die Mitarbeiter »auf Speed« zu bringen, indem man sie sprinten lässt. Der Begriff »Sprint« schafft hierbei falsche Assoziationen – »Takt« ist viel passender.

Stefan Seuferling von DRÄGER beschreibt, wie die Änderung des *einen* Produkt Owners aus der Scrum-Lehre hin zum Product-Owner-*Team* die Überwindung von Schnittstellen insbesondere zwischen Markt und Technik ermöglicht. Er zeigt, dass die weit verbreitete Annahme, Agile sei nur dann sinnvoll anwendbar, wenn sich Requirements häufig ändern oder spät entstehen, falsch ist. Denn für die F&E-Effizienz sind Änderungen weiterhin schädlich – ob mit oder ohne Agile.

Rudolf Stark belegt, wie durch kürzere Iterationen Projekte bei CONTINENTAL wieder auf Erfolgskurs gebracht wurden, auch wenn Teams erst im späteren Projektverlauf umgestellt haben. Ebenso beweisen seine Projekterfolge, dass auch ein Automotive-Zulieferer mit enger Verbindung und starken Abhängigkeiten zum Kunden die Methode sehr gut anwenden kann.

Agile ist ein Ansatz, der auch in großen Teams und bei komplexen Produktstrukturen zu deutlichen Entwicklungszeitverkürzungen führt. Das zeigen die Erfahrungen von Prof. Dr. Eike Böhm von KION beispielsweise anhand der hohen Komplexität einer Gabelstapler-Neuentwicklung.

Das hochanspruchsvolle Innovationsprojekt, das Dr. Jürgen Reinert und Dr. Carsten Gundlach von SMA initiierten, zeigt zweierlei: Agile ist auch in einem wenig planbaren Neuland-Projekt umsetzbar. Selbst wenn es nicht mit »100%-dedicated« Teams besetzt werden konnte, zeigten sich eindeutige Vorteile mit Agile in Bezug auf die Fokussierung und das Engagement der Teammitglieder. Dr. Heinz-Jürgen Prokop und Gabriela Buchfink von TRUMPF waren

Pioniere, indem sie Agile erstmals in der größten und anspruchsvollsten Entwicklung einer Werkzeugbearbeitungsmaschine einsetzten. Ihr Erfolgsbeispiel zeigt, dass man durchaus den Mut haben kann, nicht erst mit einem kleinen Testprojekt zu beginnen.

Walter Märzendorfer von **SIEMENS HEALTHINEERS** war einer der ersten, der die Nutzung von agilen Elementen auf seiner Führungsebene einführte. Damit zeigt er, dass Agile nicht nur auf der Projektebene Commitment, Transparenz und Motivation durch sichtbaren Fortschritt erzeugt. Wenn die Führung es selbst vorlebt, erfährt sie direkt, was es bedeutet, konkretere Ziele zu definieren, Commitment zu erreichen und in kurzer Taktung zu kommunizieren.

Eines der gefährlichsten, im Umlauf befindlichen Missverständnisse ist, Agile könne eine Managementebene einsparen. Oder, dass Gruppen- oder Abteilungsleiter nicht mehr benötigt würden, wenn man mit einem Produkt-Owner-Team, autarkeren Teams und einem Agile-Coach arbeitet. Diese »Logik« entbehrt absolut jeder Grundlage! Richtig ist jedoch, dass manche Führungskräfte, die heute Mikromanagement oder Nicht-Führung betreiben, ihre Führungsarbeit verbessern müssen – aber das ist unabhängig von Agile. Entscheidend ist, dass Agile im Sprintrhythmus dem Product-Owner-Team und den Gruppen-/Abteilungsleitern einen festen Rahmen bietet, um leichter und konkreter in eine bessere Führung zu kommen.

Die Industrie befindet sich aktuell in einer enormen Veränderung. Täglich starten neue Agile-Pilotteams. Automobilhersteller beginnen die ersten Gesamtfahrzeugprojekte mit mehreren hundert Entwicklern und lernen, die Methode in Großprojekten einzusetzen. In der nächsten Change-Stufe werden die Organisationen vor der Herausforderung stehen, das Multiprojektmanagement von Agile-Projekten zu organisieren. Dann wird man sich mit der Theory of Constraints und dem Critical Chain Projectmanagement (CCPM) beschäftigen und dem Einzug von Agile in die operative Führung. Nach der Lektüre dieses Buches wird Ihnen bewusst, wie weit einige Unternehmen heute bereits sind.

Eines ist sicher: Sowohl Teams als auch Führungskräfte werden mit Agile künftig mehr Spaß an Leistung haben – und das ist eine wunderbare Perspektive, für die es lohnt, sich einzusetzen!

Glossar

Agile Board, Scrum Board, Taskboard

Das Agile-Board ist ein Hilfsmittel für das Team während des Sprints. Auch das Product-Owner-Team oder das Managementteam nutzen es für ihre regelmäßigen Besprechungen. Es ist fest an einer Wand oder an einer Metaplanwand angebracht. Ein Agile-Board hat üblicherweise vier Spalten: Die erste fürs Backlog (ToDo), die zweite für »Work in Progress« (WIP), die dritte »Done« für bereits erledigte Aufgaben und die vierte beinhaltet die »Definition of Done« (DoD). Sie definiert den Zielzustand der jeweiligen Funktion.

Agile Coach

In seinen Verantwortungsbereich fällt die erfolgreiche Einhaltung der eingeführten agilen Entwicklungsmethoden. Der Agile-Coach arbeitet eng mit dem Entwicklungsteam zusammen und ist für die Einführung, Umsetzung und Einhaltung der Agile-Methoden verantwortlich. Dazu gehören auch das Organisieren und Moderieren der Meetings oder das Fernhalten aller Störungen im Agile-Prozess. Idealerweise wird er vom Entwicklungsteam gewählt. Er hat keine Vorgesetztenfunktion im Sinne von Beurteilungen, Anweisungen oder disziplinarischen Maßnahmen. Seine besonderen Fähigkeiten liegen in der Beherrschung der agilen Methodik, der Vermittlung der disziplinierten und konsequenten Anwendung dieser Regeln, der Vermittlung bei Konflikten innerhalb des Teams, zwischen Team und Product Owner, Projektleiter und F&E-Hierarchie. Seine Präsenz ist vom Grad der Einführung abhängig.

Agiles Manifest / Agile Manifesto

Scrum basiert auf den Werten der agilen Softwareentwicklung, die Ken Schwaber, Jeff Sutherland und andere im Jahre 2001 im agilen Manifest zugrunde legten (Zitat):
1. Menschen und Interaktionen sind wichtiger als Prozesse und Werkzeuge.
2. Funktionierende Software ist wichtiger als eine umfassende Dokumentation.
3. Zusammenarbeit mit dem Kunden ist wichtiger als die ursprünglich formulierten Leistungsbeschreibungen.
4. Eingehen auf Veränderungen ist wichtiger als das Festhalten an einem Plan.

Quelle: *www.agilemanifesto.org*

Agile Rollen

Agile beinhaltet drei Rollen: der Product Owner bzw. das »Product-Owner-Team«, das »Team« sowie der »Agile-Coach«.

Artefakt

Unter Artefakten versteht man die Resultate des Agile-Prozesses. Artefakte sind beispielsweise Product Backlog, Sprint Backlog oder Impediment Backlog.

Backlog, Backlog Item, Product Backlog

Ein Product Backlog ist eine priorisierte Niederschrift der an ein zu entwickelndes Produkt gestellten Anforderungen (Requirements). Darin werden außerdem alle Änderungen vermerkt, die während der Produktentwicklung notwendig geworden sind. Ein Product Backlog ist demnach nie ganz vollständig, sondern verändert sich über den Entwicklungsprozess mit dem Produkt und der Arbeitsumgebung. Gepflegt wird das Product Backlog ausschließlich vom Product Owner. Die darin formulierten Anforderungen sind nicht technisch spezifiziert, sondern funktions- und anwenderorientiert.

Backlog Refinement (Backlog Grooming)

Unter Backlog Refinement (früher Backlog Grooming) versteht man die laufende Pflege des Backlogs (s.o.) durch Product Owner und Team. Dazu zählt beispielsweise das Ordnen oder Löschen von Einträgen.

BarCamp

Unter einem BarCamp versteht man eine offene Konferenz oder Tagung mit offenen Workshops. Die Teilnehmer entwickeln den Ablauf der Veranstaltung zu Beginn selbst. Meist besteht ein BarCamp aus Vorträgen und Diskussionsrunden, die von den Teilnehmern gehalten werden.

Blocker

Siehe *Impediment*

Brownbag Session

Als Brownbag Session oder Brownbag-Sitzung wird ein informelles Meeting bezeichnet, das in der Regel um die Mittagszeit herum stattfindet, während die Teilnehmer gemeinsam essen. In lockerer Atmosphäre wird ein Thema diskutiert oder ein Vortrag gehalten.

Burndown-Chart, Sprint-Burndown-Chart

Ein Burndown-Chart ist ein Visualisierungstool, mit dessen Hilfe der Stand der bereits geleisteten und der noch verbleibenden Arbeiten grafisch dargestellt wird. Charakteristisch für das Chart ist der Verlauf des Graphen. Da der Aufwand mit fortschreitender Zeit sukzessive abnimmt, wird ein Graphenverlauf erzeugt, der an das sprichwörtliche »Abbrennen« von Aufgaben erinnert. Dabei ist der Einsatz von Burndown-Charts nicht nur auf die Sprints reduziert. Andere wie bspw. das Release-Burndown-Chart, das den Verlauf des gesamten Projektes visualisiert darstellt, finden ebenso häufig Anwendung.

Chicken

Ein Begriff aus dem Scrum. Chicken sind außenstehende Personen im Scrumprozess, die keinen Frage- oder Redeanteil haben.

Continuous Integration

…bzw. kontinuierliche Integration beschreibt die in der Softwareentwicklung anzutreffende fortlaufende Zusammenführung einzelner Komponenten. Ziel der Continuous Integration ist es, ein schnelles Feedback zu erhalten, um Fehler möglichst schnell erkennen und beheben zu können.

Daily, Daily-Standup-Meeting, Standup-Meeting

… oder Daily Agile Meetings sind ein fester Bestandteil im Entwicklungsprozess. Täglich treffen sich zur selben Zeit am selben Ort alle Teammitglieder zu einem 15-minütigen Stand-up Meeting. Jeder Einzelne erklärt, was er seit dem vorigen Daily Meeting erreicht hat, was er bis zum kommenden Meeting erreichen möchte und was ihn daran hindert, sein Ziel zu erreichen. Fragen inhaltlicher Art, die den zeitlichen Rahmen sprengen würden, werden im Anschluss in separaten bilateralen Meetings geklärt.

DEEP

DEEP charakterisiert die Güte von Backlogs. Die Backlog Items sollen angemessen detailliert beschrieben (Detailed appropriately), eingeschätzt (Estimated), sich entwickelnd (Emergent) und sortiert (Prioritised) sein.

Definition of Done (DoD)

Unter der Definition of Done verstehen wir das gemeinsame Verständnis eines agilen Teams auf die Eigenschaften eines fertigen Features. Ein Backlog Item gilt erst dann als fertiggestellt (Done), wenn es bestimmte, vorab festgelegte Qualitätsmerkmale erfüllt. Für die Einhaltung der DoD ist das Team verantwortlich.

Definition of Ready (DoR)

Unter der Definition of Ready versteht man eine Liste an Kriterien, die an ein Backlog Item gestellt werden. Erst wenn alle Punkte erfüllt sind, erhält das Backlog Item den Status »ready« und ist im Sprint zugelassen. Während bei der Definition of Done das Team für die Einhaltung der Kriterien verantwortlich ist, ist es hier der Product Owner.

Epic

Ein Epic dient der Entwicklung eines Backlog Items durch den Product Owner bzw. das Product Owner Team. Es beschreibt häufig die Anforderung an ein neues Produkt oder Feature. Es ist so umfangreich, dass daraus erst weitere User Stories abgeleitet werden müssen, um die Detaillierung zu erhöhen.

Estimation

Backlog Items werden hinsichtlich ihrer Komplexität untereinander verglichen und mit einem Wert hinterlegt. Die Einschätzung kann beispielsweise in T-Shirt-Größen (S, M, L, XL, XXL, …) oder als Abwandlung der Fibonacci-Sequenz als sogenannte Story Points vergeben werden. In jedem Sprint findet ein weiteres Estimation statt, in dem neue oder veränderte Backlog Items geschätzt werden.

Fibonacci-Folge , Fibonacci-Sequenz

Die Fibonacci-Sequenz wird genutzt, um die Komplexität von Backlogs einschätzen zu können (s.o.). Jede Zahl setzt sich dabei aus der Summe ihrer beiden Vorgängerzahlen zusammen: 0, 1, 2, 3, 5, 8, 13, 21, 34, 55, … Je höher der Wert, desto größer ist sein Abstand zur Vorgänger- bzw. Nachfolgerzahl. So wird nach oben hin die zunehmend geringere Schätzbarkeit bei sehr komplexen Anforderungen deutlich. Im Agile ist die gebräuchliche Abfolge 0, 1, 2, 3, 5, 8, 13, 20, 40, 100.

Flow

Flow bezeichnet das als beglückend erlebte Gefühl eines mentalen Zustands völliger Vertiefung (Konzentration) und restlosen Einlassens in eine Tätigkeit (Absorption), die »wie von selbst« erfolgt. Er entsteht bei der Konzentration auf ein begrenztes und überschaubares Handlungsfeld. Sobald dies zu einer positiven Rückmeldung führt, erhöht das wiederum die Konzentration, führt zu neuem Erfolg und sorgt so für eine sich verstärkende positive Rückkopplung. Die richtige Mischung von Unterforderung/Langeweile und Überforderung/Stress führt zum Flow.

How-to-demo (Demo)

Der Ablauf, mit dem das Team dem Product Owner Team eine Funktionalität oder ein Feature präsentiert, um den Beleg der Umsetzung zu liefern.

Impediment

Als Impediments (Barrieren, Hindernisse) werden in agilen Entwicklungsprojekten auftretende Störungen und Probleme bezeichnet, die das Entwicklungsteam daran hindern, produktiv zu arbeiten. Typische Probleme sind organisatorischer, technologischer oder auch zwischenmenschlicher Natur. Impediments sind oft sehr komplex und häufig nur indirekt erkennbar. Während eines Agile Sprints ist das Ziel aller Meetings, verborgene Impediments aufzudecken und sichtbar zu machen. Es ist Aufgabe des Agile Coachs, diese Hindernisse in den öffentlichen Impediment Backlog (s. u.) aufzunehmen und sie zu beseitigen, um die Produktivität des Teams zu steigern.

Impediment Backlog

Das Impediment Backlog ist eine Liste der Störungen (Impediments), die das Team daran hindern, effizient zu arbeiten. Diese Störungen können sowohl innerhalb des Entwicklungsteams, im gesamten Agile-Team, aber auch durch Unterbrechungen aus der Linie erzeugt werden. Der Agile Coach ist dafür verantwortlich, diese Hindernisse so schnell wie möglich zu beseitigen.

In Progress

... oder »Work in Progress« ist ein Arbeitsschritt auf dem Agile-Board. Die erste Spalte des Bords zeigt die Aufgaben (Backlog), die das Team aktuell bearbeitet. Jede abgeschlossene Aufgabe wandert in den Spalten weiter nach rechts, erst in die Spalte »Work in Progress«, während sie bearbeitet wird und zuletzt in die Spalte »Done«.

Information Radiator

Unter einem Information Radiator versteht man große Displays oder andere gut sichtbare, einfach zugängliche und leicht verständliche Darstellungsmöglichkeiten, um Informationen über ein Projekt oder dessen Fortgang zu vermitteln. Das können große Bildschirme, ein gut gepflegtes Wiki, Plakate o. ä. sein.

Konklave (Conclave)

Das Konklave ist eine Besprechung, die innerhalb des Product Owner Teams stattfindet. Dieses soll sich über die Backlog-Planung und die Ableitung der priorisierten nächsten Sprint-Ziele einigen. Ein

Konklave findet ganz bewusst zunächst nur im POT statt. Es geht darum, vorbereitet zu sein, bevor die Diskussion über die Backlogs mit dem Team geführt wird.

Minimum Marketable Feature (MMF)

Eine kleinstmögliche Menge an Funktionen, die für sich genommen vermarktbar ist. Ein Produkt oder eine Software, die nur ein solches Merkmal aufweist, hat einen Nutzen für den User. Er würde also dafür bezahlen.

Minimum Viable Product (MVP)

Das Minimum Viable Product bezeichnet die Ausprägung eines Produktes, mit dem das Team ein Maximum an Feedback erhält bei möglichst geringem Aufwand. Das Feedback wird dazu genutzt, das MVP zu erweitern und zu verbessern. Diese Strategie spart Zeit, Arbeit und Geld.

MuSCoW

Die MuSCoW-Methode hilft bei der Bewertung und Priorisierung von Backlog Items. Einträge lassen sich demnach unterteilen in Must have (unbedingt erforderlich), Should have (umsetzen, wenn alle must haves erledigt sind), Could have (kann umgesetzt werden) und Won't have (wird derzeit nicht umgesetzt).

PEP

PEP steht für Produktentwicklungsprozess bzw. Produktentstehungsprozess. Er beschreibt die Phasen, unterteilt durch Meilensteine von der Idee zu einem neuen Produkt bis hin zu dessen Herstellung und Vermarktung.

Pig

Ein Begriff aus dem Scrum. Pigs sind aktive Teilnehmer in einem Scrumprozess, die sich »committed« haben. Das kann der Product Owner, der Scrum Master, jemand aus dem Team oder sein sonstiger Stakeholder sein. Pigs haben in Besprechungen Beitragsrecht, können also Fragen stellen oder Beiträge bringen.

Planning Poker™, Magic Estimation

Planning Poker ermöglicht einem agilen Team verhältnismäßig schnell die Größe einer User Story, eines Ergebnisses, einer Aufgabe, etc. abzuschätzen. Jedes Teammitglied erhält Spielkarten mit je einer Zahl der Fibonacci-Reihe. Nachdem das einzuschätzende Item erklärt wurde, ziehen alle Teammitglieder gleichzeitig je eine Karte. Mit der darauf abgebildeten Zahl schätzen sie, wie leicht oder schwer dieses Item im Verhältnis zu einem zuvor geschätzten Item ist. In der Magic Estimation werden die Karten der abgewandelten Fibonacci Reihe offen ausgelegt, und die Teammitglieder platzieren die User Stories entsprechend ihrer Einschätzung.

Prime Directive

Die Prime Directive wird gerne vor Retros vorgelesen. Sie stammt von Norman Kerth, der sie für Retrospektiven entwickelt hat. Sie soll vermeiden, dass mit dem Finger auf andere Teammitglieder gezeigt wird. »Unabhängig davon, was wir heute entdecken, verstehen und glauben wir aufrichtig, dass in der gegebenen Situation, mit verfügbarem Wissen, Ressourcen und unseren individuellen Fähigkeiten jeder sein Bestes gegeben hat.«

Product Owner

Eine entscheidende Rolle im Agile-Prozess ist die des Product Owners. Als der Visionär im Team konzipiert er das Produkt, legt die Produkteigenschaften fest und priorisiert diese kontinuierlich im sogenannten Product Backlog, das er auch priorisiert. Er hält den Kontakt zum Kunden, um dessen Wünsche bestmöglich in das Produkt einfließen zu lassen. Am Ende jedes Sprints vergleicht er das Ergebnis mit den Anforderungen und entscheidet, ob die Funktionalität optimal auf die Marktanforderungen passt.

Product Owner, Product-Owner-Team

Der Product Owner ist verantwortlich für die Marktanforderungen (Markt), die Produktarchitektur (Technik) und für das Projektmanagement (Projekt). Menschen, die dieses breite und tiefe Anforderungsprofil erfüllen, finden sich selten in einer Person. Aus diesem Grund haben wir das Product-Owner-Team (POT) entwickelt. Es besteht aus: Produktmanager (Markt), Systemingenieur (Technik) und Projektmanager (Projekt). Keine der drei Rollen hat eine Unter- oder Überstellung zu befürchten, die Suche nach der einen »Extremqualifikation« fällt weg. Außerdem müssen weder eine neue Funktion noch das Organigramm geändert werden.

Produktinkrement

Ein Inkrement ist die Summe aller Backlog Items, die während eines Sprints fertiggestellt wurden. Es entspricht der Definition of Done, ist getestet und ausreichend dokumentiert.

Reference Item

Das Reference Item ist die Grundlage für Schätzmethoden wie das Planning Poker (s. o.). Zu Beginn einer Schätzrunde wird ein eher kleines Backlog Item festgelegt, dessen Komplexität von allen Beteiligten gleich bewertet wird. Auf dieses Reference Item beziehen sich alle weiteren Backlog-Einschätzungen.

Release

Die Übergabe fertiggestellter und vom Product Owner abgenommenen Inkremente an den User.

Release-Burndown

Ein Burndown-Chart, das den Projektfortschritt eines Releases beschreibt. Es führt die Summe der Aufwände im Product Backlog am Ende jedes Sprints auf und zeigt, wie sich die Aufwände über die gesamten Sprintverläufe hinweg verändern.

Release-Planning

Das Release-Planning trifft Aussagen darüber, wann welche Funktionalität eines Produktes oder einer Software in welchem Sprint umgesetzt werden kann. Da sich mit jeder Änderung am Product Backlog etwas ändert, ist das Release-Planning immer nur eine Momentaufnahme.

Retrospektive, Retrospective, Retro, Sprint-Review

Die Retro ist ein Meeting, das nach jedem Sprint erfolgt. Sie besteht aus den zwei Teilen Team-Feedback und Prozess-

Review. Beim Team-Feedback wird jedes Teammitglied dazu motiviert, einem oder mehreren aus dem Team Feedback zu geben. In der Prozess-Review vergegenwärtigt das Team die Leistung des letzten Sprints. Was hat den Entwicklungsfortschritt beschleunigt oder die Produktqualität verbessert? Daraus werden Maßnahmen für die kommenden Sprints abgeleitet, um kontinuierlich besser zu werden.

Scrum of Scrums

Mit »Scrum of Scrums« bezeichnet man eine Organisationsform, wenn ein Projekt aus mehreren Teilprojekten besteht (Kernteam und Subteams). Das Besondere daran ist, dass die Methode auf mehreren Ebenen angewendet wird und eine organisierte Abstimmung zwischen allen Teams stattfinden muss.

Selected Product Backlog

Das Selected-Product-Backlog ist das Ergebnis der Sprint-Planung. Es definiert die Lieferung, zu der sich das Team sich für den Sprint verpflichtet hat.

Servant Leadership

Servant Leadership ist eine von Robert Greenleaf begründete Philosophie der Führung. Agiles Projektmanagement ist Servant Leadership. Der Agile Master und der Product Owner werden als Servant Leader bezeichnet, sind also »dienende Führungskräfte«.

Shipable Product

Ein Produkt, das einen an den Kunden auslieferbaren Zustand hat.

Smart-Kriterien

SMART ist ein Akronym für Spezifisch (Specific), Messbar (Measurable), Attraktiv bzw. Akzeptiert (Accepted), Realistisch (Realistic), Terminiert (Time Bound). Es ist ein hohes Qualitätskriterium für die Definition von Zielen.

Smell

Smell ist ein Synonym für etwas, das im Projekt nicht richtig läuft, z.B. die Unpünktlichkeit von Teamkollegen oder mangelndes Vertrauen. Ein »Team Smell« kann z.B. sein, dass das Team kein echtes Team ist oder seine Räumlichkeiten nicht akzeptiert.

SOP

Start of Production. Der Beginn einer Serienproduktion in der Industrie.

Sprint

Im Sprint, als Kern der agilen Produktentwicklung, findet die eigentliche Entwicklungsarbeit statt. Eingeleitet wird er durch das Sprint-Planungs-Meeting, in dem das Entwicklungsteam die zu erreichenden Ziele definiert. Die Sprint-Intervalle müssen immer gleich lang getaktet sein. Sie sollten zwei Wochen umfassen, um die Effekte der agilen Produktentwicklung bestmöglich zu nutzen. Ziel des Sprints ist die Lieferung möglichst fertiger Produktfunktionalitäten. Durch ein rückblickendes Sprint-Review-Meeting, der Retrospektive, wird der Sprint abgeschlossen. In der Retro wird der Sprint im Sinne von lessons learned bewertet und auf Verbesserungspotenziale in Ablauf, Organisation und Randbedingungen optimiert. Anschließend wird in einem Sprint-Planungs-Meeting der nächste Sprint angestoßen.

Sprint-Backlog

Das Sprint Backlog ist eine priorisierte Liste der Aufgaben, die im laufenden Sprint umgesetzt werden sollen. Es legt fest, wie das Ziel des Sprints erreicht wird und besteht üblicherweise aus einer einfachen mehrspaltigen Liste, angebracht an einem Whiteboard oder Flipchart. Sie wird vom Entwicklungsteam tagesaktuell gepflegt und dokumentiert den aktuellen Bearbeitungsstand.

Sprint-Planung, Sprint-Planning, Sprint-Planning-Meeting

Das Sprint Planning findet zu Beginn eines Sprints statt und besteht aus zwei Teilen. Im ersten Teil stellt das Product Owner Team vor, WAS im Sprint mit welcher Priorität umgesetzt werden soll. Es wird auf inhaltlicher und fachlicher Ebene zwischen Product Owner Team und Entwicklerteam diskutiert. Ziel ist es, das Verständnis und den Sinn der konkreten Aufgaben zu vermitteln. Im zweiten Teil klärt das Entwicklungsteam, WIE die Umsetzung der vereinbarten Ergebnisse erfolgen soll. Am Ende des Sprint Planning steht das Commitment des Entwicklungsteams gegenüber dem Product Owner Team, wie viele der vereinbarten Ergebnisse in diesem Sprint umgesetzt werden können.

Sprint Zero

Als Sprint Zero wird der initiale Sprint bezeichnet. Er hilft dabei, das Product Backlog vorzubereiten, die Infrastruktur zu definieren oder zu klären, wie das Team zusammengestellt wird.

Story Points

Story Points sind eine unabhängige Einheit zur Schätzung von Ergebnissen aus dem Backlog, die sich an der Fibonacci-Reihe orientieren. Sie haben üblicherweise die Werte 0, 1, 2, 3, 5, 8, 13, 20, 40 oder 100. Ergebnisse mit sehr hohen Story Points (mehr als 13) bedeuten, dass das Entwicklerteam diese Story für sehr komplex oder schlecht definiert hält, und diese für eine realistische Abschätzung in kleinere Stories aufgeteilt werden muss. Ergebnisse mit geringeren Story Points (maximal 13) bedeuten, dass das Team deren Komplexität gut einschätzen kann und diese somit in den Sprint aufgenommen werden können.

System-Architekt

Er ist der Generalist unter den Entwicklern, unter den Spezialisten der F&E wie z.B. den Mechanik-, Elektronik-, Software- u. Pneumatik-Experten. Er hat Gesamtprodukt-Know-how und damit den Überblick über die Vernetzung sämtlicher Baugruppen u. Funktionen des Gesamtprodukts. Der System-Architekt verantwortet die Produkte, deren Integration in das Kundensystem und das Einbringen von technischen Innovationen. Die Organisation des Zusammenspiels der Disziplinen Vertrieb, Produktion, Entwicklung und Qualitätssicherung ist weniger seine Aufgabe als die des Projektleiters, dem auch die Gesamtverantwortung über QKT (Qualität, Kosten, Termine) obliegt. Der Systemingenieur braucht mehrjährige Erfahrung in verschiedenen Entwicklungsdisziplinen. Die Funktion stellt einen fachlichen Karrieresprung innerhalb der F&E dar.

Timebox, Time-Boxing

Im klassischen Projektmanagement ordnet man die Zeiten der Komplexität von Arbeitspaketen unter.

Bei Agile ordnet man den Reifegrad, der für ein Arbeitspaket zu erzielen ist, der Zeitdauer (Sprintlänge) unter. Das ist Timeboxing.

T-Shaped

Als T-Shaped Professionals werden Menschen bezeichnet, die sowohl die Vorteile von Generalisten wie auch die von Spezialisten in sich vereinen. Die Bezeichnung kommt von der Metapher, dass die Fähigkeiten der Mitarbeiter wie ein T aufgebaut sein sollen: tief reichendes Expertenwissen in ihrem Fachgebiet (senkrechter Balken), gleichzeitig aber ausreichend Wissen in anderen Disziplinen, um mit Experten anderer Fachgebiete zusammenarbeiten und sie im Projekt integrieren zu können (waagrechter Balken). Dadurch sind T-Shaped Professionals in der Lage, ihr Wissen besser im Projektteam zu teilen und helfen Mitarbeitern, und somit dem Unternehmen, zu lernen. Sie erleichtern die Kommunikation im Team und erhöhen die Innovationsfähigkeit, da sich die Teammitglieder gegenseitig inspirieren und antreiben können.

T-Shirt Size, Size

Um die Komplexität eines Projektes einzuschätzen, kann man auf T-Shirt-Größen (S, M, L, XL, ...), Story Points oder auch auf die Fibonacci-Sequenz (siehe dort) zurückgreifen.

User Story

Die User Stories (Ergebnisse) der Sprintplanung werden in möglichst einfacher Sprache nach dem Muster »Ich als (Rolle)… benötige folgendes (Funktionalität) … um folgendes (Sinn) … zu erreichen« formuliert. Hierbei sollte im Idealfall auch das Vokabular des (internen) Kunden ohne Fachbegriffe verwendet werden. Der Fokus liegt auf dem, »Was« der Kunde wirklich »Wozu« braucht. Wichtig ist, dass das »Wie« völlig offen sein soll und dem Entwicklungsteam überlassen bleibt. Die User Story wird kurz und prägnant formuliert (ca. ein Satz).

Velocity

Unter Velocity versteht man die Arbeitsgeschwindigkeit, die ein Entwicklerteam im Verlauf der Sprints erreicht. Sie wird anhand der »heruntergebrannten« Story Points aus dem Burndown-Chart ermittelt und entspricht der Anzahl der Story Points pro Sprint. Mit der individuellen Velocity eines speziellen Entwicklerteams in einem konkreten Projekt kann somit ein Projektverlauf oder das Projektende geschätzt werden.

Vision

Jeder Product Owner gibt dem Team zu Beginn eines neuen Projektes einen Überblick über die anstehenden Aufgaben und eine Vision des fertigen Produkts. Dabei ist weniger eine detaillierte Beschreibung gefragt, als vielmehr eine mitreißende bzw. emotionale Darstellung, die das Team dazu motiviert, engagiert mitzuarbeiten.

VUCA

Vuca steht für Volatility, uncertainty, complexity and ambiguity, zu deutsch: Volatilität, Unsicherheit, Komplexität und Ambiguität (Vieldeutigkeit). Ursprünglich stammt das Akronym aus dem militärischen Sprachgebrauch der 1990er Jahre. Es beschrieb eine Welt nach dem »kalten Krieg«, die durch »Volatilität, Unsicherheit, Komplexität und Vieldeutigkeit« gekennzeichnet ist. Im Laufe der letzten Jahre hat sich der Begriff in zunehmendem Masse für die Beschreibung der geänderten Rahmenbedingungen der Unternehmensorganisation und der Mitarbeiterführung in einer globalisierten Welt etabliert.

Walking Skeleton

Das Walking Skeleton ist ein Begriff aus der Softwareentwicklung und bezeichnet die Mindestimplementierung einer Funktion. »Walking« bedeutet, dass diese Funktion schon lauffähig ist. »Skeleton« besagt, dass die wichtigsten funktionalen Bestandteile zwar vorhanden sind, das »Fleisch« aber noch fehlt.

Work Breakdown Structure (WBS)

Eine Work Breakdown Structure (WBS) oder Projektstrukturplan ist ein Begriff aus dem Projektmanagement. Es handelt sich dabei um die Untergliederung des Gesamtprojektumfangs in seine Teilziele und in Teilprojektumfänge. Die Teilprojektumfänge werden anschließend in die verschiedenen Arbeitspakete aufgeteilt. Durch die Erstellung der Arbeitspakete ist es möglich, dass verschiedene, auch interdisziplinäre Projektteams parallel an unterschiedlichen Projektteilen arbeiten können.

Work in Progress (WIP)

Work In Progress (WIP) ist eine Strategie, die das Ziel verfolgt, Engpässe zu verhindern und Projekte zügig durchzuziehen, indem die Zahl der begonnenen Arbeiten von vornherein begrenzt wird.

Stichwortverzeichnis

A

Agile-Coach
  54, 56, 195, 223, 232, 242
Agile-Coaches 279
Agile Führung 90
Agile-Management-
  Framework 256
Agile-Master 274, 284
agile Prinzipien 272
agiles Manifest 33
agiles Unternehmen 159
Agile-Teamgröße 228
Agile Teams 96
aktive Einbeziehung 137
Arbeitspakete 180
Assessmentmodell 102
Automobilzulieferer 97
Automotive SPICE 101
Autonomie 287

B

Backlog-Board 224
Ball-Point-Game 276
Barrieren 116
Bosch Product Engineering
  System 99
Breakthrough-Projekte 321
Breakthrough-Ziele 303
Business Model Canvas 165

C

Change Manager 162
Co-Creation-Workshop 318
cross-funktionaler
  Teamleiter 161
Cross-Funktionalität 286
Customer Advisory Board 318

D

Daily Stand-up 223
Daily-Stand-up-Meeting 69
Daily Standups 224
Definition of Done 102, 200, 244
Demonstration 71, 245

Design Freeze 194
Diversität im Team 319
Durchlaufzeiten 111

E

Eigenverantwortung 231
Einführungsprozess 92
Elektromobilität 125, 146
Entscheidungskompetenz 289
Entwicklungseffizienz 211
Erfolgsfaktoren von Hybrid Agile 231
Erwartungen an Agile 222
Etappenplanung 59

F

Feedback 72
Flow 39
Führung 27, 133
Führungskraft 287, 291, 299
Führungsleitbilder 98
Führungsstil 286
– transformationaler 100
Fulltime-Teams 78
Funktionsanalyse 251
Funktionsmodell 253

G

Gesundheitswesen *297*
Getriebesteuergeräte *127*
Großprojekte *309*
Gruppenleiter *84, 229*

H

Hoshin-Kanri-Prozess *298*
Hybrid Agile *225*

I

Idealität *248*
Innovation Management *163*
Innovationskultur *312*
Innovationsmanagement *313*
Innovationsstrategie *298*
ISO 26262 *102*
ISO/IEC 15504-5 *102*

K

Kanbantafel *140*
Kernkompetenzen *184*
Key Performance Indicators *221*
Kickbox *164*
Kolbs Lernzyklen *119*
Kommunikationstools *325*
Komplexität *268*
Konflikte *273*
Konklave *60*
Kreativitätstechniken *247*
Kulturelle Unterschiede *178*
Kulturschock *284*
Kulturwandel *290, 299*
Kundengespräch *146*

L

Laissez-faire-Manager *42*
Large Scale Scrum *173*
Lastenheft *35*
Lean-Management *299*
Lean-Management-System *298*
Leistungskennzahlen *256*
Lernzyklen
– adaptive *119*
Leuchtturm-Projekte *158*
Liefertreue *109, 110*

M

Magic estimation *224*
Make or Buy *326*
Manndecker *42*
Market Pull *312*
Marktstudie *254*
Medizinische Bildgebung *306*
Medizintechnik *297*
Meeting-Overload *168*
Micro Management *169*
Mindset *98*
Minimal Marketable Product *318*
Minimum Viable Product *247*
Missverständnisse *89*
moving targets *81*
Multi-Projekt-Management *220*
Mut *103*

N

Netzwerkdenken *213*
Neun-Felder-Denken *250*

Stichwortverzeichnis

O

Obeya 131
Obeya-Prinzip 138
Obeya-Raum 324
Open Innovation 326
Operational Review 303
Organisation 209
Organisationsstruktur 85

P

Paarweiser Vergleich 224
Parallelisierung 180
Parkinsons Gesetz 46
PDCA-Zyklus 300
PEP. *Siehe* Produkt-
    entstehungsprozess
Pilotprojekte 116
Planungsartefakte 275
PLM-Prozess 310
POT. *Siehe* Produkt-Owner-Team
Product Backlog 67, 275
Product-Backlog-Liste 63
Product Owner 50, 274, 316
Product-Owner-Team
    51, 160, 193, 199, 243
Product Steering Committee 220
Produktentstehungsprozess 205
Produktentwicklung 314
Produktinnovation
– Leistungsparameter 305
Produkt-Management 220
Produktmanager 225
Produkt-Owner-Team 222, 224
Profitcenter 87
Project-Owner-Team 270
Projektkommunikation 325
Projektleiter 51, 226
Projektplanung 45
Projekt-Power-Teams 322
Projektrollen 242
Projektteam 192
Prozess-Review 76

Q

Quality Gates 205

R

Refinement Meeting 244
Re-Organisation des Innovations-
    bereiches 159
Requirement Engineering 229
Retroperspektive 224
Retrospektive 72, 246
Rhythmus
– agiler 39
Risikomanagement 181
Rollen 160, 191, 274
Rollenkonflikte 287

S

Schwaber 33
Scrum 33, 108
Scrum für die Hardware 35
Scrum-Meetings 129
Scrum-Team 273
SCRUM-Team 316
shipable product 35
Ship-it-days 164
Siemens Healthineers
    Performance-System 299
Silodenken 213
Single Loop Learning 119
Softwareentwicklung 34
– agile 127
Softwaretools 84
Sprint 39, 129

Sprintablauf *244*
Sprint-Backlog *59, 60*
Sprint-Board *224*
Sprint-Dauer *47*
Sprint Delivery Sheet *256*
Sprintplanung *63*
Sprint-Planung *224*
Sprint Review *71*
Sprints *207*
Stage-Gate-Prozess *170, 188, 220*
Stand-up-Meeting *245*
Störungen *80*
Students law of Tension *47*
Subteams *83*
Sutherland *33*
Systemarchitekt-Entwickler *226*
Systemarchitektur *229*

T

Tailoring *107*
Task-Force-Modus *88*
Team *52*
Team-Agile-Board *68*
Team Building *175*
Team-Feedback *74*
Team-Kapazitätsplanung *64*
Teams
– globale *82*
Teamselbstbestimmung *232*
Technology-Push *312*
Thumbs-up-Ritual *67*
Time-boxed *232*
Timeboxing *49*
Time-to-Market *110*
Top-down-Einführung *232*
Toyota Production System *99*
Transzendenz *286*
Trendbetrachtungen *251*
Trend Scouting *144*
TRIZ *248*
T-Shape Professional *240*

U

Unternehmenskultur *98*
Usability-Labor *318*

V

Variationen der agilen Elemente *190*
Veränderungsprozess *136*
Verhandelbarkeit *287*
Vertrauen *29*
V-Modell *316*
Vorfeldentwicklung *311*
Vorleben *114*

W

Wasserfall-Methodik *220*
Whole-Scale Change™ *135*
Workshops *160*

Z

Zuhören *132*

HANSER

Die Zukunft ist vielfältig

Hackmann
Bunt gewinnt! Die Vielfalt der Mitarbeiter nutzen
208 Seiten. Gebunden. E-Book inside
€ 30,–. ISBN 978-3-446-44928-2

Auch einzeln als E-Book erhältlich
€ 23,99. E-Book-ISBN 978-3-446-44987-9

In der Vielfalt steckt die Kraft! Eine heterogene Mitarbeiterschaft steigert beispielsweise die Problemlösefähigkeit, die Kreativität und auch die Flexibilität. Doch wie lassen sich die unterschiedlichsten Mitarbeiter mit ihren jeweils ganz eigenen Weltansichten tatsächlich unter einen Hut bringen und trotz der Heterogenität ein zielgerichtetes Miteinander erreichen?

Dieses Werk gibt anschaulich und unterhaltsam Antworten! Es zeigt, wie Sie die Kraft der Vielfalt nutzen und die Kompetenz Ihrer Mitarbeiter gewinnbringend einsetzen. Und ganz nebenbei Begeisterung für die Arbeit schaffen – leuchtende Augen und volle Motivation inklusive. Kurzum: Wie der Weg in die Zukunft geebnet wird und somit bunt gewinnt.

Mehr Informationen finden Sie unter **www.hanser-fachbuch.de**

HANSER

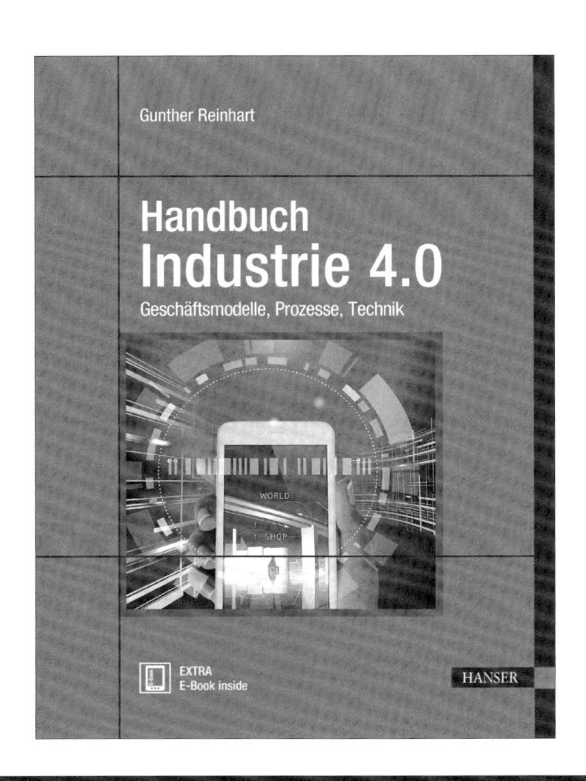

Der nächste große Sprung!

Reinhart
Handbuch Industrie 4.0 – Geschäftsmodelle, Prozesse, Technik
700 Seiten. Gebunden. Komplett in Farbe. E-Book inside
€ 269,–. ISBN 978-3-446-44642-7

Auch einzeln als E-Book erhältlich
€ 179,99. E-Book-ISBN 978-3-446-44989-3

Die so genannte 4. industrielle Revolution wird in den nächsten Jahren die Art, wie Produkte entwickelt, gefertigt und vertrieben werden, vollständig verändern. Durch die digitale Vernetzung der Kunden, Produzenten und Lieferanten werden sich völlig neue Prozesse etablieren.

Viele verfügbare Automatisierungskomponenten, Werkzeug- und Verarbeitungsmaschinen sind bereits Industrie 4.0-fähig. Die Herausforderung liegt in der Realisierung einer leistungsfähigen Echtzeitkommunikation zwischen diesen so genannten Cyber-physischen Systemen. Jedes Unternehmen, das in den nächsten Jahren wettbewerbsfähig bleiben möchte, befasst sich bereits konkret mit Industrie 4.0. Dieses Handbuch ist ein unverzichtbarer Begleiter auf dem Weg in dieses neue Industrie-Zeitalter.

Mehr Informationen finden Sie unter **www.hanser-fachbuch.de**